21世纪应用型本科教材

# 会计综合实训

主　编○阳正发　王东赓

西南财经大学出版社
Southwestern University of Finance & Economics Press
中国·成都

图书在版编目(CIP)数据

会计综合实训/阳正发,王东赓主编.—成都:西南财经大学出版社,2017.8
ISBN 978-7-5504-3069-3

Ⅰ.①会… Ⅱ.①阳…②王… Ⅲ.①会计学 Ⅳ.①F230

中国版本图书馆 CIP 数据核字(2017)第 148323 号

## 会计综合实训

主　编:阳正发　王东赓

责任编辑:植苗
责任校对:王青杰
封面设计:何东琳设计工作室　张姗姗
责任印制:封俊川

| | |
|---|---|
| 出版发行 | 西南财经大学出版社(四川省成都市光华村街 55 号) |
| 网　　址 | http://www.bookcj.com |
| 电子邮件 | bookcj@foxmail.com |
| 邮政编码 | 610074 |
| 电　　话 | 028-87353785　87352368 |
| 照　　排 | 四川胜翔数码印务设计有限公司 |
| 印　　刷 | 郫县犀浦印刷厂 |
| 成品尺寸 | 185mm×260mm |
| 印　　张 | 22.5 |
| 字　　数 | 515 千字 |
| 版　　次 | 2017 年 8 月第 1 版 |
| 印　　次 | 2017 年 8 月第 1 次印刷 |
| 印　　数 | 1—3000 册 |
| 书　　号 | ISBN 978-7-5504-3069-3 |
| 定　　价 | 49.80 元 |

1. 版权所有,翻印必究。
2. 如有印刷、装订等差错,可向本社营销部调换。
3. 本书封底无本社数码防伪标识,不得销售。

# 前言

近年来，随着我国经济的不断发展，多媒体的应用逐渐深入到各行各业，会计学科也随着计算机的迅猛发展，有了诸多变革，愈发信息化。为了成为满足社会需要的应用型会计人才，学生不仅要具备系统、深厚的会计理论知识，更需要积累丰富的实践经验。因此对于在校学生而言，会计综合实训教育显得尤为重要。而要保证高质量的实训教育就必须有一本内容完整详细、与实际工作相吻合的会计综合实训教材。出于这样的目的，我们结合多年会计教学经验，在理论和实践的基础上编写了本实训教材。此教材旨在让在校学生在理解会计专业理论知识的同时，更好地掌握会计实务操作技能。

会计综合实训是一门将会计理论与会计实务融为一体，以培养学生专业技能为宗旨的会计专业必修实训课程，其设置目的是使学生更好地理解和掌握会计专业知识。从总体上讲，本实训教材内容新颖系统、实用性强、与实际工作结合紧密。具体而言，有以下几方面的特色：

（1）经济业务的真实性和完整性。本教材设计的经济业务种类齐全，展示经济业务涉及的单、证、票等凭证，并附有大量真实的原始凭证和记账凭证，与实际企业工作相吻合，可以让学生了解、掌握真实的会计业务操作。

（2）会计岗位特色鲜明。本教材特别强调了“分岗合作”的思想。从“出纳”“成本会计”“财务会计”“主管”四个岗位出发，着重培养学生的岗位意识和岗位能力。

（3）内容难易适度、循序渐进。本教材实训内容设置由浅入深，从会计循环的每一步骤，逐步汇总掌握整个会计循环的操作技能。此设置避免了实训过于简单或者复杂的情况，从而满足不同层次学生的教学需要。

（4）理论与实践并行。本教材每个项目都是先介绍理论知识，后安排实务操作；使得学生通过理论指导操作，可以更好地发挥思考的主动性。

（5）会计实践课程的实用性、针对性很强，使得原来书本上模糊深奥的理论知识变成直观具体的实务知识，有助于会计教学目标的实现，是培训会计应用型人才的重要手段。

本书由阳正发提出编写思想，拟订全书的提纲和撰写方式。各章具体分工如下：阳正发编写项目一计算机会计综合实训、项目二出纳以及出纳实训资料，王东赓编写项目三核算会计以及项目三核算会计的相关实训资料，何孝容编写项目四会计主管以及项目五相关实训资料，闫晓霞编写项目六的实训资料，最后由主编总撰和定稿。全书编写和统稿过程中，得到了江西科技学院财经学院领导和同事们的鼎力协助，还得到了广州市福思特科技有限公司领导的全力支持，出版过程中，更是得到了西南财经大学出版社的全力支持，在此一并致谢！本书编写过程中，参阅了大量的相关文献资料，谨在此向相关作者深表谢意！

由于时间和编者水平有限，书中缺点和疏漏之处，恳请广大读者批评指正。

编　者

2017 年 5 月

# 目录

# 项目一 计算机会计综合实训

## 一、明确实训目的

随着经济的快速发展和社会的不断进步，市场对人才的知识结构、思维模式、创新意识等提出了更高的要求。会计分岗位竞赛教学软件支持学生分组、分岗位实训，该软件既符合企业会计实际运作流程又结合最新财务制度。模拟实验时，通过多人协作完成从原始凭证填制到报表编制全过程的会计实务操作，从而提高学生的动手和实际业务操作能力。学生通过实验的学习过程，可熟悉、掌握会计各个岗位的实际工作流程和工作内容。本课程将理论与实践融为一体、将角色扮演与岗位体验集于一身的设计思路，使学生在参与、体验中完成从知识到技能的转化。

（1）学生通过会计分岗位竞赛的实训课程，掌握原始凭证的填制，理解原始凭证的审核。

（2）学生通过会计分岗位竞赛的实训课程，掌握记账凭证的填制，理解记账凭证的审核。

（3）学生通过会计分岗位竞赛的实训课程，掌握编制科目汇总表。

（4）学生通过会计分岗位竞赛的实训课程，掌握登记会计账簿。

（5）学生通过会计分岗位竞赛的实训课程，掌握编制资产负债表和利润表。

（6）学生通过会计分岗位竞赛的实训课程，能使其对所学内容理解更透，记忆更深，同时也有助于将来更好地应用于实践。

（7）学生通过会计分岗位竞赛的实训课程，能够有效地将理论知识与实际操作结合在一起，另外，多专业知识的学习也有利于其综合能力的提升。

## 二、了解实训要求

本实训是以福斯特提供的手工模拟实训软件来操作的。实训教材是辅助资料，里面有手工模拟实训的相关理论资料以及两家企业的实务操作题。

## 三、确定实训形式

本实训以分组的形式来模拟一家公司的经济业务，分为出纳、成本会计、总账会计以及会计主管四个角色。具体岗位分工及操作流程见表 1-1 和图 1-1。

表 1-1　　岗位分工及流程

| 步骤流程 | 内容 | 模块 | 岗位角色 |
|---|---|---|---|
| 第一步 | 浏览企业财务制度 | 办公区 | 所有岗位 |
| 第二步 | 浏览各岗位职务说明 | 办公区 | 所有岗位 |
| 第三步 | 出纳填制收支业务原始凭证 | 原始凭证填制 | 出纳 |
| 第四步 | 出纳传递填制好的收支业务原始凭证 | 原始凭证填制 | 出纳 |
| 第五步 | (转换到会计岗位) 会计填制非收支业务自制原始凭证 | 原始凭证填制 | 会计 |
| 第六步 | 会计传递填制好的非收支业务自制原始凭证 | 原始凭证填制 | 会计 |
| 第七步 | 会计审核外来原始凭证 | 原始凭证审核 | 会计 |
| 第八步 | (转换到会计主管岗位) 会计主管审核自制原始凭证 | 原始凭证审核 | 会计主管 |
| 第九步 | 会计主管传递审核后的自制原始凭证 | 原始凭证审核 | 会计主管 |
| 第十步 | (转换到会计岗位) 会计填制所有记账凭证 | 记账凭证填制 | 会计 |
| 第十一步 | 会计传递填制好的记账凭证 | 记账凭证填制 | 会计 |
| 第十二步 | (转换到会计主管岗位) 会计主管审核所有记账凭证 | 记账凭证审核 | 会计主管 |
| 第十三步 | 会计主管传递审核后的记账凭证 | 记账凭证审核 | 会计主管 |
| 第十四步 | (转换到出纳岗位) 出纳登记日记账 | 账簿 | 出纳 |
| 第十五步 | (转换到会计岗位) 会计登记明细账 | 账簿 | 会计 |
| 第十六步 | (转换到会计主管岗位) 会计主管登记科目汇总表 | 账簿 | 会计主管 |
| 第十七步 | 会计主管登记总账 | 账簿 | 会计主管 |
| 第十八步 | 会计主管编制资产负债表 | 报表 | 会计主管 |
| 第十九步 | 会计主管编制利润表 | 报表 | 会计主管 |

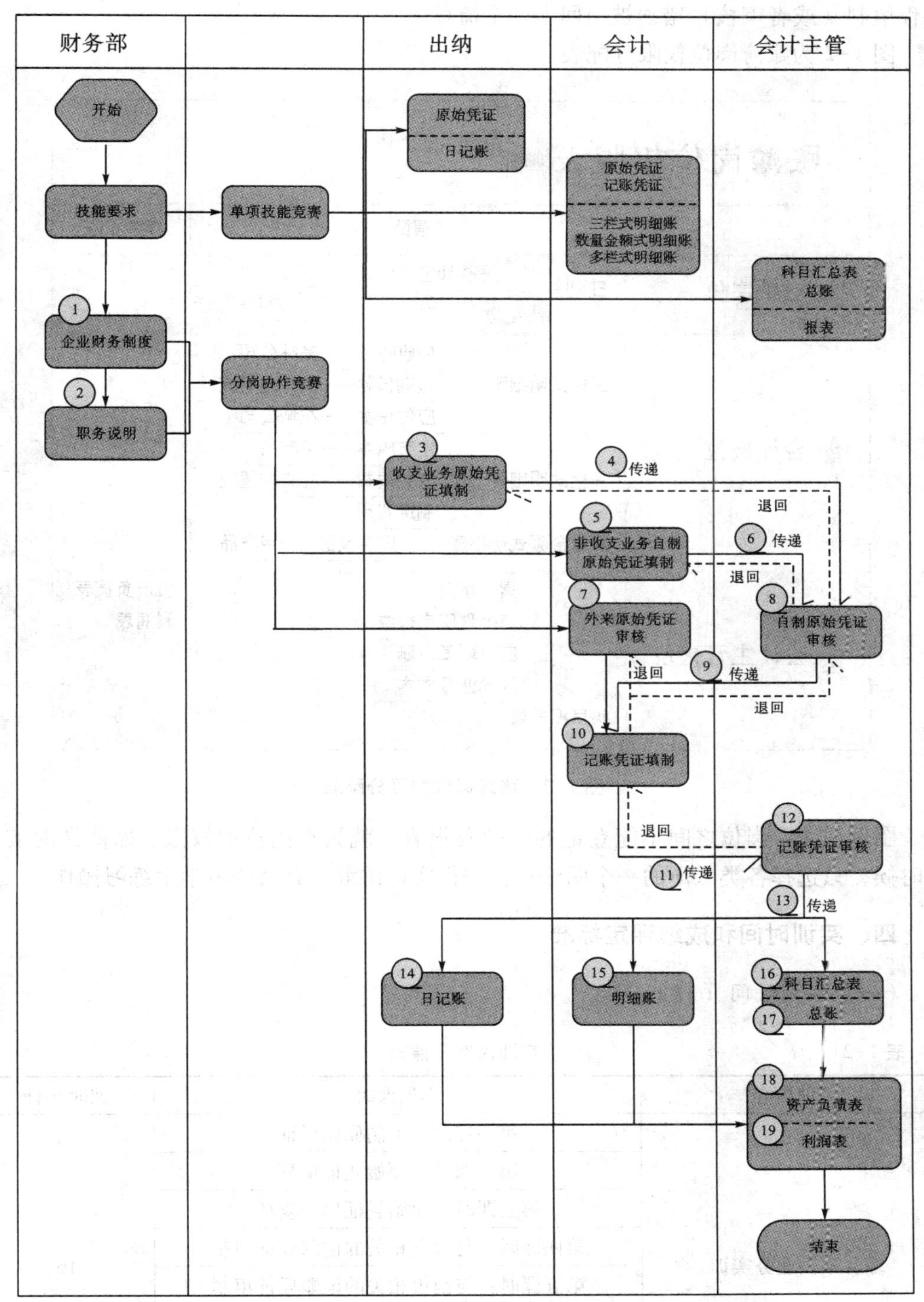


图 1-1　实训流程图

图例说明：上图顶行代表部门和岗位，矩形框代表需要点击进行操作的流程，圆圈中的数字代表操作的步骤流程，黑色的箭头代表必经的流程，虚线箭头表示上一个流程填制（或者审核）错误被退回上一个流程。

图 1-2 为账簿岗位权限分配表。

**账簿岗位权限表**

| | 登账 | 编制报表 |
|---|---|---|
| 出纳岗位 | 日记账：库存现金；银行存款 | |
| 会计岗位 | 三栏式明细账：应收账款——美林公司；短期借款——建行光明支行；应付账款——花城公司<br>多栏式明细账：生产成本——甲产品；应交税费——应交增值税；制造费用<br>数量金额式明细账：库存商品——甲产品 | |
| 会计主管岗位 | 总账：累计折旧；待处理财产损溢；应付职工薪酬；其他业务成本<br>科目汇总表 | 资产负债表<br>利润表 |

**图 1-2　账簿岗位权限分配表**

图例说明：岗位之间不能登记的账簿及报表，就只有浏览的权限。账簿课时实训的时候，只选择各类账簿的一个明细科目进行实训讲解，其余的由学生练习操作。

## 四、实训时间和成绩评定标准

### （一）实训时间（表 1-2）

表 1-2　　**实训内容及课时**

| 实训内容 | 实训课时 | 课时小计 |
|---|---|---|
| 综合案例业务实训 | 第一课时：填制原始凭证 | 16 |
| | 第二课时：原始凭证审核 | |
| | 第三课时：原始凭证出纳复核 | |
| | 第四课时：与收支相关的记账凭证填制 | |
| | 第五课时：与销售相关的记账凭证填制 | |
| | 第六课时：与生产相关的记账凭证填制 | |
| | 第七课时：其他方面的记账凭证填制 | |
| | 第八课时：记账凭证审核 | |

表1-2(续)

| 实训内容 | 实训课时 | 课时小计 |
|---|---|---|
| 综合案例业务实训 | 第九课时：明细账的登记 | 15 |
| | 第十课时：科目汇总表 | |
| | 第十一课时：权益类总账 | |
| | 第十二课时：资产类总账 | |
| | 第十三课时：编制资产负债表 | |
| | 第十四课时：编制利润表 | |
| | 第十五课时：编制现金流量表 | |
| | 第十六课时：报表分析 | |
| 单项技能——出纳 | 第十七课时：库存现金管理 | 3 |
| | 第十八课时：银行存款管理 | |
| | 第十九课时：登记日记账 | |
| 单项技能——会计（成本会计、总账会计） | 第二十课时：往来岗位、存货、负债、所有者权益业务进行处理 | 5 |
| | 第二十一课时：固定资产、薪酬业务进行处理 | |
| | 第二十二课时：三栏式、多栏式明细账 | |
| | 第二十三课时：数量金额式明细账 | |
| | 第二十四课时：国税报税、地税报税 | |
| 单项技能——会计主管 | 第二十五课时：资产负债表 | 3 |
| | 第二十六课时：利润表 | |
| | 第二十七课时：现金流量表、财务分析 | |

（二）成绩评定标准

实践技能（实训）考核满分100分。其中过程考核部分占30分，结果考核部分占70分。具体内容分为“实训出勤”“实训表现”“实训成果”三部分，分别占10分、20分、70分。

## 五、实训步骤

以《会计综合实训》提供的理论知识和案例分析，以及实训要求为依据，编制相应的记账凭证，登记各种明细分类账、现金日记账、银行存款日记账、总分类账，编制资产负债表、利润表等会计综合报表。

（一）填制原始凭证

（1）明确各核算岗位的职责。

（2）填制有关的原始凭证。

（二）编制记账凭证

（1）根据原始凭证编制会计分录。

（2）根据会计分录编制记账凭证。

（三）登记日记账

（1）根据记账凭证登记现金日记账和银行存款日记账，要求日清月结。

（2）编制银行存款余额调节表。

（四）登记明细分类账

（1）开设各类明细分类账。

（2）根据准确无误的记账凭证登记各类明细分类账。

（五）登记总分类账

（1）开设各类总分类账。

（2）设置 T 型账户，编制科目汇总表。

（3）根据科目汇总表登记总账并结账。

（六）编制资产负债表、利润表

（七）实习总结

会计实训结束后，按要求写出总结与实训资料一并上交。

## 六、考核方法

（一）过程考核评价（30 分）

主要依据学生出勤、上课认真态度、小组讨论和分组实践中表现的动手和协调能力，详细评价标准分为以下两个方面。

学习态度和学习能力：共 10 分，包括不迟到、不早退、不旷课、认真完成实训任务。优秀、良好、合格、差，分数依次为 10 分、8 分、6 分、5 分。

动手能力及创新协作精神：共 20 分，主要包括职业道德、实习态度、动手能力、综合能力以及创新精神等，视学生在实训过程中的表现，由指导教师予以评定。

（二）结果考核评价（70 分）

实习成果包括实训资料书写的规范性及实训任务的完成情况、实习心得及总结等。

表 1-3　结果考核评价标准

| 评价指标 | 标准分 |
|---|---|
| 1. 单项技能——出纳 | 10 |
| 2. 单项技能——会计 | 10 |
| 3. 单项技能——会计主管 | 20 |
| 4. 综合案例实训 | 30 |
| 小　　计 | 70 |

（三）完成各班级实训材料的批阅记录

实训结束，以班级为单位上交实训资料和实训总结报告。实训指导老师对所指导班级的实训资料进行批阅，在实训材料上做好批阅记录，对每个学生的实训成果予以打分并以表格的形式记录在册。

# 项目二 出纳岗位

**岗位技能目标**

1. 现金收付和银行结算业务。
2. 办理各种票据的收付业务。
3. 登记现金日记账、银行存款日记账和票据备查簿。
4. 保管库存现金和各种有价证券。
5. 填写支票、本票和汇票，并负责加盖银行预留章财务专用章。
6. 保管有关印章、空白收据和空白支票。
7. 其他与现金、银行存款收付有关的业务。

## 任务一 库存现金管理

### 一、现金结算的概念及特点

（一）现金结算的概念

现金结算是指在商品交易、劳务供应等经济往来中，直接使用现金进行应收应付款结算的一种行为。

各级人民银行应当严格履行金融主管机关的职责，负责对开户银行的现金管理进行监督和稽核。开户银行依照本条例和中国人民银行的规定，负责现金管理的具体实施，对开户银行收支、使用现金进行监督管理。

（二）现金结算的特点

现金结算具有直接便利、不安全性、不易宏观控制和管理、费用较高等特点。

### 二、现金结算的渠道

（1）付款人直接将现金支付给收款人；

（2）付款人委托银行、非银行金融机构或者非金融机构将现金支付给收款人。

### 三、现金结算的范围

（1）职工工资、津贴；

（2）个人劳务报酬；

（3）根据国家规定颁发给个人的科学技术、文化艺术、体育等各种奖金；

（4）各种劳保、福利费用以及国家规定的对个人的其他支出；

（5）向个人收购农副产品和其他物资的价款；

（6）出差人员必须随身携带的差旅费；

（7）结算起点以下的零星支出；

（8）中国人民银行确定需要支付现金的其他支出。

结算起点为1 000元，需要增加时由中国人民银行总行确定后，报国务院备案。

除第（5）、（6）项外，开户单位支付给个人的款项中，支付现金每人一次不得超过1 000元，超过限额部分，根据提款人的要求在指定的银行转为储蓄存款或以支票、银行本票支付；确需全额支付现金的，应经开户银行审查后予以支付。

## 四、现金使用的限额

银行开户的独立核算单位都要核定库存现金限额；独立核算的附属单位，由于没有在银行开户，但需要保留现金，也要核定库存现金限额，其限额可包括在其上级单位库存限额内；商业企业的零售门市部需要保留找零备用金，其限额可根据业务经营需要核定，但不包括在单位库存现金限额之内。

库存现金限额的计算方式一般是：

库存现金=前一个月的平均每天支付的数额（不含每月平均工资数额）×限定天数

库存现金限额的核定管理是为了保证现金的安全、规范现金管理，同时又能保证开户单位的现金正常使用。按照《现金管理暂行条例》及实施细则规定，库存现金限额由开户银行和开户单位根据具体情况商定。凡在银行开户的单位，银行根据实际需要核定3~5天的日常零星开支数额作为该单位的库存现金限额。边远地区和交通不便地区的开户单位，其库存现金限额的核定天数可以适当放宽至5天以上，但最多不得超过15天的日常零星开支的需要量。

## 五、现金收支的基本要求

开户单位现金收支应当依照下列规定办理：

（1）开户单位现金收入应当于当日送存开户银行。当日送存确有困难的，由开户银行确定送存时间。

（2）开户单位支付现金，可以从本单位库存现金限额中支付或者从开户银行提取，不得从本单位的现金收入中直接支付（即坐支）。因特殊情况需要坐支现金的，应当事先报经开户银行审查批准，由开户银行核定坐支范围和限额。坐支单位必须在现金账上如实反映坐支金额，并按月向开户银行报送坐支金额和使用情况。

（3）开户单位符合现金使用范围规定而从开户银行提取现金的，应当写明提取现金的用途，由本单位财会部门负责人签字盖章，经开户银行审核后，予以支付现金。

（4）因采购地点不确定、交通不便、生产或者市场急需、抢险救灾以及其他特殊情况必须使用现金的，开户单位应当向开户银行提出申请，由本单位财会部门负责人签字盖章，并经开户银行审核后，予以支付现金。

(5）单位收入的现金不准以个人储蓄存款方式存储，单位收入的所有现金应由财会部门统一管理并存储在财会部门或开户银行，无论是收入的利息归单位所有还是归个人所有，都不能以个人储蓄方式存入银行。

(6）不能以“白条”抵库。

所谓“白条”，是指没有审批手续的凭据。因此“白条”不能作为记账的依据。“白条”具有很多的危害性，主要表现在以下几个方面：

①用“白条”顶抵现金，使实际库存现金减少，日常零星开支所需的现金不足，还往往会使账面现金余额超过库存现金限额。

②用“白条”支付现金，付出随意性大，容易产生挥霍浪费、挪用公款等问题，付出后不能及时进行账务处理，不便于进行财务管理。

③“白条”一般不便于管理，一旦丢失，无据可查，难以分清责任，有时会给单位或个人造成不应有的损失。

(7）不准设“账外账”和“小金库”。

“账外账”，是指有的单位将一部分收入不纳入到财务统一管理，而是在单位核算账簿之外另设一套账来记录。“账外账”有的是财会部门自己设置的，也有的是单位其他部门、小单位设置的。“小金库”又称“小钱柜”，是单位库存之外保存的现金和银行存款，一般情况下与单位设置的“账外账”相联系，有“账外账”就有“小金库”，有“小金库”就有“账外账”。

设置“账外账”和“小金库”是侵占、截留、隐瞒收入的一种违法行为．为各种违法违纪提供了条件，危害性极大，必须坚决予以取缔。

(8）不准谎报用途套取现金；不准利用银行账户代其他单位和个人存入或支取现金；不准未经批准坐支现金或者未按开户银行核定的坐支范围和限额坐支现金等。

(9）银行对于违反上述规定的单位，将按照规定予以处罚。

按照《现金管理暂行条例》及其实施细则规定，企业事业单位和机关团体部队现金管理应遵循“八不准”即：

(1）不准用不符合财务制度的凭证顶替库存现金；

(2）不准单位之间互相借用现金；

(3）不准谎报用途套取现金；

(4）不准利用银行账户代其他单位和个人存入或支取现金；

(5）不准将单位收入的现金以个人名义存入储蓄；

(6）不准保留账外公款；

(7）不准发生变相货币；

(8）不准以任何票券代替人民币在市场上流通。

库存现金限额每年核定一次，经核定的库存现金限额，开户单位必须严格遵守。其核定具体程序为：

(1）开户单位与开户银行协商核定库存现金限额。

库存现金限额=每日零星支出额×核定天数

每日零星支出额=月（或季）平均现金支出额（不包括定期性的大额现金支出和

不定期的大额现金支出）÷月（或季）平均天数

（2）开户单位填制“库存现金限额申请批准书”。

（3）开户单位将申请批准书报送单位主管部门，经主管部门签署意见，再报开户银行审查批准，开户单位凭开户银行批准的限额数作为库存现金限额。

首先，填制现金库存限额申请批准书；其次，报送开户银行签署审查批准意见和核定数额。库存现金限额经银行核定批准后，开户单位应当严格遵守，每日现金的结存数不得超过核定的限额。如库存现金不足限额时，可向银行提取现金，不得在未经开户银行准许的情况下坐支现金；库存现金限额一般每年核定一次。单位因生产和业务发展、变化需要增加或减少库存限额时，可向开户银行提出申请，经批准后，方可进行调整，单位不得擅自超出核定限额增加库存现金。

## 六、现金清查

库存现金清查主要包括经常性的现金清查和定期或不定期清查两种情况。

### （一）经常性的现金清查

经常性的现金清查是指由出纳人员每日清点库存现金实有数，并与库存现金日记账的账面余额核对。

### （二）定期或不定期清查

定期或不定期清查是由清查小组对库存现金进行定期或不定期清查。清查时，出纳人员必须在场，库存现金由出纳人员经手盘点，清查人员从旁监督。同时，清查人员还应认真审核库存现金收付款凭证和有关账簿，检查财务处理是否合理合法，账簿记录有无错误，以确定账存与实存是否相符等。

库存现金清查结束后出纳应填写“库存现金盘点报告表”（如表 2-1 所示），并据以调整库存现金日记账的账面记录。

表 2-1　　库存现金盘点报告表

| 实存金额 | 账存金额 | 盘盈 | 盘亏 | 备注 |
|---|---|---|---|---|
| | | | | |
| | | | | |

盘点人（签章）：　　　　出纳员：（签章）

例如：在盘点库存现金的过程中，实存现金 5 000 元，账存现金 4 900 元，则盘盈 100 元；实存现金 5 000 元，账存现金 5 100 元，则盘亏 100 元。注意：这个表格是一张原始凭证，作为以后做账的依据。

## 七、库存现金的账务处理

企业应当设置库存现金总账和现金日记账，分别进行企业库存现金的总分类核算和明细分类核算。借方登记现金的增加，贷方登记现金的减少，期末余额在借方，反映企业实际持有的库存现金的金额。收到现金时，借记库存现金，贷记相关科目；用现金支付、购买、偿还、上交、投资等时，借记相关科目，贷记库存现金。

企业应当设置现金总账和现金日记账，分别进行企业库存现金的总分类核算和明细分类核算。现金日记账由出纳人员根据收、付款凭证，按照业务发生顺序逐笔登记。每日终了，应当在现金日记账上计算出当日的现金收入合计额、现金支出合计额和结余额，并将现金日记账的账面结余额与实际库存现金额相核对，保证账款相符；现金总账由会计人员负责登记，每 10 天或 15 天或 1 个月汇总登记一次；月度终了，现金日记账的余额应当与现金总账的余额核对，做到账账相符。

备用金是指为了满足企业内部各部门和职工生产经营活动的需要而暂付给有关部门和个人使用的现金。可以单独设置“备用金”一级账户进行核算，也可通过“其他应收款”账户核算。根据备用金的管理制度，备用金的核算分为非定额管理和定额管理两种情况。

（1）非定额管理，也称为实报实销制，是指为了满足临时性需要而暂付给有关部门和个人的现金，出差使用后按实际金额报销；出差一次，报销一次。

（2）定额管理，实行定额备用金制度的企业，对于领用的备用金应定期向财务部门报销。财务部门根据汇总的报销数额直接用现金补足备用金定额，报销数额和拨补数额都不通过“其他应收款”账户核算，这是与“非定额管理”的显著区别。

## 八、库存现金清查会计处理

企业应当按规定进行现金的清查，一般采用实地盘点法，对于清查的结果应当编制现金盘点报告单。账实相符的不需处理，有溢余或短缺的应先通过“待处理财产损溢”科目，经批准后再做出最后的处理。

1. 现金短缺（“实”<“账”）

（1）报批前：处理的核心思路为调账。【减少“账面余额”（记入贷方），调账后的结果实现账实相符。】

借：待处理财产损溢——待处理流动资产损溢

　贷：库存现金

（2）报批后：将“待处理财产损溢”账户的余额调整为 0。

借：其他应收款（由过失人或保险公司赔偿的部分）

　　管理费用（无法查明原因的部分）

贷：待处理财产损溢——待处理流动资产损溢

2. 现金溢余（“实”>“账”）

（1）报批前：处理的核心思路为调账。【增加“账面余额”（记入借方），调账后的结果实现账实相符】

借：库存现金

　贷：待处理财产损溢——待处理流动资产损溢

（2）报批后：将“待处理财产损溢”账户的余额调整为 0。

借：待处理财产损溢——待处理流动资产损溢

贷：其他应付款（应付给某单位或个人的部分）

营业外收入（无法查明原因的部分）

【注意】待处理财产损溢科目年末无余额；若年终有未批准的盘盈、盘亏的资产，应先根据查明的原因做出处理，并在报表附注中进行披露。

## 任务二 银行存款管理

### 一、银行存款概念

银行存款是企业存放于银行或其他金融机构的货币资金。企业通过银行办理支付结算时，应认真执行国家管理办法和结算制度，遵行相关规定。

企业应当设置银行存款总账和银行存款日记账，分别进行银行存款的总分类核算和明细分类核算。

企业可按开户银行和其他金融机构的存款种类等设置“银行存款日记账”，根据收付款凭证，按照业务的发生顺序逐笔登记，每日终了，应结出余额。“银行存款日记账”应定期与“银行对账单”核对，至少每月核对一次。企业银行存款账面余额与银行对账单余额之间如有差额，应编制“银行存款余额调节表”进行调节，如果没有记账错误且双方都没有未达账项，调节后的双方余额应相等。银行存款余额调节表只是为了核对账目，并不能作为调整银行存款账面余额的记账依据。

### 二、账务处理

#### （一）账户设置

为了记录银行存款的情况，需要设置“银行存款”账户，该账户用于核算银行存款收、付变动和结存情况，属于资产类账户。借方登记银行存款的增加数额；贷方登记银行存款的减少金额；借方余额表示银行存款的实存数额。有外币业务的企业，还应按币种分别设置明细账户进行核算。企业的外埠存款、银行汇票存款、银行本票存款、信用卡存款、信用证保证金存款和存出投资款等在“其他货币资金”账户核算，不在本账户核算。

#### （二）银行存款的账务处理

企业应当设置银行存款总账和银行存款日记账，分别进行银行存款的总分类核算和明细分类核算。企业可按开户银行和其他金融机构、存款种类等设置“银行存款日记账”，根据收、付款凭证，按照业务的发生顺序逐笔登记。每日终了，应结出余额。收到款项，并存入银行时，借记银行存款，贷记相关账户；用银行存款支付、购买、偿还、上交、投资等时，借记相关账户，贷记银行存款。

### 三、银行存款的清查

银行存款的清查方法为账单核对法，即“银行存款日记账”定期与“银行对账单”核对，至少每月核对一次。

企业银行存款日记账的账面余额与银行对账单的余额之间如有差额，原因主要有两个：①至少有一方记账错误，②双方存在未达账项。如果是记账错误，应采用合适的错账更正方法进行更正；如果是双方存在未达账项，应编制“银行存款余额调节表”调节相符。如没有记账错误，调节后的双方余额应相等。

1. 未达账项

银行存款的核对（“银行存款日记账”应定期与“银行对账单”核对，调整未达账项）。

（1）企业已收，银行未收。（企业银行存款日记账大于银行对账单余额）

（2）企业已付，银行未付。（企业银行存款日记账小于银行对账单余额）

（3）银行已收，企业未收。（企业银行存款日记账小于银行对账单余额）

（4）银行已付，企业未付。（企业银行存款日记账大于银行对账单余额）

2. 银行存款余额调节表的编制——补记式

企业已记，银行未记，调银行（收款调增、付款调减）；银行已记，企业未记，调企业（收款调增、付款调减）。

公式为：企业银行存款日记账余额+银行已收、企业未收款-银行已付、企业未付款=银行对账单余额+企业已收、银行未收款-企业已付、银行未付款

银行存款余额调节表只用于核对账目，不能作为记账的依据。

# 任务三　银行转账结算

## 一、概念及分类

1. 概念

结算是指结清收付双方之间债权债务的行为，结算分为现金结算和转账结算两种。现金结算是以货币款项结清单位或个人之间的债权债务。转账结算是收付双方通过银行从账户上划转款项的办法进行的结算。

2. 分类

目前银行转账结算方式主要是“四票、一证、一卡、三结算”的九种结算方式，即：银行汇票、银行本票、商业汇票、支票、信用证、信用卡、汇兑、委托收款和托收承付。

可以具体按照是否使用票据结算分为：①票据结算：支票、本票、汇票；②非票据结算：汇兑、委托收款、托收承付、信用卡。

## 二、结算具体要求

### （一）办理结算的基本要求

（1）单位、个人和银行办理支付结算，必须使用按中国人民银行统一规定印制的

票据凭证和统一规定的结算凭证。未使用按中国人民银行统一规定印制的票据，票据无效；未使用中国人民银行统一规定格式的结算凭证，银行不予受理。

（2）单位、个人和银行应当按照《人民币银行结算账户管理办法》的规定开立、使用账户。

在银行开立存款账户的单位和个人办理支付结算，账户内需有足够的资金保证支付。银行依法为单位、个人在银行开立的存款账户中的存款保密，维护其资金的自主支配权。除国家法律、行政法规另有规定外，银行不得为任何单位或者个人查询账户情况，不得为任何单位或者个人冻结、扣划款项，不得停止单位、个人存款的正常支付。

（3）填写票据和结算凭证应当规范，做到要素齐全，数字正确，字迹清晰，不错不漏，不潦草，防止涂改。

票据和结算凭证金额以中文大写和阿拉伯数字同时记载，二者必须一致，二者不一致的票据无效；二者不一致的结算凭证，银行不予受理。

（4）票据和结算凭证上的签章和其他记载事项应当真实，不得伪造、变造。

### （二）结算凭证填写的要求

（1）中文大写金额数字应用正楷或行书填写，如壹、贰、叁、肆、伍、陆、柒、捌、玖、拾、佰、仟、万、亿、元、角、分、零、整（正）等字样。不得用一、二（两）、三、四、五、六、七、八、九、十、廿、毛、另（或0）填写。不得自造简化字。如果金额数字书写中使用繁体字，也应受理。

（2）中文大写金额数字到“元”为止的，在“元”之后，应写“整”或“正”字，在“角”之后可以不写“整”或“正”字。大写金额数字有“分”的，“分”后面不写“整”或“正”字。

（3）中文大写金额数字前应标明“人民币”字样，大写金额数字应紧接“人民币”字样填写，不得留有空白。大写金额数字前未印“人民币”字样的，应加填“人民币”三字。

在票据和结算凭证大写金额栏内不得预印固定的“仟、佰、拾、万、仟、佰、拾、元、角、分”字样。

（4）阿拉伯小写金额数字中有“0”时，中文大写应按照汉语语言规律、金额数字构成和防止涂改的要求进行书写。

①阿拉伯数字中间有“0”时，中文大写金额要写“零”字。如￥1 409.50，应写成“人民币壹仟肆佰零玖元伍角”。

②阿拉伯数字中间连续有几个“0”时，中文大写金额中间可以只写一个“零”字。如￥6 007.14，应写成“人民币陆仟零柒元壹角肆分”。

③阿拉伯金额数字万位或元位是“0”，或者数字中间连续有几个“0”，万位、元位也是“0”，但千位、角位不是“0”时，中文大写金额中可以只写一个“零”字，也可以不写“零”字。如￥1 680.32，应写成“人民币壹仟陆佰捌拾元零叁角贰分”，或者写成“人民币壹仟陆佰捌拾元叁角贰分”；又如￥107 000.53，应写成“人民币壹

拾万柒仟元零伍角叁分”，或者写成“人民币壹拾万零柒仟元伍角叁分”。

④阿拉伯金额数字角位是“0”，而分位不是“0”时，中文大写金额“元”后面应写“零”字。如￥16 409.02，应写成“人民币壹万陆仟肆佰零玖元零贰分”；又如￥325.04，应写成“人民币叁佰贰拾伍元零肆分”。

(5) 阿拉伯小写金额数字前面，均应填写人民币符号“￥”。阿拉伯小写金额数字要认真填写，不得连写以致分辨不清。

(6) 票据的出票日期必须使用中文大写。为防止变造票据的出票日期，在填写月、日时，月为壹、贰和壹拾的，日为壹至玖和壹拾、贰拾和叁拾的，应在其前加“零”；日为拾壹至拾玖的，应在其前面加“壹”。如2月12日，应写成零贰月壹拾贰日；10月20日，应写成零壹拾月零贰拾日。

票据出票日期使用小写填写的，银行不予受理。大写日期未按要求规范填写的，银行可予受理，但由此造成损失的，由出票人自行承担。

## 三、银行转账结算方式

### (一) 支票

1. 支票的概念及适用范围

概念：支票是出票人签发的、委托办理支票存款业务的银行在见票时无条件支付确定的金额给收款人或者持票人的票据。支票的基本当事人为出票人、付款人和收款人。

适用范围：单位和个人在同一票据交换区域的各种款项结算，均可以使用支票。支票在其票据交换区域内可以背书转让，但用于支取现金的支票不能背书转让。

支票的出票人为在经中国人民银行当地分支行批准办理支票业务的银行机构开立可以使用支票的存款账户的单位和个人；付款人是出票人的开户银行；持票人是票面上填明的收款人，也可以是经背书转让的被背书人。出票人可以在支票上记载自己为收款人。

支票与汇票、本票相比，有两个特点：

(1) 以银行或者其他金融机构作为付款人；

(2) 见票即付。

2. 支票的种类

支票结算方式是同城结算中应用比较广泛的一种结算方式。支票按照支付票款的方式不同，分为现金支票、转账支票和普通支票3种。

(1) 支票由银行统一印制，支票上印有“现金”字样的为现金支票，现金支票只能用于支取现金，不能用于转账；

(2) 支票上印有“转账”字样的为转账支票，转账支票只能用于转账，不能用以支取现金；

(3) 未印有“现金”或“转账”字样的为普通支票，普通支票可以用于支取现金，也可以用于转账；

（4）在普通支票左上角划两条平行线的，为划线支票，划线支票只能用于转账，不得支取现金。

3. 支票的出票

（1）支票的绝对记载事项

签发支票必须记载下列事项：表明“支票”的字样；无条件支付的委托；确定的金额；付款人名称；出票日期；出票人签章。缺少上述任一事项，支票无效。

（2）支票的相对记载事项

①付款地：支票上未记载付款地的，付款人的营业场所为付款地。

②出票地：支票上未记载出票地的，出票人的营业场所、住所或者经常居住地为出票地。

（3）支票上的其他法定条件

①支票的出票人签发支票的金额不得超过付款时在付款人处实有的存款金额。

②禁止签发空头支票。出票人不得签发与其预留银行签章不符的支票；使用支付密码的，出票人不得签发支付密码错误的支票。

③支票的金额、收款人名称，可由出票人授权补记，未补记前不得背书转让和提示付款。

④支票上的出票人的签章，出票人为单位的，为与该单位在银行预留签章一致的财务专用章或者公章加其法定代表人或者其授权的代理人的签名或者盖章；出票人为个人的，为与该个人在银行预留签章一致的签名或者盖章。

（4）出票的效力

出票人做成支票并交付之后，对出票人产生相应的法律效力。

4. 支票的付款

（1）支票提示付款期限

支票限于见票即付，不得另行记载付款日期。另行记载付款日期的，该记载无效。支票的提示付款期限自出票日起 10 日，但中国人民银行另有规定的除外。

超过提示付款期限提示付款的，持票人开户银行不予受理，付款人不予付款。付款人不予付款的，出票人仍应当对持票人承担票据责任。

（2）付款

出票人在付款人处的存款足以支付支票金额时，付款人应当在当日足额付款。

（3）付款责任的解除

付款人依法支付支票金额的，对出票人不再承担受委托付款的责任，对持票人不再承担付款的责任。但是，付款人以恶意或者有重大过失付款的除外。

5. 支票办理要求

（1）签发支票的要求

①签发支票应使用碳素墨水或墨汁填写，中国人民银行另有规定的除外。签发现金支票和用于支取现金的普通支票，必须符合国家现金管理的规定。

②支票的金额、收款人名称，可由出票人授权补记，未补记前不得背书转让和提示付款。

③支票的出票人预留银行签章是银行审核支票付款的依据。银行也可以与出票人约定使用支付密码，作为银行审核支付支票金额的条件。

④支票的出票人签发支票的金额不得超过付款时在付款人处实有的存款金额。禁止签发空头支票。出票人不得签发与其预留银行签章不符的支票；使用支付密码的，出票人不得签发支付密码错误的支票。

⑤出票人签发空头支票、签章与预留银行签章不符的支票和使用支付密码地区支付密码错误的支票，银行应予以退票，并按票面金额处以 5%但不低于 1 000 元的罚款。持票人有权要求出票人赔偿支票金额 2%的赔偿金。对于屡次签发空头支票的出票人，银行有权停止为其办理支票或全部支付结算业务。

1 000 元≤银行罚款金额=票面金额×5%

持票人要求赔偿金额=票面金额×2%

（2）兑付支票的要求

①持票人可以委托开户银行收款或直接向付款人提示付款。用于支取现金的支票仅限于收款人向付款人提示付款。

②持票人委托开户银行收款时，应做委托收款背书，在支票背面背书人签章栏签章、记载“委托收款”字样和背书日期，在被背书人栏记载开户银行名称，并将支票和填制的进账单送交开户银行。

③持票人持用于转账的支票向付款人提示付款时，应在支票背面背书人签章栏签章，并将支票和填制的进账单交送出票人开户银行。

④收款人持用于支取现金的支票自付款人提示付款时，应在支票背面“收款人签章”处签章，持票人为个人的，还需交验本人身份证件，并在支票背面注明证件名称、号码及发证机关。

6. 有关支票结算的规定

支票一律记名，起点金额为 100 元，付款期限为 10 天（从签发的次日算起，遇节假日顺延），支票结算方式广泛应用于同城商品交易、劳务供应等款项的结算。

支票的小结如表 2-2 所示。

**表 2-2　　支票的小结**

| 知识点 | 内容 |
|---|---|
| 定义 | 支票是出票人签发的、委托办理支票存款业务的银行在见票时无条件支付确定的金额给收款人或者持票人的票据 |
| 支票的种类 | 现金支票：只能用于支取现金，不能用于转账<br>转账支票：只能用于转账，不能用于支取现金<br>普通支票：既可以用于支取现金，也可以用于转账<br>划线支票：只能用于转账，不能用于支取现金 |
| 适用范围 | 单位和个人在同一票据交换区域的各种款项结算，均可以使用支票（按照现行制度，异地也可以使用支票结算） |
| 绝对记载事项 | 表明“支票”的字样；无条件支付的委托；确定的金额；付款人名称；出票日期；出票人签章 |

表2-2(续)

| 知识点 | 内容 |
|---|---|
| 授权补记 | 支票的金额和收款人名称可以由出票人授权补记 |
| 空头支票 | 支票的出票人签发支票的金额不得超过付款时在付款人处实有的存款金额。禁止签发空头支票 |
| 罚款 | 签发空头支票、签发与预留银行签章不符的支票和使用支付密码地区支付密码错误的支票，银行应予退票；银行处以票面金额 5%但不低于 1 000 元的罚款；持票人有权要求出票人赔偿支票金额 2%的赔偿金 |
| 签章 | 出票人为单位的，为与该单位在银行预留签章一致的财务专用章或者公章加其法定代表人或其授权的代理人的签名或者盖章；出票人为个人的，为与该个人在银行预留签章一致的签名或者盖章 |

（二）银行汇票

1. 银行汇票的概念和适用范围

银行汇票是出票银行签发的，由其在见票时按照实际结算金额无条件支付给收款人或者持票人的票据。银行汇票的出票人，为经中国人民银行批准办理银行汇票业务的银行，出票银行为银行汇票的付款人。

银行汇票一般由汇款人将款项交存当地银行，由银行签发给汇款人持往异地办理转账结算或支取现金。

（1）单位和个人在异地、同城或同一票据交换区域的各种款项结算，均可使用银行汇票。

（2）银行汇票可以用于转账。

（3）填明“现金”字样的银行汇票也可以用于支取现金。

2. 银行汇票的记载事项

签发银行汇票必须记载下列事项：表明“银行汇票”的字样；无条件支付的承诺；出票金额；付款人名称；收款人名称；出票日期；出票人签章。必须记载事项，缺一则票据无效。

付款日期、付款地、出票地也是汇票记载的内容，与必须记载事项的区别之处是：这些事项如果未在汇票上记载，并不影响汇票本身的效力，可依法律规定推定。

未记载付款日期的，视为见票即付；未记载付款地的，以付款人的营业场所、住所或者经常居住地为付款地；未记载出票地的，以出票人的营业场所、住所或经常居住地为出票地（如表 2-3 所示）。相对记载事项若未在汇票上记载，并不影响汇票本身的效力，按照默认处理。

**表 2-3　　相对记载事项的内容**

| 相对记载事项 | 未在汇票上记载的处理 |
|---|---|
| 付款日期 | 未记载付款日期的，视为见票即付 |
| 付款地 | 未记载付款地的，以付款人的营业场所、住所或者经常居住地为付款地 |
| 出票地 | 未记载出票地的，以出票人的营业场所、住所或经常居住地为出票地 |

3. 银行汇票的基本规定

（1）银行汇票可以用于转账，标明现金字样的“银行汇票”也可以提取现金。

（2）银行汇票的付款人为银行汇票的出票银行，银行汇票的付款地为代理付款人或出票人所在地。

（3）银行汇票的出票人在票据上的签章，应为经中国人民银行批准使用的该银行汇票专用章加其法定代表人或其授权经办人的签名或盖章。

（4）银行汇票属见票即付的汇票，自出票日起 1 个月内向付款人提示付款。持票人超过付款期限向代理付款人提示付款的，代理付款人不予受理。

（5）银行汇票可以背书转让，但填明“现金”字样的银行汇票不得背书转让。银行汇票的背书转让以不超过出票金额的实际结算金额为准。未填明实际结算金额或实际结算金额超过出票金额的银行汇票不得背书转让。

（6）填明“现金”字样和代理付款人的银行汇票丧失，可以由失票人通知付款人或者代理付款人挂失止付。未填明“现金”字样和代理付款人的银行汇票丧失，不得挂失止付。

（7）银行汇票丧失，失票人可以凭人民法院出具的其享有票据权利的证明，向出票银行请求付款或退款。

4. 申办银行汇票的基本程序和规定

（1）申请。申请人使用银行汇票，应向出票银行填写“银行汇票申请书”。

（2）受理。出票银行受理银行汇票申请书，收妥款项后签发银行汇票，并用压数机压印出票金额，将银行汇票和解讫通知一并交给申请人。

（3）签发转账银行汇票，不得填写代理付款人名称，但由人民银行代理兑付银行汇票的商业银行向设有分支机构地区签发转账银行汇票的除外。签发现金银行汇票，申请人和收款人必须均为个人，收妥申请人交存的现金后，在银行汇票“出票金额”栏先填写“现金”字样，后填写出票金额，并填写代理付款人名称。申请人或者收款人为单位的，银行不得为其签发现金银行汇票。

（4）申请人应将银行汇票和解讫通知一并交付给汇票上记明的收款人。

（5）银行汇票的实际结算金额低于出票金额的，其多余金额由出票银行退给申请人。

（6）申请人因银行汇票超过付款提示期限或其他原因要求退款时，应将银行汇票和解讫通知同时交到出票银行，并提供本人身份证件或单位证明。对于代理付款银行查询要求退款的银行汇票，应在汇票提示付款期满后方能办理退款。申请人缺少解讫通知要求退款的，出票银行应于银行汇票提示付款期满一个月后办理。

5. 兑付银行汇票的基本程序和规定

（1）收款人收到银行汇票后，应首先审查下列事项：

①银行汇票和解讫通知是否齐全、汇票号码和记载的内容是否一致；

②收款人是否为本单位或本人；

③银行汇票是否在提示付款期限内；

④必须记载的事项是否齐全；

⑤出票人签章是否符合规定，是否有压数机压印的出票金额，并与大写出票金额一致；

⑥出票金额、出票日期、收款人名称是否更改，更改的其他记载事项是否由原记载人员签章证明。

（2）审查无误后，收款人应在出票金额以内，根据实际需要的款项办理结算，并将实际结算金额和多余金额准确、清晰地填入银行汇票和解讫通知的有关栏内。

未填明实际结算金额和多余金额或实际结算金额超过出票金额的，银行不予受理。

银行汇票的实际结算金额不得更改，更改实际结算金额的银行汇票无效。

在提示付款时，收款人应在汇票背面“持票人向银行提示付款签章”处加盖预留银行印鉴，同时填写进账单，连同银行汇票一并交开户银行转账。收款人应根据银行盖章退回的进账单回单联及有关单据编制记账凭证。

（3）收款人可以将银行汇票背书转让给被背书人，但填明“现金”字样的银行汇票不得背书转让。银行汇票的背书转让以不超过出票金额的实际结算金额为准。

未填写实际结算金额或实际结算金额超过出票金额的银行汇票不得背书转让。

（4）被背书人受理银行汇票时，除按照前述要求审查汇票外，还应审查下列事项：

①银行汇票是否记载实际结算金额，有无更改，其金额是否超过出票金额；

②背书是否连续，背书人签章是否符合规定，背书使用粘单的是否按规定签章；

③背书人为个人的身份证件。

（5）持票人向银行提示付款时，必须同时提交银行汇票和解讫通知，缺少任何一联，银行不予受理。

（6）未在银行开立存款账户的个人持票人，可以向选择的任何一家银行机构提示付款。提示付款时，应在汇票背面“持票人向银行提示付款签章”处签章，并填明本人身份证件名称、号码及发证机关，由其本人向银行提交身份证件及其复印件。银行审核无误后，将其身份证件复印件留存备查，并以持票人的姓名开立应解汇款及临时存款账户，该账户只付不收，付完清户，不计付利息。

转账支付的，应由原持票人向银行填制支款凭证，并由本人交验其身份证件办理支付款项。该账户的款项只能转入单位或个体工商户的存款账户，严禁转入储蓄和信用卡账户。

支取现金的，银行汇票上必须有出票银行按规定填明的“现金”字样，才能办理。未填明“现金”字样，需要支取现金的，由银行按照国家现金管理规定审查支付。

（7）持票人超过期限向代理付款银行提示付款不获付款的，须在票据权利时效内向出票银行做出说明，并提供本人身份证件或单位证明，持银行汇票和解讫通知向出票银行请求付款。出票银行对于转账银行汇票的退款，只能转入原申请人账户；对于符合规定填明“现金”字样银行汇票的退款，才能退付现金。申请人缺少解讫通知要求退款的，出票银行应于银行汇票提示付款期满一个月后办理。

（8）银行汇票丧失，失票人可以凭人民法院出具的其享有票据权利的证明，向出票银行请求付款或退款。

银行汇票的小结如表2-4所示。

表 2-4　　银行汇票的小结

| 知识点 | 内容 |
|---|---|
| 定义 | 银行汇票是出票银行签发的，由其在见票时按照实际结算金额无条件支付给收款人或者持票人的票据 |
| 特点 | 银行汇票具有使用灵活、票随人到、兑现性强等特点，适用于先收款后发货或钱货两清的商品交易 |
| 适用范围 | 单位和个人在异地、同城或统一票据交换区域的各种款项结算，均可使用银行汇票 |
| 提示付款期限 | 出票日起 1 个月 |
| 现金字样的银行汇票 | 申请人和收款人均为个人，才可申请签发现金银行汇票<br>注意：申请人和收款人为单位的，不得为其签发现金银行汇票 |
| 银行不予受理的银行汇票 | （1）未填明实际结算金额<br>（2）多余金额或实际结算金额超过出票金额的 |
| 银行汇票和解讫通知 | 持票人向银行提示付款时，必须同时提交银行汇票和解讫通知，缺少任何一联，银行不予受理（理解：银行汇票和解讫通知共存亡） |
| 绝对记载事项 | 表明“银行汇票”的字样；无条件支付的承诺；出票金额；付款人名称；收款人名称；出票日期；出票人签章 |
| 相对记载事项 | 付款日期、付款地、出票地 |
| 实际结算金额与出票金额 | （1）实际结算金额<出票金额的<br>（2）银行汇票的实际结算金额不得更改 |

（三）银行本票

1. 银行本票的概念和种类

银行本票是银行签发的，承诺自己在见票时无条件支付确定的金额给收款人或者持票人的票据。银行本票的代理付款人是代理出票银行审核支付本票款项的银行。

银行本票分为定额本票和不定额本票两种。定额银行本票面额为 1 000 元、5 000 元、1 万元和 5 万元。

2. 银行本票的使用范围

（1）单位和个人在同一票据交换区域需要支付各种款项，均可以使用银行本票。

（2）银行本票可以用于转账，注明“现金”字样的银行本票可以用于支取现金。

3. 银行本票的记载事项

签发银行本票必须记载下列事项：表明“银行本票”的字样；无条件支付的承诺；确定的金额；收款人的名称；出票日期；出票人签章。欠缺记载上列六项内容之一的，银行本票无效。

银行本票的相对必要记载事项包括两项内容：①付款地。本票上未记载付款地的，出票人的营业场所为付款地。②出票地。本票上未记载出票地的，出票人的营业场所为出票地。

4. 银行本票的提示付款期限

银行本票的提示付款期限自出票日起最长不得超过 2 个月。持票人超过付款期限提示付款的，代理付款人不予受理。

（四）商业汇票

1. 商业汇票的概念、种类和付款期限

（1）商业汇票，是指出票人签发的，委托付款人在见票时或者在指定日期无条件支付确定的金额给收款人或者持票人的票据。

（2）商业汇票按承兑人的不同，分为商业承兑汇票和银行承兑汇票。

（3）商业汇票的付款期限，最长不得超过 6 个月。商业汇票的提示付款期限，自汇票到期日起 10 日。

2. 商业汇票的出票

（1）出票人的确定

商业承兑汇票的出票人，为在银行开立存款账户的法人以及其他组织，与付款人具有真实的委托付款关系，具有支付汇票金额的可靠资金来源。

银行承兑汇票的出票人必须具备下列条件：

①在承兑银行开立存款账户的法人以及其他组织；

②与承兑银行具有真实的委托付款关系；

③资信状况良好，具有支付汇票金额的可靠资金来源。

（2）商业汇票的绝对记载事项

签发商业汇票必须记载下列事项，欠缺记载这些事项之一的，商业汇票无效：

①表明“商业承兑汇票”或“银行承兑汇票”的字样；

②无条件支付的委托；

③确定的金额；

④付款人名称；

⑤收款人名称；

⑥出票日期；

⑦出票人签章。

（3）商业汇票的相对记载事项

相对记载事项未在汇票上记载，并不影响汇票本身的效力，汇票仍然有效。

汇票上未记载付款日期的，为见票即付；

汇票上未记载付款地的，付款人的营业场所、住所或者经常居住地为付款地；

汇票上未记载出票地的，出票人的营业场所、住所或者经营居住地为出票地。

（4）商业汇票出票的效力

①对收款人的效力。收款人取得出票人发出的汇票后，即取得票据权利，主要有付款请求权、追索权。

②对付款人的效力。付款人承兑后，即成为汇票上的主债务人。

③对出票人的效力。出票人签发汇票后，即承担保证该汇票承兑和付款的责任。

（5）商业汇票出票的法定要求

在银行开立存款账户的法人以及其他组织之间，必须具有真实的交易关系或债权债务关系才能使用商业汇票，个人不能使用商业汇票。

出票人不得签发无对价的商业汇票用以骗取银行或者其他票据当事人的资金。

3. 商业汇票的承兑

承兑，指汇票付款人承诺在汇票到期日支付汇票金额的票据行为。承兑是汇票的特有制度，本票和支票都没有承兑。

承兑程序包括提示承兑和承兑成立。

（1）承兑的程序

①提示承兑

提示承兑是指持票人向付款人出示汇票，并要求付款人承诺付款的行为。

定日付款或者出票后定期付款的汇票，持票人应当在汇票到期日前向付款人提示承兑。

见票后定期付款的汇票，持票人应当自出票日起 1 个月内向付款人提示承兑。

见票即付的汇票无须提示承兑。

②承兑成立

a. 承兑时间：付款人对向其承兑的汇票，应当在收到提示承兑的汇票之日起 3 日内承兑或拒绝承兑。

b. 接受承兑：付款人收到持票人提示承兑的汇票时，应当向持票人签发收到汇票的回单。

c. 承兑格式：付款人必须在汇票正面记载“承兑”字样，不记载的，承兑不成立。付款人应在汇票正面记载承兑日期；未记载日期的，以付款人 3 天考虑时间的最后一天为承兑期。

付款人必须在汇票正面签章，未签章的，承兑不成立。见票后定期付款的汇票，应当在承兑时记载付款日期。

d. 退回已承兑的汇票：付款人按承兑格式填写完记载事项后，将已承兑的汇票退回给持票人，承兑才生效。

付款人承兑汇票不得附有条件；承兑附有条件的，视为拒绝承兑。

（2）承兑的效力

①承兑人于汇票到期日必须向持票人无条件地支付汇票上的金额，否则其必须承担迟延付款责任；

②承兑人必须对汇票上的一切权利人承担责任，该等权利人包括付款请求权人和追索权人；

③承兑人不得以其与出票人之间的资金关系来对抗持票人，拒绝支付汇票金额；

④承兑人的票据责任不因持票人未在法定期限提示付款而解除。

（3）承兑不得附有条件

付款人承兑商业汇票，不得附有条件；承兑附有条件的，视为拒绝承兑。

4. 商业汇票的付款

商业汇票的付款，是指付款人依据票据文义支付票据金额，以消灭票据关系的行为。

(1) 提示付款

付款提示，是指持票人向付款人或承兑人出示票据，请求付款的行为。持票人只有在法定期限内为付款提示的，才产生法律效力。

《票据法》规定，持票人应当按照下列法定期限提示付款：

①见票即付的汇票（银行汇票），自出票日起 1 个月内向付款人提示付款。

②定日付款、出票后定期付款或者见票后定期付款的汇票，自到期日起 10 日内向承兑人提示付款。持票人未按照前款规定期限提示付款的，在做出说明后，承兑人或者付款人仍应当继续对持票人承担付款责任。

提示付款期限指自汇票到期日起，通过开户银行委托收款或直接向付款人提示付款的期限。持票人超过提示付款期限提示付款的，持票人开户银行不予受理。比如 4 月 1 号 A 公司与 B 公司签订买卖合同，A 公司已发货给 B 公司，B 公司开具了一张 100 万的 3 个月后到期的银行承兑汇票。7 月 1 日汇票到期 B 公司应在 7 月 1 日—7 月 10 日提示付款。

(2) 支付票款

持票人按照上述规定向付款人或承兑人进行付款提示后，付款人必须无条件地在当日按票据金额足额支付给持票人。

持票人获得付款的，应当在汇票上签收，并将汇票交给付款人。

(3) 付款的效力

付款人依法足额付款后，全体汇票债务人的责任解除。

5. 商业汇票的背书

商业汇票背书是指以转让商业汇票权利或者将一定的商业汇票权利授予他人行使为目的，按照法定的事项和方式在商业汇票背面或粘单上记载有关事项并签章的行为。

(1) 背书的形式

①被背书人名称——绝对记载事项；

②背书人签章——绝对记载事项；

③背书日期。

未记载背书日期的，视为在汇票到期日前背书。

背书记载“委托收款”字样，被背书人有权利代背书人行使被委托的汇票权利。但是，被背书人不得再以背书转让汇票权利。

汇票可以设定质押。质押时应当以背书记载“质押”字样。被背书人依法实现其质权时，可以行使汇票权利。

背书不得记载以下事项：

①背书不得附有条件。背书时附有条件的，所附条件不具有票据上的效力。但不影响背书行为本身的效力。

②将汇票的一部分转让的背书或者将汇票金额分别转让给二人以上的背书，背书无效。

禁止背书指出票人或背书人在票据上记载“不得转让”等类似文句，以禁止票据权利的转让。

①出票人的禁止背书是指出票人在汇票的正面记载“不得转让”字样，其后手再背书转让的，不发生票据法的效力，只具有普通债权让与的效力。出票人对受让人不承担票据责任。例如：A 企业出票给 B 企业，同时在汇票上记载“不得转让”字样。B 企业将汇票背书转让给 C 企业，如果持票人 C 企业被拒绝付款，则 C 企业不能向出票人 A 企业进行追索。

②背书人的禁止背书是指背书人在汇票的背面记载“不得转让”字样，其后手再背书转让的，原背书人对直接被背书人以后通过背书方式取得汇票的一切当事人不负担保责任。例如：A 企业出票给 B 企业，B 企业将汇票背书转让给 C 企业，同时在汇票上记载“不得转让”字样。C 企业又将汇票转让给了 D 企业。如果持票人 D 企业被拒绝付款，则 D 企业可以向出票人 A 企业、背书人 C 企业进行追索，但是不能向 B 企业进行追索。B 企业对其直接的后手 C 企业承担保证责任，C 企业向 D 企业的背书转让是有效的，D 企业可以向出票人 A 企业、背书人 C 企业进行追索，但是不能向 B 企业进行追索。

背书时粘单的使用：

背书应当记载在票据的背面或者粘单上，而不得记载在票据的正面。背书栏不附背书的，可以使用统一格式的粘单，黏附于票据凭证上规定的粘接处。粘单上的第一记载人，应当在票据和粘单粘贴处签章。

（2）背书连续

背书连续是指在票据转让中，转让汇票的背书人与受让汇票的被背书人在汇票上的签章依次前后衔接。如果背书不连续，付款人可以拒绝向持票人付款，否则付款人得自行承担责任。

（3）法定禁止背书

①被拒绝承兑的汇票。

②被拒绝付款的汇票。

③超过付款提示期限以及票据权利中的付款权利已经丧失的汇票。

上述汇票背书转让的，背书人应当承担背书责任。

6. 商业汇票的保证

（1）保证的当事人

保证人是指票据债务人以外的，为票据债务的履行提供担保而参与票据关系中的第三人。

已成为票据债务人的，不得再充当票据上的保证人。

（2）保证的格式

①表明“保证”的字样；

②保证人名称和住所；

③被保证人的名称；

④保证日期；

⑤保证人签章。

票据保证记载的事项，有绝对记载事项和相对记载事项。绝对记载事项包括保证文句和保证人签章两项。相对记载事项包括被保证人的名称、保证日期和保证人住所。保证不得附有条件；附有条件的，不影响对汇票的保证责任。

(3) 保证的效力

①保证人的责任。

被保证的汇票，保证人应当与被保证人对持票人承担连带责任。

②共同保证人的责任。

在共同保证的情况下，持票人可以不分先后向保证人中的一人或者数人或者全体就全部票据金额及有关费用行使票据权利，共同保证人不得拒绝。

③保证人的追索权。

保证人清偿汇票债务后，可以行使持票人对被保证人及其前手的追索权。

注意：

商业承兑汇票可分别由双方约定由银行以外的付款人承兑。若由付款人签发的则应由其本人承兑；若由收款人签发的则应由付款人承兑。

银行承兑汇票由收款人或承兑申请人签发后，承兑申请人应向开户行申请承兑，银行按规定审查，符合条件的即与承兑申请人签订承兑协议，并在汇票上签章，且收取一定的手续费。

有关商业汇票结算的规定有：①商业汇票一律记名，可以背书转让，也可以贴现(贴现是指汇票持有人将未到期的商业汇票交给银行，银行按照票面金额扣收自贴现日至汇票到期日期间的利息，将票面金额扣除贴现利息后的净额交给汇票持有人。商业汇票持有人在资金暂时不足的情况下，可以凭承兑的商业汇票向银行办理贴现，以提前取得货款。商业汇票持有人办理汇票贴现)。②承兑期限由交易双方商定，最长不得超过 6 个月。若分期付款应该一次签发若干张不同期限的汇票。

这种结算方式，适用于同城或异地签有购销合同的商品交易。企业之间相互提供劳务等非商品交易，不能采用这种结算方式。

(五) 汇兑

1. 汇兑的概念和分类

(1) 概念：汇兑是汇款人委托银行将其款项支付给收款人的结算方式。单位和个人的各种款项的结算，均可使用汇兑结算方式。

(2) 种类：根据支付方式不同，汇兑可分为信汇、电汇两种。信汇是以邮寄方式将汇款凭证转给外地收款人指定的汇入行，而电汇则是以电报方式将汇款凭证转发给收款人指定的汇入行。

2. 办理汇兑的程序

(1) 签发汇兑凭证

签发汇兑凭证必须记载下列事项：

①表明“信汇”或“电汇”的字样；

②无条件支付的委托；

③确定的金额；

④收款人名称；

⑤汇款人名称；

⑥汇入地点、汇入行名称；

⑦汇出地点、汇出行名称；

⑧委托日期；

⑨汇款人签章。

委托日期是指汇款人向汇出银行提交汇兑凭证的当日。

汇兑凭证上欠缺上列记载事项之一的，银行不予受理。汇兑凭证记载的汇款人名称、收款人名称，其在银行开立存款账户的，必须记载其账号。欠缺记载的，银行不予受理。

汇兑凭证上记载收款人为个人的，收款人需要到汇入银行领取汇款，汇款人应在汇兑凭证上注明“留行待取”字样；“留行待取”的汇款，需要指定单位的收款人领取汇款的，应注明收款人的单位名称；信汇凭收款人签章支取的，应在信汇凭证上预留其签章。

汇款人确定不得转汇的，应在汇兑凭证备注栏注明“不得转汇”字样。汇款人和收款人均为个人，需要在汇入银行支取现金的，应在信、电汇凭证的汇款金额大写栏，先填写“现金”字样，后填写汇款金额。

（2）银行受理

汇出银行受理汇款人签发的汇兑凭证，经审查无误后，应及时向汇入银行办理汇款，并向汇款人签发汇款回单。汇款回单只能作为汇出银行受理汇款的依据，不能作为该笔汇款已转入收款人账户的证明。

（3）汇入处理

汇入银行对开立存款账户的收款人，应将汇给其的款项直接转入收款人账户，并向其发出收账通知。收账通知是银行将款项确已收入收款人账户的凭据。

未在银行开立存款账户的收款人，凭信、电汇的取款通知或留行待取的，向汇入银行支取款项，必须交验本人的身份证件，在信、电汇凭证上注明证件名称、号码及发证机关，并在“收款人签盖章”处签章；信汇凭签章支取的，收款人的签章必须与预留信汇凭证上的签章相符。银行审查无误后，以收款人的姓名开立应解汇款及临时存款账户，该账户只付不收，付完清户，不计付利息。

支取现金的，信、电汇凭证上必须有按规定填明的“现金”字样，才能办理。未填明现金字样，需要支取现金的，由汇入银行按照国家现金管理规定审查支付。

收款人需要委托他人向汇入银行支取款项的，应在取款通知上签章，注明本人身份证件名称、号码、发证机关和代理字样以及代理人姓名。代理人代理取款时，也应在取款通知上签章，注明其身份证件名称、号码及发证机关，并同时交验代理人和被代理人的身份证件。

转账支付的，应由原收款人向银行填制支款凭证，并由本人交验其身份证件办理支付款项。该账户的款项只能转入单位或个体工商户的存款账户，严禁转入储蓄和信用卡账户。转汇的，应由原收款人向银行填制信、电汇凭证，并由本人交验其身份证件。转汇的收款人必须是原收款人。原汇入银行必须在信、电汇凭证上加盖“转汇”戳记。

3. 汇兑的撤销和退汇

（1）汇兑的撤销

汇款人对汇出银行尚未汇出的款项可以申请撤销。申请撤销时，应出具正式函件或本人身份证件及原信、电汇回单。汇出银行查明确未汇出款项的，收回原信、电汇回单，方可办理撤销。

（2）申请退汇

汇款人对汇出银行已经汇出的款项可以申请退汇。转汇银行不得受理汇款人或汇出银行对汇款的撤销或退汇。

①对在汇入银行开立存款账户的收款人，由汇款人与收款人自行联系退汇。

②对未在汇入银行开立存款账户的收款人，汇款人应出具正式函件或本人身份证件以及原信、电汇回单，由汇出银行通知汇入银行，经汇入银行核实汇款确未支付，并将款项退回汇出银行，方可办理退汇。

③汇入银行对于收款人拒绝接受的汇款，应即办理退汇。

④汇入银行对于向收款人发出取款通知，经过 2 个月无法交付的汇款，应主动办理退汇。

（六）委托收款

1. 委托收款的概念

委托收款是收款人委托银行向付款人收取款项的结算方式。委托收款结算款项的划回方式，分邮寄和电报两种，由收款人选用。

单位和个人凭已承兑商业汇票、债券、存单等付款人债务证明办理款项的结算均可以使用委托收款结算方式。

委托收款在同城、异地均可以使用。

2. 委托收款的记载事项

签发委托收款凭证必须记载下列事项：表明“委托收款”的字样；确定的金额；付款人名称；收款人名称；委托收款凭据名称及附寄单证张数；委托日期及收款人签章。

3. 委托收款的结算规定

（1）委托收款办理办法

收款人办理委托收款应向银行提交委托收款凭证和有关的债务证明。银行接到寄来的委托收款凭证及债务证明，审查无误办理付款。

①以银行为付款人的，银行应在当日将款项主动支付给收款人。

②以单位为付款人的，银行通知付款人后，付款人应于接到通知的当日书面通知银行付款。

如果付款人未在接到通知的次日起 3 日内通知银行付款的，视同付款人同意付款，银行应于付款人接到通知日的次日起第 4 日上午开始营业时将款项划给收款人。银行在办理划款时，付款人存款账户不能足额支付的，应通过被委托银行向收款人发出未付款通知书。

（2）委托收款的注意事项

①付款人审查有关债务证明后，对收款人委托收款的款项有权提出拒绝付款，连同有关债务证明、凭证寄给被委托银行，转交收款人；以单位为付款人的，应在付款人接到通知日的次日起 3 日内出具拒绝证明，持有债务证明的，应将其送交开户银行。银行将拒绝证明、债务证明和有关凭证一并寄给被委托银行，转交收款人。

②收款人收取公用事业费，必须具有收付双方事先签订的经济合同，由付款人向开户银行授权，并经开户银行同意，报经中国人民银行当地分支行批准，可以使用同城特约委托收款。

（七）托收承付

1. 托收承付的概念

托收承付，是指根据购销合同由收款人发货后委托银行向异地购货单位收取货款，购货单位根据合同核对单证或验货后，向银行承认付款的一种结算方式。

托收承付结算每笔的金额起点为 1 万元。新华书店系统每笔的金额起点为 1 000 元。

2. 托收承付的结算规定

签发托收承付凭证必须记载下列事项：表明“托收承付”的字样；确定的金额；付款人名称及账号；收款人名称及账号；付款人开户银行名称；收款人开户银行名称；托收附寄单证张数或册数；合同名称、号码；委托日期；收款人签章。

使用托收承付结算方式的收款单位和付款单位，必须是国有企业、供销合作社以及经营管理较好，并经开户银行审查同意的城乡集体所有制工业企业。

办理托收承付结算的款项，必须是商品交易，以及因商品交易而产生的劳务供应的款项。代销、寄销、赊销商品的款项，不得办理托收承付结算。

异地托收承付结算款项的划回方法，分邮寄和电报两种，由收款人选用。

3. 托收承付结算的办理要求

（1）收付双方使用托收承付结算必须签有符合合同法的购销合同，并在合同上注明使用托收承付结算方式。收款人办理托收，必须具有商品确已发运的证件。收款人按照签订的购销合同发货后，委托银行办理托收经收款人开户银行审查后办理。

（2）付款人开户银行收到托收凭证及其附件后，应当及时通知付款人。验单付款的承付期为 3 天，从付款人开户银行发出承付通知的次日算起（承付期内遇法定休假日顺延）；验货付款的承付期为 10 天，从运输部门向付款人发出提货通知的次日算起。

付款人在承付期内，未向银行表示拒绝付款，银行即视作承付，并在承付期满的次日（法定休假日顺延）上午银行开始营业时，将款项主动从付款人的账户内付出，按照收款人指定的划款方式，划给收款人。

（3）付款人在承付期满日银行营业终了时，如无足够资金支付，其不足部分，即为逾期未付款项，按逾期付款处理。

（4）付款人在承付期内，对不符合规定条件的款项，可向银行提出全部或部分拒绝付款。

（5）收款人对被无理拒绝付款的托收款项，在收到退回的结算凭证及其所附单证后，可以委托银行重办托收。

（6）收付双方办理托收承付结算，必须重合同、守信用。收款人对同一付款人发货托收累计 3 次收不回货款的，收款人开户银行应暂停收款人向该付款人办理托收；付款人累计 3 次提出无理拒付的，付款人开户银行应暂停其向外办理托收。

（八）国内信用证

1. 国内信用证的概念

国内信用证（简称信用证）是指适用于国内贸易的一种支付结算方式，是开证银行依照申请人（购货方）的申请向受益人（销货方）开出的有一定金额、在一定期限内凭信用证规定的单据支付款项的书面承诺。

2. 国内信用证的结算方式

国内信用证结算方式只适用于国内企业之间商品交易产生的货款结算，并且只能用于转账结算，不得支取现金。

## 四、账户设置及处理

为了反映和监督其他货币资金的收支和结存情况，企业应当设置“其他货币资金”科目，借方登记其他货币资金的增加数，贷方登记其他货币资金的减少数，期末余额在借方，反映企业实际持有的其他货币资金。本科目应按其他货币资金的种类设置明细科目：外埠存款、银行汇票、银行本票、信用卡、信用证保证金存款和存出投资款。

1. 将银行存款存为其他货币资金时

借：其他货币资金——外埠存款/银行汇票/银行本票

——信用证保证金/存出投资款

贷：银行存款

2. 使用其他货币资金购买材料时

借：原材料应交税费——应交增值税（进项税）

贷：其他货币资金——外埠存款/银行汇票存款/银行本票存款/信用证保证金

存款特殊情况：用信用卡消费时，借方替换成管理费用；贷方的二级科目换成“信用卡存款”；用存出投资款进行投资时，借方替换成交易性金融资产/长期股权投资，贷方的二级科目换成“存出投资款”。

3. 退回多余的款项时

与存为其他货币资金时的分录相反。

# 岗位实战训练

## 活动 1　与收支相关的原始凭证填制

1. 现金支票——提取备用金

2016 年 2 月 1 日，北京南方股份有限公司开出 1 000. 00 元的现金支票一张，从银行提取备用金，请填写现金支票（见图 2-1 和图 2-2）。（密码器的签发人口令是 123456）

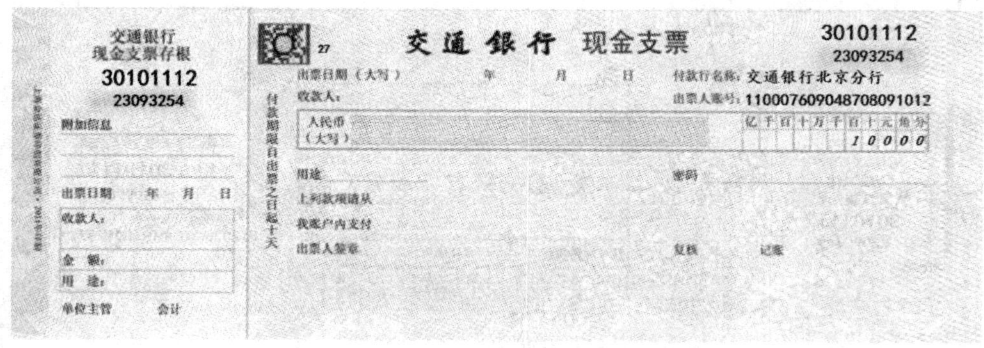

交通银行
现金支票存根
30101112
23093254
附加信息
出票日期　年　月　日
收款人：
金　额：
用　途：
单位主管　会计

27　交通银行　现金支票　30101112
23093254
出票日期（大写）　年　月　日　付款行名称：交通银行北京分行
收款人：　出票人账号：110007609048708091012
付款期限自出票之日起十天

| 人民币（大写） | 亿 | 千 | 百 | 十 | 万 | 千 | 百 | 十 | 元 | 角 | 分 |
|---|---|---|---|---|---|---|---|---|---|---|---|
| | | | | | | | 1 | 0 | 0 | 0 | 0 |

用途　密码
上列款项请从
我账户内支付
出票人签章　复核　记账

图 2-1　现金支票

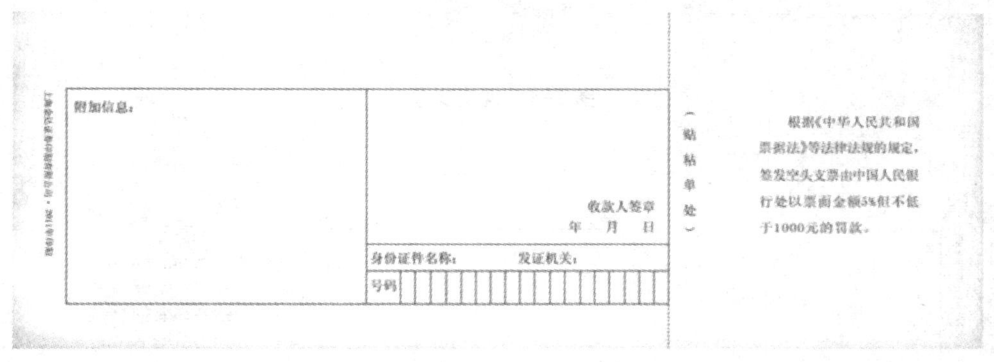

附加信息：
收款人签章
年　月　日
身份证件名称：　发证机关：
号码
（贴粘单处）
根据《中华人民共和国票据法》等法律法规的规定，签发空头支票由中国人民银行处以票面金额5%但不低于1000元的罚款。

图 2-2　现金支票

2. 现金支票——支付员工借款

2016 年 4 月 10 日，耀洋贸易有限公司销售员林建国预借差旅费 2 500. 00 元（借款单见图 2-3），出纳签发现金支票给林建国（签发支票给个人），请填制现金支票（见图 2-4 和图 2-5）。（密码器的签发人口令是 123456）

借款单

2016年04月10日　　第098723号

| 借款部门 | 销售部 | 姓名 | 林建国 | 事由 | 出差 |
|---|---|---|---|---|---|
| 借款金额（大写） | 零万贰仟伍佰零拾零元零角零分 | | ¥2500.00 | | |
| 部门负责人签署 | 同意　董艳燕 | 借款人签章 | 林建国 | 注意事项 | 一、凡借用公款必须使用本单<br>二、出差返回后三天内结算 |
| 单位领导批示 | 同意　曾柯昕 | 财务经理审核意见 | 刘阿兰 | | |

图 2-3　借款单

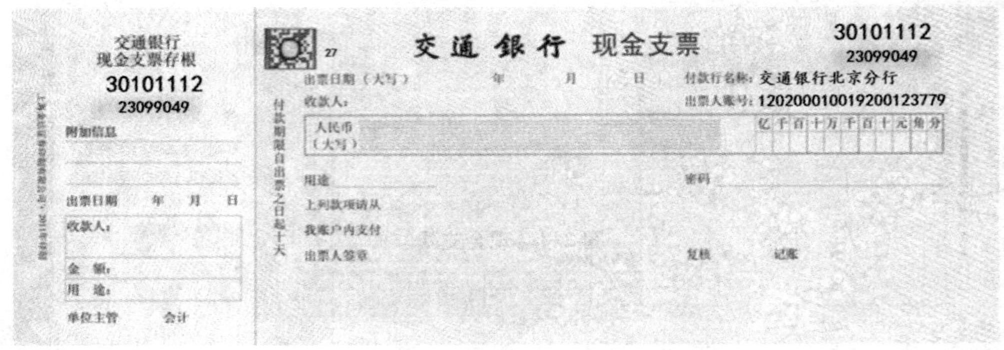

交通银行
现金支票存根
30101112
23099049
附加信息
出票日期　年　月　日
收款人：
金　额：
用　途：
单位主管　会计

交通银行　现金支票　30101112　23099049
出票日期（大写）　年　月　日　付款行名称：交通银行北京分行
收款人：　出票人账号：120200010019200123779
付款期限自出票之日起十天
人民币（大写）　亿 千 百 十 万 千 百 十 元 角 分
用途　密码
上列款项请从
我账户内支付
出票人签章　复核　记账

图 2-4　现金支票

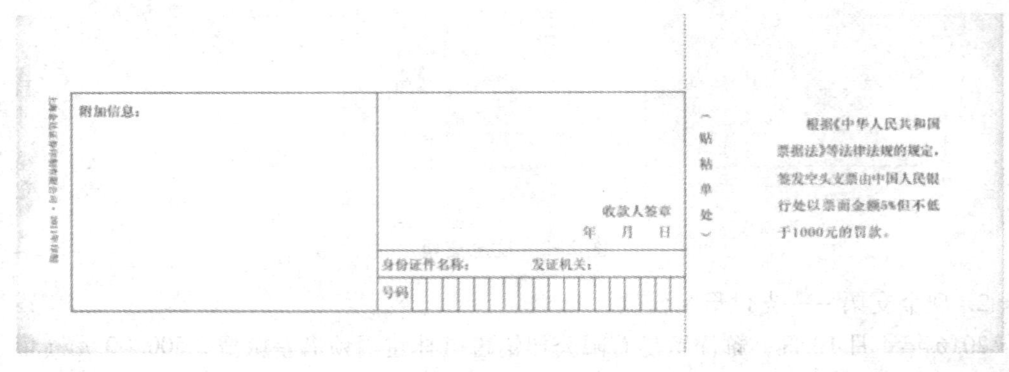

附加信息：
收款人签章
年　月　日
身份证件名称：　发证机关：
号码
（贴粘单处）
根据《中华人民共和国票据法》等法律法规的规定，签发空头支票由中国人民银行处以票面金额5%但不低于1000元的罚款。

图 2-5　现金支票

3. 现金支票——支付个人劳务费

2016 年 7 月 10 日，北京化工有限公司签发现金支票支付张菊红个人劳务费，请填制现金支票（具体见图 2-6、图 2-7 及图 2-8）。（密码器的签发人口令是 123456）

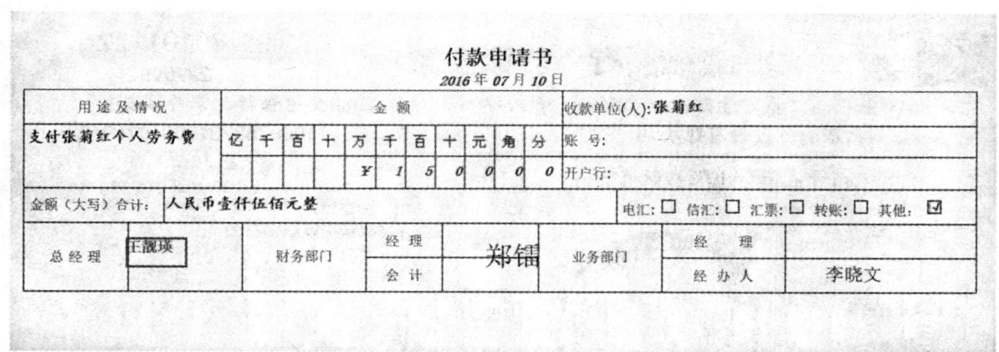

付款申请书

2016 年 07 月 10 日

| 用途及情况 | 金额 | | | | | | | | | | | 收款单位(人):张菊红 |
|---|---|---|---|---|---|---|---|---|---|---|---|---|
| 支付张菊红个人劳务费 | 亿 | 千 | 百 | 十 | 万 | 千 | 百 | 十 | 元 | 角 | 分 | 账号: |
| | | | | | | ¥ | 1 | 5 | 0 | 0 | 0 | 开户行: |
| 金额(大写)合计: | 人民币壹仟伍佰元整 | | | | | | | | | | | 电汇:☐ 信汇:☐ 汇票:☐ 转账:☐ 其他:☑ |

| 总经理 | 王觐瑛 | 财务部门 | 经理 | 郑镭 | 业务部门 | 经理 | |
|---|---|---|---|---|---|---|---|
| | | | 会计 | | | 经办人 | 李晓文 |

图 2-6　付款申请书

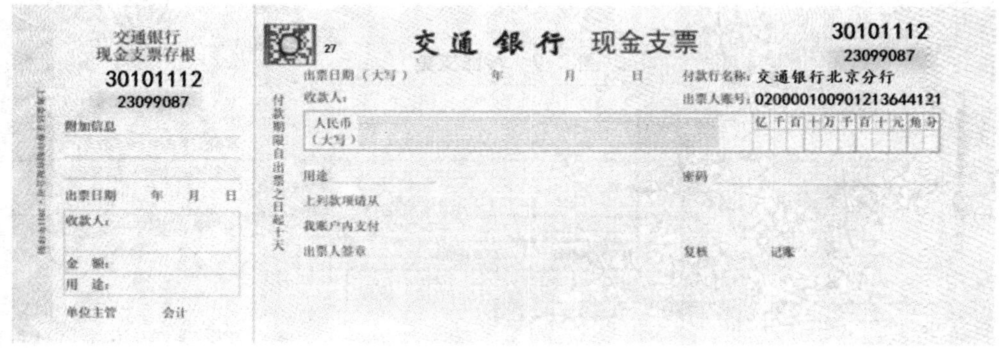

交通银行
现金支票存根
30101112
23099087
附加信息
出票日期　年　月　日
收款人:
金额:
用途:
单位主管　会计

交通银行　现金支票　30101112 23099087
出票日期(大写)　年　月　日　付款行名称:交通银行北京分行
收款人:　出票人账号:0200001009012136441 21
人民币(大写)　亿 千 百 十 万 千 百 十 元 角 分
付款期限自出票之日起十天
用途　密码
上列款项请从
我账户内支付
出票人签章　复核　记账

图 2-7　现金支票

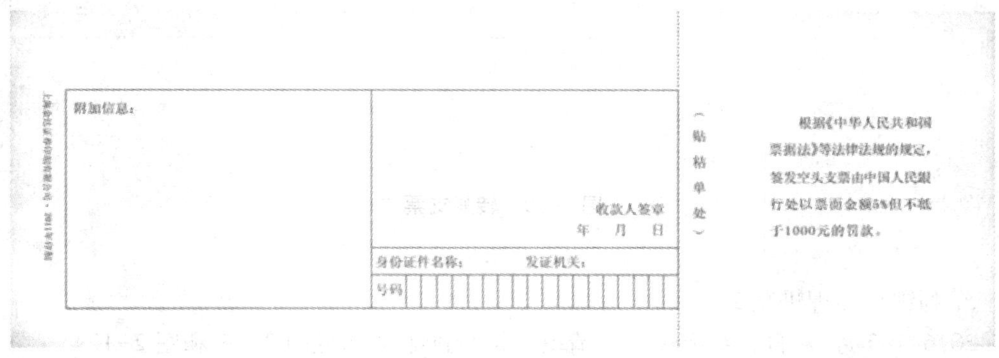

附加信息:

收款人签章
年　月　日
身份证件名称:　发证机关:
号码

(粘贴单处)

根据《中华人民共和国票据法》等法律法规的规定,签发空头支票由中国人民银行处以票面金额5%但不低于1000元的罚款。

图 2-8　现金支票

4. 收到转账支票 1

2016 年 5 月 14 日,北京南方股份有限公司收到昌盛实业有限公司的一张转账支票,到本公司开户行(交通银行北京分行)办理进账前先进行支票的背书处理,然后转下题填写进账单(见图 2-9 和图 2-10)。

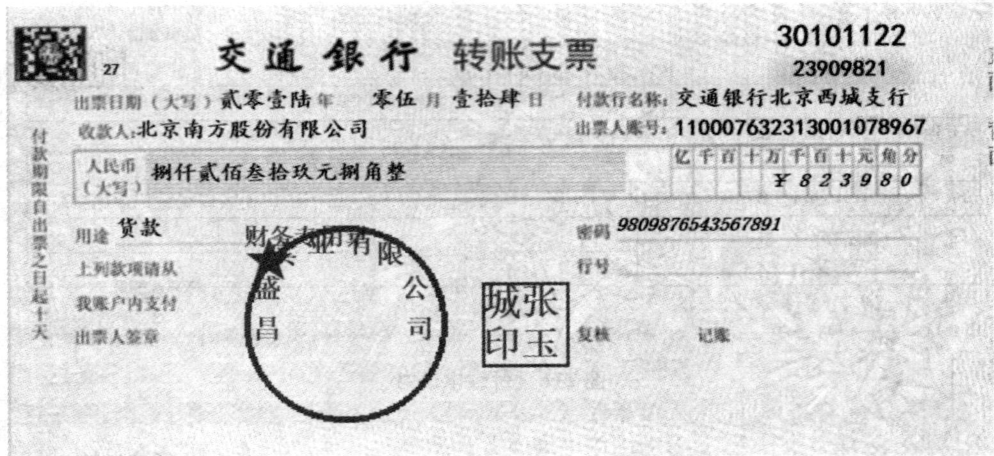

交通银行 转账支票 30101122
27 23909821

出票日期（大写）贰零壹陆年 零伍月 壹拾肆日 付款行名称：交通银行北京西城支行
收款人：北京南方股份有限公司 出票人账号：11000763231300l078967

| 人民币（大写） | 捌仟贰佰叁拾玖元捌角整 | 亿 | 千 | 百 | 十 | 万 | 千 | 百 | 十 | 元 | 角 | 分 |
|---|---|---|---|---|---|---|---|---|---|---|---|---|
| | | | | | | ¥ | 8 | 2 | 3 | 9 | 8 | 0 |

付款期限自出票之日起十天

用途 货款 密码 9809876543567891
上列款项请从 行号
我账户内支付
出票人签章 复核 记账

盛昌实业有限公司 财务专用章
张玉印城

图 2-9 转账支票

| 附加信息： | 被背书人 | 被背书人 |
|---|---|---|
| | 背书人签章<br>年 月 日 | 背书人签章<br>年 月 日 |

上海金坛证券印刷有限公司·2011年印制

图 2-10 转账支票

5. 到银行办理进账 2

2016 年 5 月 14 日，承上一题，请填写银行进账单（见图 2-11 和图 2-12）。

**交通银行　进账单（回　单）　1**

年　月　日

| 出票人 | 全　称 | | 收款人 | 全　称 | |
|---|---|---|---|---|---|
| | 账　号 | | | 账　号 | |
| | 开户银行 | | | 开户银行 | |
| 金额 | 人民币（大写） | | | 亿 千 百 十 万 千 百 十 元 角 分 | |
| 票据种类 | | 票据张数 | | | |
| 票据号码 | | | | | |
| 复核　记账 | | | | 开户银行签章 | |

此联是开户银行交给持票人的回单

图 2-11　进账单

**交通银行　进账单（贷方凭证）　2**

年　月　日

| 出票人 | 全　称 | | 收款人 | 全　称 | |
|---|---|---|---|---|---|
| | 账　号 | | | 账　号 | |
| | 开户银行 | | | 开户银行 | |
| 金额 | 人民币（大写） | | | 亿 千 百 十 万 千 百 十 元 角 分 | |
| 票据种类 | | 票据张数 | | | |
| 票据号码 | | | | | |
| 备注： | | | | 复核：　记账： | |

此联由收款人开户银行作贷方凭证

图 2-12　进账单

6. 转账支票——支付货款

2016 年 4 月 11 日，北京化工有限公司从联科化工有限公司购进原材料一批，价款 9 580. 00 元，以转账支票支付，请填制转账支票（见图 2-13 和图 2-14）。（密码器的签发人口令是 123456）

**付款申请书**

2016 年 04 月 11 日

| 用途及情况 | 金额 | | | | | | | | | | | 收款单位(人):联科化工有限公司 |
|---|---|---|---|---|---|---|---|---|---|---|---|---|
| 支付货款 | 亿 | 千 | 百 | 十 | 万 | 千 | 百 | 十 | 元 | 角 | 分 | 账 号: 110236521465551987 |
| | | | | | ¥ | 9 | 5 | 8 | 0 | 0 | 0 | 开户行:中国银行北京西城支行 |
| 金额（大写）合计: | 人民币玖仟伍佰捌拾元整 | | | | | | | | | | | 电汇:☐ 信汇:☐ 汇票:☐ 转账:☑ 其他:☐ |

| 总经理 | 王飘瑛 | 财务部门 | 经　理 | 郑镭 | 业务部门 | 经　理 | |
|---|---|---|---|---|---|---|---|
| | | | 会　计 | | | 经办人 | 李晓文 |

图 2-13　付款申请书

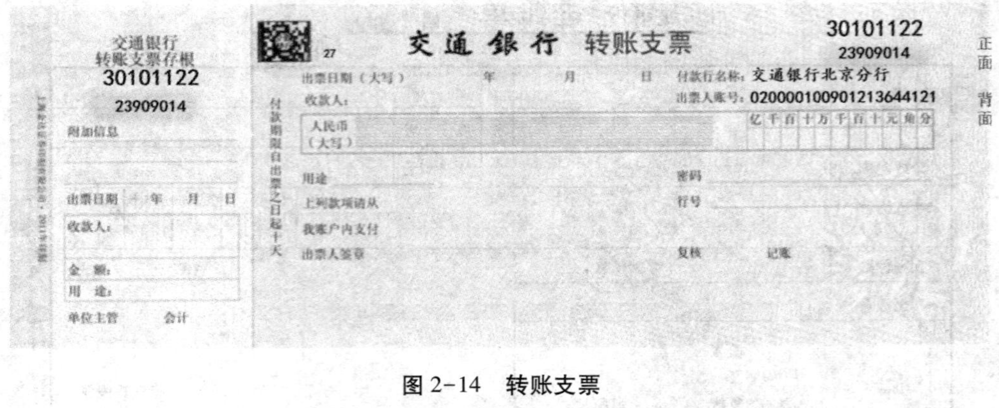

交通银行
转账支票存根
30101122
23909014
附加信息

出票日期 年 月 日
收款人:
金 额:
用 途:
单位主管 会计

交通银行 转账支票 30101122 23909014

出票日期(大写) 年 月 日 付款行名称: 交通银行北京分行
收款人: 出票人账号: 020000100901213644121
人民币(大写) 亿 千 百 十 万 千 百 十 元 角 分
付款期限自出票之日起十天
用途 密码
上列款项请从 行号
我账户内支付
出票人签章 复核 记账

正面 背面

图 2-14 转账支票

7. 转账支票——支付电费

2016 年 4 月 22 日，北京化工有限公司支付北京市电力公司 3 月份电费 12 004. 85 元，请填制转账支票（见图 2-15 和图 2-16）。（密码器的签发人口令是 123456）

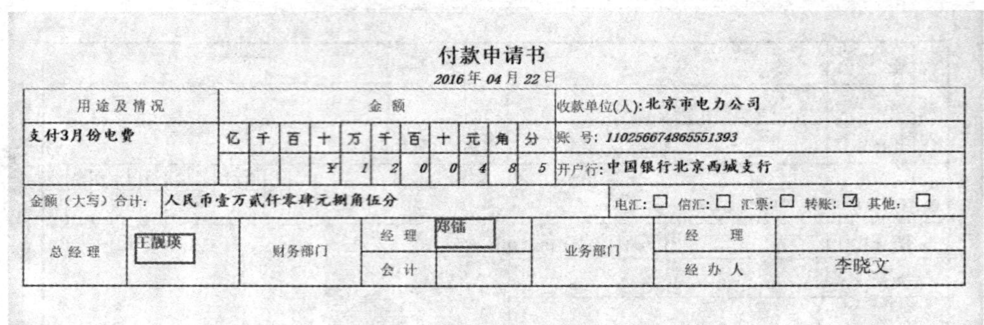

付款申请书

2016 年 04 月 22 日

| 用途及情况 | 金额 | | | | | | | | | | | 收款单位(人): 北京市电力公司 |
|---|---|---|---|---|---|---|---|---|---|---|---|---|
| 支付3月份电费 | 亿 | 千 | 百 | 十 | 万 | 千 | 百 | 十 | 元 | 角 | 分 | 账 号: 110256674865551393 |
| | | | | ¥ | 1 | 2 | 0 | 0 | 4 | 8 | 5 | 开户行: 中国银行北京西城支行 |
| 金额（大写）合计: 人民币壹万贰仟零肆元捌角伍分 | | | | | | | | | | | | 电汇: ☐ 信汇: ☐ 汇票: ☐ 转账: ☑ 其他: ☐ |

| 总经理 | 王靓瑛 | 财务部门 | 经 理 | 郑镭 | 业务部门 | 经 理 | |
|---|---|---|---|---|---|---|---|
| | | | 会 计 | | | 经 办 人 | 李晓文 |

图 2-15 付款申请书

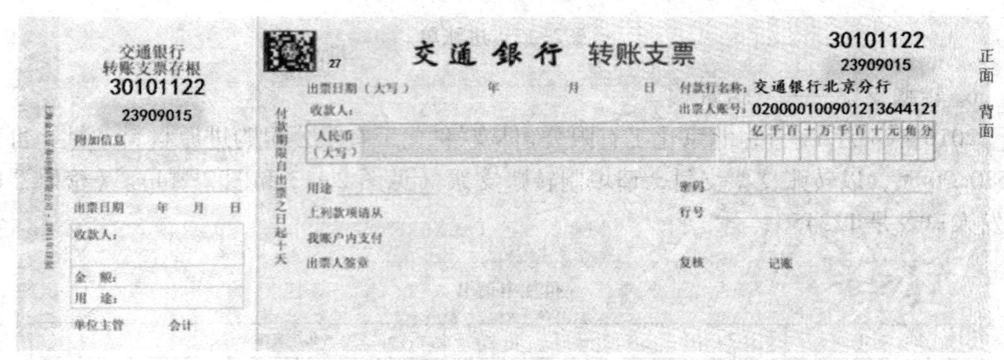

交通银行
转账支票存根
30101122
23909015
附加信息

出票日期 年 月 日
收款人:
金 额:
用 途:
单位主管 会计

交通银行 转账支票 30101122 23909015

出票日期(大写) 年 月 日 付款行名称: 交通银行北京分行
收款人: 出票人账号: 020000100901213644121
人民币(大写) 亿 千 百 十 万 千 百 十 元 角 分
付款期限自出票之日起十天
用途 密码
上列款项请从 行号
我账户内支付
出票人签章 复核 记账

正面 背面

图 2-16 转账支票

8. 银行进账单——办理进账

2016 年 2 月 15 日，瑞成纸品有限公司收到易迅连锁超市有限公司开出的一张转账支票，瑞成纸品有限公司根据背景单据填写银行进账单（见图 2-17、图 2-18 和图 2-19）。

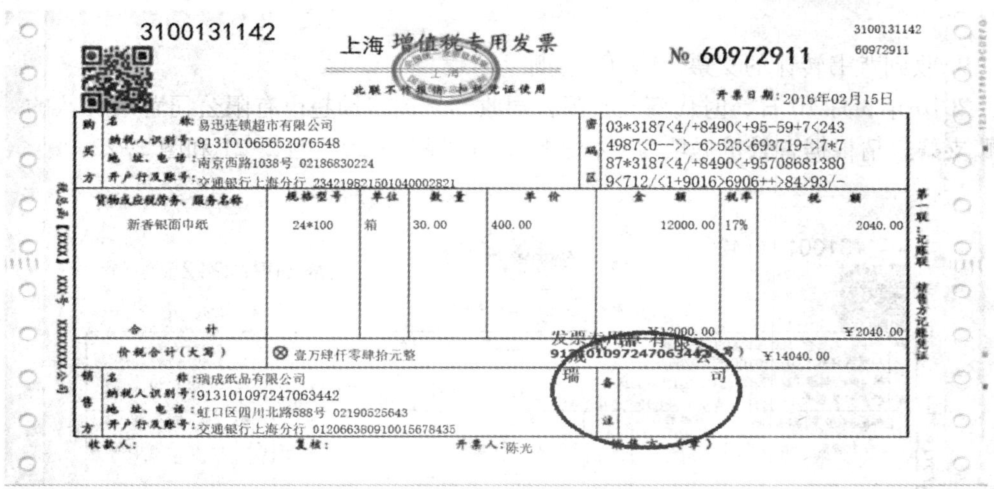

3100131142 上海增值税专用发票 № 60972911

3100131142
60972911

此联不作报销、扣税凭证使用

开票日期：2016年02月15日

| 购买方 | 名称：易迅连锁超市有限公司<br>纳税人识别号：913101065652076548<br>地址、电话：南京西路1038号 02186830224<br>开户行及账号：交通银行上海分行 234219821501040002821 | 密码区 | 03*3187<4/+8490<+95-59+7<243<br>4987<0-->>-6>525<693719->7*7<br>87*3187<4/+8490<+95708681380<br>9<712/<1+9016>6906++>84>93/- |
|---|---|---|---|

| 货物或应税劳务、服务名称 | 规格型号 | 单位 | 数量 | 单价 | 金额 | 税率 | 税额 |
|---|---|---|---|---|---|---|---|
| 新香银面巾纸 | 24*100 | 箱 | 30.00 | 400.00 | 12000.00 | 17% | 2040.00 |
| 合计 | | | | | ¥12000.00 | | ¥2040.00 |
| 价税合计（大写） | ⊗壹万肆仟零肆拾元整 | | | | （小写）¥14040.00 | | |

| 销售方 | 名称：瑞成纸品有限公司<br>纳税人识别号：913101097247063442<br>地址、电话：虹口区四川北路588号 02190525643<br>开户行及账号：交通银行上海分行 012066380910015678435 | 备注 | |
|---|---|---|---|

收款人： 复核： 开票人：陈光 销售方：（章）

第一联：记账联 销售方记账凭证

图 2-17 增值税专用发票

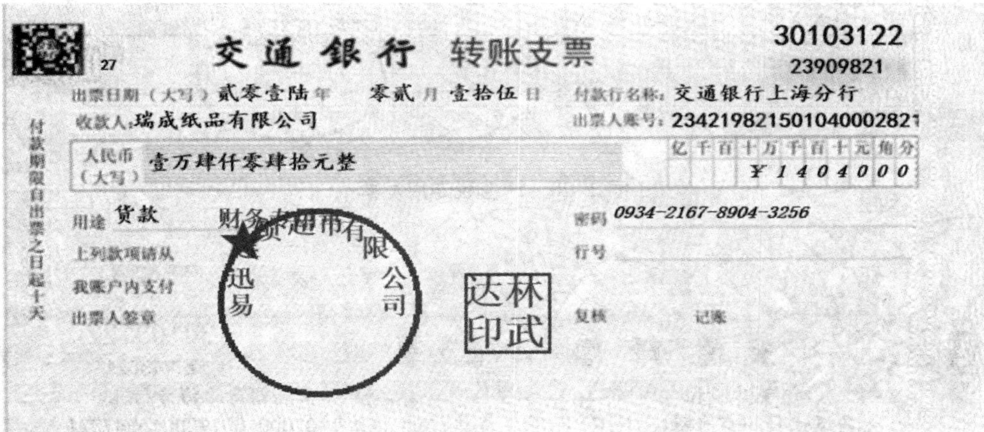

交通银行 转账支票 30103122 23909821

出票日期（大写）贰零壹陆年 零贰月 壹拾伍日 付款行名称：交通银行上海分行

收款人：瑞成纸品有限公司 出票人账号：234219821501040002821

人民币（大写）壹万肆仟零肆拾元整 ¥1404000

用途 货款 密码 0934-2167-8904-3256

上列款项请从 行号

我账户内支付

出票人签章 复核 记账

付款期限自出票之日起十天

图 2-18 转账支票

交通银行 进账单（回 单） 1

年 月 日

<table>
<tr><td rowspan="3">出票人</td><td>全 称</td><td></td><td rowspan="3">收款人</td><td>全 称</td><td></td></tr>
<tr><td>账 号</td><td></td><td>账 号</td><td></td></tr>
<tr><td>开户银行</td><td></td><td>开户银行</td><td></td></tr>
<tr><td>金额</td><td colspan="3">人民币（大写）</td><td colspan="2">亿 千 百 十 万 千 百 十 元 角 分</td></tr>
<tr><td colspan="2">票据种类</td><td>票据张数</td><td colspan="3" rowspan="3">开户银行签章</td></tr>
<tr><td colspan="2">票据号码</td><td></td></tr>
<tr><td colspan="3">复核 记账</td></tr>
</table>

此联是开户银行交给持票人的回单

图 2-19 进账单

9. 收到背书转让的支票——办理进账

2016 年 3 月 10 日，时代商贸有限公司收到易迅连锁超市有限公司背书转让的一张转账支票，请根据背景单据填写银行进账单（见图 2-20、图 2-21 和图 2-22）。

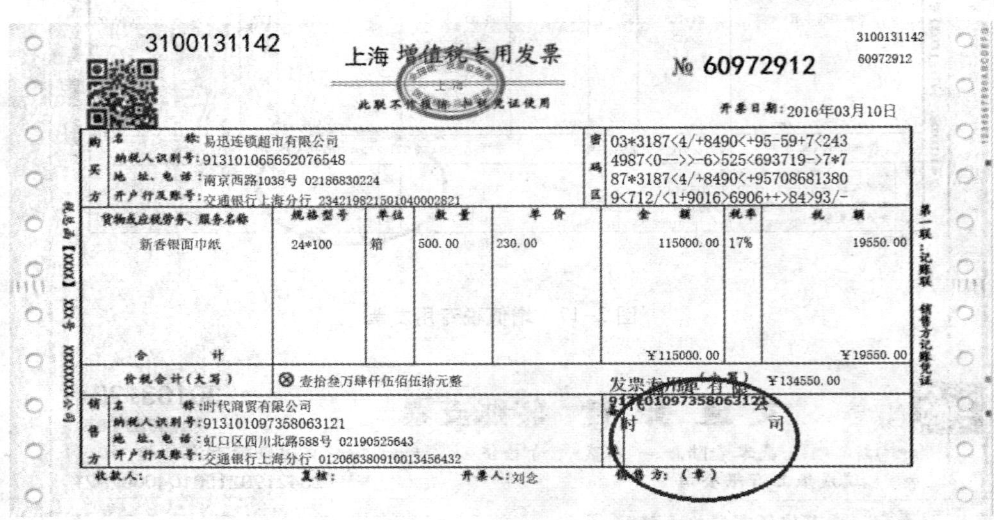

3100131142　上海增值税专用发票　№ 60972912　3100131142　60972912

此联不作报销、扣税凭证使用　开票日期：2016年03月10日

| 购买方 | 名称：易迅连锁超市有限公司<br>纳税人识别号：913101065652076548<br>地址、电话：南京西路1038号 02186830224<br>开户行及账号：交通银行上海分行 234219821501040002821 | 密码区 | 03*3187<4/+8490<+95-59+7<243<br>4987<0-->>-6>525<693719->7*7<br>87*3187<4/+8490<+95708681380<br>9<712/<1+9016>6906++>84>93/- |
|---|---|---|---|

| 货物或应税劳务、服务名称 | 规格型号 | 单位 | 数量 | 单价 | 金额 | 税率 | 税额 |
|---|---|---|---|---|---|---|---|
| 新香银面巾纸 | 24*100 | 箱 | 500.00 | 230.00 | 115000.00 | 17% | 19550.00 |
| 合计 | | | | | ￥115000.00 | | ￥19550.00 |
| 价税合计（大写） | ⊗壹拾叁万肆仟伍佰伍拾元整 | | | | （小写）￥134550.00 | | |

| 销售方 | 名称：时代商贸有限公司<br>纳税人识别号：913101097358063121<br>地址、电话：虹口区四川北路588号 02190525643<br>开户行及账号：交通银行上海分行 012066380910013456432 | 备注 | 发票专用章 913101097358063121 |
|---|---|---|---|

收款人：　复核：　开票人：刘念　销售方：（章）

第一联：记账联　销售方记账凭证

图 2-20　增值税专用发票

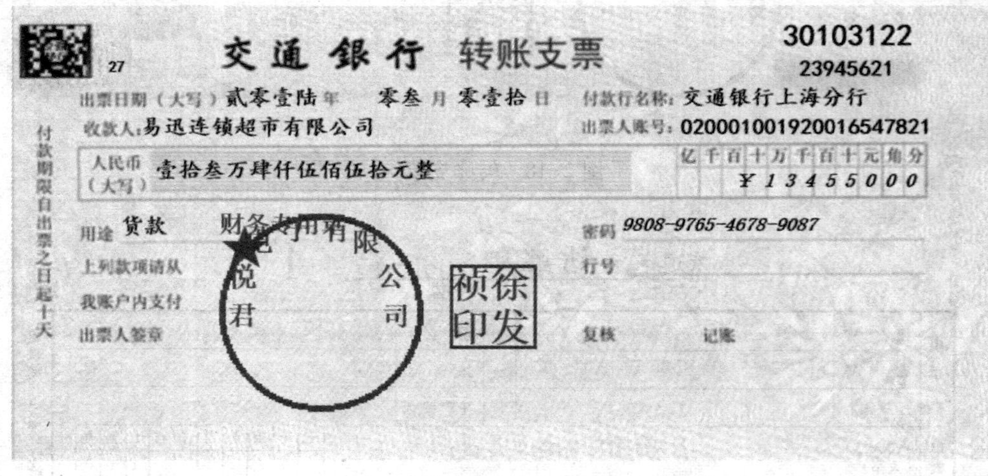

交通银行　转账支票　30103122　23945621

出票日期（大写）贰零壹陆年零叁月零壹拾日　付款行名称：交通银行上海分行

收款人：易迅连锁超市有限公司　出票人账号：020001001920016547821

人民币（大写）壹拾叁万肆仟伍佰伍拾元整　￥13455000

用途　货款　密码　9808-9765-4678-9087

上列款项请从　行号

我账户内支付

出票人签章　财务专用章　悦君有限公司　徐祯印发　复核　记账

付款期限自出票之日起十天

图 2-21　转账支票

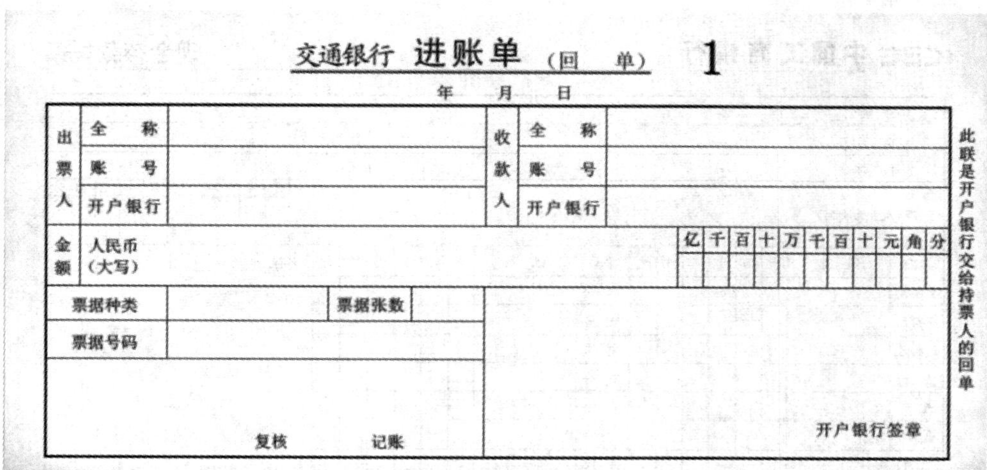

交通银行 进账单 （回　单） 1

年　月　日

| 出票人 | 全　称 | | 收款人 | 全　称 | |
|---|---|---|---|---|---|
| | 账　号 | | | 账　号 | |
| | 开户银行 | | | 开户银行 | |
| 金额 | 人民币（大写） | | | | 亿 千 百 十 万 千 百 十 元 角 分 |
| 票据种类 | | 票据张数 | | | |
| 票据号码 | | | | | |
| 复核　　记账 | | | 开户银行签章 | | |

此联是开户银行交给持票人的回单

图 2-22　进账单

10. 现金存款凭条的填写

2016 年 4 月 26 日，南台实业有限公司出纳员张海把现金（销售款）送存银行。请填写现金存款凭条（见图 2-23 和图 2-24）。

ICBC 中国工商银行　　　　现金存款凭条

年　月　日

| 存款人 | 全称 | | | |
|---|---|---|---|---|
| | 账号 | | 款项来源 | |
| | 开户行 | | 交款人 | |
| 金额（人民币大写） | | | | 千 百 十 万 千 百 十 元 角 分 |

| 票面 | 张数 | 十 | 万 | 千 | 百 | 十 | 元 | 票面 | 张数 | 千 | 百 | 十 | 元 | 角 | 分 | 备注 |
|---|---|---|---|---|---|---|---|---|---|---|---|---|---|---|---|---|
| 壹佰元 | | | | | | | | 伍角 | | | | | | | | |
| 伍拾元 | | | | | | | | 贰角 | | | | | | | | |
| 贰拾元 | | | | | | | | 壹角 | | | | | | | | |
| 拾元 | | | | | | | | 伍分 | | | | | | | | |
| 伍元 | | | | | | | | 贰分 | | | | | | | | |
| 贰元 | | | | | | | | 壹分 | | | | | | | | |
| 壹元 | | | | | | | | 其他 | | | | | | | | |

190mm×100mm GH 082398

第一联　银行核对联

图 2-23　现金存款凭条第一联

**ICBC 中国工商银行　　　　现金存款凭条**

年　月　日

| 存款人 | 全称 | | | | | | | | | | | | | |
|---|---|---|---|---|---|---|---|---|---|---|---|---|---|---|
| | 账号 | | | | | | | 款项来源 | | | | | | |
| | 开户行 | | | | | | | 交款人 | | | | | | |
| 金额（人民币大写） | | | | | | | | | | | | | | |

| 千 | 百 | 十 | 万 | 千 | 百 | 十 | 元 | 角 | 分 |
|---|---|---|---|---|---|---|---|---|---|
| | | | | | | | | | |

| 票面 | 张数 | 十 | 万 | 千 | 百 | 十 | 元 | 票面 | 张数 | 千 | 百 | 十 | 元 | 角 | 分 | 备注 |
|---|---|---|---|---|---|---|---|---|---|---|---|---|---|---|---|---|
| 壹佰元 | | | | | | | | 伍角 | | | | | | | | |
| 伍拾元 | | | | | | | | 贰角 | | | | | | | | |
| 贰拾元 | | | | | | | | 壹角 | | | | | | | | |
| 拾元 | | | | | | | | 伍分 | | | | | | | | |
| 伍元 | | | | | | | | 贰分 | | | | | | | | |
| 贰元 | | | | | | | | 壹分 | | | | | | | | |
| 壹元 | | | | | | | | 其他 | | | | | | | | |

190mm×100mm　　第二联 客户核对联

图 2-24　现金存款凭条第二联

11. 汇票申请书的填写

2016 年 2 月 20 日，北京南方股份有限公司申请办理银行汇票 20 000. 00 元到上海光大公司采购材料一批（上海光大公司银行账号：2321532033477652880，开户行：中国工商银行光明支行），请填写结算业务申请书（见图 2-25）。（密码器的签发人口令是 123456）

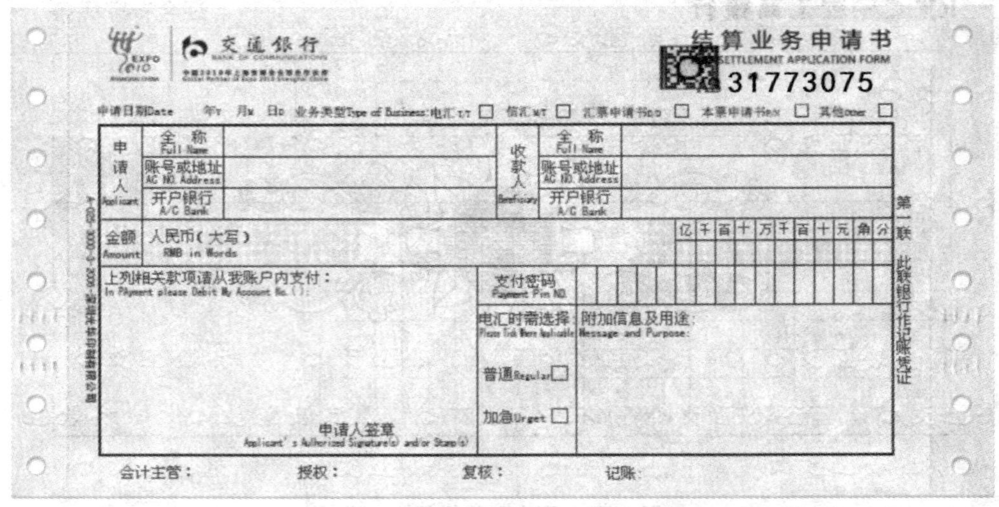

交通银行 BANK OF COMMUNICATIONS

结算业务申请书 SETTLEMENT APPLICATION FORM　31773075

申请日期Date　年Y　月M　日D　业务类型Type of Business：电汇T/T □　信汇M/T □　汇票申请书D/D □　本票申请书B/N □　其他Other □

| 申请人 Applicant | 全称 Full Name | | 收款人 Beneficiary | 全称 Full Name | |
|---|---|---|---|---|---|
| | 账号或地址 A/C NO. Address | | | 账号或地址 A/C NO. Address | |
| | 开户银行 A/C Bank | | | 开户银行 A/C Bank | |
| 金额 Amount | 人民币（大写） RMB in Words | | | 亿 千 百 十 万 千 百 十 元 角 分 | |

上列相关款项请从我账户内支付：In Payment please Debit My Account No.（）：

支付密码 Payment Pin NO.

电汇时需选择 Please Tick Here Applicable：普通Regular □　加急Urgent □

附加信息及用途：Message and Purpose：

申请人签章 Applicant's Authorized Signature(s) and/or Stamp(s)

会计主管：　授权：　复核：　记账：

第一联 此联银行作记账凭证

图 2-25　结算业务申请书

12. 银行承兑汇票背书转让

2016 年 4 月 15 日，森达贸易有限公司因资金周转问题将一银行承兑汇票背书给瑞成纸品有限公司（见图 2-26 和图 2-27）。

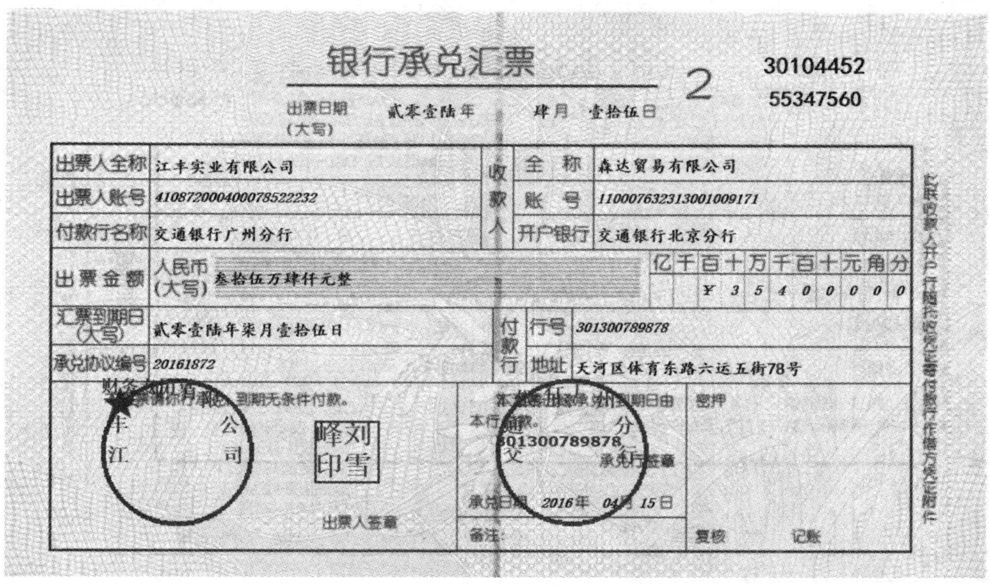

银行承兑汇票 2 30104452 55347560

出票日期（大写） 贰零壹陆年 肆月 壹拾伍日

| 出票人全称 | 江丰实业有限公司 | 收款人 | 全称 | 森达贸易有限公司 |
|---|---|---|---|---|
| 出票人账号 | 410872000400078522232 | | 账号 | 110007632313001009171 |
| 付款行名称 | 交通银行广州分行 | | 开户银行 | 交通银行北京分行 |
| 出票金额 | 人民币（大写）叁拾伍万肆仟元整 | | 亿千百十万千百十元角分 | ￥35400000 |
| 汇票到期日（大写） | 贰零壹陆年柒月壹拾伍日 | 付款行 | 行号 | 301300789878 |
| 承兑协议编号 | 20161872 | | 地址 | 天河区体育东路六运五街78号 |
| 本汇票请你行承兑，到期无条件付款。<br>江丰实业有限公司财务专用章 刘峰印雪<br>出票人签章 | | 本汇票已经承兑，到期日由本行付款。<br>交通银行301300789878分行 承兑行签章<br>承兑日期 2016年 04月 15日<br>备注： | | 密押<br>复核 记账 |

此联收款人开户行随托收凭证寄付款行作借方凭证附件

图 2-26 银行承兑汇票

| 被背书人 | 被背书人 | 被背书人 |
|---|---|---|
| 背书人签章<br>年 月 日 | 背书人签章<br>年 月 日 | 背书人签章<br>年 月 日 |

（贴粘单处）

图 2-27 银行承兑汇票

13. 签发银行承兑汇票

2016 年 3 月 12 日，江丰实业有限公司签发银行承兑汇票支付设备款项。请根据银行承兑协议填写银行承兑汇票（见图 2-28）。（付款行行号：301300789878；付款行地址：天河区体育东路六运五街 78 号）

银行承兑汇票（卡片） 1

30104452
81463970

出票日期（大写） 年 月 日

| 出票人全称 | | 收款人 | 全称 | |
|---|---|---|---|---|
| 出票人账号 | | | 账号 | |
| 付款行名称 | | | 开户银行 | |
| 出票金额 | 人民币（大写） | | | 亿 千 百 十 万 千 百 十 元 角 分 |
| 汇票到期日（大写） | | 付款行 | 行号 | |
| 承兑协议编号 | | | 地址 | |
| 本汇票请你行承兑，此项汇票款我单位按承兑协议于到期前足额交存你行，到期请予支付。<br>出票人签章 | 备注： | | 密押<br>复核 记账 | |

此联承兑行留存备查 到期支付票款时作借方凭证附件

图 2-28　银行承兑汇票

14. 银行承兑汇票贴现

2016 年 5 月 18 日，恒通商贸有限公司因急需资金，持银行承兑汇票到银行办理贴现。请根据背景资料填写贴现凭证（见图 2-29、图 2-30 和图 2-31）。（年贴现率为 4.8%）

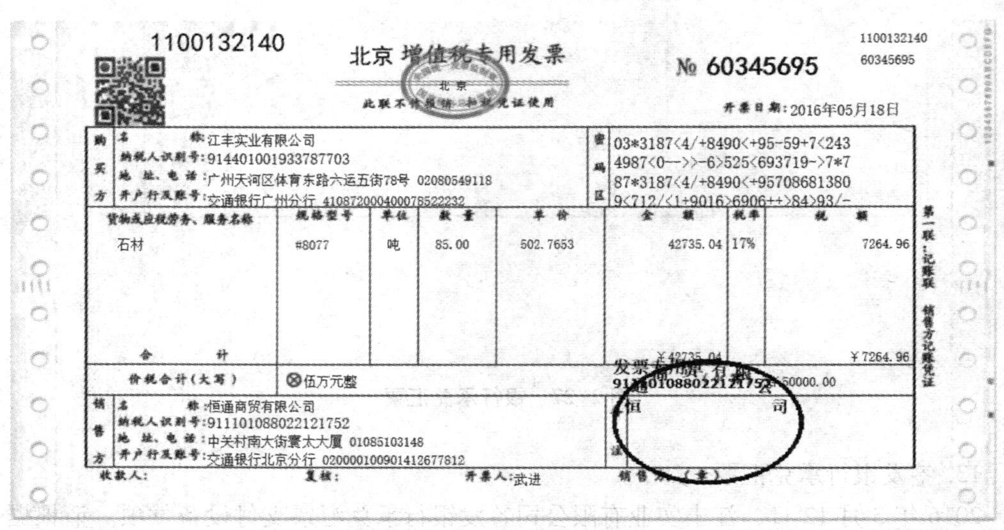

1100132140

北京增值税专用发票

此联不作报销、扣税凭证使用

№ 60345695

1100132140
60345695

开票日期：2016年05月18日

| 购买方 | 名称：江丰实业有限公司<br>纳税人识别号：914401001933787703<br>地址、电话：广州天河区体育东路六运五街78号 02080549118<br>开户行及账号：交通银行广州分行 410872000400078522232 | | | | 密码区 | 03*3187<4/+8490<+95-59+7<243<br>4987<0-->>-6>525<693719->7*7<br>87*3187<4/+8490<+95708681380<br>9<712/<1+9016>6906++>84>93/- | |
|---|---|---|---|---|---|---|---|
| 货物或应税劳务、服务名称 | 规格型号 | 单位 | 数量 | 单价 | 金额 | 税率 | 税额 |
| 石材 | #8077 | 吨 | 85.00 | 502.7653 | 42735.04 | 17% | 7264.96 |
| 合计 | | | | | ¥42735.04 | | ¥7264.96 |
| 价税合计（大写） | ⊗伍万元整 | | | | （小写）¥50000.00 | | |
| 销售方 | 名称：恒通商贸有限公司<br>纳税人识别号：911101088022121752<br>地址、电话：中关村南大街寰太大厦 01085103148<br>开户行及账号：交通银行北京分行 020000100901412677812 | | | | 备注 | | |

收款人： 复核： 开票人：武进 销售方：（章）

第一联：记账联 销售方记账凭证

恒通商贸有限公司 发票专用章 911101088022121752

图 2-29　增值税专用发票

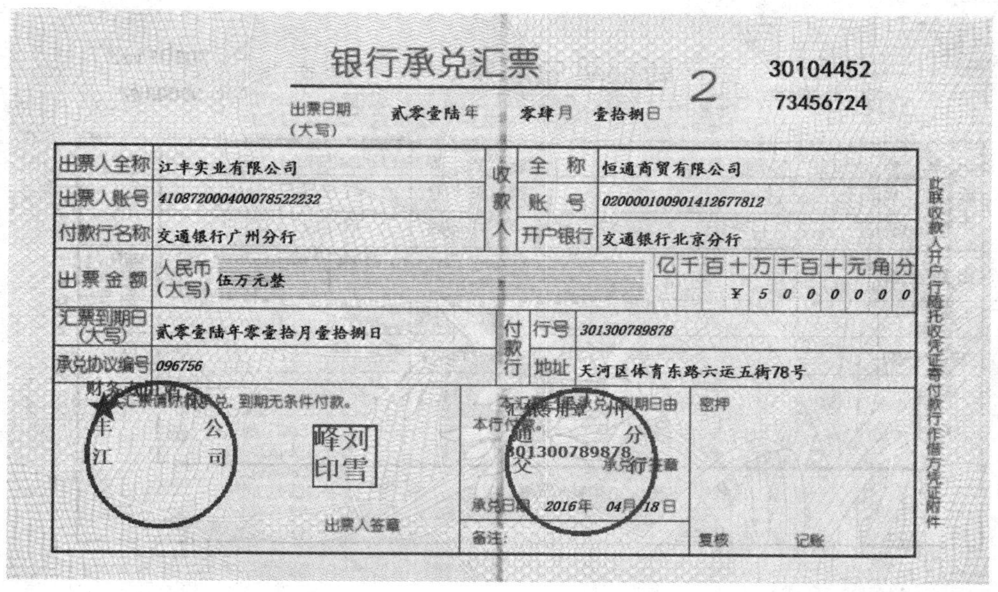

银行承兑汇票 2 30104452 73456724

出票日期（大写） 贰零壹陆年 零肆月 壹拾捌日

| 出票人全称 | 江丰实业有限公司 | 收款人 | 全称 | 恒通商贸有限公司 |
|---|---|---|---|---|
| 出票人账号 | 41087200040007852232 | | 账号 | 020000100901412677812 |
| 付款行名称 | 交通银行广州分行 | | 开户银行 | 交通银行北京分行 |
| 出票金额 | 人民币（大写）伍万元整 | | 亿千百十万千百十元角分 | ¥5000000 |
| 汇票到期日（大写） | 贰零壹陆年零壹拾月壹拾捌日 | 付款行 | 行号 | 301300789878 |
| 承兑协议编号 | 096756 | | 地址 | 天河区体育东路六运五街78号 |

本汇票请你行承兑，到期无条件付款。（江丰实业有限公司财务专用章）（刘雪峰印）出票人签章

本汇票已经承兑，到期日由本行付款。承兑行签章（交通银行广州分行业务用章 301300789878） 承兑日期 2016年 04月 18日 备注：

密押 复核 记账

此联收款人开户行随托收凭证寄付款行作借方凭证附件

图 2-30　银行承兑汇票

贴 现 凭 证（代申请书） ①

填写日期　年　月　日　第 90765456 号

| 贴现汇票 | 种类 | | 号码 | | 申请人 | 名称 | |
|---|---|---|---|---|---|---|---|
| | 出票日 | 年　月　日 | | | | 账号 | |
| | 到期日 | 年　月　日 | | | | 开户银行 | |
| 汇票承兑人（或银行） | 名称 | | 账号 | | 开户银行 | | |
| 汇票金额（即贴现金额） | 人民币（大写） | | | | | 千百十万千百十元角分 | |
| 贴现率每月 | ‰ | 贴现利息 | 千百十万千百十元角分 | 实付贴现金额 | | 千百十万千百十元角分 | |
| 兹根据《银行结算办法》的规定，附送承兑汇票申请贴现，请审核。此致 ______（贴现银行） 申请人盖章 | | 银行审批 | 负责人　信贷员 | 科目（借）______ 对方科目（贷）______ 复核　记账 | | | |

此联银行作贴现借方凭证

图 2-31　贴现凭证

15. 收款人签发商业承兑汇票

2016 年 2 月 18 日，森达贸易有限公司销售一批材料给北京南方股份有限公司（开户行：交通银行北京分行，行号：301300700078，开户行地址：北京东城区和平里东街 22 号，账号：110007609048708091012），金额 46 800.00 元，交易合同号码为 0766，森达贸易有限公司签发商业承兑汇票一张，汇票期限为 1 个月（见图 2-32）。（承兑日期是 2016 年 2 月 18 日）

**商业承兑汇票**（卡片） 1

30101162
39008791

出票日期（大写）　　年　　月　　日

| 付款人 | 全　称 | | 收款人 | 全　称 | | | | | | | | | | | | |
|---|---|---|---|---|---|---|---|---|---|---|---|---|---|---|---|---|
| | 账　号 | | | 账　号 | | | | | | | | | | | | |
| | 开户银行 | | | 开户银行 | | | | | | | | | | | | |
| 出票金额 | 人民币（大写） | | | | | 亿 | 千 | 百 | 十 | 万 | 千 | 百 | 十 | 元 | 角 | 分 |
| 汇票到期日（大写） | | | 付款人开户行 | 行号 | | | | | | | | | | | | |
| 交易合同号码 | | | | 地址 | | | | | | | | | | | | |
| 出票人签章 | | | 备注： | | | | | | | | | | | | | |

此联承兑人留存

图 2-32　商业承兑汇票

16. 付款人签发商业承兑汇票

2016 年 7 月 18 日，北京化工有限公司（开户行行号：301300709008，开户行地址：北京海淀区西苑三里 08 号）从北京明发商贸有限公司（开户行：交通银行北京分行；账号：020000100901445710121）购买材料一批，金额 34 000.00 元，交易合同号码为 093118。北京化工有限公司签发商业承兑汇票一张，汇票期限为 2 个月（见图 2-33 和图 2-34）。

**商业承兑汇票**（卡片） 1

30101162
39008791

出票日期（大写）　　年　　月　　日

| 付款人 | 全　称 | | 收款人 | 全　称 | | | | | | | | | | | | |
|---|---|---|---|---|---|---|---|---|---|---|---|---|---|---|---|---|
| | 账　号 | | | 账　号 | | | | | | | | | | | | |
| | 开户银行 | | | 开户银行 | | | | | | | | | | | | |
| 出票金额 | 人民币（大写） | | | | | 亿 | 千 | 百 | 十 | 万 | 千 | 百 | 十 | 元 | 角 | 分 |
| 汇票到期日（大写） | | | 付款人开户行 | 行号 | | | | | | | | | | | | |
| 交易合同号码 | | | | 地址 | | | | | | | | | | | | |
| 出票人签章 | | | 备注： | | | | | | | | | | | | | |

此联承兑人留存

图 2-33　商业承兑汇票（卡片）

商业承兑汇票（存根）　3　30101162
39008791

出票日期　年　月　日
（大写）

| 付款人 | 全　称 | | 收款人 | 全　称 | |
|---|---|---|---|---|---|
| | 账　号 | | | 账　号 | |
| | 开户银行 | | | 开户银行 | |
| 出票金额 | 人民币（大写） | | | | 亿 千 百 十 万 千 百 十 元 角 分 |
| 汇票到期日（大写） | | | 付款人开户行 | 行号 | |
| 交易合同号码 | | | | 地址 | |
| 备注： | | | | | |

此联由出票人存查

图 2-34　商业承兑汇票（存根）

17. 银行本票业务

2016 年 10 月 10 日，黎明实业有限公司向北京红星商贸公司购买打印机，货款以银行本票结算（转账），请根据背景单据，签发银行本票（见图 2-35、图 2-36 和图 2-37）。

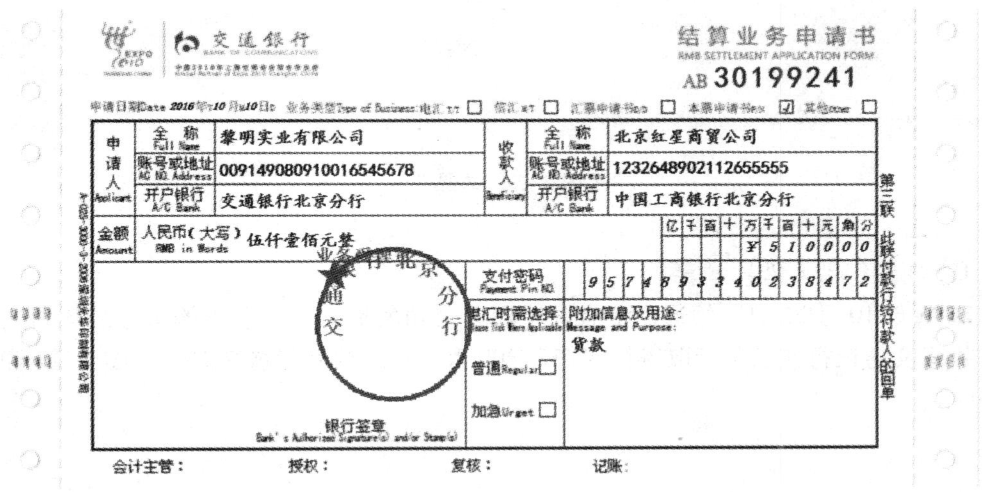

交通银行 BANK OF COMMUNICATIONS

结算业务申请书
RMB SETTLEMENT APPLICATION FORM
AB 30199241

申请日期Date 2016年10月10日　业务类型Type of Business：电汇 ☐　信汇 ☐　汇票申请书 ☐　本票申请书 ☑　其他 ☐

| 申请人 Applicant | 全称 Full Name | 黎明实业有限公司 | 收款人 Beneficiary | 全称 Full Name | 北京红星商贸公司 |
|---|---|---|---|---|---|
| | 账号或地址 A/C NO. Address | 009149080910016545678 | | 账号或地址 A/C NO. Address | 1232648902112655555 |
| | 开户银行 A/C Bank | 交通银行北京分行 | | 开户银行 A/C Bank | 中国工商银行北京分行 |
| 金额 Amount | 人民币（大写）RMB in Words | 伍仟壹佰元整 | | | ¥510000 |
| | | | 支付密码 Payment Pin NO. | | 9574893340238472 |
| 银行签章 | | | 汇汇时需选择 | 附加信息及用途 Message and Purpose： | 货款 |
| | | | 普通Regular ☐　加急Urgent ☐ | | |

会计主管：　授权：　复核：　记账：

第三联 此联付款行给付款人的回单

图 2-35　结算业务申请书

交通银行本　票　1　30101182 97250875

提示付款期限自出票之日起贰个月

出票日期（大写）　年　月　日

收款人：　申请人：

| 凭票即付 | 人民币（大写） | 亿 | 千 | 百 | 十 | 万 | 千 | 百 | 十 | 元 | 角 | 分 |
|---|---|---|---|---|---|---|---|---|---|---|---|---|
| | | | | | | | | | | | | |

□转账　□现金　密押____

行号____

备注　出纳　复核　经办

图 2-36　本票 1

交通银行本　票　2　30101182 97250875

提示付款期限自出票之日起贰个月

出票日期（大写）　年　月　日

收款人：　申请人：

| 凭票即付 | 人民币（大写） | 亿 | 千 | 百 | 十 | 万 | 千 | 百 | 十 | 元 | 角 | 分 |
|---|---|---|---|---|---|---|---|---|---|---|---|---|
| | | | | | | | | | | | | |

□转账　□现金　密押____

行号____

备注　出票行签章　出纳　复核　经办

图 2-37　本票 2

18. 向银行借入借款

2016 年 10 月 25 日，恒通商贸有限公司因公司发展需要，急需购买办公场所，向开户银行交通银行北京分行取得长期贷款 200 万元，请填制借款借据（见图 2-38 和图 2-39）。

**借款借据（借方传票）**

借款日期　　年　月　日　　借据编号 *209837*

<table>
<tr><td rowspan="3">收款单位</td><td>名　称</td><td></td><td rowspan="3">付款单位</td><td>名　称</td><td colspan="2"></td></tr>
<tr><td>开户账号</td><td></td><td>放款户账号</td><td colspan="2"></td></tr>
<tr><td>开户银行</td><td></td><td>开户银行</td><td colspan="2"></td></tr>
<tr><td colspan="2">借款金额</td><td colspan="4">人民币<br>（大写）</td><td>千 百 十 万 千 百 十 元 角 分</td></tr>
<tr><td colspan="2">借款原因及用途</td><td></td><td colspan="2">借款期限</td><td colspan="2"></td></tr>
<tr><td colspan="3">兹根据你行贷款办法规定，申请办理上述借款，请核定贷给。<br>此致<br>（借款单位预留印鉴）</td><td colspan="4">会计分录：<br>（借）<br>（贷）<br>主管　复核　记账</td></tr>
</table>

此联做为借方传票

图 2-38　借款借据（借方传票）

**借款借据（贷方传票）**

借款日期　　年　月　日　　借据编号 *209837*

<table>
<tr><td rowspan="3">收款单位</td><td>名　称</td><td></td><td rowspan="3">付款单位</td><td>名　称</td><td colspan="2"></td></tr>
<tr><td>开户账号</td><td></td><td>放款户账号</td><td colspan="2"></td></tr>
<tr><td>开户银行</td><td></td><td>开户银行</td><td colspan="2"></td></tr>
<tr><td colspan="2">借款金额</td><td colspan="4">人民币<br>（大写）</td><td>千 百 十 万 千 百 十 元 角 分</td></tr>
<tr><td colspan="2">借款原因及用途</td><td></td><td colspan="2">借款期限</td><td colspan="2"></td></tr>
<tr><td colspan="3"></td><td colspan="4">会计分录：<br>（贷）<br>（借）<br>主管　复核　记账</td></tr>
</table>

此联做为贷方传票

图 2-39　借款借据（贷方传票）

19. 信汇结算业务

2016 年 11 月 16 日，江丰实业有限公司采购商品，采用信汇结算方式。请根据相关资料填写银行信汇凭证（见图 2-40、图 2-41、图 2-42 和图 2-43）。（密码器的签发人口令是 123456）

1100132142　北京增值税专用发票　№ 60972916

开票日期：2016年11月16日

| 购买方 | |
|---|---|
| 名　　称： | 江丰实业有限公司 |
| 纳税人识别号： | 914401061933787703 |
| 地址、电话： | 广州天河区体育东路六运五街78号 02080549118 |
| 开户行及账号： | 交通银行广州分行 410872000400078522232 |

密码区：03*3187<4/+8490<+95-59+7<243 4987<0-->>-6>525<693719->7*7 87*3187<4/+8490<+95708681380 9<712/<1+9016>6906++>84>93/-

| 货物或应税劳务、服务名称 | 规格型号 | 单位 | 数量 | 单价 | 金额 | 税率 | 税额 |
|---|---|---|---|---|---|---|---|
| LED发光二极管 | QZ*24 | 盒 | 360.00 | 40.00 | 14400.00 | 17% | 2448.00 |
| 合　　计 | | | | | ¥14400.00 | | ¥2448.00 |
| 价税合计（大写） | ⊗壹万陆仟捌佰肆拾捌元整 | | | | （小写）¥16848.00 | | |

| 销售方 | |
|---|---|
| 名　　称： | 科日电子有限公司 |
| 纳税人识别号： | 911101028321503646 |
| 地址、电话： | 北京市月坛北街2号 01090492402 |
| 开户行及账号： | 中国农业银行北京分行 410072000400057 |

收款人：　复核：　开票人：刘梅　销售方：（章）

第三联：发票联　购买方记账凭证

图 2-40　增值税专用发票

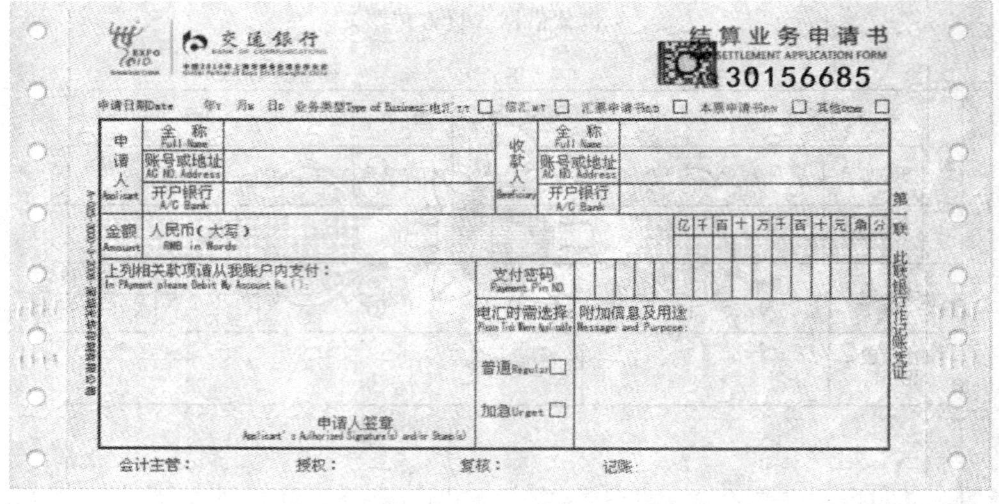

交通银行 BANK OF COMMUNICATIONS

结算业务申请书 SETTLEMENT APPLICATION FORM　30156685

申请日期Date　年Y　月M　日D　业务类型Type of Business：电汇T/T □　信汇M/T □　汇票申请书D/D □　本票申请书P/N □　其他Other □

| 申请人 Applicant | | 收款人 Beneficiary | |
|---|---|---|---|
| 全称 Full Name | | 全称 Full Name | |
| 账号或地址 A/C NO. Address | | 账号或地址 A/C NO. Address | |
| 开户银行 A/C Bank | | 开户银行 A/C Bank | |

金额 Amount　人民币（大写）RMB in Words　亿 千 百 十 万 千 百 十 元 角 分

上列相关款项请从我账户内支付：In Payment please Debit My Account No.（）：

支付密码 Payment Pin NO.

电汇时需选择：Please Tick Here Applicable　普通Regular □　加急Urgent □

附加信息及用途：Message and Purpose:

申请人签章 Applicant's Authorized Signature(s) and/or Stamp(s)

会计主管：　授权：　复核：　记账：

第一联　此联银行作记账凭证

图 2-41　结算业务申请书（第一联）

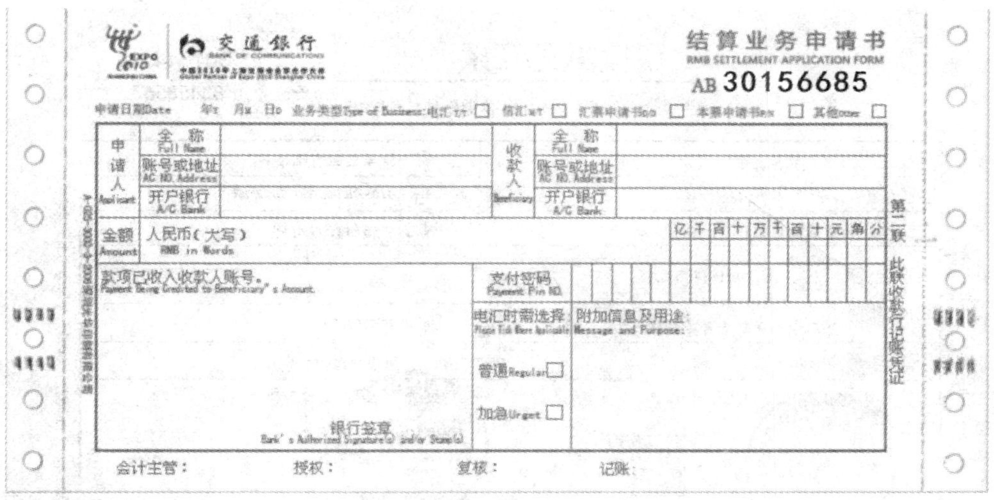

交通银行 BANK OF COMMUNICATIONS

结算业务申请书
RMB SETTLEMENT APPLICATION FORM
AB 30156685

申请日期Date　年Y　月M　日D　业务类型Type of Business:电汇T/T □　信汇M/T □　汇票申请书D/D □　本票申请书P/N □　其他Other □

| 申请人 Applicant | 全称 Full Name | | 收款人 Beneficiary | 全称 Full Name | |
|---|---|---|---|---|---|
| | 账号或地址 AC NO. Address | | | 账号或地址 AC NO. Address | |
| | 开户银行 A/C Bank | | | 开户银行 A/C Bank | |
| 金额 Amount | 人民币（大写）RMB in Words | | | 亿 千 百 十 万 千 百 十 元 角 分 | |

款项已收入收款人账号。Payment Being Credited to Beneficiary's Account.

支付密码 Payment Pin NO.

电汇时需选择 Please Tick Here Applicable　附加信息及用途: Message and Purpose:

普通Regular □

加急Urgent □

银行签章 Bank's Authorized Signature(s) and/or Stamp(s)

会计主管:　授权:　复核:　记账:

第二联　此联收款行记账凭证

图 2-42　结算业务申请书（第二联）

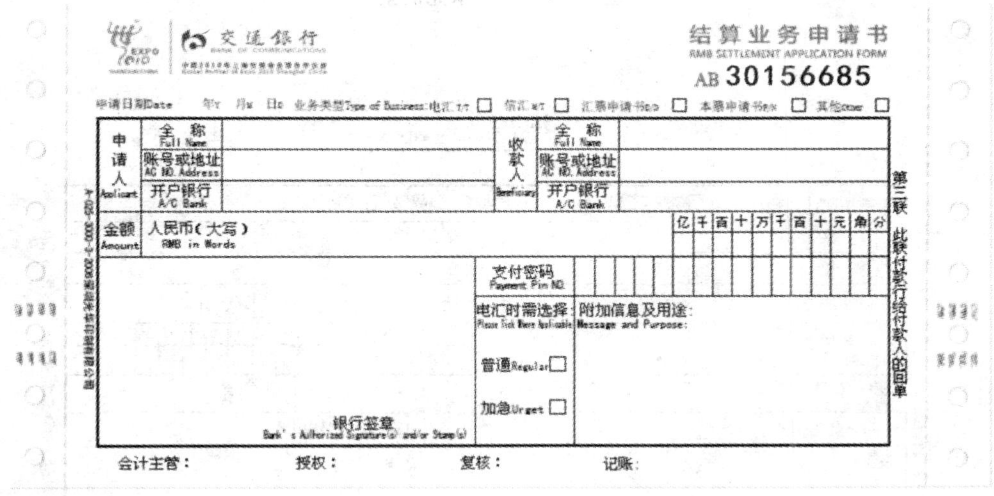

交通银行 BANK OF COMMUNICATIONS

结算业务申请书
RMB SETTLEMENT APPLICATION FORM
AB 30156685

申请日期Date　年Y　月M　日D　业务类型Type of Business:电汇T/T □　信汇M/T □　汇票申请书D/D □　本票申请书P/N □　其他Other □

| 申请人 Applicant | 全称 Full Name | | 收款人 Beneficiary | 全称 Full Name | |
|---|---|---|---|---|---|
| | 账号或地址 AC NO. Address | | | 账号或地址 AC NO. Address | |
| | 开户银行 A/C Bank | | | 开户银行 A/C Bank | |
| 金额 Amount | 人民币（大写）RMB in Words | | | 亿 千 百 十 万 千 百 十 元 角 分 | |

支付密码 Payment Pin NO.

电汇时需选择 Please Tick Here Applicable　附加信息及用途: Message and Purpose:

普通Regular □

加急Urgent □

银行签章 Bank's Authorized Signature(s) and/or Stamp(s)

会计主管:　授权:　复核:　记账:

第三联　此联付款行给付款人的回单

图 2-43　结算业务申请书（第三联）

20. 办理委托收款

2016 年 1 月 20 日，江丰实业有限公司将快到期的银行承兑汇票向开户银行办理委托收款（电划），合同名称号：20160754，已发货。请根据银行承兑汇票填写托收凭证（见图 2-44 和图 2-45）。

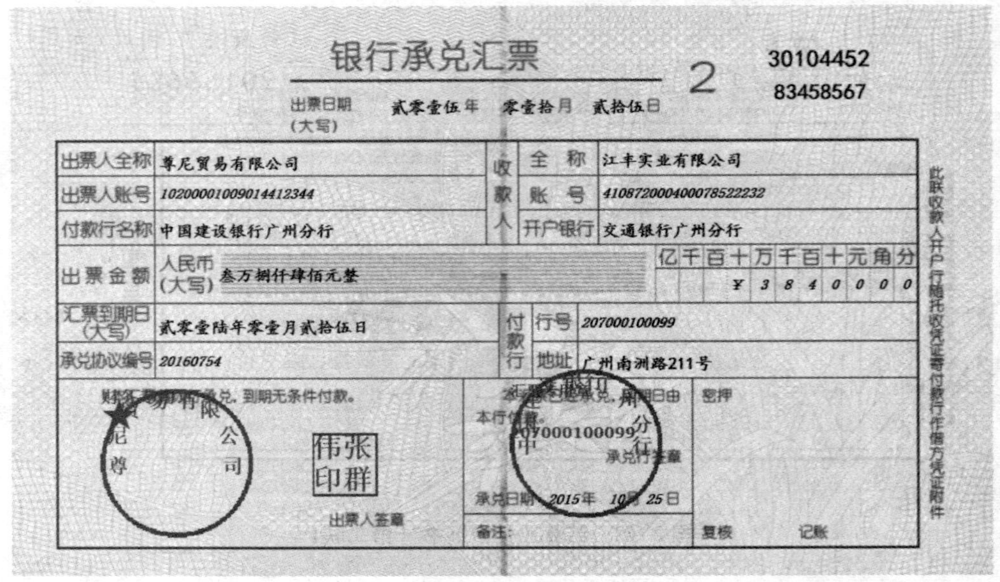

**银行承兑汇票** 2

30104452
83458567

出票日期（大写） 贰零壹伍年 零壹拾月 贰拾伍日

| 出票人全称 | 尊尼贸易有限公司 | 收款人 | 全称 | 江丰实业有限公司 |
|---|---|---|---|---|
| 出票人账号 | 10200001009014412344 | | 账号 | 410872000400078522232 |
| 付款行名称 | 中国建设银行广州分行 | | 开户银行 | 交通银行广州分行 |
| 出票金额 | 人民币（大写）叁万捌仟肆佰元整 | | 亿千百十万千百十元角分 | ¥ 3 8 4 0 0 0 0 |
| 汇票到期日（大写） | 贰零壹陆年零壹月贰拾伍日 | 付款行 | 行号 | 207000100099 |
| 承兑协议编号 | 20160754 | | 地址 | 广州南洲路211号 |

本汇票请你行承兑，到期无条件付款。
出票人签章

本汇票已经承兑，到期日由本行付款。
承兑行签章
承兑日期 2015年 10月 25日
备注：
密押
复核 记账

此联收款人开户行随托收凭证寄付款行作借方凭证附件

图 2-44 银行承兑汇票

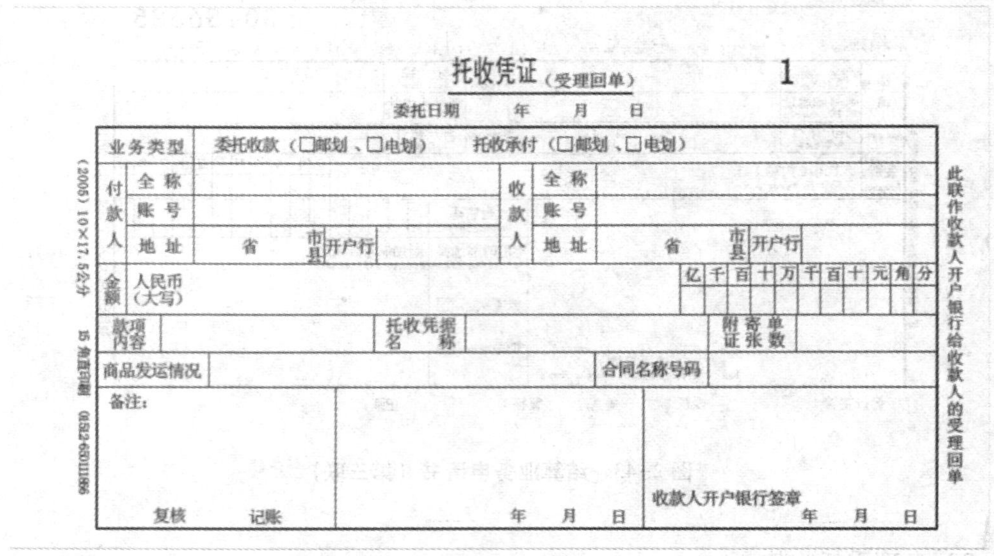

**托收凭证**（受理回单） 1

委托日期 年 月 日

| 业务类型 | 委托收款（□邮划、□电划） | | 托收承付（□邮划、□电划） | | |
|---|---|---|---|---|---|
| 付款人 | 全称 | | 收款人 | 全称 | |
| | 账号 | | | 账号 | |
| | 地址 | 省 市县 开户行 | | 地址 | 省 市县 开户行 |
| 金额 | 人民币（大写） | | | 亿千百十万千百十元角分 | |
| 款项内容 | | 托收凭据名称 | | 附寄单证张数 | |
| 商品发运情况 | | | 合同名称号码 | | |
| 备注：<br>复核 记账 | 年 月 日 | | 收款人开户银行签章<br>年 月 日 | | |

此联作收款人开户银行给收款人的受理回单

图 2-45 托收凭证

21. 收回多余款项

2016 年 5 月 26 日，北京化工有限公司的采购员李明交回多余差旅费款为 195.00 元。请填写收回余款的收款收据（由马峰开具并收款）（见图 2-46）。

**收 款 收 据** NO.76768321

年 月 日

今 收 到 ______

交 来：______

金额（大写） 拾 万 仟 佰 拾 元 角 分

¥ ______ □现金 □支票 □信用卡 □其他 收款单位（盖章）

核准 会计 记帐 出纳 经手人

第一联存根

图 2-46 收款收据

22. 收到投资款

2016 年 2 月 3 日，北京化工有限公司收到东方化工有限公司投入投资款，请填写收款收据（由马峰开具）（见图 2-47 和图 2-48）。

**交通银行 进账单**（收账通知） 3

2016 年 02月 03日

| 出票人 | 全称 | 东方化工有限公司 | 收款人 | 全称 | 北京化工有限公司 |
|---|---|---|---|---|---|
| | 账号 | 456329008768905432 | | 账号 | 020000100901213644121 |
| | 开户银行 | 中国银行北京海淀支行 | | 开户银行 | 交通银行北京分行 |

| 金额 | 人民币（大写） 壹拾万元整 | 亿 | 千 | 百 | 十 | 万 | 千 | 百 | 十 | 元 | 角 | 分 |
|---|---|---|---|---|---|---|---|---|---|---|---|---|
| | | | | ¥ | 1 | 0 | 0 | 0 | 0 | 0 | 0 | 0 |

| 票据种类 | | 票据张数 | |
|---|---|---|---|
| 票据号码 | | | |

复核 记账

收款人开户银行签章

2016.02.03 交通银行 北京分行 (01)

此联是收款人开户银行交给收款人的收账通知

图 2-47 进账单

收 款 收 据　　NO.65786021

年　月　日

今 收 到 ____________________

交 来：____________________

金额（大写）____ 拾 万 仟 佰 拾 元 角 分

¥ ________ □现金 □支票 □信用卡 □其他　收款单位（盖章）

核准　会计　记帐　出纳　经手人

第一联存根

图 2-48　收款收据

## 活动 2　与收支相关的记账凭证填制

1. 12 月 1 日，收到广州市航宇有限公司货款（见图 2-49）。

中国建设银行 **进账单**（回单）

2012 年 12 月 1 日

<table>
<tr><td rowspan="3">出票人</td><td>全　称</td><td colspan="2">广州市航宇有限公司</td><td rowspan="3">收款人</td><td>全　称</td><td colspan="11">广州市天成科技有限公司</td></tr>
<tr><td>账　号</td><td colspan="2">6603077</td><td>账　号</td><td colspan="11">3060158</td></tr>
<tr><td>开户银行</td><td colspan="2">建行海联路支行</td><td>开户银行</td><td colspan="11">建行天成路支行</td></tr>
<tr><td rowspan="2">金额</td><td rowspan="2">人民币（大写）</td><td colspan="4" rowspan="2">壹拾伍万圆整</td><td>亿</td><td>千</td><td>百</td><td>十</td><td>万</td><td>千</td><td>百</td><td>十</td><td>元</td><td>角</td><td>分</td></tr>
<tr><td></td><td></td><td>¥</td><td>1</td><td>5</td><td>0</td><td>0</td><td>0</td><td>0</td><td>0</td><td>0</td></tr>
<tr><td colspan="2">票据种类</td><td>支票</td><td colspan="3">票据张数</td><td colspan="11">壹张</td></tr>
<tr><td colspan="2">票据号码</td><td>45645655</td><td colspan="3"></td><td colspan="11"></td></tr>
</table>

复核　　记账　　开户银行签章

图 2-49　中国建设银行进账单

2. 12 月 9 日，广州市舒星有限公司预付货款（见图 2-50）。

中国工商银行**进账单**（回单）

2012 年 12 月 9 日

<table>
<tr><td rowspan="3">出票人</td><td>全　称</td><td colspan="3">广州市舒星有限公司</td><td rowspan="3">收款人</td><td>全　称</td><td colspan="11">广州市蓝马科技有限公司</td></tr>
<tr><td>账　号</td><td colspan="3">3305167</td><td>账　号</td><td colspan="11">6960133</td></tr>
<tr><td>开户银行</td><td colspan="3">工行沿江路支行</td><td>开户银行</td><td colspan="11">工行大福路支行</td></tr>
<tr><td rowspan="2">金额</td><td rowspan="2">人民币<br>（大写）</td><td colspan="5" rowspan="2">叁拾贰万肆仟陆佰捌拾元整</td><td>亿</td><td>千</td><td>百</td><td>十</td><td>万</td><td>千</td><td>百</td><td>十</td><td>元</td><td>角</td><td>分</td></tr>
<tr><td></td><td></td><td>¥</td><td>3</td><td>2</td><td>4</td><td>6</td><td>8</td><td>0</td><td>0</td><td>0</td></tr>
<tr><td colspan="2">票据种类</td><td colspan="2">支票</td><td colspan="3">票据张数</td><td colspan="11">壹张</td></tr>
<tr><td colspan="2">票据号码</td><td colspan="2">52654565</td><td colspan="3"></td><td colspan="11"></td></tr>
</table>

复核　　　　记账　　　　开户银行签章

**图 2-50　中国工商银行进账单**

3. 12 月 5 日，开具转账支票（见图 2-51）。

**支票申请单**

2012 年 12 月

事由：　支付前欠货款

支票号码：　30569525

支票内容：　收款人：广州市舒星有限公司

金额：人民币 52 341.00

其他要求：转账支票

支票开票时间：　2012 年 12 月 05 日

单位负责人签名：李欣

**图 2-51　支票申请单**

4. 12 月 5 日，开具转账支票支付前欠货款（见图 2-52）。

| 中国工商银行<br>**支票存根**<br>65454544<br>30569525<br>附加信息 |
|---|
| 出票日期　2012 年 12 月 05 日 |
| 收款人：广州市舒星有限公司 |
| 金　额：¥52 341.00 |
| 用　途：支付前欠货款 |
| 单位主管：李欣　　会计： |

**图 2-52　支票存根**

5. 12 月 12 日，开具转账支票（见图 2-53）。

**支票申请单**

2012 年 12 月

事由：　　　预付货款

支票号码：　23106278

支票内容：　收款人：广州市阳飞科技有限公司

　　　　　　金额：人民币 603 219.00

　　　　　　其他要求：转账支票

支票开票时间：2012 年 12 月 12 日

单位负责人签名：彭宇

**图 2-53　支票申请单**

6. 12 月 12 日，开具转账支票预付货款（见图 2-54）。

| 中国工商银行<br>**支票存根**<br>60251342<br>23106278<br>附加信息 |
|---|
| 出票日期 2012 年 12 月 12 日 |
| 收款人：广州市阳飞科技有限公司 |
| 金 额：¥603 219.00 |
| 用 途：预付货款 |
| 单位主管：彭宇 会计： |

图 2-54 支票存根

7. 12 月 10 日，开具现金支票一张提现备用（见图 2-55）。

| 中国工商银行<br>**支票存根**<br>46546556<br>15651652<br>附加信息 |
|---|
| 出票日期 2012 年 12 月 10 日 |
| 收款人：广州市蓝马科技有限公司 |
| 金 额：¥18 000.00 |
| 用 途：提现备用 |
| 单位主管：李欣 会计： |

图 2-55 支票存根

8. 12 月 20 日，开具现金支票提现备发工资（见图 2-56）。

**支票申请单**

2012 年 12 月

事由：　　提现备发工资

支票号码：　56454555

支票内容：　收款人：广州市蓝马科技有限公司

　　　　　　金额：人民币 108 000.00

　　　　　　其他要求：现金支票

支票开票时间：2012 年 12 月 20 日

单位负责人签名：李欣

图 2-56　支票申请单

9. 12 月 20 日，开具现金支票提现备发工资（见图 2-57）。

| 中国工商银行<br>**支票存根**<br>49846545<br>56454555<br>附加信息 |
|---|
| 出票日期　2012 年 12 月 20 日 |
| 收款人：广州市蓝马科技有限公司 |
| 金　额：¥ 108 000.00 |
| 用　途：提现备发工资 |
| 单位主管：李欣　　会计： |

图 2-57　支票存根

10. 12月8日，开具商业承兑汇票支付货款（见图2-58）。

商业承兑汇票说明表

2012年12月

| | |
|---|---|
| 销货单位 | 广州市蓝马科技有限公司 |
| 销货单位开户行及账号： | 工行大福路支行6960133 |
| 合同编号： | 305—GF07 |
| 付款人开户行行号： | 45646546 |
| 付款人开户行地址： | 广州市天成路33号 |
| 开票日期： | 2012年12月8日 |
| 开票金额： | ¥183 475.89 |
| 期限： | 两个月 |

图2-58　商业承兑汇票说明表

11. 12月14日，开具银行承兑汇票支付货款（见图2-59）。

中国建设银行　银行承兑协议

银行承兑汇票的内容：

| | | | |
|---|---|---|---|
| 出票人全称： | 广州市天成科技有限公司 | 收款人全称： | 广州市旋风科技有限公司 |
| 开户银行： | 建行天成路支行 | 开户银行： | 建行白云路支行 |
| 账　　号： | 3060158 | 账　　号： | 9960582 |
| 汇票号码： | 654892 | 汇票金额（大写）： | 人民币贰拾万伍仟零陆拾元整 |
| 出票日期： | 2012年12月14日 | 到期日期： | 2013年1月14日 |

以上汇票经承兑银行承兑，出票人愿遵守《支付结算办法》的规定及下列条款：

一、申请人于汇票到期日前应将应付票据足额外负担交付承兑银行。

二、承兑手续费按票面金额千分之一的计算，在银行承兑时一次付清。

三、承兑汇票如发生任何交易纠纷，均由收付双方自行处理，票款于到期前仍按第一条办理不误。

四、承兑汇票到期日，承兑银行见票时无条件支付票款，如到期日之前申请人不能足额支付票款时，承兑银行对不足支付部分的票款转作承兑申请人逾期贷款，并按照有关规定计收罚息。

五、承兑汇票付清后，协议自动失效。

承兑银行签章：　　　　　　　　出票人签章：

订立承兑协议日期　2012年12月14日

图2-59　银行承兑协议

12. 12 月 5 日，市场部员工预借差旅费（见图 2-60）。

**借支单**

2012 年 12 月 5 日

| 工作部门 | 市场部 | 职务 | 员工 | 姓名 | 杨飞 | 盖章 |
|---|---|---|---|---|---|---|
| 借支金额 | 人民币壹仟伍佰元整 | | | | | |
| 借款原因 | 预借差旅费 | | | 附证件 | | |
| 还款日期 | | | | | | |
| 批　　核 | | | | | | |
| | 会计 | | 出纳 | | 制单 | 杨飞 |

图 2-60　**借支单**

13. 12 月 7 日，现金预借购买办公用品（见图 2-61）。

**借支单**

2012 年 12 月 7 日

| 工作部门 | 管理部 | 职务 | 员工 | 姓名 | 张勇 | 盖章 |
|---|---|---|---|---|---|---|
| 借支金额 | 人民币叁佰元整 | | | | | |
| 借款原因 | 购买办公用品 | | | 附证件 | | |
| 还款日期 | | | | | | |
| 批　核 | | | | | | |
| | 会计 | | 出纳 | | 制单 | 张勇 |

图 2-61　**借支单**

14. 12 月 11 日，报销购买的办公用品（见图 2-62、图 2-63 和图 2-64）。

## 广东省 商品销售统一发票

全国统一发票监制章　广东省　地方税务局监制

发票代码　144001121135

发票号码　6545655

顾客名称及地址：广州市天成科技有限公司　　2012 年 12 月 11 日填发

| 品名规格 | 单位 | 数量 | 单价 | 金额 | | 备注 |
|---|---|---|---|---|---|---|
| 办公用品 | | | | 合计金额超过佰元无效 | 200 | |
| | | | | | | |
| | | | | | | |
| | | | | | | |
| | | | | | | |
| | | | | | | |
| 合计金额（大写） | 人民币贰佰元整 | | | 小写 | ¥200.00 | |

开票人：　　收款人：赵飞　　业户名称（盖章）　　电脑开具 手写无效

图 2-62　商品销售统一发票

## 支付证明单

附件：1 张　　总号　第　号

科目：　　2012 年 12 月 11 日　　分号　第　号

| 事由或品名 | 数量 | 单位 | 单价 | 金额 | | | | | | | |
|---|---|---|---|---|---|---|---|---|---|---|---|
| | | | | 十 | 万 | 千 | 百 | 十 | 元 | 角 | 分 |
| 办公用品 | | | | | | | 2 | 0 | 0 | 0 | 0 |
| | | | | | | | | | | | |
| | | | | | | | | | | | |
| | | | | | | | | | | | |
| 共计金额 | 拾　万×仟贰佰零拾零元零角零分 | | | ¥200.00 | | | | | | | |
| 受款人 | 张芳 | 未能取得单据原因 | | | | | | | | | |

主管人：祝之所　会计：　出纳：　记账：　证明人：何冰　经手人：张芳

图 2-63　支付证明单

## 收款收据

日期　2012 年 12 月 11 日　　No　4198546

今收到＿＿＿＿何勇＿＿＿＿

人民币＿＿＿＿壹佰元整＿＿＿＿ ¥＿＿100.00＿＿

系付＿＿＿＿多余借款＿＿＿＿

单位盖章　　会计　　出纳　　经手人　何勇

图 2-64　收款收据

15. 12 月 16 日，购买办公用品（见图 2-65）。

**支付证明单**

附件：1 张　　　　　　　　　　　　　　　　　　　　　　总号　　第　号
科目：　　　　　　2012 年 12 月 16 日　　　　　　　　　分号　　第　号

| 事由或品名 | 数量 | 单位 | 单价 | 金额 | | | | | | | |
|---|---|---|---|---|---|---|---|---|---|---|---|
| | | | | 十 | 万 | 千 | 百 | 十 | 元 | 角 | 分 |
| 办公用品 | | | | | | | 5 | 0 | 0 | 0 | 0 |
| | | | | | | | | | | | |
| | | | | | | | | | | | |
| | | | | | | | | | | | |
| 共计金额 | 拾　万×仟伍佰零拾零元零角零分 | | | ￥200. 00 | | | | | | | |
| 受款人 | 黄鹏 | 未能取得单据原因 | | | | | | | | | |

主管人：李丽　　会计：　　出纳：　　记账：　　证明人：何必　　经手人：黄鹏

图 2-65　支付证明单

16. 12 月 2 日，购入固定资产的款项未付（见图 2-66 和图 2-67）。

4400093620　　　　**广东省增值税普通发票**　　　　№ 86546854

全国统一发票监制章　广东省　国家税务总局监制

开票日期：2012 年 12 月 02 日

| 购货单位 | 名　　称：广州市天成科技有限公司<br>纳税人识别号：440130651028306<br>地 址 、电 话：广州市光明路 25 号 80690135<br>开户行及账号：建行天成路支行 3060158 | | | 密码区 | 略 | | |
|---|---|---|---|---|---|---|---|
| 货物或应税劳务名称 | 规格型号 | 单位 | 数量 | 单价 | 金额 | 税率 | 税额 |
| 固定资产 | TG-4 设备 | 台 | 1 | 50 000. 00 | 50 000. 00 | 17% | 8 500. 00 |
| 合计 | | | | | ￥50 000. 00 | | ￥ 8 500. 00 |
| 价税合计（大写） | ⊗ 伍万捌仟伍佰圆整 | | | | （小写） ￥58 500. 00 | | |
| 销货单位 | 名　　称：广州市鸿天科技有限公司<br>纳税人识别号：4401266548876341<br>地 址 、电 话：广州市宝安路 44 号 81330915<br>开户行及账号：农行祁连路支行 9950128 | | | 备注 | | | |

收款人：撒姿　　复核：柳花　　开票人：赵倩　　领货单位：　　（章）

图 2-66　增值税发票

## 固定资产入库单

2012 年 12 月 2 日　　　　凭证编号：8579—R

| 固定资产名称及编号 | 规格型号 | 单位 | 数量 | 预计使用年限 | 已使用年限 | 原始价值 | 已提折旧 | 评估价 |
|---|---|---|---|---|---|---|---|---|
| TG-4 设备 | | 台 | 1 | 6 | 0 | 50 000.00 | | |
| 固定资产状况 | 全新 | | | | | | | |

| 何时购入 | 进入方式 | 入账价值 | 固定资产管理部门 | 会计主管 |
|---|---|---|---|---|
| 2012 年 12 月 2 日 | 购买 | 50 000.00 | 生产车间 | 周晓波 |

图 2-67　固定资产入库单

17. 12 月 15 日，购入的材料验收入库（见图 2-68）。

## 材料验收通知单

凭证编号：5012

供应人：广州市煌飞科技有限公司　　　2012 年 12 月 15 日　　　仓库编号　字 1 号

| 材质证明 | 原材料 | 发票 12 号 | 验收日期 | 2012年12月15日 | 存放地点 | 1 号仓库 | 附件份数 | 1 份 | | |
|---|---|---|---|---|---|---|---|---|---|---|
| 材料编号 | 材料名称 | 规格 | 型号 | 单 位 | 数量 | | 计划单价 | | 实际价格 | |
| | | | | | 凭证 | 实收 | 单价 | 总价 | 单价 | 总价 |
| RT3014 | A 材料 | | | 千克 | 2 800 | 2 800 | | | 56.00 | 156 800.00 |
| | | | | | | | | | | |
| | | | | | | | | | | |
| | | | | | | | | | | |
| | | | | | | | | | | |
| | | | | | | | | | | |
| | | | | | | | | | | |
| | | | | | | | | | | |
| | | | | | | | | | | |
| | | | | | | | | | | |
| | | | | | 差异 | | | | 备注 | |

第一联　存根联

财务处长：　　供应科长：　　仓库主管：赵分　验收保管：　　检验：　　采购经办：黑风

图 2-68　材料验收通知单

18. 12 月 1 日，收到广州市航宇有限公司货款（见图 2-69）。

中国建设银行 进账单（回单）

2012 年 12 月 01 日

<table>
<tr><td rowspan="3">出票人</td><td>全　　称</td><td>广州市航宇有限公司</td><td rowspan="3">收款人</td><td>全　　称</td><td colspan="11">广州市天成科技有限公司</td></tr>
<tr><td>账　　号</td><td>6603077</td><td>账　　号</td><td colspan="11">3060158</td></tr>
<tr><td>开户银行</td><td>建行海联路支行</td><td>开户银行</td><td colspan="11">建行天成路支行</td></tr>
<tr><td rowspan="2">金额</td><td rowspan="2">人民币<br>（大写）</td><td colspan="3" rowspan="2">壹拾万元整</td><td>亿</td><td>千</td><td>百</td><td>十</td><td>万</td><td>千</td><td>百</td><td>十</td><td>元</td><td>角</td><td>分</td></tr>
<tr><td></td><td></td><td>¥</td><td>1</td><td>0</td><td>0</td><td>0</td><td>0</td><td>0</td><td>0</td><td>0</td></tr>
<tr><td colspan="2">票据种类</td><td>支票</td><td colspan="2">票据张数</td><td colspan="11">壹张</td></tr>
<tr><td colspan="2">票据号码</td><td>15465656</td><td colspan="2"></td><td colspan="11"></td></tr>
</table>

复核　　　　　　　　记账　　　　　　　　开户银行签章

图 2-69　中国建设银行进账单

19. 12 月 9 日，广州市舒星有限公司预付货款（见图 2-70）。

中国工商银行 进账单（回单）

2012 年 12 月 09 日

<table>
<tr><td rowspan="3">出票人</td><td>全　　称</td><td>广州市舒星有限公司</td><td rowspan="3">收款人</td><td>全　　称</td><td colspan="11">广州市蓝马科技有限公司</td></tr>
<tr><td>账　　号</td><td>3305167</td><td>账　　号</td><td colspan="11">6960133</td></tr>
<tr><td>开户银行</td><td>工行沿江路支行</td><td>开户银行</td><td colspan="11">工行大福路支行</td></tr>
<tr><td rowspan="2">金额</td><td rowspan="2">人民币<br>（大写）</td><td colspan="3" rowspan="2">叁拾万元整</td><td>亿</td><td>千</td><td>百</td><td>十</td><td>万</td><td>千</td><td>百</td><td>十</td><td>元</td><td>角</td><td>分</td></tr>
<tr><td></td><td></td><td>¥</td><td>3</td><td>0</td><td>0</td><td>0</td><td>0</td><td>0</td><td>0</td><td>0</td></tr>
<tr><td colspan="2">票据种类</td><td>支票</td><td colspan="2">票据张数</td><td colspan="11">壹张</td></tr>
<tr><td colspan="2">票据号码</td><td>24563101</td><td colspan="2"></td><td colspan="11"></td></tr>
</table>

复核　　　　　　　　记账　　　　　　　　开户银行签章

图 2-70　中国工商银行进账单

20. 12月6日，开具转账支票支付前欠货款（见图2-71）。

**支票存根**

| 中国工商银行<br>**支票存根**<br>65454544<br>30569525<br>附加信息 |
|---|
| 出票日期　2012年12月06日 |
| 收款人：广州市舒星有限公司 |
| 金　额：￥52 341.00 |
| 用　途：支付前欠货款 |
| 单位主管：李欣　　会计： |

**图2-71　支票存根**

21. 12月12日，开具转账支票预付货款（见图2-72）。

| 中国工商银行<br>**支票存根**<br>65454544<br>23106278<br>附加信息 |
|---|
| 出票日期　2012年12月12日 |
| 收款人：广州市阳飞科技有限公司 |
| 金　额：￥600 000.00 |
| 用　途：预付货款 |
| 单位主管：彭宇　　会计： |

**图2-72　支票存根**

22. 12 月 11 日，提现备用（见图 2-73）。

支票申请单

2012 年 12 月

事由：　　　　提现备用

支票号码：　　23564898

支票内容：　　收款人：广州市蓝马科技有限公司

金额：人民币 18 000.00

其他要求：现金支票

支票开票时间：　2012 年 12 月 11 日

单位负责人签名：李欣

图 2-73　支票申请单

23. 12 月 10 日，开具现金支票一张提现备用（见图 2-74）。

| 中国工商银行<br>支票存根<br>65454544<br>23564622<br>附加信息 |
|---|
| 出票日期　2012 年 12 月 10 日 |
| 收款人：广州市蓝马科技有限公司 |
| 金　额：￥18 500.00 |
| 用　途：提现备用 |
| 单位主管：李欣　　会计： |

图 2-74　支票存根

24. 12 月 14 日，开具银行承兑汇票支付货款（见图 2-75）。

中国建设银行　**银行承兑协议**

银行承兑汇票的内容：

出票人全称：　广州市天成科技有限公司　　收款人全称：　广州市旋风科技有限公司
开户银行：　建行天成路支行　　开户银行：　建行白云路支行
账　　号：　3060158　　账　　号：　9960582
汇票号码：　654892　　汇票金额（大写）：人民币贰拾万伍仟元整
出票日期：　2012 年 12 月 14 日　　到期日期：　2013 年 1 月 14 日

以上汇票经承兑银行承兑，出票人愿遵守《支付结算办法》的规定及下列条款：

一、申请人于汇票到期日前应将应付票据足额外负担交付承兑银行。

二、承兑手续费按票面金额千分之一的计算，在银行承兑时一次付清。

三、承兑汇票如发生任何交易纠纷，均由收付双方自行处理，票款于到期前仍按第一条办理不误。

四、承兑汇票到期日，承兑银行见票时无条件支付票款，如到期日之前申请人不能足额支付票款时，承兑银行对不足支付部分的票款转作承兑申请人逾期贷款，并按照有关规定计收罚息。

五、承兑汇票付清后，协议自动失效。

承兑银行签章：　　出票人签章：

订立承兑协议日期　2012 年 12 月 14 日

图 2-75　银行承兑协议

25. 12 月 15 日，预借差旅费（见图 2-76）。

**借支单**

2012 年 12 月 15 日

| 工作部门 | 市场部 | 职务 | 员工 | 姓名 | 杨飞 | 盖章 | |
|---|---|---|---|---|---|---|---|
| 借支金额 | 人民币壹仟伍佰元整 | | | | | | |
| 借款原因 | 预借差旅费 | | | 附证件 | | | |
| 还款日期 | —— | | | | | | |
| 批　　核 | 赵旭阳 | | | | | | |
| | 会计 | | 出纳 | | 制单 | 杨飞 | |

图 2-76　借支单

26. 12 月 7 日，预借现金购买办公用品（见图 2-77）。

借支单

2012 年 12 月 07 日

| 工作部门 | 管理部 | 职务 | 员工 | 姓名 | 张勇 | 盖章 |
|---|---|---|---|---|---|---|
| 借支金额 | 人民币肆佰元整 | | | | | |
| 借款原因 | 购买办公用品 | | | 附证件 | | |
| 还款日期 | —— | | | | | |
| 批　　核 | 赵子阳 | | | | | |
| | 会计 | | 出纳 | | 制单 | 张勇 |

图 2-77　借支单

27. 12 月 11 日，报销购买的办公用品（见图 2-78）。

收款收据

日期　2012 年 12 月 11 日　　　　No　156561

| | |
|---|---|
| 今收到 | 何勇 |
| 人民币 | 贰佰元整　　¥ 200.00 |
| 系付 | 多余借款 |

单位盖章　　会计　　出纳　　经手人　何勇

图 2-78　收款收据

28. 12 月 16 日，购买办公用品（见图 2-79 和图 2-80）。

## 广东省 商品销售统一发票

全国统一发票监制章　广东省　地方税务局监制

发票代码　144001121135

发票号码　198416

顾客名称及地址：广州市天成科技有限公司　　2012 年 12 月 16 日填发

| 品名规格 | 单位 | 数量 | 单价 | 金额 | | 备注 |
|---|---|---|---|---|---|---|
| 办公用品 | | | | 合计金额超过佰元无效 | 400. 00 | |
| | | | | | | |
| | | | | | | |
| | | | | | | |
| | | | | | | |
| | | | | | | |
| 合计金额（大写） | 人民币肆佰元整 | | | 小写 | ¥400. 00 | |

开票人：　　收款人：周公　　业户名称（盖章）　　电脑开具 手写无效

**图 2-79　商品销售统一发票**

## 支付证明单

附件：　张　　　　总号　　第　　号

科目：　　2012 年 12 月 16 日　　分号　　第　　号

| 事由或品名 | 数量 | 单位 | 单价 | 金额 | | | | | | | |
|---|---|---|---|---|---|---|---|---|---|---|---|
| | | | | 十 | 万 | 千 | 百 | 十 | 元 | 角 | 分 |
| 办公用品 | | | | | | | 4 | 0 | 0 | 0 | 0 |
| | | | | | | | | | | | |
| | | | | | | | | | | | |
| | | | | | | | | | | | |
| 共计金额 | 拾　万×仟肆佰零拾零元零角零分 | | | ¥400. 00 | | | | | | | |
| 受款人 | | 未能取得单据原因 | | | | | | | | | |

主管人：周公　　会计：　　出纳：　　记账：　　证明人：汤盘　　经手人：德塞利

**图 2-80　支付证明单**

29. 12月2日，开具现金支票提现备发工资（见图2-81）。

**支票申请单**

2012年12月

事由：　　提现备发工资

支票号码：　　56454555

支票内容：　　收款人：广州市蓝马科技有限公司

金额：人民币108 000.00

其他要求：现金支票

支票开票时间：　2012年12月02日

单位负责人签名：李欣

图2-81　支票申请单

30. 12月2日，开具现金支票提现备发工资（见图2-82）。

| 中国工商银行<br>**支票存根**<br>49846545<br>56454555<br>附加信息 |
|---|
| 出票日期　2012年12月02日 |
| 收款人：广州市蓝马科技有限公司 |
| 金　额：¥108 000.00 |
| 用　途：提现备发工资 |
| 单位主管：李欣　　会计： |

图2-82　支票存根

31. 12 月 26 日，报销购买办公用品（见图 2-83 和图 2-84）。

**广东省 商品销售统一发票**

全国统一发票监制章 广东省 地方税务局监制

发票代码 144001121135

发票号码 987685

顾客名称及地址：广州市蓝马科技有限公司 2012 年 12 月 26 日填发

| 品名规格 | 单位 | 数量 | 单价 | 金额 | | 备注 |
|---|---|---|---|---|---|---|
| 办公用品 | | | | 合计金额超过佰元无效 | 800.00 | |
| | | | | | | |
| | | | | | | |
| | | | | | | |
| | | | | | | |
| | | | | | | |
| 合计金额（大写） | 人民币贰佰元整 | | | 小写 | ¥800.00 | |

开票人： 收款人：赵飞 业户名称（盖章） 电脑开具 手写无效

图 2-83 商品销售统一发票

**支付证明单**

附件：1 张 总号 第 号

科目： 2012 年 12 月 26 日 分号 第 号

| 事由或品名 | 数量 | 单位 | 单价 | 金额 | | | | | | | |
|---|---|---|---|---|---|---|---|---|---|---|---|
| | | | | 十 | 万 | 千 | 百 | 十 | 元 | 角 | 分 |
| 办公用品 | | | | | | | 8 | 0 | 0 | 0 | 0 |
| | | | | | | | | | | | |
| | | | | | | | | | | | |
| | | | | | | | | | | | |
| 共计金额 | 拾 万×仟捌佰零拾零元零角零分 | | | ¥800.00 | | | | | | | |
| 受款人 | 赵兵 | 未能取得单据原因 | | | | | | | | | |

主管人：李欣 会计： 出纳： 记账： 证明人：何必 经手人：赵兵

图 2-84 支付证明单

32. 12 月 31 日，收到广州市航宇有限公司货款（见图 2-85）。

**收款凭证**

借方科目：银行存款　　2012 年 12 月 31 日　　银收 字 第 1 号

| 摘要 | 贷方科目 | | 贷方金额 | | | | | | | | | | | 记账 |
|---|---|---|---|---|---|---|---|---|---|---|---|---|---|---|
| | 总账科目 | 明细科目 | 亿 | 千 | 百 | 十 | 万 | 千 | 百 | 十 | 元 | 角 | 分 | √ |
| 收到货款 | 应收账款 | 广州市航宇有限公司 | | | | | 5 | 0 | 0 | 0 | 0 | 0 | 0 | |
| | | | | | | | | | | | | | | |
| | | | | | | | | | | | | | | |
| | | | | | | | | | | | | | | |
| | | | | | | | | | | | | | | |
| | | | | | | | | | | | | | | |
| | | | | | | | | | | | | | | |
| | | | | | | | | | | | | | | |
| | | | | | | | | | | | | | | |
| 附件 1 张 | 合计 | | | | | ¥ | 5 | 0 | 0 | 0 | 0 | 0 | 0 | |

记账　　出纳　　审核　　制证

图 2-85　收款凭证

## 活动 3　登记日记账

根据上述记账凭证登记现金、银行日记账。

# 项目三　核算会计岗位

**岗位技能目标**

1. 具体负责本企业的财务与会计的日常核算、管理工作。
2. 组织制定本企业的各项财务与会计制度，并监督其贯彻执行。
3. 编制本企业的财务成本计划、资金筹措计划，并监督其落实。
4. 会同有关部门拟定企业各项固定资产的投资方案和流动资金定额。
5. 负责企业各种税费的计算和缴纳工作。
6. 负责企业各项财务分析工作。
7. 参加企业有关生产经营管理会议，参与有关经营预测、决策和各部门业绩考评工作。
8. 参与拟定和审核经济合同、协议和其他经济文件。
9. 负责向本企业领导和职代会报告企业的财务状况和经营成果，审查对外提供的财务报告。
10. 组织财会人员的理论和业务学习，负责财会人员的考核，参与研究财会人员任用和调整工作。
11. 领导交办的其他与财务、会计有关的管理工作。
12. 负责保管、加盖银行预留章法人章。

## 任务一　存货

### 第一节　存货概述

#### 一、存货的概念

存货（inventory）是指企业在日常活动中持有以备出售的产成品或商品、处在生产过程中的在产品、在生产过程或提供劳务过程中耗用的材料和物料等。具体来讲，存货包括各类原材料、在产品、半成品、产成品、商品以及周转材料、委托代销商品等。

#### 二、存货的分类

存货包含的内容极为广泛，为了便于进行会计核算，也为了对具有不同特点的存货采取不同的管理方法，可对存货进行如下分类（本书主要介绍按经济内容分类）。

1. 原材料

原材料是指企业在生产过程中经加工改变其形态或性质并构成产品主要实体的各种原料及主要材料、辅助材料、燃料、修理用备件（备品备件）、包装材料、外购半成品（外购件）等。

2. 在产品

在产品是指企业正在制造尚未完工的生产物，包括正在各个生产工序加工的产品和已加工完毕但尚未检验或已检验但尚未办理入库手续的产品。

3. 自制半成品

自制半成品是经过一定生产过程并已检验合格交付半成品仓库保管，但尚未制造完工成为产成品，仍需进一步加工的中间产品，但不包括从一个生产车间转给另一个生产车间继续加工的自制半成品以及不能单独计算成本的自制半成品（这类自制半成品属于在产品）。

4. 产成品

产成品是指工业企业已经完成全部生产过程并已验收入库，可以按照合同规定的条件送交订货单位，或者可以作为商品对外销售的产品。企业接受来料加工制造的代制品和为外单位加工修理的代修品，制造和修理完成验收入库后，应视同企业的产成品。

5. 库存商品

库存商品是指商品流通企业外购或委托加工完成验收入库用于销售的各种商品。

6. 周转材料

周转材料包括包装物和低值易耗品。包装物，是指为了包装本企业的商品而储备的各种包装容器，如桶、箱、瓶、坛、袋等。其主要作用是盛装、装潢产品或商品。低值易耗品，是指不能作为固定资产核算的各种用具物品，如工具、管理用具、玻璃器皿、劳动保护用品，以及在经营过程中周转使用的容器等。其特点是单位价值较低，或使用期限相对于固定资产较短，在使用过程中保持其原有实物形态基本不变。包装物和低值易耗品构成了周转材料。

7. 委托代销商品

委托代销商品指企业委托其他单位代销的商品。

## 第二节　存货取得及发出的计价方法

### 一、存货的初始计量

存货应当按照成本进行初始计量（initial measurement）。存货成本包括采购成本、加工成本和其他成本。

不同存货的成本构成内容不同。原材料、商品、低值易耗品等通过购买而取得的存货的成本由采购成本构成，产成品、在产品、半成品、委托加工物资等通过进一步加工而取得的存货的成本由采购成本、加工成本以及使存货达到目前场所和状态所发生的其他成本构成。

（一）存货的采购成本

存货的采购成本，包括购买价款、相关税费、运输费、装卸费、保险费以及其他可归属于存货采购成本的费用。

（二）存货的加工成本

存货的加工成本是指在存货的加工过程中发生的追加费用，包括直接人工以及按照一定方法分配的制造费用。直接人工是指企业在生产产品和提供劳务过程中发生的直接从事产品生产和劳务提供人员的职工薪酬。

在同一生产过程中，同时生产两种或两种以上的产品，并且每种产品的加工成本不能直接区分的，其加工成本应当按照合理的方法在各种产品之间进行分配。

直接人工，是指企业在生产产品过程中，直接从事产品生产的工人工资和福利费。直接人工和间接人工划分的依据是生产工人是否与所生产的产品直接相关（即可否直接确定其服务的产品对象）。

企业在存货加工过程中发生的直接人工和制造费用，如果能够直接计入有关的成本核算对象，则应直接计入；否则，应按照一定方法分配计入有关成本核算对象。分配方法一经确定，不得随意变更。存货加工成本在在产品和完工产品之间的成本分配应通过成本核算方法进行计算确定。

（三）存货的其他成本

存货的其他成本是指除采购成本、加工成本以外的，使存货达到目前场所和状态所发生的其他支出。企业设计产品发生的设计费用通常应计入当期损益，但是为特定客户设计产品所发生的、可直接确定的设计费用应计入存货的成本。

存货的来源不同，其成本的构成内容也不同。原材料、商品、低值易耗品等通过购买而取得的存货的成本由采购成本构成；产成品、在产品、半成品等自制或需委托外单位加工完成的存货的成本由采购成本、加工成本以及使存货达到目前场所和状态所发生的其他支出构成。实务中具体按以下原则确定：

（1）购入的存货，其成本包括买价、运杂费（包括运输费、装卸费、保险费、包装费、仓储费等）、运输途中的合理损耗、入库前的挑选整理费用（包括挑选整理中发生的工、费支出和挑选整理过程中所发生的数量损耗，并扣除回收的下脚废料价值）以及按规定应计入成本的税费和其他费用。

（2）自制的存货，包括自制原材料、自制包装物、自制低值易耗品、自制半成品及库存商品等，其成本包括直接材料、直接人工和制造费用等的各项实际支出。

（3）委托外单位加工完成的存货，包括加工后的原材料、包装物、低值易耗品、半成品、产成品等，其成本包括实际耗用的原材料或者半成品、加工费、装卸费、保险费、委托加工的往返运输费等费用以及按规定应计入成本的税费。

但是下列费用不应计入存货成本，而应在其发生时计入当期损益：

一是非正常消耗的直接材料、直接人工和制造费用，应在发生时计入当期损益，不应计入存货成本。如由于自然灾害而发生的直接材料、直接人工和制造费用，由于这些费用的发生无助于使该存货达到目前场所和状态，不应计入存货成本，而应确认为当期损益。

二是仓储费用，指企业在存货采购入库后发生的储存费用，应在发生时计入当期损益。但是，在生产过程中为达到下一个生产阶段所必需的仓储费用应计入存货成本。如某种酒类产品生产企业为使生产的酒达到规定的产品质量标准，而必须发生的仓储费用，应计入酒的成本，而不应计入当期损益。

三是不能归属于使存货达到目前场所和状态的其他支出，应在发生时计入当期损益，不得计入存货成本。

（四）存货的借款费用在一定条件下可以资本化

根据《企业会计准则第 17 号——借款费用》，借款费用（borrowing cost）可以资本化的资产范围除了固定资产外，还包括需要经过相当长时间的购建或者生产活动才能达到预定可使用或可销售状态的存货、投资性房地产等。这对生产周期长的行业影响较大，如造船、某些机械制造和房地产等行业的企业。执行新准则后，允许将用于存货生产的借款费用资本化，计入存货成本。如果上述企业借款较多，将大大降低这些企业的当期财务费用，提高当期的会计利润；但相应地存货成本将会有较大的增加，影响企业的毛利率。

（五）其他方式取得存货的成本

投资者投入存货的成本，应当按照投资合同或协议约定的价值确定，但合同或协议约定价值不公允的除外。

收获时农产品的成本、非货币性资产交换、债务重组和企业合并取得的存货成本，应当分别按照相应的准则确定其成本。

## 二、发出存货的计量

日常工作中，企业发出的存货，可以按实际成本核算，也可以按计划成本核算。如采用计划成本核算，会计期末应调整为实际成本。

企业应当根据各类存货的实物流转方式、企业管理的要求、存货的性质等实际情况，合理地确定发出存货成本的计算方法，以及当期发出存货的实际成本。对于性质和用途相同的存货，应当采用相同的成本计算方法确定发出存货的成本。在实际成本核算方式下，企业可以采用的发出存货成本的计价方法包括个别计价法、先进先出法、月末一次加权平均法和移动加权平均法等。在选用具体计价方法时需要注意，对于性质和用途相似的存货，应当采用相同的成本计算方法确定发出存货的成本。对于不能替代使用的存货、为特定项目专门购入或制造的存货以及提供的劳务，通常采用个别计价法确定发出存货的成本。

（一）先进先出法

先进先出法是指以先购入的存货应先发出（销售或耗用）这样一种存货实物流动

假设为前提，对发出存货进行计价的一种方法。采用这种方法，先购入的存货成本在后购入存货成本之前转出，据此确定发出存货和期末存货的成本。具体方法是：收入存货时，逐笔登记收入存货的数量、单价和金额；发出存货时，按照先进先出的原则逐笔登记存货的发出成本和结存金额。

先进先出法可以随时结转存货发出成本，但较繁；如果存货收发业务较多且存货单价不稳定时，其工作量较大。在物价持续上升时，期末存货成本接近于市价，而发出成本偏低，会高估企业当期利润和库存存货价值；反之，会低估企业存货价值和当期利润。

（二）月末一次加权平均法

月末一次加权平均法是在材料等存货按实际成本进行明细分类核算时，以本月各批进货数量和月初数量为权数计算材料等存货的平均单位成本的一种方法。具体是指以本月全部进货数量加上月初存货数量作为权数，去除本月全部进货成本加上月初存货成本，计算出存货的加权平均单位成本，以此为基础计算本月发出存货的成本和期末存货的成本的一种方法。计算公式如下：

存货单位成本=［月初库存货的实际成本+∑（本月各批进货的实际单位成本×本月各批进货的数量）］÷（月初库存存货数量+本月各批进货数量之和）

本月发出存货成本=本月发出存货的数量×存货单位成本

本月月末库存存货成本=月末库存存货的数量×存货单位成本

或本月月末库存存货成本=月初库存货的实际成本+本月收入存货的实际成本-本月发出存货的实际成本

采用加权平均法只在月末一次计算加权平均单价，比较简单，有利于简化成本计算工作，但由于平时无法从账上提供发出和结存存货的单价及金额，因此不利于存货成本的日常管理与控制。

（三）移动加权平均法

移动加权平均法是指以每次进货的成本加上原有库存存货的成本，除以每次进货数量加上原有库存存货的数量，据以计算加权平均单位成本，作为在下次进货前计算各次发出存货成本依据的一种方法。计算公式如下：

存货的移动平均单位成本=（本次进货之前库存存货的实际成本+本次进货的实际成本）÷（本次进货之前库存存货数量+本次进货的数量）

发出存货的成本=本次发出存货的数量×移动平均单位成本

月末库存存货的成本=月末库存存货的数量×月末存货的移动平均单位成本

采用移动平均法能够使企业管理当局及时了解存货的结存情况，计算的平均单位成本以及发出和结存的存货成本比较客观。但由于每次收货都要计算一次平均单价，计算工作量较大，对收发货较频繁的企业不适用。存货的后续计量是指发出存货成本的确定。存货准则规定的计价方法有先进先出法、加权平均法、个别计价法等。加权平均法又分为月末一次加权平均法和移动加权平均法。

(四) 个别计价法

个别计价法亦称个别认定法、具体辨认法、分批实际法，是指对库存和发出的每一特定存货或每一批特定存货的个别成本或每批成本加以认定的一种方法。采用这一方法是假设存货具体项目的实物流转与成本流转相一致，按照各种存货逐一辨认各批发出存货和期末存货所属的购进批别或生产批别，分别按其购入或生产时所确定的单位成本计算各批发出存货和期末存货成本的方法。在这种方法下，是把每一种存货的实际成本作为计算发出存货成本和期末存货成本的基础。

采用个别计价法，一般需要具备两个条件：一是存货项目必须是可以辨别认定的；二是必须要有详细的记录，据以了解每一个别存货或每批存货项目的具体情况。

个别计价法的成本计算准确，符合实际情况，但在存货收发频繁的情况下，其发出成本分辨的工作量较大。因此，这种方法适用于一般不能替代使用的存货、为特定项目专门购入或制造的存货以及提供的劳务，如珠宝、名画等贵重物品。

在制造业，个别计价法主要适用于为某一特定的项目专门购入或制造并单独存放的存货。这种方法不能用于可替代使用的存货，如果用于可替代使用的存货，则可能导致企业任意选用较高或较低的单位成本进行计价，来调整当期的利润。

## 第三节　存货的日常核算方法

### 一、按实际成本计价的原材料核算

(一) 科目设置

原材料是指企业库存的各种材料，包括原料及主要材料、辅助材料、外购半成品（外购件）、修理用件（备品备件）、包装材料、燃料等。

材料按实际成本计价核算时，材料的收发及结存，无论总分类核算还是明细分类核算，均按照实际成本计价。使用的会计科目有“原材料”“在途物资”等，“原材料”科目的借方、贷方及余额均以实际成本计价，不存在成本差异的计算与结转问题。但采用实际成本核算，日常反映不出材料成本是节约还是超支，从而不能反映和考核物资采购业务的经营成果。因此这种方法通常适用于材料收发业务较少的企业。在实务工作中，对于材料收发业务较多并且计划成本资料较为健全、准确的企业，一般可以采用计划成本进行材料收发的核算。

(1)“原材料”科目。本科目用于核算库存各种材料的收发与结存情况。在原材料按实际成本核算时，本科目的借方登记入库材料的实际成本，贷方登记发出材料的实际成本，期末余额在借方，反映企业库存材料的实际成本。

(2)“在途物资”科目。本科目用于核算企业采用实际成本（进价）进行材料、商品等物资的日常核算、货款已付但尚未验收入库的各种物资（即在途物资）的采购成本。本科目应按供应单位和物资品种进行明细核算。本科目的借方登记企业购入的在途物资的实际成本，贷方登记验收入库的在途物资的实际成本，期末余额在借方，反映企业在途物资的采购成本。

（3）“应付账款”科目。本科目用于核算企业因购买材料、商品和接受劳务等经营活动应支付的款项。本科目的贷方登记企业因购入材料、商品和接受劳务等尚未支付的款项，借方登记偿还的应付账款，期末余额一般在贷方，反映企业尚未支付的应付账款。

（4）“预付账款”科目。本科目用于核算企业按照合同规定预付的款项。本科目的借方登记预付的款项及补付的款项，贷方登记收到所购物资时根据有关发票账单记入“原材料”等科目的金额及收回多付款项的金额。本科目的期末余额在借方，反映企业实际预付的款项；期末余额在贷方，则反映企业尚未预付的款项。预付款项情况不多的企业，可以不设置“预付账款”科目，而将此业务在“应付账款”科目中核算。

（二）在途原材料的核算

企业应设置“在途物资”科目，核算企业购入的、尚未到达或尚未验收入库的各种原材料的采购成本。

（三）购入原材料的核算

企业外购材料时，由于结算方式和采购地点的不同，材料的入库和货款的支付在时间上不一定完全同步，相应地，其账务处理也会有所不同。

（1）支付货款与材料入库同时发生，即发票账单与原材料同时到达的采购业务，企业在支付货款、材料验收入库后，应根据结算凭证、发票账单和收料单等确定原材料的实际成本，借记“原材料”科目；根据取得的增值税专用发票上注明的增值税进项税额，借记“应交税费——应交增值税（进项税额）”科目，按照实际支付的款项，贷记“银行存款”等科目。

（2）先支付货款，后收到材料，即已付款或已开出、承兑商业汇票进行货款结算，但材料尚未到达或虽已到达而尚未验收入库的材料采购业务，企业应根据发票账单等结算凭证计算材料采购成本，并登记在“在途物资”科目的借方；待材料到达、验收入库后，再将其采购成本作为库存材料的实际成本反映在“原材料”科目的借方。

（3）先收到材料，后支付货款，即材料已到并验收入库，但发票账单等结算凭证未到而尚未进行货款结算的采购业务，企业应做如下处理：收到材料时，只办理验收入库的手续，可暂不填制记账凭证，等到发票账单等结算凭证收到并付款后，再编制记账凭证。但如果月末仍未收到发票账单等结算凭证的，为了使月末的材料做到账实相符，必须对材料按暂估价值入账；下月初做相反分录予以冲回，以便下月收到发票账单等结算凭证时按正常程序进行会计处理。

（4）超过正常信用条件延期支付价款的购入材料，即购入材料超过正常信用条件延期支付价款（如分期付款购买材料），实质上具有融资性质的，应按购买价款的现值金额，借记“在途物资”科目，按可抵扣的增值税额，借记“应交税费——应交增值税（进项税额）”科目，按应付金额，贷记“长期应付款”科目，按其差额，借记“未确认融资费用”科目。

【小结】企业购入的已验收入库的原材料，分别按下列情况处理：

(1) 发票账单已到，并已支付款项的：

借：原材料

　贷：在途物资、预付账款

(2) 发票账单与原材料同时到达，物资验收入库，但尚未支付货款和运杂费或尚未开出承兑商业汇票的：

借：原材料、应交税费——应交增值税（进项税额）等

　贷：应付账款等

(3) 发票账单与原材料同时到达，物资验收入库，同时支付货款和运杂费或开出承兑商业汇票：

借：原材料、应交税费——应交增值税（进项税额）等

　贷：银行存款、应付票据等

(4) 尚未收到发票账单的，按暂估价值入账：

借：原材料等

　贷：应付账款——暂估

应付账款下月初做相反的会计记录，予以冲回，以便下月付款或开出承兑商业汇票后，按正常程序处理。

#### （四）发出原材料的核算

企业储备的各种原材料，主要是为车间、部门生产经营耗用，但也有少量的原材料会销售给外单位或用于委托加工等。材料领发比较频繁的企业，材料明细账应随时进行登记，材料发出的总分类核算于月末根据领料的原始凭证（如领料单等），按用途、领用部门归类汇总编制“发出材料汇总表”后一次进行。

采用实际成本进行材料日常核算的企业，发出原材料的实际成本，可以采用先进先出法、加权平均法、个别计价法等方法计算确定，对不同的原材料可以采用不同的计价方法。材料计价方法一经确定，不得随意变更；如需变更，应在会计报表附注中予以说明。

#### （五）原材料采购过程中的短缺和毁损的处理

采购材料在途中发生短缺和毁损，应根据造成短缺或毁损的原因分别处理，不能全部计入外购材料的采购成本。

(1) 定额内合理的途中损耗，计入材料的采购成本。

(2) 能确定由供应单位、运输单位、保险公司或其他过失人赔偿的，应向有关单位或责任人索赔，自“在途物资”科目转入“应付账款”或“其他应收款”科目。

(3) 凡尚待查明原因和需要报经批准才能转销处理的损失，应将其损失从“在途物资”科目转入“待处理财产损溢”科目，查明原因后再分别处理：

① 属于应由供货单位、运输单位、保险公司或其他过失人负责赔偿的，将其损失从“待处理财产损溢”科目转入“应付账款”或“其他应收款”科目；

② 属于自然灾害造成的损失，应按扣除残料价值和保险公司赔偿后的净损失，从“待处理财产损溢”科目转入“营业外支出——非常损失”科目；

③ 属于无法收回的其他损失，报经批准后，将其从“待处理财产损溢”科目转入“管理费用”科目。

④ 在上述②和③两种情况下，短缺和毁损的材料所负担的增值税额和准予抵扣的消费税额应自“应交税费——应交增值税（进项税额）”和“应交税费——应交消费税”科目随同“在途物资”科目转入相对应科目。

## 二、按计划成本计价的原材料核算

原材料按计划成本计价，是指原材料的日常收发及结存，无论是总分类核算和明细分类核算，均按照计划成本进行计价的方法。其特点是：收发凭证按材料的计划成本计价，总账及明细分类账按计划成本登记，原材料的实际成本与计划成本之间的差异，通过“材料成本差异”科目核算。月份终了，通过分配材料成本差异，将发出原材料的计划成本调整为实际成本。材料的计划成本所包括的内容应与其实际成本相一致，计划成本应当尽可能地接近实际。计划成本除特殊情况外，在年度内一般不做变动。这种方法一般适用于材料品种繁多、收发频繁的大中型企业，或者管理上需要分别核算材料计划成本和成本差异的企业。

### （一）科目设置

采用这一方法核算企业的原材料，必须设置“原材料”“材料采购”“材料成本差异”等科目。“原材料”科目用来反映企业库存材料的计划成本。借方登记验收入库材料的计划成本，贷方登记仓库发出材料的计划成本，期末余额在借方，表示企业月末结存材料的计划成本。

“材料采购”科目核算企业采用计划成本进行材料日常核算而购入的材料采购成本。借方登记根据发票账单等原始凭证计算出来的物资的实际采购成本，贷方登记结转已验收入库物资的实际成本，期末如果有余额，则在借方，表示企业已经收到发票账单，但尚未到达或尚未验收入库的在途材料的实际采购成本。该科目一般应按供应单位和物资品种设置明细账，进行明细核算。

“材料成本差异”科目用来核算企业各种材料的实际成本与计划成本之间的差异。借方登记各种收入材料的超支差异（即实际成本大于计划成本的差异）和发出材料应分担的节约差异，贷方登记各种收入材料的节约差异（即实际成本小于计划成本的差异）和发出材料应分担的超支差异。期末余额如果在借方，表示企业结存材料的实际成本大于计划成本的差异；期末余额如果在贷方，则表示企业结存材料的实际成本小于计划成本的差异。企业根据具体情况，可以单独设置本科目，也可以在“原材料”“周转材料”等科目设置“成本差异”明细科目进行核算。本科目应当分别设置“原材料”“周转材料”等，按照类别或品种进行明细核算。

1. 原材料购入的一般核算

在计划成本法下，企业外购材料时，不管材料的入库和货款的支付时间谁先谁后，只要企业取得发票账单等原始凭证并以此计算出材料实际采购成本，均应先计入“材料采购”科目的借方；当材料验收入库后，再从“材料采购”科目的贷方转入“原材料”科目的借方。只不过“材料采购”科目的贷方按实际成本入账，“原材料”科目的借方按计划成本入账，二者的差异则通过“材料成本差异”科目反映。由于企业收入材料的业务比较频繁，为了简化核算，也可以将材料验收入库和结转成本差异的会计核算留待月末一次性进行。

2. 购入原材料发生短缺的核算

由于种种原因而使外购材料发生短缺毁损时，其账务处理的原则、方法与实际成本法下的会计核算基本相同，不同的是，按计划成本组织材料的核算，存在着成本差异的会计处理。

3. 其他方式收入原材料的核算

自制并已验收入库的原材料，按计划成本，借记“原材料”科目；按其实际生产成本，贷记“生产成本”科目；同时结转材料成本差异，若实际成本大于计划成本的差异，则借记“材料成本差异”科目；若实际成本小于计划成本的差异，则贷记“材料成本差异”科目。

投资者投入的原材料，按计划成本，借记“原材料”科目；按专用发票上注明的增值税额，借记“应交税费——应交增值税（进项税额）”科目；按投资各方确认的价值，贷记“实收资本（或股本）”“资本公积”等科目；按计划成本与投资各方确认的价值之间的差额，借记或贷记“材料成本差异”科目。

企业接受捐赠的原材料，按计划成本，借记“原材料”科目；按确定的实际成本与现行税率计算的未来应交所得税，贷记“递延所得税负债”科目；按照确定的实际成本减去未来应交所得税后的余额，贷记“营业外收入”科目；按实际支付的相关税费，贷记“银行存款”科目；按其差额，借记或贷记“材料成本差异”科目。

（二）发出原材料的核算

对于原材料的发出，同实际成本法一样，按计划成本核算，月末也要编制发出材料汇总表，作为编制材料发出的记账凭证和登记总账的依据。由于各种发料凭证都是按照计划成本计价的，因此编制的发出材料汇总表也是按计划成本反映的，所以月末需根据本月的材料成本差异率来确定发出材料应分担的成本差异，从而将发出材料的计划成本调整为实际成本，以便企业能正确地计算产品的生产成本和当期的损益。

发出材料应分担的成本差异，必须按期（月）分摊，不得在季末或年末一次计算。发出材料应分担的成本差异，除委托外部加工发出材料可按期初成本差异率计算外，都应使用当期的实际差异率。期初成本差异率与本期成本差异率相差不大的，也可按期初成本差异率计算。计算方法一经确定，不得随意变动。材料成本差异率的计算公式如下：

本期材料成本差异率=（期初结存材料的成本差异+本期验收入库材料的成本差异）÷（期初结存材料的计划成本+本期验收入库材料的计划成本）×100%

期初材料成本差异率=期初结存材料的成本差异÷期初结存材料的计划成本×100%

发出材料应负担的成本差异=发出材料的计划成本×材料成本差异率

## 第四节　存货清查盘点

### 一、存货数量的确定方法

企业确定存货的实物数量有两种方法：一种是实地盘存制，另一种是永续盘存制。

（一）实地盘存制

实地盘存制也称为定期盘存制，它是指会计期末通过对全部存货进行实地盘点来确定期末存货的账面结存数量，再乘以各项存货的单位成本，从而计算出期末存货的成本，并据以采用倒挤的方式计算出本期耗用或已销存货成本的一种盘存方法。采用这一方法时，平时只登记存货收入的数量和金额，不登记存货发出的数量和金额，期末通过实地盘点按实际库存数来确定存货的账面结存数量，并据以计算出期末存货的成本和当期耗用或已销售的存货成本。这一方法也常称为“以存计耗”或“以存计销”。

实地盘存制所依据的基本等式为：

期初存货+本期购货-本期耗用（或销货）=期末存货

实地盘存制的主要优点是简化了存货的日常核算工作。其缺点是：①不能随时反映存货的收、发、存信息；②以存计耗，掩盖了各种损失；③不能随时结转成本，只能月末一次结转。因此，这种方法一般只适用于那些自然消耗大、数量不稳定的鲜活商品等。

（二）永续盘存制

永续盘存制也称为账面盘存制，它是指对存货项目分别按品名规格设置明细账，逐笔或逐日记录存货的收入和发出的数量，并随时结算出结存存货的数量的一种盘存方法。采用这种方法，并不排除对存货的定期或不定期盘点，但其目的是核对账实，而不是取得结存数。永续盘存制的优点是：①能及时提供每种存货的收入、发出、结存的信息；②有利于发现存货余缺；③有利于及时采取购销行动，降低库存。其缺点是存货明细分类核算的工作量大，耗费较多的人力和物力。

### 二、存货清查

为了保持企业存货账面记录的正确性和真实性，应对存货进行定期或不定期的清查。存货的清查，实际上是指将存货的账面数与实际库存数相核对，并查明二者是否相符的一种会计核算方法。存货的清查，通常是采用实地盘点的方法进行。在清查中，如果发现存货的账面记录与实际库存数不相符的，即出现了存货的盘盈、盘亏或毁损的情况，应查明原因，按规定报经批准后及时处理。尚未查明原因或未经批准之前，应先将盘盈、盘亏或毁损的存货记入“待处理财产损溢”科目，并将存货的账面记录进行调整，使之与实际库存数相一致。

企业存货的盘盈、盘亏或毁损，应于期末前查明原因，并根据企业的管理权限，经股东大会或董事会或经理（厂长）会议或类似机构批准后，在期末结账前处理完毕，处理完毕后“待处理财产损溢”科目应无余额。

（一）存货盘盈的核算

存货的盘盈，是指存货的实际库存数大于账面数。发生盘盈时，应调增存货的账面数，使之与实际库存数相一致，调增的存货，按其确定的价值记入“待处理财产损溢”科目的贷方；盘盈的存货，在报经批准后处理时，应冲减企业的“管理费用”。

（二）存货盘亏、毁损的核算

存货的盘亏，是指存货的实际库存数小于账面数。发生存货的盘亏和毁损时，应调减存货的账面数，使之与实际库存数相一致，调减的存货，按其成本记入“待处理财产损溢”科目的借方；盘亏和毁损的存货，在报经批准时，应根据其原因，分以下情况处理：

（1）属于自然损耗产生的定额内损耗，经批准后转作管理费用；

（2）属于计量收发差错和管理不善等原因造成的存货短缺或毁损，应先扣除残料价值、可以收回的保险赔偿和过失人的赔偿，然后将净损失计入管理费用；

（3）属于自然灾害或意外事故造成的存货毁损，应先扣除残料价值和可以收回的保险赔偿，然后将净损失转作营业外支出。

## 三、存货的披露

企业应当在附注中披露与存货有关的下列信息：①各类存货的期初和期末账面价值，②确定发出存货成本的计价方法，③存货可变现净值的确定依据、存货跌价准备的计提方法、当期计提的存货跌价准备的金额、当期转回的存货跌价准备的金额以及计提和转回的有关情况，④用于债务担保的存货账面价值。

## 四、存货清查的账务处理

企业存货应当定期盘点，盘点结果如果与账面记录不符，应于期末前查明原因，并根据企业的管理权限，经股东大会或董事会或经理（厂长）会议或类似机构批准后，在期末结账前处理完毕。

盘盈或盘亏的存货，如在期末结账前尚未经批准，应在对外提供财务报告时先按上述规定进行处理，并在财务报表附注中做出说明，如果其后批准处理的金额与已处理的金额不一致，应按其差额调整会计报表相关项目的年初数。

为核算企业在存货清查中查明的各项存货盘盈、盘亏和毁损的价值，企业应设置“待处理财产损溢——待处理流动资产损溢”科目进行核算。该科目处理前的借方余额，反映企业尚未处理的各种财产的净损失；处理前的贷方余额，反映企业尚未处理的各种财产的净溢余。期末，处理后该科目应无余额。

# 任务二 固定资产

## 一、固定资产概述

固定资产是指同时具有以下特征的有形资产：

(1) 为生产商品、提供劳务、出租或经营管理而持有；

(2) 使用寿命超过一个会计年度。

## 二、固定资产账务处理

### (一) 固定资产核算应设置的会计科目

为了反映和监督固定资产的取得、计提折旧和处置等情况，企业一般需要设置“固定资产”“累计折旧”“在建工程”“工程物资”“固定资产清理”等科目。

“固定资产”科目核算企业固定资产的原价，借方登记企业增加的固定资产原价，贷方登记企业减少的固定资产原价，期末借方余额，反映企业期末固定资产的账面原价。企业应当设置“固定资产登记簿”和“固定资产卡片”，按固定资产类别、使用部门和每项固定资产进行明细核算。

“累计折旧”科目属于“固定资产”的调整科目，核算企业固定资产的累计折旧，贷方登记企业计提的固定资产折旧，借方登记处置固定资产转出的累计折旧，期末贷方余额，反映企业固定资产的累计折旧额。

“在建工程”科目核算企业基建、更新改造等在建工程发生的支出，借方登记企业各项在建工程的实际支出，贷方登记完工工程转出的成本，期末借方余额反映企业尚未达到预定可使用状态的在建工程的成本。

“工程物资”科目核算企业为在建工程而准备的各种物资的实际成本。该科目借方登记企业购入工程物资的成本，贷方登记领用工程物资的成本，期末借方余额，反映企业为在建工程准备的各种物资的成本。

“固定资产清理”科目核算企业因出售、报废、毁损、对外投资、非货币性资产交换、债务重组等原因转出的固定资产价值以及在清理过程中发生的费用等。借方登记转出的固定资产账面价值、清理过程中应支付的相关税费及其他费用，贷方登记固定资产清理完成的处理，期末借方余额，反映企业尚未清理完毕的固定资产清理净损失。期末如为贷方余额，则反映企业尚未清理完毕的固定资产清理净收益。企业应当按照被清理的固定资产项目设置明细账，进行明细核算。

此外，企业固定资产、在建工程、工程物资发生减值的，还应当设置“固定资产减值准备”“在建工程减值准备”“工程物资减值准备”等科目进行核算。

（二）固定资产的取得

1. 外购固定资产

企业外购的固定资产，应按实际支付的购买价款、相关税费、使固定资产达到预定可使用状态前所发生的可归属于该项资产的运输费、装卸费、安装费和专业人员服务费等，作为固定资产的取得成本。

企业购入不需要安装的固定资产，应按实际支付的购买价款、相关税费以及使固定资产达到预定可使用状态前所发生的可归属于该项资产的运输费、装卸费和专业人员服务费等，作为固定资产成本，借记“固定资产”科目，贷记“银行存款”等科目。

若企业为增值税一般纳税人，则企业购进机器设备等固定资产的进项税额不纳入固定资产成本核算，可以在销项税额中抵扣，借记“应交税费——应交增值税（进项税额）”科目，贷记“银行存款”科目。

购入需要安装的固定资产，应在购入的固定资产取得成本的基础上加上安装调试成本等，作为购入固定资产的成本，先通过“在建工程”科目核算，待安装完毕达到预定可使用状态时，再由“在建工程”科目转入“固定资产”科目。

企业购入固定资产时，按实际支付的购买价款、运输费、装卸费和其他相关税费等借记“在建工程”科目，贷记“银行存款”等科目；支付安装费用时，借记“在建工程”科目，贷记“银行存款”等科目；安装完毕达到预定可使用状态时，按其实际成本，借记“固定资产”科目，贷记“在建工程”科目。

企业以一笔款项购入多项没有单独标价的固定资产，应将各项资产单独确认为固定资产，并按各项固定资产公允价值的比例对总成本进行分配，分别确定各项固定资产的成本。

2. 建造固定资产

企业自行建造固定资产，应当按照建造该项资产达到预定可使用状态前所发生的必要支出，作为固定资产的成本。

自建固定资产应先通过“在建工程”科目核算，工程达到预定可使用状态时，再从“在建工程”科目转入“固定资产”科目。企业自建固定资产，主要有自营和出包两种方式，由于采用的建设方式不同，其会计处理也不同。

（1）自营工程。自营工程，是指企业自行组织工程物资采购、自行组织施工人员施工的建筑工程和安装工程。购入工程物资时，借记“工程物资”科目，贷记“银行存款”等科目。领用工程物资时，借记“在建工程”科目，贷记“工程物资”科目。在建工程领用本企业原材料时，借记“在建工程”科目，贷记“原材料”等科目。在建工程领用本企业生产的商品时，借记“在建工程”科目，贷记“库存商品”“应交税费——应交增值税（销项税额）”等科目。自营工程发生的其他费用（如分配工程人员工资等），借记“在建工程”科目，贷记“银行存款”“应付职工薪酬”等科目。自营工程达到预定可使用状态时，按其成本，借记“固定资产”科目，贷记“在建工程”科目。

（2）出包工程。出包工程是指企业通过招标方式将工程项目发包给建造承包商，由建造承包商组织施工的建筑工程和安装工程。企业采用出包方式进行的固定资产工程，其工程的具体支出主要由建造承包商核算。在这种方式下，“在建工程”科目主要是反映企业与建造承包商办理工程价款结算的情况，企业支付给建造承包商的工程价款作为工程成本，通过“在建工程”科目核算。企业按合理估计的发包工程进度和合同规定向建造承包商结算的进度款，借记“在建工程”科目，贷记“银行存款”等科目；工程完成时，按合同规定补付的工程款，借记“在建工程”科目，贷记“银行存款”等科目；工程达到预定可使用状态时，按其成本，借记“固定资产”科目，贷记“在建工程”科目。

（三）固定资产的折旧

1. 固定资产折旧概述

企业应当在固定资产的使用寿命内，按照确定的方法对应计折旧额进行系统分摊。

所谓应计折旧额是指应当计提折旧的固定资产原价扣除其预计净残值后的金额，已计提减值准备的固定资产，还应当扣除已计提的固定资产减值准备累计金额。企业应当根据固定资产的性质和使用情况，合理确定固定资产的使用寿命和预计净残值。固定资产的使用寿命、预计净残值一经确定，不得随意变更，但是符合《企业会计准则第 4 号——固定资产》第十九条规定的除外。上述事项在报经股东大会或董事会、经理（厂长）会议或类似机构批准后，作为计提折旧的依据，并按照法律、行政法规等的规定报送有关各方备案。

除以下情况外，企业应当对所有固定资产计提折旧：

（1）已提足折旧仍继续使用的固定资产；

（2）单独计价入账的土地。

在确定计提折旧的范围时，还应注意以下几点：

（1）固定资产应当按月计提折旧，当月增加的固定资产，当月不计提折旧，从下月起计提折旧；当月减少的固定资产，当月仍计提折旧，从下月起不计提折旧。

（2）固定资产提足折旧后，不论能否继续使用，均不再计提折旧；提前报废的固定资产，也不再补提折旧。所谓提足折旧，是指已经提足该项固定资产的应计折旧额。

（3）已达到预定可使用状态但尚未办理竣工决算的固定资产，应当按照估计价值确定其成本，并计提折旧；待办理竣工决算后，再按实际成本调整原来的暂估价值，但不需要调整原已计提的折旧额。

2. 固定资产的折旧方法

企业应当根据与固定资产有关的经济利益的预期实现方式，合理选择固定资产折旧方法。可选用的折旧方法包括年限平均法（又称直线法）、工作量法、双倍余额递减法和年数总和法等。

（1）年限平均法。

年限平均法的计算公式如下：

年折旧率＝（1−预计净残值率）÷预计使用寿命（年）

月折旧率＝年折旧率÷12

月折旧额=固定资产原价×月折旧率

（2）工作量法。

工作量法的基本计算公式如下：

单位工作量折旧额=［固定资产原价×（1-预计净残值率）］÷预计总工作量

某项固定资产月折旧额=该项固定资产当月工作量×单位工作量折旧额

（3）双倍余额递减法。

双倍余额递减法的计算公式如下：

年折旧率=2÷预计使用寿命（年）×100%

月折旧率=年折旧率÷12

月折旧额=每月月初固定资产账面净值×月折旧率

（4）年数总和法。

年数总和法的计算公式如下：

年折旧率=预计尚可使用年限÷［（预计使用年限+1）/2］

月折旧率=年折旧率÷12

月折旧额=（固定资产原价-预计净残值）×月折旧率

3. 固定资产折旧的账务处理

固定资产应当按月计提折旧，计提的折旧应当记入“累计折旧”科目，并根据用途计入相关资产的成本或者当期损益。企业自行建造固定资产过程中使用的固定资产，其计提的折旧应计入在建工程成本；基本生产车间所使用的固定资产，其计提的折旧应计入制造费用；管理部门所使用的固定资产，其计提的折旧应计入管理费用；销售部门所使用的固定资产，其计提的折旧应计入销售费用；经营租出的固定资产，其应提的折旧额应计入其他业务成本。企业计提固定资产折旧时，借记“制造费用”“管理费用”“销售费用”“其他业务成本”等科目，贷记“累计折旧”科目。

（四）固定资产的后续支出

固定资产的后续支出是指固定资产在使用过程中发生的更新改造支出、修理费用等。企业的固定资产投入使用后，由于各个组成部分耐用程度不同或者使用条件不同，往往会发生固定资产的局部损坏。为了保持固定资产的正常运转和使用，充分发挥其使用效能，就必然产生必要的后续支出。

固定资产的更新改造等后续支出，满足固定资产确认条件的，应当计入固定资产成本，如有被替换的部分，应同时将被替换部分的账面价值从该固定资产原账面价值中扣除；不满足固定资产确认条件的固定资产修理费用等，应当在发生时计入当期损益。

固定资产发生的可资本化的后续支出，应当通过“在建工程”科目核算。固定资产发生可资本化的后续支出时，企业应将该固定资产的原价、已计提的累计折旧和减值准备转销，将固定资产的账面价值转入在建工程，借记“在建工程”“累计折旧”“固定资产减值准备”等科目，贷记“固定资产”科目；发生的可资本化的后续支出，借记“在建工程”科目，贷记“银行存款”等科目。在固定资产发生的后续支出完工并达到预定可使用状态时，借记“固定资产”科目，贷记“在建工程”科目。

企业生产车间（部门）和行政管理部门发生的不可资本化的后续支出，比如，发生的固定资产日常修理费用，借记“管理费用”科目，贷记“银行存款”等科目；企业专设销售机构发生的不可资本化的后续支出，比如，发生的固定资产日常修理费用，借记“销售费用”科目，贷记“银行存款”等科目。

（五）固定资产的处置

企业在生产经营过程中，可能将不适用或不需用的固定资产对外出售转让，或因磨损、技术进步等原因对固定资产进行报废，或因遭受自然灾害而对毁损的固定资产进行处理。对于上述事项在进行会计处理时，应当按照规定程序办理有关手续，结转固定资产的账面价值，计算有关的清理收入、清理费用及残料价值等。

固定资产处置包括固定资产的出售、报废、毁损、对外投资、非货币性资产交换、债务重组等。处置固定资产应通过“固定资产清理”科目核算。具体包括以下几个环节：

（1）固定资产转入清理。企业因出售、报废、毁损、对外投资、非货币性资产交换、债务重组等转出的固定资产，按该项固定资产的账面价值，借记“固定资产清理”科目，按已计提的累计折旧，借记“累计折旧”科目，按已计提的减值准备，借记“固定资产减值准备”科目，按其账面原价，贷记“固定资产”科目。

（2）发生的清理费用等。固定资产清理过程中应支付的相关税费及其他费用，借记“固定资产清理”科目，贷记“银行存款”“应交税费——应交营业税”等科目。

（3）收回出售固定资产的价款、残料价值和变价收入等，借记“银行存款”“原材料”等科目，贷记“固定资产清理”科目。

（4）保险赔偿等的处理。应由保险公司或过失人赔偿的损失，借记“其他应收款”等科目，贷记“固定资产清理”科目。

（5）清理净损益的处理。固定资产清理完成后，属于生产经营期间正常的处理损失，借记“营业外支出——非流动资产处置损失”科目，贷记“固定资产清理”科目；属于自然灾害等非正常原因造成的损失，借记“营业外支出——非常损失”科目，贷记“固定资产清理”科目。如为贷方余额，借记“固定资产清理”科目，贷记“营业外收入——非流动资产处置利得”科目。

（六）固定资产的清查

企业应当定期或者至少于每年年末对固定资产进行清查盘点，以保证固定资产核算的真实性，充分挖掘企业现有固定资产的潜力。在固定资产清查过程中，如果发现盘盈、盘亏的固定资产，应当填制固定资产盘盈盘亏报告表。清查固定资产的损溢，应当及时查明原因，并按照规定程序报批处理。

1. 固定资产的盘盈

企业在财产清查中盘盈的固定资产，作为前期差错处理。企业在财产清查中盘盈的固定资产，在按管理权限报经批准处理前应先通过“以前年度损益调整”科目核算。盘盈的固定资产，应按重置成本确定其入账价值，借记“固定资产”科目，贷记“以前年度损益调整”科目。

2. 固定资产的盘亏

企业在财产清查中盘亏的固定资产，按照盘亏固定资产的账面价值，借记“待处理财产损溢”科目，按照已计提的累计折旧，借记“累计折旧”科目，按照已计提的减值准备，借记“固定资产减值准备”科目，按照固定资产的原价，贷记“固定资产”科目。企业按照管理权限报经批准后处理时，按照可收回的保险赔偿或过失人赔偿，借记“其他应收款”科目，按照应计入营业外支出的金额，借记“营业外支出——盘亏损失”科目，贷记“待处理财产损溢”科目。

（七）固定资产的减值

固定资产的初始入账价值是历史成本，由于固定资产使用年限较长，市场条件和经营环境的变化、科学技术的进步以及企业经营管理不善等原因，都可能导致固定资产创造未来经济利益的能力大大下降。因此，固定资产的真实价值有可能低于账面价值，在期末必须对固定资产减值损失进行确认。

固定资产在资产负债表日存在可能发生减值的迹象时，其可收回金额低于账面价值的，企业应当将该固定资产的账面价值减记至可收回金额，减记的金额确认为减值损失，计入当期损益，同时计提相应的资产减值准备，借记“资产减值损失——计提的固定资产减值准备”科目，贷记“固定资产减值准备”科目。固定资产减值损失一经确认，在以后会计期间不得转回。

# 任务三　无形资产

## 一、无形资产概述

（一）概念

无形资产是指企业拥有或者控制的没有实物形态的可辨认非货币性资产。

（二）无形资产的内容

无形资产主要包括专利权、非专利技术、商标权、著作权、土地使用权和特许权等。

## 二、无形资产的账务处理

（一）无形资产核算应设置的会计科目

为了反映和监督无形资产的取得、摊销和处置等情况，企业应当设置“无形资产”“累计摊销”等科目进行核算。

“无形资产”科目核算企业持有的无形资产成本，借方登记取得无形资产的成本，贷方登记出售无形资产转出的无形资产账面余额，期末借方余额，反映企业无形资产的成本。“无形资产”科目应当按照无形资产的项目设置明细科目进行核算。

"累计摊销"科目属于"无形资产"的调整科目，核算企业对使用寿命有限的无形资产计提的累计摊销，贷方登记企业计提的无形资产摊销，借方登记处置无形资产转出的累计摊销，期末贷方余额，反映企业无形资产的累计摊销额。

此外，企业无形资产发生减值的，还应当设置"无形资产减值准备"科目进行核算。

（二）无形资产的取得

无形资产应当按照成本进行初始计量。企业取得无形资产的主要方式有外购、自行研究开发等。取得的方式不同，其会计处理也有所差别。

（1）外购无形资产。外购无形资产的成本包括购买价款、相关税费以及直接归属于使该项资产达到预定用途所发生的其他支出。

（2）自行研究开发无形资产。企业内部研究开发项目所发生的支出应区分研究阶段支出和开发阶段支出，企业自行开发无形资产发生的研发支出，不满足资本化条件的，借记"研发支出——费用化支出"科目，满足资本化条件的，借记"研发支出——资本化支出"科目，贷记"原材料""银行存款""应付职工薪酬"等科目。研究开发项目达到预定用途形成无形资产的，应当按照"研发支出——资本化支出"科目的余额，借记"无形资产"科目，贷记"研发支出——资本化支出"科目。期（月）末，应将"研发支出——费用化支出"科目归集的金额转入"管理费用"科目，借记"管理费用"科目，贷记"研发支出——费用化支出"科目。如果无法可靠区分研究阶段的支出和开发阶段的支出，应将其所发生的研发支出全部费用化，计入当期损益，计入"管理费用"科目。

（三）无形资产的摊销

企业应当于取得无形资产时分析判断其使用寿命。使用寿命有限的无形资产应进行摊销，使用寿命不确定的无形资产不应摊销。使用寿命有限的无形资产，通常其残值视为零。对于使用寿命有限的无形资产应当自可供使用（即其达到预定用途）当月起开始摊销，处置当月不再摊销。

无形资产摊销方法包括年限平均法（即直线法）、生产总量法等。企业选择的无形资产的摊销方法，应当反映与该项无形资产有关的经济利益的预期实现方式。无法可靠确定预期实现方式的，应当采用直线法摊销。

企业应当按月对无形资产进行摊销。无形资产的摊销额一般应当计入当期损益。企业管理用的无形资产，其摊销金额计入管理费用；出租的无形资产，其摊销金额计入其他业务成本；某项无形资产包含的经济利益通过所生产的产品或其他资产实现的，其摊销金额应当计入相关资产成本。

（四）无形资产的处置

企业处置无形资产，应当将取得的价款扣除该无形资产账面价值以及出售相关税费后的差额作为营业外收入或营业外支出进行会计处理。

企业处置无形资产，应当按照实际收到的金额等，借记"银行存款"等科目，按照已计提的累计摊销，借记"累计摊销"科目，按照应支付的相关税费及其他费用，贷记“应交税费”“银行存款”等科目，按其账面余额，贷记“无形资产”科目，按照其差额，贷记“营业外收入——非流动资产处置利得”科目或借记“营业外支出——非流动资产处置损失”科目。已计提减值准备的，还应同时结转减值准备，借记“无形资产减值准备”科目。

（五）无形资产的减值

无形资产在资产负债表日存在可能发生减值的迹象时，其可收回金额低于账面价值的，企业应当将该无形资产的账面价值减记至可收回金额，减记的金额确认为减值损失，计入当期损益，同时计提相应的资产减值准备，按照应减记的金额，借记“资产减值损失——计提的无形资产减值准备”科目，贷记“无形资产减值准备”科目。无形资产减值损失一经确认，在以后会计期间不得转回。

# 任务四　流动负债

## 第一节　流动负债概述

### 一、流动负债的含义

流动负债是指将在1年（含1年）或者超过1年的一个营业周期内清偿的债务，或者自资产负债表日起一年内应予以清偿的债务，以及企业无权自主地将清偿推迟至资产负债表日后一年以上的债务，包括短期借款、应付账款、应付票据、预收账款、应付职工薪酬、应交税费、其他应付款和一年内到期的长期借款等。

### 二、流动负债的特点

除具有负债的基本特征外，流动负债还具有偿还期短、举借目的是满足经营周转资金的需要、负债的数额相对较小以及一般以企业的流动资金来偿付的特点。

## 第二节　短期借款

### 一、短期借款概述

短期借款是企业向银行或其他金融机构等借入的期限在1年以内（含1年）的各种借款。短期借款一般是企业为维持正常的生产经营所需的资金而借入的或者为抵偿某项债务而借入的。企业向银行或其他金融机构等借入的各种借款，不论是用于企业的生产经营过程，还是用于购建固定资产，或者其他用途，只要借款期限在1年以下，都属于短期借款的内容。

## 二、短期借款的核算

为了核算企业短期借款的借入、归还及结存情况，应设置“短期借款”账户，并按债权人户名和借款种类设置明细账。“短期借款”账户只记本金数，应付利息作为一项财务费用，计入当期损益。企业从银行借入的各种短期借款，应借记“银行存款”科目，贷记“短期借款”科目。

在实际工作中，银行一般于每季度末收取短期借款利息。因此，企业的短期借款利息一般采用月末预提的方式进行核算。短期借款利息属于筹资费用，应当记入“财务费用”科目。企业应当在期末按照计算确定的短期借款利息费用，借记“财务费用”，贷记“应付利息”；实际支付利息时，借记“应付利息”，贷记“银行存款”。

短期借款到期归还时，不论是按期支付利息，还是借款到期连同本息一起偿还，在归还借款时，通过“短期借款”账户核算的金额仍然是借入时的取得金额。借记“短期借款”，贷记“银行存款”等。

# 第三节　应付票据

## 一、应付票据概述

应付票据是指企业签发的允诺在不超过 1 年的期限内按票据上规定的时间支付一定金额给持票人的一种书面证明。

从理论上讲，应付票据包括的内容很多，如支票、本票和汇票。但在我国会计实务中，应付票据仅指应付商业汇票，这是在企业经济往来活动中由于采用商业汇票结算办法而形成的债务或在借贷活动中形成的债务。

商业汇票按承兑人的不同分为商业承兑汇票和银行承兑汇票。

商业承兑汇票的承兑人应为付款人，承兑人对这项债务承诺在一定时期内支付，作为企业的一项负债；银行承兑汇票应由在承兑银行开立存款账户的存款人签发，由银行承兑。由银行承兑的汇票对付款人来说，只是为收款方按期收回债权提供了可靠的信用保证，不会由于银行的承兑而使企业的这项负债消失。因此，银行承兑的汇票也应作为一项负债。

我国有关法规规定，商业汇票的最长付款期限为 6 个月，将其作为流动负债进行管理和核算是可行的。

与应收票据一样，应付票据可以是只在票据到期日按照票据票面金额支付而不计息的不带息票据，也可以是按照票据上载明的利率，在票据票面金额上加计利息的带息票据。

## 二、应付票据的核算

企业应设置“应付票据”账户，用以核算各种签发、承兑的商业汇票，同时设置“应付票据备查簿”，详细登记每一笔应付票据的种类、号数、签发日期、到期日、票面金额、合同交易号、收款人以及付款日期和金额等详细资料。应付票据到期付清时，应在备查簿内逐笔注销。

出具票据时，带息票据和不带息票据，都须按票面金额记作负债。

（一）不带息票据的核算

不带息票据经过承兑以后，企业应按票据的面值借记“原材料”“库存商品”“应交税费——应交增值税”等科目，贷记“应付票据”科目；票据到期支付款项时，按支付的票据面值借记“应付票据”科目，贷记“银行存款”科目。

（二）带息票据的核算

带息应付票据承兑后，企业的入账方法与不带息票据相同。但入账以后应付票据的账面价值是否保持不变，取决于票据利息的核算方法。

我国企业会计准则规定：应付票据按期计算应付利息，并增加应付票据的账面价值。对于带息票据，企业应按照票据的存续期间和票面利率计算应付利息，并相应增加应付票据的账面价值。在存续期间内何时计算应付利息并入账，由企业自行决定，但在中期期末和年度终了这两个时点上，企业必须计算带息票据的利息，并计入当期损益。

## 第四节　应付账款及预收款项

### 一、应付账款的核算

（一）应付账款的概念

应付账款是指企业因购买材料、商品或接受劳务供应等经营活动应支付的款项。应付账款，一般应在与所购买物资所有权相关的主要风险和报酬已经转移或者所购买的劳务已经接受时确认。

（二）应付账款的会计处理

为了核算企业因购进货物或接受劳务而发生的应付账款的增减变动情况，应设置“应付账款”账户，并按债权人设置明细账户进行明细分类核算。

按照国际惯例和我国有关制度的规定，企业在销售时，可以采取销售折扣的手段。销售折扣有商业折扣和现金折扣两种形式。

商业折扣是指在规定的货物价目单上根据不同的销售对象给予一定扣减的折扣。商业折扣不计入应付账款的入账价值，比如，允许售价按标价的 9 折计算，即按价目单上价格的 90%作为成交价。这种折扣形式一般发生在销售货物之前。

现金折扣是为了尽快收回账款而鼓励客户早日偿付所欠货款的一种手段，允许在一定的付款期限内给予规定的折扣优惠。比如，客户若在销售后 10 天之内付款，可以获得 2%的折扣优惠；若在 20 天之内付款，可以获得 1%的折扣优惠；超过 20 天且在信用期内付款则需付全额。可以表示为 2/10，1/20，$n$/30 等形式。这种折扣形式一般发生在销售货物之后。现金折扣下应收账款的入账方法有总价法和净价法。

我国会计准则规定采用总价法进行处理。

1. 不带有现金折扣的应付账款的核算

在赊购过程中，若不带有现金折扣，其账务处理较简单。

当企业购入的材料、商品等验收入库，但货款尚未支付时，其会计分录如下：

借：原材料、库存商品

　　应交税费——应交增值税（进项税额）

　贷：应付账款

企业接受供应单位提供劳务而发生应付未付款项，应根据供应单位的发票账单，编制其会计分录如下：

借：制造费用、管理费用

　贷：应付账款

偿还时，借记“应付账款”，贷记“银行存款”。

若企业开出并承兑的商业汇票抵付应付账款，应借记“应付账款”，贷记“应付票据”。

有些应付账款由于债权单位撤销或其他原因，使企业无法支付这笔应付款项，这笔无法支付的应付账款应作为企业的营业外收益处理，借记“应付账款”，贷记“营业外收入”。

2. 带有现金折扣的应付账款的核算

若在赊购过程中，销售方根据购买方的付款时间给予一定的现金折扣时，可以使用总价法。

总价法是在购货发生时，按发票上记载的应付金额的总价，即不扣除折扣的价格记账。偿还货款时根据是否取得现金折扣的情况入账。若在折扣期内付款，获得的现金折扣就应冲减应付账款，作为一项理财收益，表明企业合理调度资金，理财有方。

## 二、预收账款的核算

预收账款是指企业在销售商品或提供劳务前，根据购销合同的规定，向购货方预先收取的部分或全部货款。

预收账款具有定金的性质，企业在收到款项后，应在合同规定的期限内给购货单位发出货物或提供劳务；否则，必须如数退还预收的款项。但预收账款的偿还一般不需要支出货币资金，而是商品或劳务。因此，在会计上，将预收账款作为负债处理。

企业在核算预收账款时，常用方法有两种：

一是单独设置“预收账款”账户，收到预收货款时记入该账户，待企业以商品或劳务偿还后，再进行结算。这种核算方法能完整地反映这项流动负债的发生及偿付情况，并便于填报会计报表。

二是不单独设置“预收账款”账户，将预收的货款直接作为应收账款的减项，反映在“应收账款”账户的贷方，但在填列会计报表时，需根据“应收账款”账户的明细账户分析填列。

下面是销售商品或提供劳务时的会计核算方法：

1. 收到预收的款项

借：银行存款

　贷：预收账款

2. 按照确认收入的金额及应交增值税的金额

借：预收账款

　贷：主营业务收入

　　应交税费——应交增值税（销项税额）

3. 收到剩余价款或退回多余价款的会计核算

预收账款部分不足，按照实际收到的补付金额：

借：银行存款

　贷：预收账款

预收账款部分超过，办理转账手续，退回多余价款：

借：预收账款

　贷：银行存款

## 第五节　应付职工薪酬

### 一、应付职工薪酬的内容

职工薪酬是指企业为获得职工提供的服务而给予各种形式的报酬以及其他相关支出。职工薪酬包括：

（1）职工工资、奖金、津贴和补贴；

（2）职工福利费；

（3）医疗保险费、养老保险费、失业保险费、工伤保险费和生育保险费等社会保险费；

（4）住房公积金；

（5）工会经费和职工教育经费；

（6）非货币性福利；

（7）因解除与职工的劳动关系给予的补偿；

（8）其他与获得职工提供的服务相关的支出。

### 二、应付职工薪酬的账务处理

（一）应付职工薪酬确认的基本原则

（1）应由生产产品、提供劳务负担的职工薪酬，计入产品成本或劳务成本。

（2）日常行政管理、财务管理、人员管理等提供服务的职工发生的应付职工薪酬，计入管理费用。

（3）销售商品提供服务的职工发生的应付职工薪酬计入当期销售费用。

（4）在建工程项目提供服务的职工发生的应付职工薪酬，计入固定资产的初始成本。

（5）无形资产开发提供服务职工发生的应付职工薪酬，符合资本化条件的，计入无形资产的初始成本；不符合资本化条件的，计入研发支出。

（6）企业为职工缴纳的医疗保险费、养老保险费、失业保险费、工伤保险费、生育保险费等社会保险费和住房公积金，应当在职工为其提供服务的会计期间，根据工资总额的一定比例计算，并按照上述规定处理。

为核算企业根据有关规定应付给职工的各种薪酬，应设置“应付职工薪酬”科目，并可按“工资”“职工福利”“社会保险费”“住房公积金”“工会经费”“职工教育经费”“非货币性福利”“辞退福利”等进行明细核算。

### （二）非货币性职工薪酬的会计核算

（1）企业以自产产品作为非货币性福利发给职工作为职工薪酬的，应根据受益对象，按照该资产的公允价值，计入相关资产成本或者当期损益，同时确认应付职工薪酬。借记“管理费用”“生产成本”“制造费用”等科目，贷记“应付职工薪酬——非货币性福利”科目。

（2）企业将外购商品作为非货币性薪酬发放外购货物（生产企业指外购材料、商业企业指外购商品）用于集体福利、个人消费以及非应税项目的，做进项税额转出。用于捐赠、抵债、分配利润、换取非货币资产或非应税劳务、投资等方面的，应当计提销项税额。

（3）企业将拥有的房屋等资产无偿提供给职工使用的，应根据受益对象，将该住房每期应计提的折旧计入相关成本或当期损益，同时确认应付职工薪酬。确认薪酬时，借记相关成本费用，贷记“应付职工薪酬——非货币性福利”科目。同时，借记“应付职工薪酬——非货币性福利”科目，贷记“累计折旧”科目。

（4）租赁住房等资产提供给职工无偿使用的，应根据受益对象，将每期租金计入相关成本或当期损益，同时确认应付职工薪酬。确认薪酬时，借记相关成本费用，贷记“应付职工薪酬——非货币性福利”科目。支付租金时，借记“应付职工薪酬——非货币性福利”科目，贷记“银行存款”科目。

（5）企业应当预计因辞退福利而产生的负债，在同时满足下列两个条件时予以确认：① 企业已制订正式的解除劳动关系计划或提出自愿裁减建议，并即将实施；② 企业不能单方面撤回解除劳动关系计划或裁减建议。企业应将本期确认的辞退福利全部计入当期的管理费用。

（6）难以确认受益对象的非货币性福利，直接计入当期损益和应付职工薪酬。

### （三）企业发放职工薪酬的主要账务处理

（1）企业支付职工工资、奖金、津贴、福利费和补贴等，借记“应付职工薪酬——工资”，贷记“银行存款”“库存现金”等；企业从应付职工薪酬中扣还的各种款项（代垫的家属药费、个人所得税等），借记本账户，贷记“其他应收款”“应交税费——应交个人所得税”等。

（2）企业支付工会经费和职工教育经费，或按照国家有关规定缴纳社会保险费或住房公积金时，借记“应付职工薪酬——工会经费（或职工教育经费、社会保险费、住房公积金）”，贷记“银行存款”等。

（3）支付职工福利费。

企业向职工食堂、职工医院、生活困难职工等支付职工福利费时，借记本科目，贷记“银行存款”等。

## 第六节　应付股利

### 一、应付股利的含义

企业作为独立核算的经济实体，对其实现的经营成果除了按照税法及有关法规规定交税、交费外，还必须对运用投资者投入的资金给予一定的回报，作为投资者应该分享的所得税后的利润分配，取得投资收益。因此，企业分配给投资者的现金股利或利润，在实际未支付给投资者之前，形成了一笔负债。

### 二、应付股利的核算

按会计准则规定，设置“应付股利”账户，核算内容为企业经董事会或股东大会决议确定分配的现金股利，而企业分配的股票股利，在正式办理增资手续以前，只需在备查簿中做相应登记，不需要做正式的账务处理。

通常，企业派发现金股利需经历两个步骤或阶段，首先是企业董事会或股东大会决议确定并宣告股利分配方案，这时，按应支付的现金股利，借记“利润分配——应付股利”，贷记“应付股利”；其次，企业如数拨出一笔现款存入受托的证券公司或银行，用于实际支付股东的现金股利，此时，借记“应付股利”，贷记“库存现金”“银行存款”等。

## 第七节　应交税费

### 一、应交税费概述

应交税费是企业根据国家税法规定计算的应交纳的各种税费。

企业应依法交纳的各种税金主要有：增值税、消费税、所得税、资源税、土地增值税、城市维护建设税、房产税、土地使用税、车船使用税。

企业应交纳的费用有：教育费附加、矿产资源补偿费等。

企业应当设置“应交税费”账户，用来总括反映各种税费的缴纳情况，并按照应交税费的种类进行明细核算。

企业交纳的印花税、契税、耕地占用税等不通过“应交税费”账户核算。

## 二、应交增值税

### （一）增值税概述

增值税是对在我国境内销售或者进口货物、提供加工修理修配劳务、提供应税服务、销售无形资产和不动产的单位和个人，就其取得的货物或应税劳务销售额，以及进口货物金额计算税款，并实行税款抵扣制的一种流转税。

我国当前的增值税是消费型增值税，允许将生产、经营用固定资产价值中已含的税款，在购置当期全部一次扣除。

增值税纳税人分为一般纳税人和小规模纳税人。这两类企业在增值税的计算和交税、会计账户设置以及账务处理等方面有较大差异。

### （二）会计科目及专栏设置

增值税一般纳税人应当在“应交税费”科目下设置“应交增值税”“未交增值税”“预交增值税”“待抵扣进项税额”“待认证进项税额”“待转销项税额”“增值税留抵税额”“简易计税”“转让金融商品应交增值税”“代扣代缴增值税”等明细科目。

（1）增值税一般纳税人应在“应交增值税”明细账内设置“进项税额”“销项税额抵减”“已交税金”“转出未交增值税”“减免税款”“出口抵减内销产品应纳税额”“销项税额”“出口退税”“进项税额转出”“转出多交增值税”等专栏。其中：

①“进项税额”专栏，记录一般纳税人购进货物、加工修理修配劳务、服务、无形资产或不动产而支付或负担的、准予从当期销项税额中抵扣的增值税额；

②“销项税额抵减”专栏，记录一般纳税人按照现行增值税制度规定因扣减销售额而减少的销项税额；

③“已交税金”专栏，记录一般纳税人当月已交纳的应交增值税额；

④“转出未交增值税”和“转出多交增值税”专栏，分别记录一般纳税人月度终了转出当月应交未交或多交的增值税额；

⑤“减免税款”专栏，记录一般纳税人按现行增值税制度规定准予减免的增值税额；

⑥“出口抵减内销产品应纳税额”专栏，记录实行“免、抵、退”办法的一般纳税人按规定计算的出口货物的进项税抵减内销产品的应纳税额；

⑦“销项税额”专栏，记录一般纳税人销售货物、加工修理修配劳务、服务、无形资产或不动产应收取的增值税额；

⑧“出口退税”专栏，记录一般纳税人出口货物、加工修理修配劳务、服务、无形资产按规定退回的增值税额；

⑨“进项税额转出”专栏，记录一般纳税人购进货物、加工修理修配劳务、服务、无形资产或不动产等发生非正常损失以及其他原因而不应从销项税额中抵扣、按规定转出的进项税额。

（2）“未交增值税”明细科目，核算一般纳税人月度终了从“应交增值税”或“预交增值税”明细科目转入当月应交未交、多交或预缴的增值税额，以及当月交纳以前期间未交的增值税额。

（3）“预交增值税”明细科目，核算一般纳税人转让不动产、提供不动产经营租赁服务、提供建筑服务、采用预收款方式销售自行开发的房地产项目等，以及其他按现行增值税制度规定应预缴的增值税额。

（4）“待抵扣进项税额”明细科目，核算一般纳税人已取得增值税扣税凭证并经税务机关认证，按照现行增值税制度规定准予以后期间从销项税额中抵扣的进项税额。该科目包括：一般纳税人自 2016 年 5 月 1 日后取得并按固定资产核算的不动产或者 2016 年 5 月 1 日后取得的不动产在建工程，按现行增值税制度规定准予以后期间从销项税额中抵扣的进项税额；实行纳税辅导期管理的一般纳税人取得的尚未交叉稽核比对的增值税扣税凭证上注明或计算的进项税额。

（5）“待认证进项税额”明细科目，核算一般纳税人由于未经税务机关认证而不得从当期销项税额中抵扣的进项税额。该科目包括：一般纳税人已取得增值税扣税凭证、按照现行增值税制度规定准予从销项税额中抵扣，但尚未经税务机关认证的进项税额；一般纳税人已申请稽核但尚未取得稽核相符结果的海关缴款书进项税额。

（6）“待转销项税额”明细科目，核算一般纳税人销售货物、加工修理修配劳务、服务、无形资产或不动产，已确认相关收入（或利得）但尚未发生增值税纳税义务而需于以后期间确认为销项税额的增值税额。

（7）“增值税留抵税额”明细科目，核算兼有销售服务、无形资产或者不动产的原增值税一般纳税人，截至纳入营改增试点之日前的增值税期末留抵税额按照现行增值税制度规定不得从销售服务、无形资产或不动产的销项税额中抵扣的增值税留抵税额。

（8）“简易计税”明细科目，核算一般纳税人采用简易计税方法发生的增值税计提、扣减、预缴、缴纳等业务。

（9）“转让金融商品应交增值税”明细科目，核算增值税纳税人转让金融商品发生的增值税额。

（10）“代扣代缴增值税”明细科目，核算纳税人购进在境内未设经营机构的境外单位或个人在境内的应税行为代扣代缴的增值税。

小规模纳税人只需在“应交税费”科目下设置“应交增值税”明细科目，不需要设置上述专栏及除“转让金融商品应交增值税”“代扣代缴增值税”外的明细科目。

### （三）账务处理

1. 取得资产或接受劳务等业务的账务处理

（1）采购等业务进项税额允许抵扣的账务处理。一般纳税人购进货物、加工修理修配劳务、服务、无形资产或不动产，按应计入相关成本费用或资产的金额，借记“在途物资”或“原材料”“库存商品”“生产成本”“无形资产”“固定资产”“管理费用”等科目，按当月已认证的可抵扣增值税额，借记“应交税费——应交增值税（进项税额）”科目，按当月未认证的可抵扣增值税额，借记“应交税费——待认证进项税额”科目，按应付或实际支付的金额，贷记“应付账款”“应付票据”“银行存款”等科目。发生退货的，如原增值税专用发票已做认证，应根据税务机关开具的红字增值税专用发票做相反的会计分录；如原增值税专用发票未做认证，应将发票退回并做相反的会计分录。

（2）采购等业务进项税额不得抵扣的账务处理。一般纳税人购进货物、加工修理修配劳务、服务、无形资产或不动产，用于简易计税方法计税项目、免征增值税项目、集体福利或个人消费等，其进项税额按照现行增值税制度规定不得从销项税额中抵扣的，取得增值税专用发票时，应借记相关成本费用或资产科目，借记“应交税费——待认证进项税额”科目，贷记“银行存款”“应付账款”等科目，经税务机关认证后，应借记相关成本费用或资产科目，贷记“应交税费——应交增值税（进项税额转出）”科目。

（3）购进不动产或不动产在建工程按规定进项税额分年抵扣的账务处理。一般纳税人自2016年5月1日后取得并按固定资产核算的不动产或者2016年5月1日后取得的不动产在建工程，其进项税额按现行增值税制度规定自取得之日起分两年从销项税额中抵扣的，应当按取得成本，借记“固定资产”“在建工程”等科目，按当期可抵扣的增值税额，借记“应交税费——应交增值税（进项税额）”科目，按以后期间可抵扣的增值税额，借记“应交税费——待抵扣进项税额”科目，按应付或实际支付的金额，贷记“应付账款”“应付票据”“银行存款”等科目。尚未抵扣的进项税额待以后期间允许抵扣时，按允许抵扣的金额，借记“应交税费——应交增值税（进项税额）”科目，贷记“应交税费——待抵扣进项税额”科目。

（4）货物等已验收入库但尚未取得增值税扣税凭证的账务处理。一般纳税人购进的货物等已到达并验收入库，但尚未收到增值税扣税凭证并未付款的，应在月末按货物清单或相关合同协议上的价格暂估入账，不需要将增值税的进项税额暂估入账。下月初，用红字冲销原暂估入账金额，待取得相关增值税扣税凭证并经认证后，按应计入相关成本费用或资产的金额，借记“原材料”“库存商品”“固定资产”“无形资产”等科目，按可抵扣的增值税额，借记“应交税费——应交增值税（进项税额）”科目，按应付金额，贷记“应付账款”等科目。

（5）小规模纳税人采购等业务的账务处理。小规模纳税人购买物资、服务、无形资产或不动产，取得增值税专用发票上注明的增值税应计入相关成本费用或资产，不通过“应交税费——应交增值税”科目核算。

（6）购买方作为扣缴义务人的账务处理。按照现行增值税制度规定，境外单位或个人在境内发生应税行为，在境内未设有经营机构的，以购买方为增值税扣缴义务人。境内一般纳税人购进服务、无形资产或不动产，按应计入相关成本费用或资产的金额，借记“生产成本”“无形资产”“固定资产”“管理费用”等科目，按可抵扣的增值税额，借记“应交税费——进项税额”科目（小规模纳税人应借记相关成本费用或资产科目），按应付或实际支付的金额，贷记“应付账款”等科目，按应代扣代缴的增值税额，贷记“应交税费——代扣代缴增值税”科目。实际缴纳代扣代缴增值税时，按代扣代缴的增值税额，借记“应交税费——代扣代缴增值税”科目，贷记“银行存款”科目。

2. 销售等业务的账务处理

（1）销售业务的账务处理。企业销售货物、加工修理修配劳务、服务、无形资产或不动产，应当按应收或已收的金额，借记“应收账款”“应收票据”“银行存款”等科目，按取得的收入金额，贷记“主营业务收入”“其他业务收入”“固定资产清理”“工程结算”等科目，按现行增值税制度规定计算的销项税额（或采用简易计税方法计算的应纳增值税额），贷记“应交税费——应交增值税（销项税额）”或“应交税费——简易计税”科目（小规模纳税人应贷记“应交税费——应交增值税”科目）。发生销售退回的，应根据按规定开具的红字增值税专用发票做相反的会计分录。

按照国家统一的会计制度确认收入或利得的时点早于按照增值税制度确认增值税纳税义务发生时点的，应将相关销项税额记入“应交税费——待转销项税额”科目，待实际发生纳税义务时再转入“应交税费——应交增值税（销项税额）”或“应交税费——简易计税”科目。

按照增值税制度确认增值税纳税义务发生时点早于按照国家统一的会计制度确认收入或利得的时点的，应按应纳增值税额，借记“应收账款”科目，贷记“应交税费——应交增值税（销项税额）”或“应交税费——简易计税”科目，按照国家统一的会计制度确认收入或利得时，应按扣除增值税销项税额后的金额确认收入。

（2）视同销售的账务处理。企业发生税法上视同销售的行为，应当按照企业会计准则制度相关规定进行相应的会计处理，并按照现行增值税制度规定计算的销项税额（或采用简易计税方法计算的应纳增值税额），借记“应付职工薪酬”“利润分配”等科目，贷记“应交税费——应交增值税（销项税额）”或“应交税费——简易计税”科目（小规模纳税人应记入“应交税费——应交增值税”科目）。

（3）全面试行营业税改征增值税前已确认收入，此后产生增值税纳税义务的账务处理。企业营业税改征增值税前已确认收入，但因未产生营业税纳税义务而未计提营业税的，在达到增值税纳税义务时点时，企业应在确认应交增值税销项税额的同时冲减当期收入；已经计提营业税且未缴纳的，在达到增值税纳税义务时点时，应借记“应交税费——应交营业税”“应交税费——应交城市维护建设税”“应交税费——应交教育费附加”等科目，贷记“主营业务收入”科目，并根据调整后的收入计算确定记入“应交税费——待转销项税额”科目的金额，同时冲减收入。

全面试行营业税改征增值税后，“营业税金及附加”科目名称调整为“税金及附加”科目，该科目核算企业经营活动发生的消费税、城市维护建设税、资源税、教育费附加及房产税、土地使用税、车船使用税、印花税等相关税费；利润表中的“营业税金及附加”项目调整为“税金及附加”项目。

3. 差额征税的账务处理

（1）企业发生相关成本费用允许扣减销售额的账务处理。按现行增值税制度规定企业发生相关成本费用允许扣减销售额的，发生成本费用时，按应付或实际支付的金额，借记“主营业务成本”等科目，贷记“应付账款”“应付票据”“银行存款”等科目。待取得合规增值税扣税凭证且纳税义务发生时，按照允许抵扣的税额，借记“应交税费——应交增值税（销项税额抵减）”或“应交税费——简易计税”科目（小规模纳税人应借记“应交税费——应交增值税”科目），贷记“主营业务成本”等科目。

（2）金融商品转让按规定以盈亏相抵后的余额作为销售额的账务处理。金融商品实际转让月末，如产生转让收益，则按应纳税额借记“投资收益”等科目，贷记“应交税费——转让金融商品应交增值税”科目；如产生转让损失，则按可结转下月抵扣税额，借记“应交税费——转让金融商品应交增值税”科目，贷记“投资收益”等科目。交纳增值税时，应借记“应交税费——转让金融商品应交增值税”科目，贷记“银行存款”科目。年末，本科目如有借方余额，则借记“投资收益”等科目，贷记“应交税费——转让金融商品应交增值税”科目。

4. 出口退税的账务处理

为核算纳税人出口货物应收取的出口退税款，设置“应收出口退税款”科目，该科目借方反映销售出口货物按规定向税务机关申报应退回的增值税、消费税等，贷方反映实际收到的出口货物应退回的增值税、消费税等。期末借方余额，反映尚未收到的应退税额。

（1）未实行“免、抵、退”办法的一般纳税人出口货物按规定退税的，按规定计算的应收出口退税额，借记“应收出口退税款”科目，贷记“应交税费——应交增值税（出口退税）”科目，收到出口退税时，借记“银行存款”科目，贷记“应收出口退税款”科目；退税额低于购进时取得的增值税专用发票上的增值税额的差额，借记“主营业务成本”科目，贷记“应交税费——应交增值税（进项税额转出）”科目。

（2）实行“免、抵、退”办法的一般纳税人出口货物，在货物出口销售后结转产品销售成本时，按规定计算的退税额低于购进时取得的增值税专用发票上的增值税额的差额，借记“主营业务成本”科目，贷记“应交税费——应交增值税（进项税额转出）”科目；按规定计算的当期出口货物的进项税抵减内销产品的应纳税额，借记“应交税费——应交增值税（出口抵减内销产品应纳税额）”科目，贷记“应交税费——应交增值税（出口退税）”科目。在规定期限内，内销产品的应纳税额不足以抵减出口货物的进项税额，不足部分按有关税法规定给予退税的，应在实际收到退税款时，借记“银行存款”科目，贷记“应交税费——应交增值税（出口退税）”科目。

5. 进项税额抵扣情况发生改变的账务处理

因发生非正常损失或改变用途等，原已计入进项税额、待抵扣进项税额或待认证进项税额，但按现行增值税制度规定不得从销项税额中抵扣的，借记“待处理财产损溢”“应付职工薪酬”“固定资产”“无形资产”等科目，贷记“应交税费——应交增值税（进项税额转出）”“应交税费——待抵扣进项税额”或“应交税费——待认证进项税额”科目；原不得抵扣且未抵扣进项税额的固定资产、无形资产等，因改变用途等用于允许抵扣进项税额的应税项目的，应按允许抵扣的进项税额，借记“应交税费——应交增值税（进项税额）”科目，贷记“固定资产”“无形资产”等科目。固定资产、无形资产等经上述调整后，应按调整后的账面价值在剩余尚可使用寿命内计提折旧或摊销。

一般纳税人购进时已全额计提进项税额的货物或服务等转用于不动产在建工程的，对于结转以后期间的进项税额，应借记“应交税费——待抵扣进项税额”科目，贷记

“应交税费——应交增值税（进项税额转出）”科目。

6. 月末转出多交增值税和未交增值税的账务处理

月度终了，企业应当将当月应交未交或多交的增值税自“应交增值税”明细科目转入“未交增值税”明细科目。对于当月应交未交的增值税，借记“应交税费——应交增值税（转出未交增值税）”科目，贷记“应交税费——未交增值税”科目；对于当月多交的增值税，借记“应交税费——未交增值税”科目，贷记“应交税费——应交增值税（转出多交增值税）”科目。

7. 交纳增值税的账务处理

（1）交纳当月应交增值税的账务处理。企业交纳当月应交的增值税，借记“应交税费——应交增值税（已交税金）”科目（小规模纳税人应借记“应交税费——应交增值税”科目），贷记“银行存款”科目。

（2）交纳以前期间未交增值税的账务处理。企业交纳以前期间未交的增值税，借记“应交税费——未交增值税”科目，贷记“银行存款”科目。

（3）预缴增值税的账务处理。企业预缴增值税时，借记“应交税费——预交增值税”科目，贷记“银行存款”科目。月末，企业应将“预交增值税”明细科目余额转入“未交增值税”明细科目，借记“应交税费——未交增值税”科目，贷记“应交税费——预交增值税”科目。房地产开发企业等在预缴增值税后，应直至纳税义务发生时方可从“应交税费——预交增值税”科目结转至“应交税费——未交增值税”科目。

（4）减免增值税的账务处理。对于当期直接减免的增值税，借记“应交税费——应交增值税（减免税款）”科目，贷记损益类相关科目。

8. 增值税期末留抵税额的账务处理

纳入营改增试点当月月初，原增值税一般纳税人应按不得从销售服务、无形资产或不动产的销项税额中抵扣的增值税留抵税额，借记“应交税费——增值税留抵税额”科目，贷记“应交税费——应交增值税（进项税额转出）”科目。待以后期间允许抵扣时，按允许抵扣的金额，借记“应交税费——应交增值税（进项税额）”科目，贷记“应交税费——增值税留抵税额”科目。

9. 增值税税控系统专用设备和技术维护费用抵减增值税额的账务处理

按现行增值税制度规定，企业初次购买增值税税控系统专用设备支付的费用以及缴纳的技术维护费允许在增值税应纳税额中全额抵减的，按规定抵减的增值税应纳税额，借记“应交税费——应交增值税（减免税款）”科目（小规模纳税人应借记“应交税费——应交增值税”科目），贷记“管理费用”等科目。

10. 关于小微企业免征增值税的会计处理规定

小微企业在取得销售收入时，应当按照税法的规定计算应交增值税，并确认为应交税费，在达到增值税制度规定的免征增值税条件时，将有关应交增值税转入当期损益。

## 三、应交消费税

消费税是对生产、委托加工及进口应税消费品（主要指烟、酒、饮料、高档次及高能耗的消费品）征收的一种税。在对货物普遍征收增值税的基础上，选择少数消费品再征收一道消费税，主要是为了调节产品结构，引导消费方向，保证国家财政收入。

（一）消费税的计算

消费税的征收方法采取从价定率和从量定额两种方法。

公式如下：

从价定率下的应纳消费税额=销售额×税率

从量定额下的应纳消费税额=销售数量×单位税额

（二）应交消费税的账务处理

企业应在“应交税费”科目下设置“应交消费税”明细科目，核算应交消费税的发生、交纳情况。该科目贷方登记应交纳的消费税，借方登记已交纳的消费税；期末贷方余额为尚未交纳的消费税，借方余额为多交纳的消费税。

1. 销售应税消费品

企业将生产的产品直接对外销售的，对外销售产品应交纳的消费税，通过“税金及附加”科目核算。

2. 自产自用应税消费品

企业以生产的产品用于在建工程和对外捐赠等，按规定应交纳的消费税，借记“在建工程”“营业外支出”等科目，贷记“应交税费——应交消费税”科目；将自产产品用于对外投资、分配给职工等，应该借记“税金及附加”科目，贷记“应交税费——应交消费税”科目。

3. 委托加工应税消费品

企业如有应交消费税的委托加工物资，一般由受托方代收代缴税款。受托方按该税款金额，借记“应收账款”“银行存款”等科目，贷记“应交税费——应交消费税”科目。委托加工应税消费品收回后，直接用于销售的，委托方应将代收代缴的消费税计入委托加工的应税消费品成本，借记“委托加工物资”等科目，贷记“应付账款”“银行存款”等科目，待委托加工应税消费品销售时，不需要再交纳消费税；委托加工的应税消费品收回后用于连续生产应税消费品，按规定准予抵扣的，委托方应按代收代缴的消费税款，借记“应交税费——应交消费税”科目，贷记“应付账款”“银行存款”等科目，待委托加工的应税消费品生产出应纳消费税的产品销售时，再计算交纳消费税。

【注意】受托加工或翻新改制金银首饰按规定由受托方交纳消费税。

4. 进口应税消费品

企业进口应税物资在进口环节应交的消费税，计入该项物资的成本。

## 四、其他应交税费

其他应交税费是指除上述应交税费以外的应交税费，包括应交资源税、应交城市维护建设税、应交土地增值税、应交所得税、应交房产税等。企业应当在“应交税费”科目下设置相应的明细科目进行核算，贷方登记应交纳的有关税费，借方登记已交纳的有关税费，期末贷方余额表示尚未交纳的有关税费。

1. 应交资源税

资源税是对我国境内开采矿产品或者生产盐的单位和个人征收的税。对外销售应税产品应交的资源税应借记“税金及附加”科目，自产自用的应记入“生产成本”“制造费用”科目等，贷记“应交税费——应交资源税”。

（1）销售物资应交纳的资源税，借记“税金及附加”科目，贷记“应交税费——应交资源税”科目。

（2）自产自用的物资应交纳的资源税，借记“生产成本”科目，贷记“应交税费——应交资源税”科目。

（3）收购未税矿产品，按实际支付的收购款，借记“原材料”等科目，贷记“银行存款”等科目，代扣代缴的资源税，借记“原材料”等科目，贷记“应交税费——应交资源税”科目。

（4）外购液体盐加工固体盐，在购入液体盐时，按所允许抵扣的资源税，借记“应交税费——应交资源税”科目，按外购价款扣除允许抵扣资源税后的数额，借记“原材料”等科目，按应支付的全部价款，贷记“银行存款”“应付账款”等科目；加工成固体盐后，在销售时，按计算出的销售固体盐应交的资源税，借记“税金及附加”，贷记“应交税费——应交资源税”，将销售固体盐应纳资源税抵扣液体盐已纳税后的差额上交时，借记“应交税费——应交资源税”科目，贷记“银行存款”科目。

（5）交纳资源税，借记“应交税费——应交资源税”科目，贷记“银行存款”科目。

2. 应交城市维护建设税

应交城市维护建设税，是以增值税、消费税为计税依据征收的一种税。税率因纳税人所在地不同从1%到7%不等。

应纳税额=（应交增值税+应交消费税）×适用税率

企业应交的城市维护建设税，借记“税金及附加”等科目，贷记“应交税费——应交城市维护建设税”科目。

3. 应交土地增值税

土地增值税是指在我国境内有偿转让土地使用权及土地上建筑物和其他附着物产权的单位和个人，就其土地增值额征收的一种税。

土地增值税通过“应交税费——应交土地增值税”科目核算。转让的土地使用权连同地上建筑物及附着物一并在“固定资产”科目核算，其税款计入“固定资产清理”，借记“固定资产清理”科目，贷记“应交税费——应交土地增值税”科目；土地使用权在“无形资产”科目核算的，其税款影响无形资产的处置损益，即营业外收支的金额，按实际收到的金额，借记“银行存款”科目，按应交的土地增值税，贷记“应交税费——应交土地增值税”科目，同时冲销土地使用权的账面价值，贷记“无形资产”科目，按其差额，借记“营业外支出”或贷记“营业外收入”科目。

土地增值税采用四级超率累进税率，其中最低税率30%，最高税率60%。

4. 应交教育费附加

教育费附加是为了发展教育事业而向企业征收的附加费用，按照应交流转税的一定比例计算交纳。企业应交的教育费附加，借记“税金及附加”等科目，贷记“应交税费——应交教育费附加”科目。

5. 应交个人所得税

企业按规定计算的代扣代缴的职工个人所得税，借记“应付职工薪酬”科目，贷记“应交税费——应交个人所得税”科目。

6. 企业应交的房产税、城镇土地使用税、车船税、矿产资源补偿费

借记“管理费用”科目，贷记“应交税费——应交房产税（或城镇土地使用税、车船税、矿产资源补偿费）”。

## 第八节　其他应付款

### 一、其他应付款概述

企业除了应付票据、应付账款、应付工资等以外，还会发生一些应付暂收其他单位或个人的款项，如应付租入固定资产和包装物的租金、职工未按期领取的工资、存入保证金、应付统筹退休金等。这些暂收应付款，构成了企业的一项流动负债，在我国会计核算中，设置“其他应付款”账户进行核算。

### 二、其他应付款账务处理

在核算时，应付租入固定资产的租金是指企业采用经营性租赁方式租入固定资产所应支付的租金，这些应交纳的租金，应计入企业的费用（制造费用或管理费用等）；而融资租入固定资产应付的租赁费，则作为长期负债，记入“长期应付款”账户。存入保证金是指其他单位或个人由于使用企业的某项资产而交付的押金（如出租包装物押金），待以后资产归还后还需退还的暂收款项。

# 任务五　长期负债

### 一、长期负债的概念及分类

长期负债（long-term liability or long-term debt），又称为非流动负债，是会计分录的内容，是指期限超过 1 年的债务。1 年内到期的长期负债在资产负债表中列入短期负债。长期负债与流动负债相比，具有数额较大、偿还期限较长的特点。因此，举借长期负债往往附有一定的条件，如需要企业指定某项资产作为还款的担保品，要求企业指定担保人，设置偿债基金，等等，以保护债权人的经济利益。

根据负债的筹集方式不同，长期负债可分为长期借款、应付债券和长期应付款等。

1. 长期借款

长期借款（long-term loans）是指企业向银行或其他金融机构借入的期限在 1 年以上（不含 1 年）或超过 1 年的 1 个营业周期以上的各项借款。我国股份制企业的长期借款主要是向金融机构借入的各项长期性款项，如从各专业银行、商业银行取得的贷款；除此之外，还包括向财务公司、投资公司等金融企业借入的款项。

企业长期借款一般有两种方式：一是将借款存入银行，由银行监督随时提取；二是由银行核定一个借款限额，在限额内随用随借，在这种方式下，企业在限额内借入的款项按其用途直接记入“在建工程”“固定资产”等账户。企业长期借款的偿还也有不同的方式：可以是分期付息到期还本，也可以是到期一次还本付息，还可以是分期还本付息。

2. 应付债券

债券是企业依照法定程序发行，约定在一定期限内还本付息的有价证券。应付债券就是企业在记账时的一个会计科目，即发行债券的企业在到期时应付钱给持有债券的人（包括本钱和利息）。

应付债券是指企业为筹集长期资金而实际发行的债券及应付的利息，它是企业筹集长期资金的一种重要方式。企业发行债券的价格受同期银行存款利率的影响较大，一般情况下，企业可以按面值、溢价和折价发行债券。

企业应设置“应付债券”科目，并在该科目下设置“债券面值”“债券溢价”“债券折价”“应计利息”等明细科目，核算应付债券发行、计提利息、还本付息等情况。

3. 长期应付款

长期应付款（long-term payables）是在较长时间内应付的款项，而会计业务中的长期应付款是指除了长期借款和应付债券以外的其他多种长期应付款。主要有应付补偿贸易引进设备款和应付融资租入固定资产租赁费等。

4. 专项应付款

专项应付款是企业接受国家拨入的具有专门用途的款项所形成的不需要以资产或增加其他负债偿还的负债，如新产品试制费拨款、中间试验费拨款和重要科学研究补助费拨款等科技三项拨款等。

5. 递延所得税负债

递延所得税负债（deferred tax liability）主要指：①本科目核算企业根据所得税准则确认的应纳税暂时性差异产生的所得税负债，②本科目应当按照应纳税暂时性差异项目进行的明细核算，③递延所得税负债的主要账务处理。

不确认递延所得税负债的情况：

（1）商誉的初始确认中不确认递延所得税负债非同一控制下的企业合并中，因企业合并成本大于合并中取得的被购买方可辨认净资产公允价值的差额，按照会计准则规定应确认为商誉，但按照税法规定其计税基础为 0，两者之间的差额形成应纳税暂时性差异，准则中规定对其不确认为一项递延所得税负债，否则会增加商誉的价值。

（2）除企业合并以外的其他交易中，如果交易发生时既不影响会计利润也不影响应纳税所得额，则由资产、负债的初始确认所产生的递延所得税负债不予确认。

（3）与联营企业、合营企业的投资相关的应纳税暂时性差异产生的递延所得税负债，在同时满足以下两个条件时不予确认：投资企业能够控制暂时性差异转回的时间；该暂时性差异在可预见的未来很可能不会转回。

## 二、长期负债的账务处理

### （一）长期借款

长期借款，是指企业从银行或其他金融机构借入的期限在 1 年以上（不含 1 年）的借款。长期借款的有关账务处理如下：

企业借入各种长期款项，按实际收到的款项，借记“银行存款”科目，贷记“长期借款——本金”科目；按其差额，借记“长期借款——利息调整”科目。

在资产负债表日，企业应按长期借款的摊余成本和实际利率计算确定的长期借款的利息费用，借记“在建工程”“财务费用”“制造费用”等科目，按借款本金和合同利率计算确定的应付未付利息，贷记“应付利息”科目（对于一次还本付息的长期借款，贷记“长期借款——应计利息”科目），按其差额，贷记“长期借款——利息调整”科目。

企业归还长期借款，按归还的长期借款本金，借记“长期借款——本金”科目，按转销的利息调整金额，贷记“长期借款——利息调整”科目，按实际归还的款项，贷记“银行存款”科目，按其差额，借记“在建工程”“财务费用”“制造费用”等科目。

### （二）应付债券

企业根据国家有关规定，在符合条件的前提下，经批准可以发行公司债券、可转换公司债券、认股权和债券分离交易的可转换公司债券。本章在此以一般公司债券和可转换公司债券为例说明应付债券的会计处理。

1. 一般公司债券

（1）公司债券的发行。

企业发行的一年期以上的债券，构成了企业的长期负债。公司债券的发行方式有三种，即面值发行、溢价发行、折价发行。假设其他条件不变，债券的票面利率高于市场利率时，可按超过债券票面价值的价格发行，称为溢价发行，溢价是企业以后各期多付利息而事先得到的补偿；如果债券的票面利率低于市场利率，可按低于债券票面价值的价格发行，称为折价发行，折价是企业以后各期少付利息而预先给投资者的补偿；如果债券的票面利率与市场利率相同，可按票面价值的价格发行，称为面值发行。溢价或折价实质上是发行债券企业在债券存续期内对利息费用的一种调整。

无论是按面值发行，还是溢价发行或折价发行，企业均应按债券面值记入“应付债券——面值”科目，实际收到的款项与面值的差额，记入“应付债券——利息调整”科目。企业发行债券时，按实际收到的款项，借记“银行存款”等科目，按债券票面价值，贷记“应付债券——面值”科目，按实际收到的款项与票面价值之间的差额，贷记或借记“应付债券——利息调整”科目。

（2）利息调整的摊销。

利息调整应在债券存续期间内采用实际利率法进行摊销。

企业发行的债券通常分为到期一次还本付息或分期付息、一次还本两种。资产负债表日，对于分期付息、一次还本的债券，企业应按应付债券的摊余成本和实际利率计算确定的债券利息费用，借记“在建工程”“制造费用”“财务费用”等科目，按票面利率计算确定的应付未付利息，贷记“应付利息”科目，按其差额，借记或贷记“应付债券——利息调整”科目。

对于一次还本付息的债券，企业应于资产负债表日按摊余成本和实际利率计算确定的债券利息费用，借记“在建工程”“制造费用”“财务费用”等科目，按票面利率计算确定的应付未付利息，贷记“应付债券——应计利息”科目，按其差额，借记或贷记“应付债券——利息调整”科目。

（3）债券的偿还。

采用一次还本付息方式的，企业应于债券到期支付债券本息时，借记“应付债券——面值”“应付债券——应计利息”科目，贷记“银行存款”科目。采用一次还本、分期付息方式的，在每期支付利息时，借记“应付利息”科目，贷记“银行存款”科目；债券到期偿还本金并支付最后一期利息时，借记“应付债券——面值”“在建工程”“财务费用”“制造费用”等科目，贷记“银行存款”科目，按其差额，借记或贷记“应付债券——利息调整”科目。

2. 可转换公司债券

我国发行可转换公司债券采取记名式无纸化发行方式。企业发行的可转换公司债券，既含有负债成分又含有权益成分，根据《企业会计准则第 37 号——金融工具列报》的规定，应当在初始确认时将负债和权益成分进行分拆，分别进行处理。企业在进行分拆时，应当先确定负债成分的公允价值并以此作为其初始确认金额，确认为应付债券；再按照该可转换公司债券整体的发行价格扣除负债成分初始确认金额后的金额确定权益成分的初始确认金额，确认为资本公积。负债成分的公允价值是合同规定的未来现金流量按一定利率折现的现值。其中，利率根据市场上具有可比信用等级并在相同条件下提供几乎相同现金流量，但不具有转换权的工具的适用利率确定。发行该可转换公司债券发生的交易费用，应当在负债成分和权益成分之间按照其初始确认金额的相对比例进行分摊。企业发行可转换公司债券的有关账务处理如下：

企业发行的可转换公司债券在“应付债券”科目下设置“可转换公司债券”明细科目核算。企业应按实际收到的款项，借记“银行存款”等科目，按可转换公司债券包含的负债成分面值，贷记“应付债券——可转换公司债券——面值”科目，按权益成分的公允价值，贷记“资本公积——其他资本公积”科目，按其差额，借记或贷记“应付债券——可转换公司债券——利息调整”科目。

对于可转换公司债券的负债成分，在转换为股份前，其会计处理与一般公司债券相同，即按照实际利率和摊余成本确认利息费用，按照面值和票面利率确认应付债券或应付利息，差额作为利息调整。

可转换公司债券持有人行使转换权利，将其持有的债券转换为股票的，按可转换公司债券的余额，借记“应付债券——可转换公司债券——面值”科目，借记或贷记“应付债券——可转换公司债券——利息调整”科目，按其权益成分的金额，借记“资本公积——其他资本公积”科目，按股票面值和转换的股数计算的股票面值总额，贷记“股本”科目，按其差额，贷记“资本公积——股本溢价”科目。如用现金支付不可转换股票的部分，还应贷记“库存现金”“银行存款”等科目。

企业发行附有赎回选择权的可转换公司债券，其在赎回日可能支付的利息补偿金，即债券约定赎回期届满日应当支付的利息减去应付债券票面利息的差额，应当在债券发行日至债券约定赎回届满日期间计提应付利息，计提的应付利息分别计入相关资产成本或财务费用。

（三）长期应付款

长期应付款，是企业除长期借款和应付债券以外的其他各种长期应付款项，包括应付融资租入固定资产的租赁费、具有融资性质的延期付款购买资产发生的应付款项等。

1. 应付融资租入固定资产的租赁费

租赁，是指在约定的期间内，出租人将资产使用权让与承租人，以获取租金的协议。租赁的主要特征是转移资产的使用权，而不是转移资产的所有权，并且这种转移是有偿的，取得使用权以支付租金为代价，从而使租赁有别于资产购置和不把资产的使用权从合同的一方转移给另一方的服务性合同，如劳务合同、运输合同、保管合同、仓储合同等，以及无偿提供使用权的借用合同。

（1）租赁的分类。

承租人应当在租赁开始日将租赁分为融资租赁和经营租赁。租赁开始日，是指租赁协议日与租赁各方就主要条款做出承诺日中的较早者。在租赁开始日，承租人应当将租赁认定为融资租赁或经营租赁，并确定租赁期开始日应确认的金额。

具体地说，满足下列标准之一的，应认定为融资租赁：

①在租赁期届满时，资产的所有权转移给承租人，即，如果在租赁协议中已经约定，或者根据其他条件在租赁开始日就可以合理判断，租赁期届满时出租人会将资产的所有权转移给承租人，那么该项租赁应当认定为融资租赁。

②承租人有购买租赁资产的选择权，所订立的购价预计远低于行使选择权时租赁资产的公允价值，因而在租赁开始日就可合理确定承租人将会行使这种选择权。

③租赁期占租赁资产使用寿命的大部分。这里的“大部分”掌握在租赁期占租赁开始日租赁资产使用寿命的75%以上（含75%）。需要说明的是，这里的量化标准只是指导性标准。企业在具体运用时，必须以《企业会计准则第21号——租赁》规定的相关条件判断。

需要注意的是，这条标准强调的是租赁期占租赁资产使用寿命的比例，而非租赁期占该项资产全部可使用年限的比例。如果租赁资产是旧资产，在租赁前已使用年限超过资产自全新时起算可使用年限的75%以上（含75%）时，则这条判断标准不适用，不能使用这条标准确定租赁的分类。

④就承租人而言，租赁开始日最低租赁付款额的现值几乎相当于租赁开始日租赁资产的公允价值。这里的“几乎相当于”掌握在90%（含90%）以上。需要说明的是，这里的量化标准只是指导性标准，企业在具体运用时，必须以《企业会计准则第21号——租赁》规定的相关条件判断。

最低租赁付款额，是指在租赁期内，承租人应支付或可能被要求支付的款项（不包括或有租金和履约成本），加上由承租人或与其有关的第三方担保的资产余值。

承租人有购买租赁资产选择权，所订立的购买价款预计将远低于行使选择权时租赁资产的公允价值，因而在租赁开始日就可以合理确定承租人将会行使这种选择权的，购买价款应当计入最低租赁付款额。

⑤租赁资产性质特殊，如果不做较大改造，只有承租人才能使用。这条标准是指，租赁资产是出租人根据承租人对资产型号、规格等方面的特殊要求专门购买或建造的，具有专购、专用性质。这些租赁资产如果不做较大的重新改制，其他企业通常难以使用。这种情况下，该项租赁业应当认定为融资租赁。

（2）企业（承租人）对融资租赁的会计处理。

①租赁期开始日的会计处理。租赁期开始日，是指承租人有权行使其使用租赁资产权利的日期，表明租赁行为的开始。在租赁期开始日，承租人应当对租入资产、最低租赁付款额和未确认融资费用进行初始确认。企业采用融资租赁方式租入的固定资产，应在租赁期开始日，将资产公允价值与最低租赁付款额现值两者中较低者，加上初始直接费用，作为租入资产的入账价值，借记“固定资产”等科目，按最低租赁付款额，贷记“长期应付款”科目，按发生的初始直接费用，贷记“银行存款”等科目，按其差额，借记“未确认融资费用”科目。初始直接费用，是指在租赁谈判和签订租赁协议的过程中发生的可直接归属于租赁项目的费用。承租人发生的初始直接费用，通常有印花税、佣金、律师费、差旅费、谈判费等。承租人发生的初始直接费用，应当计入租入资产价值。企业在计算最低租赁付款额的现值时，能够取得出租人租赁内含利率的，应当采用租赁内含利率作为折现率；否则，应当采用租赁合同规定的利率作为折现率。企业无法取得出租人的租赁内含利率且租赁合同没有规定利率的，应当采用同期银行贷款利率作为折现率。其中，租赁内含利率，是指在租赁开始日，使最低租赁收款额的现值与未担保余值的现值之和等于租赁资产公允价值与出租人的初始直接费用之和的折现率。未担保余值，指租赁资产余值中扣除就出租人而言的担保余值以后的资产余值。

②未确认融资费用的分摊。在融资租赁下，承租人向出租人支付的租金中，包含了本金和利息两部分，承租人支付租金时，一方面应减少长期应付款，另一方面应同时将未确认的融资费用按一定的方法确认为当期融资费用。在分摊未确认的融资费用时，根据《企业会计准则第21号——租赁》的规定，承租人应当采用实际利率法。根据租赁开始日租赁资产和负债的入账价值基础不同，融资费用分摊率的选择也不同。存在优惠购买选择权的，在租赁期届满时，未确认融资费用应全部摊销完毕，租赁负债应当减少至优惠购买金额。在承租人或与其有关的第三方对租赁资产提供了担保的情况下，在租赁期届满时，未确认融资费用应当全部摊销完毕，租赁负债还应减少至

担保余值。担保余值，就承租人而言，是指由承租人或与其有关的第三方担保的资产余值。其中，资产余值是指在租赁开始日估计的租赁期届满时租赁资产的公允价值。为了促使承租人谨慎地使用租赁资产，尽量减少出租人自身的风险和损失，租赁协议有时要求承租人或与其有关的第三方对租赁资产的余值进行担保，此时的担保余值是针对承租人而言的。除此以外，担保人还可能是与承租人和出租人均无关、但在财务上有能力担保的第三方，如担保公司，此时的担保余值是针对出租人而言的。

③履约成本的会计处理。履约成本，是指租赁期内为租赁资产支付的各种使用费用，如技术咨询和服务费、人员培训费、维修费、保险费等。承租人发生的履约成本通常应计入当期损益。

④或有租金的会计处理。或有租金，是指金额不固定、以时间长短以外的其他因素（如销售量、使用量、物价指数等）为依据计算的租金。由于或有租金的金额不固定，无法采用系统合理的方法对其进行分摊，因此或有租金在实际发生时，计入当期损益。

⑤租赁期届满时的会计处理。租赁期届满时，承租人通常对租赁资产的处理有三种情况，即返还、优惠续租和留购。租赁期届满，承租人向出租人返还租赁资产的，通常借记“长期应付款——应付融资租赁款”“累计折旧”科目，贷记“固定资产——融资租入固定资产”科目。如果承租人行使优惠续租选择权，则应视同该项租赁一直存在而做出相应的会计处理。如果承租人在租赁期届满时没有续租，根据租赁协议规定向出租人支付违约金时，应当借记“营业外支出”科目，贷记“银行存款”等科目。在承租人享有优惠购买选择权的情况下，支付购买价款时，借记“长期应付款——应付融资租赁款”科目，贷记“银行存款”等科目；同时，将固定资产从“融资租赁固定资产”明细科目转入有关明细科目。

（二）具有融资性质的延期付款购买资产

企业购买资产有可能延期支付有关价款。如果延期支付的购买价款超过正常信用条件，实质上具有融资性质的，所购资产的成本应当以延期支付购买价款的现值为基础确定。实际支付的价款与购买价款的现值之间的差额，应当在信用期间内采用实际利率法进行摊销，符合资本化条件的，计入相关资产成本，否则计入当期损益。其账务处理为：企业购入资产超过正常信用条件延期付款实质上具有融资性质时，应按购买价款的现值，借记“固定资产”“在建工程”等科目，按应支付的价款总额，贷记“长期应付款”科目，按其差额，借记“未确认融资费用”科目。按期支付价款，借记“长期应付款”科目，贷记“银行存款”科目。

## 任务六　借款费用

### 一、借款费用的范围

借款费用是企业因借入资金所付出的代价，包括借款利息、折价或者溢价的摊销、辅助费用以及因外币借款而发生的汇兑差额等。承租人确认的融资租赁发生的融资费用属于借款费用。

因借款而发生的利息包括企业向银行或者其他金融机构等借入资金发生的利息、发行公司债券或企业债券发生的利息，以及为购建或者生产符合资本化条件的资产而发生的带息债务所承担的利息等。

因借款而发生的折价或者溢价主要是指发行债券等发生的折价或者溢价，发行债券中的折价或者溢价，其实质是对债券票面利息的调整（即将债券票面利率调整为实际利率），属于借款费用的范畴。例如，XYX 公司发行公司债券，每张公司债券票面价值为 100 元，票面年利率为 6%，期限为 4 年，而同期市场利率为年利率 8%。由于公司债券的票面利率低于市场利率，为成功发行公司债券，XYZ 公司采取了折价发行的方式，折价金额实质上是用于补偿投资者在购入债券后所受到的名义利息上的损失，应当作为以后各期利息费用的调整额。

因借款而发生的辅助费用是指企业在借款过程中发生的诸如手续费、佣金等费用，由于这些费用是因安排借款而发生的，也属于借入资金所付出的代价，是借款费用的构成部分。

因外币借款而发生的汇兑差额，是指由于汇率变动导致市场汇率与账面汇率出现差异，从而对外币借款本金及其利息的记账本位币金额所产生的影响金额。

对于企业发生的权益性融资费用，不应包括在借款费用中。

## 二、借款费用的确认

### （一）确认原则

借款费用的确认主要解决的是将每期发生的借款费用资本化、计入相关资产的成本，还是将有关借款费用费用化、计入当期损益的问题。借款费用确认的基本原则是：企业发生的借款费用可直接归属于符合资本化条件的资产购建或者生产的，应当予以资本化，计入相关资产成本；其他借款费用应当在发生时根据其发生额确认为费用，计入当期损益。

符合资本化条件的资产是指需要经过相当长时间的购建或者生产活动才能达到预定可使用状态或者可销售状态的固定资产、投资性房地产和存货等资产。建造合同成本、无形资产的开发支出等在符合条件的情况下，也可以认定为符合资本化条件的资产。其中，“相当长时间”应当是指资产的购建或者生产所必需的时间，通常为 1 年以上（含 1 年）。

在实务中，如果由于人为或者故意等非正常因素导致资产的购建或者生产时间相当长的，该类资产不属于符合资本化条件的资产。购入即可使用的资产，或者购入后需要安装但所需安装时间较短的资产，抑或是需要建造或生产但建造或生产时间较短的资产，均不属于符合资本化条件的资产。

### （二）借款费用应予资本化的借款范围

借款包括专门借款和一般借款。专门借款是指为购建或者生产符合资本化条件的资产而专门借入的款项。专门借款通常应当有明确的用途，即为购建或者生产某项符合资本化条件的资产而专门借入，并通常应当具有标明该用途的借款合同。例如，某企业为了建造一条生产线向某银行专门贷款 50 000 000 元，某房地产开发企业为了开发某住宅小区向某银行专门贷款 2 亿元等，均属于专门借款，其使用目的明确，而且其使用受到相关合同的限制。一般借款是指除专门借款之外的借款，相对于专门借款而言，一般借款在借入时，其用途通常没有特指用于符合资本化条件的资产的购建或者生产。

借款费用应予资本化的借款范围既包括专门借款，也可包括一般借款。其中，对于一般借款，只有在购建或者生产某项符合资本化条件的资产占用了一般借款时，才应将与该部分一般借款相关的借款费用资本化；否则，所发生的借款费用应当计入当期损益。

（三）借款费用资本化期间的确定

只有发生在资本化期间内的有关借款费用才允许资本化，资本化期间的确定是借款费用确认和计量的重要前提。借款费用资本化期间是指从借款费用开始资本化时点到停止资本化时点的期间，但不包括借款费用暂停资本化的期间。

1. 借款费用开始资本化的时点

借款费用允许开始资本化必须同时满足三个条件，即资产支出已经发生、借款费用已经发生、为使资产达到预定可使用或者可销售状态所必要的购建或者生产活动已经开始。

2. 借款费用暂停资本化的期间

符合资本化条件的资产在购建或者生产过程中发生非正常中断且中断时间连续超过 3 个月的，应当暂停借款费用的资本化。中断的原因必须是非正常中断，属于正常中断的，相关借款费用仍可资本化。在实务中，企业应当遵循“实质重于形式”等原则来判断借款费用暂停资本化的时间，如果相关资产购建或者生产的中断时间较长而且满足其他规定条件的，相关借款费用应当暂停资本化。

3. 借款费用停止资本化的时点

购建或者生产符合资本化条件的资产达到预定可使用或者可销售状态时，借款费用应当停止资本化。在符合资本化条件的资产达到预定可使用或者可销售状态之后所发生的借款费用，应当在发生时根据其发生额确认为费用，计入当期损益。

## 三、借款费用的计量

（一）借款利息资本化金额的确定

在借款费用资本化期间内，每一会计期间的利息（包括折价或溢价的摊销，下同）的资本化金额，应当按照下列原则确定：

（1）为购建或者生产符合资本化条件的资产而借入专门借款的，应当以专门借款当期实际发生的利息费用减去将尚未动用的借款资金存入银行取得的利息收入或进行暂时性投资取得的投资收益后的金额，确定专门借款应予资本化的利息金额。

（2）为购建或者生产符合资本化条件的资产而占用了一般借款的，企业应当根据累计资产支出超过专门借款部分的资产支出加权平均数乘以所占用一般借款的资本化率，计算确定一般借款应予资本化的利息金额。资本化率应当根据一般借款加权平均率计算确定，即企业占用一般借款购建或者生产符合资本化条件的资产时，一般借款的借款费用的资本化金额的确定应当与资产支出相挂钩。有关计算公式如下：

一般借款利息费用资本化金额=累计资产支出超过专门借款部分的资产支出加权平均数×所占用一般借款的资本化率

所占用一般借款的资本化率=所占用一般借款加权平均率=所占用一般借款当期实际发生的利息之和÷所占用一般借款本金加权平均数

（3）每一会计期间的利息资本化金额不应当超过当期相关借款实际发生的利息金额。

### （二）借款辅助费用资本化金额的确定

辅助费用是企业为了安排借款而发生的必要费用，包括借款手续费（如发行债券手续费）、佣金等。如果企业不发生这些费用，就无法取得借款，因此，辅助费用是企业借入款项所付出的一种代价，是借款费用的有机组成部分。

对于企业发生的专门借款辅助费用，在所购建或者生产的符合资本化条件的资产达到预定可使用或者可销售状态之前发生的，应当在发生时根据其发生额予以资本化；在所购建或者生产的符合资本化条件的资产达到预定可使用或者可销售状态之后所发生的，应当在发生时根据其发生额确认为费用，计入当期损益。上述资本化或计入当期损益的辅助费用的发生额，是指根据《企业会计准则第 22 号——金融工具确认和计量》，按照实际利率法所确定的金融负债交易费用对每期利息费用的调整额。借款实际利率与合同利率差异较小的，也可以采用合同利率计算确定利息费用。一般借款发生的辅助费用，也应当按照上述原则确定其发生额。考虑到借款辅助费用与金融负债交易费用是一致的，其会计处理相同。

根据《企业会计准则第 22 号——金融工具确认和计量》的规定，除以公允价值计量且其变动计入当期损益的金融负债之外，其他金融负债相关的交易费用应当计入金融负债的初始确认金额。为购建或者生产符合资本化条件的资产的专门借款或者一般借款，通常都属于除以公允价值计量且其变动计入当期损益的金融负债之外的其他金融负债。对于这些金融负债所发生的辅助费用需要计入借款的初始确认金额，即抵减相关借款的初始确认金额，从而影响以后各期实际利息的计算。换句话说，由于辅助费用的发生将导致相关借款实际利率的上升，从而需要对各期利息费用做相应调整，在确定借款辅助费用资本化金额时可以结合借款利息资本化金额一并计算。

### （三）外币专门借款汇兑差额资本化金额的确定

在资本化期间内，外币专门借款本金及其利息的汇兑差额应当予以资本化，计入符合资本化条件的资产的成本；除外币专门借款之外的其他外币借款本金及其利息所产生的汇兑差额，应当作为财务费用计入当期损益。

# 任务七　债务重组

## 一、债务重组的概念

债务重组又称债务重整，是指债权人在债务人发生财务困难情况下，债权人按照其与债务人达成的协议或者法院的裁定做出让步的事项。也就是说，只要修改了原定债务偿还条件的，即债务重组时确定的债务偿还条件不同于原协议的，均作为债务重组。

下列情形不属于债务重组：

（1）债务人发行的可转换债券按正常条件转为其股权（因为没有改变条件）；

（2）债务人破产清算时发生的债务重组（此时应按清算会计处理）；

（3）债务人改组（权利与义务没有发生实质性变化）；

（4）债务人借新债偿旧债（借新债与偿旧债实际上是两个过程，旧债偿还的条件并未发生改变）。

## 二、债务重组的方式

1. 清偿债务

这是指债务人转让其资产给债权人以清偿债务的债务重组方式。债务人通常用于偿债的资产主要有现金、存货、金融资产、固定资产、无形资产等。以现金清偿债务，通常是指以低于债务的账面价值的现金清偿债务，如果以等量的现金偿还所欠债务，则不属于债务重组。

2. 债务转为资本

这是指债务人将债务转为资本，同时债权人将债权转为股权的债务重组方式。但债务人根据转换协议，将应付可转换公司债券转为资本的，则属于正常情况下的债务资本，不能作为债务重组处理。

3. 修改其他债务条件

具体包括减少债务本金、降低利率、免去应付未付的利息等。

4. 以上三种方式组合

这是采用以上三种方式共同清偿债务的债务重组形式。

（1）债务的一部分以资产清偿，另一部分则转为资本；

（2）债务的一部分以资产清偿，另一部分则修改其他债务条件；

（3）债务的一部分转为资本，另一部分则修改其他债务条件；

（4）债务的一部分以资产清偿，一部分转为资本，另一部分则修改其他债务条件。

## 三、债务重组的账务处理

### （一）现金清偿债务

债务人以低于债务账面价值的现金清偿债务时，债务人应将豁免的债务即重组债务的账面价值与支付的现金之间的差额确认为债务重组利得，计入营业外收入。

债权人应将给予债务人豁免的债务即该债权账面余额与收到的现金之间的差额确认为债务重组损失，计入营业外支出。重组债权已计提了减值准备的，应当先将上述差额冲减减值准备，以冲减后的余额，作为债务重组损失，计入营业外支出。

### （二）以非现金资产清偿债务

（1）对于债务人而言，以非现金资产清偿债务时，应当把重组债务的账面价值超过抵债资产的公允价值之间的差额（即债务重组利得），确认为债务重组利得计入营业外收入。同时，把抵债的资产作为销售处理，具体包括：

①抵债资产为存货的，相当于把存货出售了，应记入“主营业务收入”或“其他业务收入”科目。

②抵债资产为固定资产、无形资产的，相当于把固定资产、无形资产出售了，分别计入营业外收入或营业外支出。

③抵债资产为长期股权投资、金融资产的，相当于把它们转让了，其公允价值和账面价值的差额，计入投资收益。

（2）对于债权人而言，应当将重组债权的账面余额与受让资产的公允价值之间的差额，确认为债务重组损失计入营业外支出。重组债权已经计提了减值准备的，应当先将上述差额冲减减值准备，以冲减后的余额，作为债务重组损失，计入营业外支出。债权人收到存货、固定资产、无形资产等抵债资产的，应当以其公允价值入账。

### （三）将债务转为资本

（1）将债务转为资本的，债务人应当将债权人放弃债权而享有股份的面值总额确认为股本（或者实收资本），股份的公允价值总额与股本（或者实收资本）之间的差额确认为资本公积（资本溢价）。重组债务的账面价值与股份的公允价值总额之间的差额（即债务重组利得），计入当期营业外收入。

（2）对于债权人而言，应当将重组债权的账面余额与所转股份的公允价值之间的差额，确认为债务重组损失计入营业外支出。重组债权已经计提了减值准备的，应当先将上述差额冲减减值准备，以冲减后的余额，作为债务重组损失，计入营业外支出。

### （四）修改其他债务条件

（1）修改其他债务条件的（即延期还款），债务人应将修改其他债务条件后债务的公允价值作为重组后债务的入账价值。重组债务的账面价值与重组后债务入账价值之间的差额，确认为债务重组利得计入营业外收入。

应注意的是，以修改其他债务条件进行的债务重组涉及或有应付金额，该或有应付金额符合《企业会计准则第 13 号——或有事项》中有关预计负债确认条件的，债务人应将该或有应付金额确认为预计负债。比如，债务重组协议规定，债务人在债务重组后一定时间里，其业绩改善到一定程度或者符合一定要求（如扭亏为盈、摆脱财务困境等），债务人需要向债权人额外支付一定金额，债务人承担的或有应付金额符合预计负债确认条件的，应当将该或有应付金额确认为预计负债。

（2）债权人应当将修改其他债务条件后的债权的公允价值作为重组后债权的账面价值。重组债权的账面余额与重组后的债权的账面价值之间的差额，计入当期营业外支出。债权人已对债权计提减值准备的，应当先将该差额冲减减值准备，减值准备不足以冲减的部分，计入当期营业外支出。

应注意的是，如果债权人存在或有应收金额，不应确认或有应收金额。

（五）混合重组的会计处理

（1）债务重组以现金清偿债务、非现金清偿债务、债务转为资本、修改其他债务条件等方式的组合进行的，债务人应当依次以支付的现金、转让的非现金资产公允价值、债权人享有股份的公允价值冲减重组债务的账面价值；涉及延期还款的还应减去将来应付的金额，其差额计入当期损益。

通俗地说，就是将重组债务的账面价值减去债务重组日抵债资产的公允价值，再减去将来应付的金额，其差额计入当期损益。同时将转让的非现金资产公允价值与其账面价值之间的差额，计入当期损益。

（2）债权人应当依次以收到的现金、接受的非现金资产公允价值、债权人享有股份的公允价值冲减重组债权的账面余额，减去将来的应收金额，再减去已计提的坏账准备，其差额计入当期损益。

# 任务八 所有者权益

## 第一节 所有者权益概述

### 一、所有者权益的概念

所有者权益是指企业资产扣除负债后由所有者享有的剩余权益，包括实收资本（或股本）、资本公积、盈余公积和未分配利润，在股份制企业又称为股东权益。所有者权益是企业投资人对企业净资产的所有权。它受总资产和总负债变动的影响而发生增减变动。所有者权益包含所有者以其出资额的比例分享企业利润。与此同时，所有者也必须以其出资额承担企业的经营风险。所有者权益还意味着所有者有法定的管理企业和委托他人管理企业的权利。

### 二、所有者权益的分类

所有者权益按其构成，分为投入资本、资本公积和留存收益三类。

1. 投入资本

投入资本是指所有者在企业注册资本的范围内实际投入的资本。所谓注册资本，是指企业在设立时向工商行政管理部门登记的资本总额，也就是全部出资者设定的出资额之和。企业对资本的筹集，应该按照法律、法规、合同和章程的规定及时进行。如果是一次筹集的，投入资本应等于注册资本；如果是分期筹集的，在所有者最后一次缴入资本以后，投入资本应等于注册资本。注册资本是企业的法定资本，是企业承担民事责任的财力保证。

在不同类型的企业中，投入资本的表现形式有所不同。在股份有限公司，投入资本表现为实际发行股票的面值，也称为股本；在其他企业，投入资本表现为所有者在注册资本范围内的实际出资额，也称为实收资本。

投入资本按照所有者的性质不同，可以分为国家投入资本、法人投入资本、个人投入资本和外方投入资本。国家投入资本是指有权代表国家投资的政府部门或者机构以国有资产投入企业所形成的资本；法人投入资本是指我国具有法人资格的单位以其依法可以支配的资产投入企业所形成的资本；个人投入资本是指我国公民以其合法财产投入企业所形成的资本；外方投入资本是指外国投资者以及我国香港、澳门和台湾地区的投资者将资产投入企业所形成的资本。

投入资本按照投入资产的形式不同，可以分为货币投资、实物投资和无形资产投资。

2. 资本公积

资本公积是指归所有者所共有的、非收益转化而形成的资本，主要包括资本溢价（股本溢价）和其他资本公积等。

3. 留存收益

留存收益是指归所有者所共有的、由收益转化而形成的所有者权益，主要包括法定盈余公积、任意盈余公积和未分配利润。

所有者权益按经济内容划分，可分为投入资本、资本公积、盈余公积和未分配利润四种。

其中，盈余公积是指企业从税后净利润中提取的公积金。盈余公积按规定可用于弥补企业亏损，也可按法定程序转增资本金。法定公积金提取率为10%。而未分配利润是本年度所实现的净利润经过利润分配后所剩余的利润，等待以后分配。如果未分配利润出现负数时，即表示年末的未弥补的亏损，应由以后年度的利润或盈余公积来弥补。

所有者权益按照形成来源分类，可分为投入资本和留存收益。前者是所有者初始和追加投入的资本以及其他集团或个人投入的不属于负债的资本，后者是企业所得税后利润的留存部分。

# 第二节　实收资本

## 一、实收资本概述

我国有关法律规定，投资者设立企业首先必须投入资本。《企业法人登记管理条例》规定，企业申请开业，必须具备国家规定的与其生产经营和服务规模相适应的资金。为了反映和监督投资者投入资本的增减变动情况，企业必须按照国家统一的会计制度的规定进行实收资本的核算，真实地反映所有者投入企业资本的状况，维护所有者各方面在企业的权益。除股份有限公司以外，其他各类企业应通过“实收资本”科目核算，股份有限公司应通过“股本”科目核算。

企业收到所有者投入企业的资本后，应根据有关原始凭证（如投资清单、银行通知单等），分别按不同的出资方式进行会计处理。

## 二、实收资本的账务处理

### （一）接受现金资产投资

1. 股份有限公司以外的企业接受现金资产投资

借：银行存款（实际收到的款项）

　贷：实收资本（出资者在注册资本中占有的份额）

　　　资本公积（差额）

2. 股份有限公司接受现金资产投资

（1）收到发行收入

借：银行存款（股数×价格）

　贷：股本（股数×面值）

　　　资本公积［股数×（价格-面值）］

（2）发行费用的处理

股份有限公司发行股票支付的手续费、佣金等发行费用，股票溢价发行的，从发行股票的溢价中抵扣；股票发行没有溢价或溢价金额不足以支付发行费用的部分，应将不足支付的发行费用冲减“盈余公积”“利润分配——未分配利润”等科目。

### （二）接受非现金资产投资

企业接受投资者作价投入的非现金资产，应按投资合同或协议约定价值确定入账价值（但投资合同或协议约定价值不公允的除外）和在注册资本中应享有的份额。

对于投资合同或协议约定的价值（不公允的除外）超过其在注册资本中所占份额的部分，应当计入资本公积。

【注意】如果接受投资者投入的固定资产和材料物资的增值税按规定可以抵扣的，应将增值税计入“进项税额”。

借：非现金资产（合同或协议价）

贷：实收资本（在注册资本中占有的份额）

资本公积（差额）

我国《中华人民共和国公司法》（以下简称《公司法》）规定，股东可以用货币出资，也可以用实物、知识产权、土地使用权等可以用货币估价并可以依法转让的非货币财产作价出资；但是，法律、行政法规规定不得作为出资的财产除外。对作为出资的非货币财产应当评估作价，核实财产，不得高估或者低估作价。法律、行政法规对评估作价有规定的，从其规定。全体股东的货币出资金额不得低于有限责任公司注册资本的30%。不论以何种方式出资，投资者如在投资过程中违反投资合约，不按规定如期缴足出资额，企业可以依法追究投资者的违约责任。

企业接受非现金资产投资时，应按投资合同或协议约定价值确定非现金资产价值（但投资合同或协议约定价值不公允的除外）和在注册资本中应享有的份额。

1. 接受投入固定资产

企业接受投资者作价投入的房屋、建筑物、机器设备等固定资产，应按投资合同或协议约定价值确定固定资产价值（但投资合同或协议约定价值不公允的除外）和在注册资本中应享有的份额。

2. 接受投入材料物资

企业接受投资者作价投入的材料物资，应按投资合同或协议约定价值确定材料物资价值（但投资合同或协议约定价值不公允的除外）和在注册资本中应享有的份额。

3. 接受投入无形资产

企业收到以无形资产方式投入的资本，应按投资合同或协议约定价值确定无形资产价值（但投资合同或协议约定价值不公允的除外）和在注册资本中应享有的份额。

### （三）实收资本（或股本）的增减变动

一般情况下，企业的实收资本应相对固定不变，但在某些特定情况下，实收资本也可能发生增减变化。我国企业法人登记管理条例中规定，除国家另有规定外，企业的注册资金应当与实收资本相一致。当实收资本比原注册资金增加或减少的幅度超过20%时，企业应持资金信用证明或者验资证明，向原登记主管机关申请变更登记，如擅自改变注册资本或抽逃资金，要受到工商行政管理部门的处罚。

1. 实收资本（或股本）的增加

一般企业增加资本主要有三种途径：接受投资者追加投资、资本公积转增资本和盈余公积转增资本。

需要注意的是，由于资本公积和盈余公积均属于所有者权益，用其转增资本时，如果是独资企业比较简单，直接结转即可。如果是股份公司或有限责任公司应该按照原投资者各出资比例相应增加各投资者的出资额。

2. 实收资本（或股本）的减少

企业减少实收资本应按法定程序报经批准。股份有限公司采用收购本公司股票方式减资的，按股票面值和注销股数计算的股票面值总额冲减股本，按注销库存股的账面余额与所冲减股本的差额冲减股本溢价，股本溢价不足冲减的，再冲减盈余公积直至未分配利润。企业如果购回股票支付的价款低于面值总额的，所注销库存股的账面余额与所冲减股本的差额作为增加股本溢价处理。

## 第三节　资本公积

### 一、资本公积概述

资本公积是企业收到投资者的超出其在企业注册资本（或股本）中所占份额的投资，以及直接计入所有者权益的利得和损失等。资本公积包括资本溢价（或股本溢价）和直接计入所有者权益的利得和损失等。

资本溢价（或股本溢价），是企业收到投资者的超出其在企业注册资本（或股本）中所占份额的投资。形成资本溢价（或股本溢价）的原因有溢价发行股票、投资者超额缴入资本等。

直接计入所有者权益的利得和损失是指不应计入当期损益、会导致所有者权益发生增减变动的、与所有者投入资本或者向所有者分配利润无关的利得或者损失。

资本公积的核算包括资本溢价（或股本溢价）的核算、其他资本公积的核算和资本公积转增资本的核算等内容。

### 二、资本公积的账务处理

#### （一）资本溢价

除股份有限公司外的其他类型的企业，在企业创立时，投资者认缴的出资额与注册资本一致，一般不会产生资本溢价。但在企业重组或有新的投资者加入时，常常会出现资本溢价。因为在企业进行正常生产经营后，其资本利润率通常要高于企业初创阶段，另外，企业有内部积累，新投资者加入企业后，对这些积累也要分享，所以新加入的投资者往往要付出大于原投资者的出资额，才能取得与原投资者相同的出资比例。投资者多缴的部分就形成了资本溢价。

#### （二）股本溢价

股份有限公司是以发行股票的方式筹集股本的，股票可按面值发行，也可按溢价发行，我国目前不准折价发行。与其他类型的企业不同，股份有限公司在成立时可能会溢价发行股票，因而在成立之初，就可能会产生股本溢价。股本溢价的数额等于股份有限公司发行股票时实际收到的款额超过股票面值总额的部分。

在按面值发行股票的情况下，企业发行股票取得的收入，应全部作为股本处理；在溢价发行股票的情况下，企业发行股票取得的收入，等于股票面值部分作为股本处理，超出股票面值的溢价收入应作为股本溢价处理。

发行股票相关的手续费、佣金等交易费用，如果是溢价发行股票的，应从溢价中抵扣，冲减资本公积（股本溢价）；无溢价发行股票或溢价金额不足以抵扣的，应将不足抵扣的部分冲减盈余公积和未分配利润。

（三）其他资本公积的核算

其他资本公积是指除资本溢价（或股本溢价）项目以外所形成的资本公积，其中主要是直接计入所有者权益的利得和损失。本书以因被投资单位所有者权益的其他变动产生的利得或损失为例，介绍相关的其他资本公积的核算。

企业对某被投资单位的长期股权投资采用权益法核算的，在持股比例不变的情况下，对因被投资单位除净损益以外的所有者权益的其他变动，如果是利得，则应按持股比例计算其应享有被投资企业所有者权益的增加数额；如果是损失，则做相反的分录。在处置长期股权投资时，应转销与该笔投资相关的其他资本公积。

（四）资本公积转增资本的核算

经股东大会或类似机构决议，用资本公积转增资本时，应冲减资本公积，同时按照转增前的实收资本（或股本）的结构或比例，将转增的金额记入“实收资本”（或“股本”）科目下各所有者的明细分类账。

## 第四节　留存收益

### 一、留存收益概述

留存收益包括企业的盈余公积和未分配利润两个部分。

未分配利润是企业经过利润分配后留存企业的、历年结存的利润。

### 二、留存收益的账务处理

（一）利润分配

1. 利润分配的顺序

利润分配是指企业根据国家有关规定和企业章程、投资者的决议等，对企业当年可供分配的利润所进行的分配。

企业本年实现的净利润加上年初未分配利润（或减年初未弥补亏损）和其他转入后的余额，为可供分配的利润。

可供分配的利润，按下列顺序分配：①提取法定盈余公积；②提取任意盈余公积；③向投资者分配利润。

2. 设置的科目

留存收益的核算设置“盈余公积”和“利润分配”科目。

企业在“利润分配”科目下，设置“提取法定盈余公积”“提取任意盈余公积”“应付现金股利”“盈余公积补亏”和“未分配利润”等明细科目。

年度终了，企业应将全年实现的净利润，自“本年利润”科目转入“利润分配——未分配利润”科目，并将“利润分配”科目下的其他有关明细科目的余额，转入“未分配利润”明细科目。结转后，“未分配利润”明细科目的贷方余额，就是累积未分配的利润数额。

“利润分配——未分配利润”科目如出现借方余额，则表示累积未弥补的亏损数额。对于未弥补亏损可以用以后年度实现的税前利润进行弥补，但弥补期限不得超过5年，超过5年以后可以用税后利润弥补，也可以用盈余公积补亏。

用利润弥补亏损，不需要做账务处理，属于“利润分配——未分配利润”借贷方自动抵减；以盈余公积补亏时，分录如下：

借：盈余公积

　贷：利润分配——盈余公积补亏

借：利润分配——盈余公积补亏

　贷：利润分配——未分配利润

### （二）盈余公积

盈余公积是指企业按规定从净利润中提取的企业积累资金。公司制企业的盈余公积包括法定盈余公积和任意盈余公积。

按照《公司法》有关规定，公司制企业应当按照净利润（减弥补以前年度亏损，下同）的10%提取法定盈余公积。非公司制企业法定盈余公积的提取比例可超过净利润的10%。法定盈余公积累计额已达注册资本的50%时可以不再提取。值得注意的是，在计算提取法定盈余公积的基数时，不应包括企业年初未分配利润。

公司制企业可根据股东大会的决议提取任意盈余公积。非公司制企业经类似权力机构批准，也可提取任意盈余公积。法定盈余公积和任意盈余公积的区别在于其各自计提的依据不同，前者以国家的法律法规为依据；后者由企业的权力机构自行决定。

企业提取的盈余公积经批准可用于弥补亏损、转增资本、发放现金股利或利润等。

## 三、弥补亏损

### （一）企业弥补亏损的方法

企业弥补亏损的方式主要有三种：

（1）企业发生亏损，可以用次年度的税前利润弥补，次年度利润不足弥补的，可以在5年内延续弥补。

（2）企业发生的亏损，5年内的税前利润不足弥补时，用税后利润弥补。

（3）企业发生的亏损，可以用盈余公积弥补。

以税前利润或税后利润弥补亏损，均不需要进行专门的账务处理。所不同的是以税前利润进行弥补亏损的情况下，其弥补的数额可以抵减企业当期的应纳税所得额，而用税后利润进行弥补亏损的数额，则不能在企业当期的应纳税所得额中抵减。

### （二）税前利润或税后利润弥补亏损的会计处理

与实现利润的情况相同，企业应将本年发生的亏损自“本年利润”科目，转入“利润分配——未分配利润”科目，即

借：利润分配——未分配利润

　贷：本年利润

结转后“利润分配”科目的借方余额，即为未弥补亏损的数额。然后通过“利润分配”科目核算有关亏损的弥补情况。

企业发生的亏损可以用次年实现的税前利润弥补。在用次年实现的税前利润弥补以前年度亏损的情况下，企业当年实现的利润自“本年利润”科目，转入“利润分配——未分配利润”科目，即

借：本年利润

　贷：利润分配——未分配利润

这样将本年实现的利润结转到“利润分配——未分配利润”科目的贷方，其贷方发生额与“利润分配——未分配利润”的借方余额自然抵补。因此，以当年实现净利润弥补以前年度结转的未弥补亏损时，不需要进行专门的账务处理。

（三）盈余公积弥补亏损的会计处理

企业以提取的盈余公积弥补亏损时，应当由公司董事会提议，并经股东大会批准。即

借：盈余公积

　贷：利润分配——盈余公积补亏

（四）企业弥补亏损的税务处理

《中华人民共和国企业所得税法》（中华人民共和国主席令第 63 号）第十八条规定：“企业纳税年度发生的亏损，准予向以后年度结转，用以后年度的所得弥补，但结转年限最长不得超过五年。”根据国税发〔1997〕189 号文件规定：“税法所指亏损的概念，不是企业财务报表中所反映的亏损额，而是企业财务报表中的亏损额经主管税务机关按税法规定调整后的金额。”这里的“五年”，是指税收上计算弥补亏损的期限，只对计算应纳税所得额产生影响，而在弥补亏损的会计核算中，并不受“五年”期限的限制。会计上，无论是盈利还是亏损，期末一律将“本年利润”科目的余额，结转“利润分配——未分配利润”科目。这里的“本年利润”余额是指扣除所得税费用后的净利润。

# 任务九　收入

## 第一节　收入概述

### 一、收入的定义

收入，是指企业在日常活动中形成的、会导致所有者权益增加的、与所有者投入资本无关的经济利益的总流入。

“日常活动”是指企业为完成其经营目标所从事的经常性活动以及与之相关的活动。比如：工业企业制造并销售产品、商业企业销售商品、咨询公司提供咨询服务、

软件企业为客户开发软件、安装公司提供安装服务、租赁公司出租资产等，均属于企业为完成其经营目标所从事的经常性活动，由此产生的经济利益的总流入构成收入；企业转让无形资产使用权、出售原材料等，属于与经常性活动相关的活动，由此产生的经济利益的总流入也构成收入。企业处置固定资产、无形资产等活动，不是企业为完成其经营目标所从事的经常性活动，也不属于与经常性活动相关的活动，由此产生的经济利益的总流入不构成收入，应当确认为营业外收入。

### 二、收入的分类

收入可以有不同的分类。按照企业从事日常活动的性质，可将收入分为销售商品收入、提供劳务收入、让渡资产使用权收入和建造合同收入，但不包括企业为第三方收取的款项，如增值税等，企业应将此作为负债处理。

按企业经营业务的主次分为主营业务收入和其他业务收入。不同行业其主营业务收入所包括的内容也不同，工业企业的主营业务收入主要包括销售商品、自制半成品、代制品、代修品、提供工业性作业等所取得的收入；商品流通企业的主营业务收入主要包括销售商品所取得的收入；旅游企业的主营业务收入主要包括客房收入、餐饮收入等。主营业务收入一般占企业营业收入的比重较大，对企业的经济效益产生较大的影响。其他业务收入主要包括出租固定资产、出租无形资产、出租包装物和商品、销售材料、用材料进行非货币性交换（非货币性资产交换具有商业实质且公允价值能够可靠计量）或债务重组等实现的收入。

## 第二节　销售商品收入

### 一、销售商品收入的确认与计量

销售商品收入是指企业通过销售商品实现的收入。

销售商品收入同时满足以下五个条件时，才能予以确认：

（1）企业已将商品所有权上的主要风险和报酬转移给购货方。与商品所有权有关的风险，是指商品可能发生减值或毁损等形成的损失；与商品所有权有关的报酬，是指商品价值增值或通过使用商品等形成的经济利益。

判断一项商品所有权上的主要风险和报酬是否已转移给买方，需要关注该项交易的实质而不是形式。①大多数情况下，所有权上的风险和报酬的转移伴随着所有权凭证的转移或实物的交付而转移，例如大多数零售商品。②企业已将所有权凭证或实物交付给买方，但可能在有些情况下保留商品所有权上的主要风险和报酬，如交款提货方式销售商品。③有些情况下，企业已将商品所有权上的主要风险和报酬转移给买方，但实物尚未交付。这种情况下，应在所有权上的主要风险和报酬转移时确认收入，而不管实物是否交付。例如，购买方已支付货款但尚未提货，即交款提货通常属于这种情况。

（2）企业既没有保留通常与所有权相联系的继续管理权，也没有对已售出的商品实施控制。企业将商品所有权上的主要风险和报酬转移给买方后，但仍然保留通常与所有权相联系的继续管理权，或仍然对售出的商品实施控制，则此项销售不能成立，不能确认相应的销售收入。如某房地产企业A将尚待开发的土地销售给B企业，合同同时规定由A企业开发这片土地，开发后的土地售出后，利润由A、B两企业按一定比例分配。这意味着A企业仍保留了与该土地所有权相联系的继续管理权，不能确认收入。

如果企业对售出的商品保留了与所有权无关的管理权，则不受本条件的限制。例如，房地产企业将开发的房产售出后，保留了对该房产的物业管理权，由于此项管理权与房产所有权无关，房产销售成立。企业提供的物业管理应视为一个单独的劳务合同，有关收入确认为劳务收入。

（3）收入的金额能够可靠计量。收入能否可靠计量，是确认收入的基本前提，收入不能可靠计量，则无法确认收入。企业在销售商品时，售价通常已经确定，但销售过程中由于某种不确定因素，也有可能出现售价变动的情况，则新的售价未确定前不应确认收入。

（4）相关的经济利益很可能流入企业。经济利益，是指直接或间接流入企业的现金或现金等价物。在销售商品的交易中，与交易相关的经济利益即为销售商品的价款。销售商品的价款能否有把握收回，是收入确认的一个重要条件。企业在销售商品时，如估计价款收回的可能性不大，即使收入确认的其他条件均已满足，也不应当确认收入。销售商品的价款能否收回，主要根据企业以前和购货方交往的直接经验，或从其他方面取得的信息，或政府的有关政策等进行判断。实务中，如果企业售出的商品符合合同或协议规定的要求，企业已将发票账单交付购货方，购货方也承诺付款，即说明商品销售的价款很可能收回。

（5）相关的已发生或将发生的成本能够可靠计量。根据收入与成本必须配比的会计基本原则，如果为赚取收入而发生的成本不能可靠计量，也不能确认收入，如已收到价款，收到的价款应确认为一项负债，例如订货销售。

企业销售商品应同时满足上述五个条件，才能确认收入。任何一个条件没有满足，即使收到货款，也不能确认收入。为了单独反映已经发生但尚未确认销售收入的商品成本，企业应设置“发出商品”“委托代销商品”等科目进行核算。“发出商品”科目核算一般销售方式下，已经发出但尚未确认销售收入的商品成本；“委托代销商品”科目，核算企业在委托其他单位代销商品的情况下，已经发出但尚未确认收入的商品成本。企业对于发出的商品，在确定不能确认收入时，应按发出商品的实际成本，借记“发出商品”“委托代销商品”等科目，贷记“库存商品”科目。期末，“发出商品”“委托代销商品”科目的余额，应并入资产负债表的“存货”项目反映。

## 二、销售商品收入的账务处理

销售商品收入的会计处理主要涉及一般销售商品业务、已经发出商品但不符合收入确认条件的销售业务、销售折让、销售退回、采用预售款方式销售商品、采用支付手续方式委托代销商品等情况。

（一）一般销售商品业务

在进行销售商品的会计处理时，首先要考虑销售商品收入是否符合收入确认条件。符合收入准则所规定的五项确认条件的，企业应及时确认收入并结转相关销售成本。通常情况下，企业应按已收或应收的合同或协议价款，加上应收取的增值税额，借记“银行存款”“应收账款”“应收票据”等科目，按确定的收入金额，贷记“主营业务收入”“其他业务收入”等科目，按应收取的增值税额，贷记“应交税费——应交增值税（销项税额）”科目。如果售出商品不符合收入确认条件，则不确认收入，已经发出的商品，应当通过“发出商品”科目进行核算。

（二）商业折扣、现金折扣和销售折让的处理

企业销售商品收入的金额通常按照从购货方已收或应收的合同或协议价款确定。在确定销售商品收入的金额时，应注意区分现金折扣、商业折扣和销售折让及其不同的账务处理方法。总的来讲，确定销售商品收入的金额时，不应考虑预计可能发生的现金折扣、销售折让，即应按总价确认，但应是扣除商业折扣后的净额。现金折扣、商业折扣、销售折让的区别以及相关会计处理方法如下：

（1）销售商品涉及现金折扣的，应当按照扣除现金折扣前的金额确定销售商品收入金额。现金折扣在实际发生时计入当期损益。现金折扣，是指债权人为鼓励债务人在规定的期限内付款而向债务人提供的债务扣除，通常发生在以赊销方式销售商品及提供劳务的交易中。企业为了鼓励客户提前偿付货款，与债务人达成协议，债务人在不同的期限内付款可享受不同比例的折扣。现金折扣应在实际发生时计入当期财务费用。

（2）销售商品涉及商业折扣的，应当按照扣除商业折扣后的金额确定销售商品收入金额。商业折扣，是指企业为促进商品销售而在商品标价上给予的价格扣除。

（3）销售折让，是指企业因售出商品的质量不合格等原因而在售价上给予的减让。企业将商品销售给买方后，如买方发现商品在质量、规格等方面不符合要求，可能要求卖方在价格上给予一定减让。销售折让可能发生在企业确认收入之前，也可能发生在企业确认收入之后。发生在收入确认之前的销售折让，其处理相当于商业折扣，即在销售商品时直接给予客户价格上的减让，企业实现的销售收入按实际销售价格（原销售价格减去商业折扣）确认。企业已经确认销售商品收入的售出商品发生销售折让的，应当在发生时冲减当期销售商品收入。

销售折让属于资产负债表日后事项的，适用《企业会计准则第29号——资产负债表日后事项》，应当调整资产负债表日的财务报表。

## 第三节　提供劳务收入

### 一、提供劳务收入的确认与计量

企业会计准则区分并分别规定了“提供劳务交易的结果能够可靠估计”和“提供

劳务交易的结果不能够可靠估计”两种情况下提供劳务收入的确认和计量问题。

（一）提供劳务的交易结果能够可靠估计

依据以下条件进行判断，如果同时满足以下条件，则交易的结果能够可靠估计：

（1）收入的金额能够可靠计量。收入的金额能够可靠计量，是指提供劳务收入的总额能够合理估计。通常情况下，企业应当按照从接受劳务方已收或应收的合同或协议价款确定提供劳务收入总额。随着劳务的不断提供，可能会根据实际情况增加或减少已收或应收的合同或协议价款，此时，企业应及时调整提供劳务收入总额。

（2）相关的经济利益很可能流入企业。相关的经济利益很可能流入企业，是指提供劳务收入总额收回的可能性大于不能收回的可能性。企业在确定提供劳务收入总额能否收回时，应当结合接受劳务方的信誉、以前的经验以及双方就结算方式和期限达成的合同或协议条款等因素，综合进行判断。通常情况下，企业提供的劳务符合合同或协议要求，接受劳务方承诺付款，就表明提供劳务收入总额收回的可能性大于不能收回的可能性。

（3）交易的完工进度能够可靠确定。企业可以根据提供劳务的特点，选用下列方法确定提供劳务交易的完工进度：

①已完工作的测量，这是一种比较专业的测量方法，由专业测量师对已经提供的劳务进行测量，并按一定方法计算确定提供劳务交易的完工程度。

②已经提供的劳务占应提供劳务总量的比例，这种方法主要以劳务量为标准确定提供劳务交易的完工程度。

③已经发生的成本占估计总成本的比例，这种方法主要以成本为标准确定提供劳务交易的完工程度。只有反映已提供劳务的成本才能包括在已经发生的成本中，只有反映已提供或将提供劳务的成本才能包括在估计总成本中。

（4）交易中已发生和将发生的成本能够可靠计量。合同总成本包括至资产负债表日已经发生的成本和完成劳务将要发生的成本。企业应建立完善的内部成本核算制度和有效的内部财务预算及报告制度，准确提供每期发生的成本，并对完成剩余劳务将要发生的成本做出科学、可靠估计，并随着劳务的不断提供或外部情况的不断变化，随时对估计的成本进行修订。

在采用完工百分比法确认收入时，收入和相关的费用应按以下公式计算：

本年确认的收入=劳务总收入×本年年末为止劳务的完工进度-以前年度已确认的收入

本年确认的费用=劳务总成本×本年年末为止劳务的完工进度-以前年度已确认的费用

（二）提供劳务的交易结果不能够可靠估计

企业在资产负债表日，如不能可靠估计所提供劳务的交易结果，亦即不能满足前述4个条件中的任何一条，则不能按完工百分比法确认收入。这时企业应正确预计已经收回或将要收回的款项能弥补多少已经发生的成本，并按以下办法处理：

（1）如果已经发生的劳务成本预计能够得到补偿，应按已经发生的劳务成本金额确认收入；同时，按相同的金额结转成本，不确认利润。

（2）如果已经发生的劳务成本预计不能全部得到补偿，应按能够得到补偿的劳务金额确认收入，并按已经发生的劳务成本结转成本。确认的收入金额小于已经发生的劳务成本的差额，确认为损失。

（3）如果预计已经发生的劳务成本全部不能得到补偿，则不应确认收入，但应将已经发生的成本确认为当期费用。

### （三）同时销售商品和提供劳务收入

企业与企业的交易中，有时既包括销售商品又包括提供劳务，如销售机器设备的同时负责安装工作、销售软件后继续提供技术支持等。此时，如果销售商品部分和提供劳务部分能够区分且能够单独计量的，企业应当分别核算销售商品部分和提供劳务部分，将销售商品的部分作为销售商品处理，将提供劳务的部分作为提供劳务处理。如果销售商品部分和提供劳务部分不能够区分，或虽能够区分但不能够单独计量的，企业应当将销售商品部分和提供劳务部分全部作为销售商品进行会计处理。

## 二、特殊的劳务收入

特殊的劳务收入，在按完工百分比法确认劳务收入的情况下，应按以下标准分别确认收入：

（1）安装费收入。如果安装费是与商品销售分开的，则应在年度终了时根据安装的完工程度确认收入；如果安装费是商品销售收入的一部分，则应与所销售的商品同时确认收入。

（2）申请入会费和会员费收入。这方面的收入确认应以所提供服务的性质为依据。如果所收费用只允许取得会籍，而所有其他服务或商品都要另行收费，则在款项收回不存在任何不确定性时确认为收入。如果所收费用能使会员所负担的价格购买商品或接受劳务，则该项收费应在整个受益期内分期确认收入。

（3）包括在商品售价内的服务费。如商品的售价内包括可区分的在售后一定期限内的服务费，应在商品销售实现时，按售价扣除该项服务费后的余额确认为商品销售收入。服务费递延至提供服务的期间内确认为收入。在这种情况下，企业可设置“递延收益”科目，核算所售商品的售价中包含的可区分的售后服务费。

（4）订制软件收入。主要是指为特定客户开发软件，不包括开发的商品化软件。订制软件收入应在资产负债表日根据开发的完成程度确认收入。

（5）特许权费收入。特许权费收入包括提供初始及后续服务、设备和其他有形资产及专门技术等方面的收入。其中属于提供设备和其他有形资产的部分，应在这些资产的所有权转移时，确认为收入；属于提供初始及后续服务的部分，在提供服务时确认为收入。

（6）广告费收入。宣传媒介的佣金收入应在相关的广告或商业行为开始出现于公众面前时予以确认。广告的制作佣金收入则应在年度终了时根据项目的完成程度确认。

（7）入场费收入。因艺术表演、招待宴会以及其他特殊活动而产生的收入，应在这些活动发生时予以确认。如果是一笔预收几项活动的费用，则这笔预收款应合理分配给每项活动。

（8）定期收费。有的企业与客户签订合同，长期为客户提供某一种或几种重复的劳务，客户按期支付劳务费。在这种情况下，企业应在合同约定的收款日期确认收入。如某物业管理企业与某住宅小区物业产权人签订合同，为该小区所有住户提供维修、清洁、绿化、保安及代收房费、水电费等项劳务，每月月末收取劳务费。该企业应在每月月末将应收取的劳务费确认为当月收入。

## 第四节　让渡资产使用权收入

### 一、让渡资产使用权收入的确认与计量

让渡资产使用权取得的收入主要包括：①利息收入，是指因他人使用本企业现金而取得的利息收入。如金融企业存、贷款形成的利息收入及同业之间发生往来形成的利息收入等。②使用费收入，是指因他人使用本企业的无形资产等而形成的使用费收入，如他人使用本企业的商标权、专利权、专营权、软件、版权等。

企业对外出租资产收取的租金、进行债权投资收取的利息、进行股权投资取得的现金股利，也构成让渡资产使用权形成的收入。

### 二、让渡资产使用权收入的账务处理

企业让渡资产使用权的使用费收入，一般通过“其他业务收入”科目核算；所让渡资产计提的摊销额等，一般通过“其他业务成本”科目核算。

企业确认让渡资产使用权的使用费收入时，按确定的金额，借记“银行存款”“应收账款”等科目，贷记“其他业务收入”科目。

## 第五节　建造合同收入

### 一、建造合同的概念

建造合同，是指为建造一项或数项在设计、技术、功能、最终用途等方面密切相关的资产而订立的合同。这里所讲的资产，是指房屋、道路、桥梁、水坝等建筑物以及船舶、飞机、大型机械设备等。

建造合同属于经济合同范畴，但它不同于一般的材料采购和劳务合同，而是有其自身的特征。主要表现在：①先有买主（即客户），后有标底（即资产），建造资产的造价在签订合同时已经确定；②资产的建设期长，一般都要跨越一个会计年度，有的长达数年；③所建造的资产体积大，造价高；④建造合同一般为不可取消的合同。

## 二、建造合同的账务处理

### （一）完工百分比法及其应用

完工百分比法是根据合同完工进度确认合同收入和费用的方法。运用这种方法确认合同收入和费用能为报表使用者提供有关合同进度及本期业绩的有用信息，体现了权责发生制的精神。

完工百分比法的运用包括两个步骤：

首先确定建造合同的完工进度，计算出完工百分比。企业确定合同完工进度可以选用下列方法：①累计实际发生的合同成本占合同预计总成本的比例。该方法是确定合同完工进度较常用的方法。②已经完成的合同工作量占合同预计总工作量的比例。该方法适用于合同工作量容易确定的建造合同，如道路工程、土石方挖掘、砌筑工程等。③实际测定的完工进度。该方法是在无法根据上述两种方法确定合同完工进度时所要用的一种特殊的技术测量方法，适用于一些特殊的建造合同，如水下施工工程等。需要指出的是，这种技术测量并不是由建造承包商自行随意测定，而应由专业人员现场进行科学测定。

例如，某建筑公司承建一项水下作业工程，在资产负债表日，经专业人员现场测定，已完成工作量达合同总工作量的80%。则该合同的完工进度为80%。

根据完工百分比计量和确认当期的合同收入和费用，当期确认的合同收入和费用可用下列公式计算：

当期确认的合同收入=（合同总收入×完工进度）-以前会计年度累计已确认的收入

当期确认的合同毛利=（合同总收入-合同预计总成本）×完工进度-以前会计年度累计已确认的毛利

当期确认的合同费用=当期确认的合同收入-当期确认的合同毛利-以前会计年度预计损失准备

### （二）建造合同业务的账务处理

企业为核算建造合同业务应设置“工程施工”“工程结算”科目。

（1）“工程施工”科目（船舶等制造企业亦可使用“生产成本”科目），核算企业实际发生的合同成本和合同毛利。本科目应当按照建造合同，分别设置“合同成本”“间接费用”“合同毛利”进行明细核算，期末借方余额反映企业尚未完工的建造合同成本和合同毛利。企业进行合同建造时发生的人工费、材料费、机械使用费以及施工现场材料的二次搬运费、生产工具和用具使用费、检验试验费、临时设施折旧费等其他直接费用，借记“工程施工（合同成本）”科目，贷记“应付职工薪酬”“原材料”等科目；发生的施工、生产单位管理人员职工薪酬、固定资产折旧费、财产保险费、工程保修费、排污费等间接费用，借记“工程施工（间接费用）”科目，贷记“累计折旧”“银行存款”等科目。月末，将间接费用分配计入有关合同成本时，借记“工程施工（合同成本）”科目，贷记“工程施工（间接费用）”科目。根据建造合同准则确认合同收入、合同费用时，借记“主营业务成本”科目，贷记“主营业务收入”

科目，按其差额，借记或贷记“工程施工（合同毛利）”科目。合同完工时，将“工程施工”科目余额与相应的“工程结算”科目对冲，借记“工程结算”科目，贷记“工程施工”科目。

（2）“工程结算”科目，核算企业根据建造合同约定向购买方办理结算的累计金额。本科目是“工程施工”科目的备抵科目，应当按照建造合同进行明细核算，期末贷方余额反映企业尚未完工建造合同已办理结算的累计金额。企业向购买方办理工程价款结算时，按应结算的金额，借记“应收账款”等科目，贷记“工程结算”科目。合同完工时，将“工程结算”科目余额与相应的“工程施工”科目对冲，借记“工程结算”科目，贷记“工程施工”科目。在建造合同未开工或实施过程中，如果合同的预计总成本超过总收入，则应当确认预计损失。未开工时，按其差额，借记“主营业务成本”科目，贷记“预计负债”科目；实施过程中，按其差额，借记“资产减值损失”科目，贷记“存货跌价准备——合同预计损失准备”科目；合同完工时，借记“预计负债”或“存货跌价准备——合同预计损失准备”科目，贷记“主营业务成本”科目。

（三）建造合同的结果

建造合同的结果不能可靠估计的，应当分别按下列情况处理：①合同成本能够收回的，合同收入根据能够收回的实际合同成本予以确认，合同成本在其发生的当期确认为合同费用。②合同成本不可能收回的，在发生时立即确认为合同费用，不确认合同收入。

# 任务十　费用

## 第一节　费用的概念和特征

### 一、费用的概念

我国《企业会计准则》中对费用的定义表述为：费用是企业生产经营过程中发生的各项耗费。费用是指企业为销售商品、提供劳务等，在日常活动中发生的、会导致所有者权益减少的、与向所有者分配利润无关的经济利益总流出。企业直接为生产商品和提供劳务等发生的直接材料、直接人工、商品进价和其他直接费用，直接计入生产经营成本；企业为生产商品和提供劳务而发生的各项间接费用，应当按一定标准分配计入生产经营成本。企业行政管理部门为组织和管理生产经营活动而发生的管理费用和财务费用，为销售和提供劳务而发生的进货费用、销售费用等，应当作为期间费用，直接计入当期损益。

### 二、费用的特征

无论费用是否包括损失，都应具有以下特征：

第一，费用最终会导致企业资源的减少，这种减少具体表现为企业的资金支出。从这个意义上说，费用本质是一种资源流出企业，它与资源流入企业所形成的收入相反，它也可理解为资产的耗费，其目的是取得收入，从而获得更多资产。

第二，费用最终会减少企业的所有者权益。

一般而言，企业的所有者权益会随着收入的增长而增加；相反，费用的增加会减少所有者权益。但是所有者权益减少也不一定都列入费用，如企业偿债性支出和向投资者分配利润，显然减少了所有者权益，但不能归入费用。

第三，费用可能表现为资产的减少，或负债的增加，或者二者兼而有之。

## 第二节　费用的内容

### 一、支出、费用和成本

支出是企业生产经营活动的经常性业务，是为了达到特定的目的而由经济主体的支付行为而导致的资源的减少。支出分为资本性支出和费用性支出，资本性支出形成一项资产，而费用性支出形成一项费用。

费用是指会计期间内经济利益的减少，其表现形式为资产的减少或负债的增加而引起的所有者权益的减少，但不包括向所有者进行分配等经济活动引起的所有者权益的减少。而美国财务会计准则委员会对费用的定义为：某一主体在其持续的、主要的核心业务中，因交付或生产了货物，提供了劳务，或进行了其他活动而付出的或其他耗用的资产因而承担的负债。

我国对成本的定义为：生产经营过程中所耗的生产资料转移的价值和劳动者为自己劳动所创造的价值的货币表现。美国会计学会对成本的定义为：成本是指为达到特定的目的而发生或应发生的价值牺牲，它可用货币单位加以衡量。美国会计师协会对成本的定义为：成本是指为获取财物或劳务而支付的现金或转移的其他资产，发行股票、提供劳务或发生负债而以货币衡量的数额。从以上定义可以看出，成本大多与支出相联系，只不过是支出一部分与当期相联系，一部分与以后期间相联系。与当期相联系的支出形成了本期的一项费用，与以后期间相联系的支出则形成了企业的一项资产。

三者之间的关系从支出的性质来看，其本质就是企业的一种目的性花费，是企业在用的一种资产，如库存现金、银行存款或其他权益性债券、证券来交换另一种资产如存货、固定资产等，本书并不把企业这种用来交换其他资产的资产叫作“成本”，而把它叫作支出，以便于和下面所说的成本加以区分。企业的支出分成两类，一类为资本性支出，它形成了企业的资产。根据企业内资金的价值运动，经过产、供、销三个阶段，资金从货币资金转换到储备资金、生产资金、成品资金，最后又回到了货币资金，其实在这个过程中除了最后一个阶段外，资金都是在“资产—成本—资产”这样一个循环中相互转化，每种转化都没有脱离一个会计主体。如：企业用货币资金购买了原材料，用原材料生产产品，在产品还没有完全生产出来的时候，原材料的价值转移到了生产成本里，但是这里的生产成本还是由企业支配的，即归企业所有，还没有脱离企业这个会计主体，生产成本转化为库存商品，成本转化为了企业的资产，更是没有脱离企业这个会计主体。另一类是费用性支出。在资金循环的最后阶段，商品转化成了货币资金，这是通过企业与企业之间的交换实现的，企业通过交换，把自己的资产“送离”了它原来的会计主体，在送离过程中，形成了企业的一项费用，即费用的形成伴随着企业资产会计主体的转换。上面的论述，我们只讨论了企业在生产过程中成本与费用的区别，同样，在企业的管理部门或者筹资部门、销售部门也存在这样的情况，即费用的发生总是伴随着企业资产的会计主体的转换。

## 二、费用的分类

企业的费用主要包括主营业务成本、其他业务成本、税金及附加、销售费用、管理费用和财务费用等。

1. 按费用与收入的关系分类

按此标准分类，费用可分为营业成本和期间费用。

（1）营业成本。营业成本是指销售商品或提供劳务的成本。营业成本按照其在销售商品或提供劳务等日常活动中所处的地位，可分为主营业务成本和其他业务成本。主营业务成本是指企业销售商品、提供劳务等经常性活动所发生的成本。其他业务成本是指企业除主营业务活动以外的其他经营活动所发生的成本。

（2）期间费用。期间费用是指管理费用、销售费用和财务费用。管理费用是指企业行政管理部门为组织和管理生产经营活动、提供劳务而发生的各种费用，如差旅费、保险费、办公费；销售费用是指企业在销售商品、提供劳务等日常活动中发生的除营业成本以外的各项费用以及专设销售机构的各项经费，如包装费、广告费；财务费用是指企业筹集生产经营所需资金等而发生的筹资费用，如利息收入和支出、汇兑损益以及相关手续费等。

2. 按费用的经济内容分类

按此标准分类，费用可分为七个方面：

（1）外购材料费用，指企业为顺利进行生产经营而耗费的一切从外部购入的原材料、半成品、辅助材料、包装物等。

（2）外购燃料费用，指企业为顺利进行生产经营而耗费的一切从外部购入的各种燃料。

（3）外购动力费用，指企业为顺利进行生产经营而耗费的从外部购进的各种动力。

（4）薪酬费用，指企业应计入生产费用的职工薪酬。

（5）折旧费用，指企业所拥有的或控制的固定资产按照使用情况和一定比例计提的折旧费用。

（6）税金，指企业应计入生产费用的各种税金，如土地使用税、房产税、所得税等。

（7）其他支出，指不属于以上费用要素的费用支出。

3. 按费用与产量之间的关系分类

按此标准分类，费用可分为固定费用和变动费用。

（1）固定费用，指带有相对固定性质、在一定限度内不随产量、销售量或工作量等增减而升降的费用，如管理人员工资、办公费用等。

（2）变动费用，指随着产量、销售量或工作量等的增减而升降的费用，如工业生产中耗用原料及主要材料。

## 第三节　费用的核算

### 一、生产成本核算

1. 生产成本的概念

生产成本的概念有广义和狭义之分，广义的成本泛指所有取得资产所耗费的代价。狭义的成本是指产品的生产成本，也称之为制造成本。其成本核算的程序如下：

（1）确定成本核算对象。成本核算对象是指为计算产品成本而确定的生产费用归集和分配的范围。

（2）归集和分配本期发生的生产费用。将生产经营过程中发生的各种耗费，按其耗用情况直接或分配计入各有关的成本类账户。对基本生产车间发生的直接材料和直接人工等费用借记“生产成本——基本生产成本”科目核算，对于基本生产车间发生的间接费用通过“制造费用”科目核算。对辅助生产车间发生的费用，通过“生产成本——辅助生产成本”科目核算。

（3）按照各项成本计算对象对本期计入产品成本的各种费用进行归集和分配，计算出各种产品生产成本。一般按照基本生产车间和辅助生产车间分配，将发生在基本生产车间的全部制造费用，采用适当的分配标准，分配计入各产品成本计算对象，各辅助生产车间在计算出各自的劳务成本后，按提供劳务量的情况分配计入各有关成本账户。

（4）将月初在产品费用与本期发生的生产费用，在完工产品与月末在产品之间进行分配，计算出完工产品成本和月末在产品成本。期末，按照一定的方法，将按产品归集的累计费用在已完工产品与在产品之间进行分配，计算出完工产品和期末在产品的实际成本，然后，将完工产品负担的生产费用从“生产成本”账户转入“库存商品”账户。

2. 生产成本的核算

直接费用计入生产成本；间接费用先计入制造费用，然后分配计入生产成本。直接用于产品生产的各种原材料费用，应借记“生产成本”“制造费用”，贷记“原材料”。生产产品的工人的职工薪酬应单独记入“直接人工”科目，应借记“生产成本”“制造费用”，贷记“应付职工薪酬”。

### 二、期间费用的核算

期间费用是企业日常活动发生的应直接计入当期损益的费用。期间费用包括：销售费用、管理费用和财务费用。

（一）销售费用

1. 销售费用的内容

销售费用是指企业销售商品和材料、提供劳务的过程中发生的各种费用，包括保险费、包装费、展览费和广告费、商品维修费、预计产品质量保证损失、运输费、装卸费等以及为销售本企业商品而专设的销售机构（含销售网点、售后服务网点等）的职工薪酬、业务费、折旧费等经营费用。企业发生的与专设销售机构相关的固定资产日常修理费用等后续支出属于销售费用。

2. 销售费用的主要账务处理

（1）企业在销售商品过程中发生的包装费、保险费、展览费和广告费、运输费、装卸费等费用，借记本科目，贷记“库存现金”“银行存款”科目。

（2）企业发生的为销售本企业商品而专设的销售机构的职工薪酬、业务费等经营费用，借记本科目，贷记“应付职工薪酬”“银行存款”“累计折旧”等科目。

期末，应将本科目余额转入“本年利润”科目，结转后本科目应无余额。

（二）管理费用

1. 管理费用的内容

管理费用是指企业为组织和管理企业生产经营所发生的管理费用，包括企业的董事会和行政管理部门在企业的经营管理中发生的，或者应当由企业统一负担的公司经费（包括行政管理部门职工工资、修理费、物料消耗、低值易耗品摊销、办公费和差旅费等）、工会经费、待业保险费、劳动保险费、董事会费、聘请中介机构费、咨询费（含顾问费）、诉讼费、业务招待费、房产税、车船使用税、土地使用税、印花税、技术转让费、矿产资源补偿费、无形资产摊销、职工教育经费、研究与开发费、排污费、存货盘亏或盘盈（不包括应计入营业外支出的存货损失）、计提的坏账准备和存货跌价准备等。

2. 管理费用的主要账务处理

（1）直接支付费用。属于直接支付费用的主要业务有招待费、审计费、诉讼费，土地使用、印花税、车船使用税等。

（2）转账摊销费用。属于转账摊销费用的项目有折旧费、低值易耗品摊销费、无形资产摊销费、提取坏账准备等。

（3）预付待摊费用。预付待摊费用主要是指固定资产修理费用。

企业应通过“管理费用”科目，核算管理费用的发生和结转情况。该科目借方登记企业发生的各项管理费用，贷方登记期末转入“本年利润”科目的管理费用，结转后该科目应无余额。该科目按管理费用的费用项目进行明细核算。

企业在筹建期间发生的开办费，包括人员工资、办公费、培训费、差旅费、印刷费、注册登记费等，借记“管理费用”科目，贷记“银行存款”科目；企业行政管理部门人员的职工薪酬，借记“管理费用”科目，贷记“应付职工薪酬”科目；企业按规定计算确定的应交房产税、车船税、土地使用税、矿产资源补偿费、印花税，借记

“管理费用”科目，贷记“应交税费”等科目；企业行政管理部门发生的办公费、水电费、差旅费等以及企业发生的业务招待费、咨询费、研究费用等其他费用，借记“管理费用”科目，贷记“银行存款”“研发支出”等科目。期末，应将“管理费用”科目余额转入“本年利润”科目，借记“本年利润”科目，贷记“管理费用”科目。

管理费用在会计核算上是作为期间费用核算的，企业发生的管理费用，在“管理费用”科目核算，并在“管理费用”科目中按费用项目设置明细账，进行明细账核算。期末“管理费用”科目的余额结转“本年利润”科目后无余额。

### （三）财务费用

1. 财务费用的内容

财务费用指企业在生产经营过程中为筹集资金而发生的筹资费用，包括企业生产经营期间发生的利息支出（减利息收入）、汇兑损益（有的企业如商品流通企业、保险企业进行单独核算，不包括在财务费用）、金融机构手续费，企业发生的现金折扣或收到的现金折扣等。但在企业筹建期间发生的利息支出，应计入开办费；为购建或生产满足资本化条件的资产发生的应予以资本化的借款费用，在“在建工程”“制造费用”等账户核算。

利息支出，指企业短期借款利息、长期借款利息、应付票据利息、票据贴现利息、应付债券利息、长期应付引进国外设备款利息等利息支出（除资本化的利息外）减去银行存款等的利息收入后的净额。

汇兑损失，指企业因向银行结售或购入外汇而产生的银行买入、卖出价与记账所采用的汇率之间的差额，以及月度（季度、年度）终了，各种外币账户的外币期末余额按照期末规定汇率折合的记账人民币金额与原账面人民币金额之间的差额等。

相关的手续费，指发行债券所需支付的手续费（需资本化的手续费除外）、开出汇票的银行手续费、调剂外汇手续费等，但不包括发行股票所支付的手续费等。

其他财务费用，如融资租入固定资产发生的融资租赁费用等。

2. 财务费用的主要账务处理

企业发生的财务费用在“财务费用”科目中核算，并按费用项目设置明细账进行明细核算。企业发生的各项财务费用借记“财务费用”科目，贷记“银行存款”“预提费用”等科目；企业发生利息收入、汇兑收益冲减借方。月终，将借方归集的财务费用全部由“财务费用”科目的贷方转入“本年利润”科目的借方，计入当期损益。结转当期服务费用后，“财务费用”科目期末无余额。

## 三、所得税费用核算

### （一）所得税费用概述

所得税费用是指应在会计税前利润中扣除的所得税费用，包括当期所得税费用和递延所得税费用（或收益，下同）。所得税费用的确认有应付税款法和资产负债表债务法两种方法。采用应付税款法只确认当期所得税费用，而不确认递延所得税费用；采用资产负债表债务法，既确认当期所得税费用，也要确认递延所得税费用。我国现行会计准则规定，所得税费用确认应采用资产负债表债务法。

（二）当期所得税费用的核算

当期所得税费用是指按照当期应当缴纳的所得税确认的费用。

应纳税所得额是指企业按所得税税法规定的项目计算确认的收益，是计算缴纳所得税的依据。由于企业会计税前利润与应纳税所得额的计算口径、计算时间可能不一致，因而两者之间可能存在差异。例如，企业购买国债的利息收入，在会计核算中作为投资收益计入了会计税前利润；而所得税法规定国债的利息收入免征所得税，不计入应纳税所得额。企业应从会计税前利润中扣除上述差异，计算应纳税所得额。又如，超过所得税法规定的计税工资标准以及业务招待费标准的支出等，在会计核算中作为费用抵减了会计税前利润，但所得税法不允许将其在税前扣除。企业应在会计税前利润的基础上，补加上述差异，计算应纳税所得额。

总之，企业在会计税前利润的基础上，将所得税法规定的收入、费用与企业计入会计税前利润的收入、费用之间的差异进行调整，确定应纳税所得额。

（三）递延所得税费用核算

递延所得税费用是指由于暂时性差异的发生或转回而确认的所得税费用。

1. 暂时性差异

暂时性差异是指资产或负债的账面价值与其计税基础之间的差异。其中，账面价值是指按照企业会计准则规定的有关资产、负债在企业的资产负债表中应列示的金额。由于资产、负债的账面价值与其计税基础不同，产生了在未来收回资产或清偿负债的期间内，应纳税所得额增加或减少并导致未来期间应交所得税增加或减少的情况，在这些暂时性差异发生的当期，应当确认相应的递延所得税负债或递延所得税资产。根据暂时性差异对未来期间应纳税所得额的影响不同，分为应纳税暂时性差异和可抵扣暂时性差异。

某些不符合资产、负债的确认条件，未作为财务会计报告中资产、负债列示的项目，如果按照税法规定可以确定其计税基础，该计税基础与账面价值之间的差额也属于暂时性差异。

（1）应纳税暂时性差异。应纳税暂时性差异是指在确定未来收回资产或清偿负债期间的应纳税所得额时，将导致产生应纳税金额的暂时性差异。该差异在未来期间转回时，会增加转回期间的应纳税所得额，即在未来期间不考虑该事项影响的应纳税所得额的基础上，由于该暂时性差异的转回，会进一步增加转回期间的应纳税所得额和应纳所得税金额。在该暂时性差异产生当期，应当确认相关的递延所得税负债。

（2）可抵扣暂时性差异。可抵扣暂时性差异是指在确定未来收回资产和清偿负债期间的应纳税所得额时，将导致产生可抵扣金额的暂时性差异。该差异在未来期间转回时会减少转回期间的应纳税所得额，减少未来期间的应交所得税。在该暂时性差异产生当期，应当确认相关的递延所得税资产。

2. 递延所得税资产与递延所得税负债

递延所得税资产是指按照可抵扣暂时性差异和现行税率计算确定的资产，其性质属于预付的税款，在未来期间抵扣应纳税款。期末递延所得税资产大于期初递延所得税资产的差额，应确认为递延所得税收益，冲减所得税费用，借记“递延所得税资产”，贷记“所得税费用”科目；反之，则冲减递延所得税资产，借记“所得税费用”，贷记“递延所得税资产”科目。

递延所得税负债是指按照税法应纳税暂时性差异和现行税率计算确定的负债，其性质属于应付的税款，在未来期间转为应纳税款。期末递延所得税负债大于期初递延所得税负债的差额，应确认为递延所得税费用，借记“所得税费用”，贷记“递延所得税负债”科目；反之，冲减递延所得税负债，并作为递延所得税收益处理，借记“递延所得税负债”，贷记“所得税费用”科目。

# 任务十一　税费申报

## 第一节　税费理论

### 一、增值税

（一）增值税的概念

增值税是以销售货物、应税服务、无形资产以及不动产过程中产生的增值额作为计税依据而征收的一种流转税。

（二）增值税的征税范围

1. 征税范围的基本规定

（1）销售或进口的货物。货物是指有形动产，包括电力、热力、气体在内。销售货物是有偿转让货物的所有权。

（2）提供的加工、修理修配劳务。加工是指受托加工货物，即委托方提供原料及主要材料，受托方按照委托方的要求制造货物并收取加工费的业务。修理修配是指受托对损伤和丧失功能的货物进行修复，使其恢复原状和功能的业务。单位或者个体工商户聘用的员工为本单位或者雇主提供的加工修理修配劳务不包括在内。

（3）销售服务、无形资产或者不动产。销售服务、无形资产或者不动产，是指有偿提供服务、有偿转让无形资产或者不动产，但属于下列非经营活动的情形除外：

①行政单位收取的同时满足以下条件的政府性基金或者行政事业性收费：由国务院或者财政部批准设立的政府性基金，由国务院或者省级人民政府及其财政、价格主管部门批准设立的行政事业性收费；收取时开具省级以上（含省级）财政部门监（印）制的财政票据；所收款项全额上缴财政。

②单位或者个体工商户聘用的员工为本单位或者雇主提供取得工资的服务。

③单位或者个体工商户为聘用的员工提供服务。

④财政部和国家税务总局规定的其他内容。

2. 销售服务、无形资产、不动产的具体内容

销售服务，是指提供交通运输服务、邮政服务、电信服务、建筑服务、金融服务、现代服务、生活服务。

销售无形资产，是指转让无形资产所有权或者使用权的业务活动，无形资产包括技术、商标、著作权、商誉、自然资源使用权和其他权益性无形资产；销售不动产，是指转让不动产所有权的业务互动，不动产包括建筑物、构筑物等。

交通运输业，是指用运输工具将货物或旅客送达目的地，使其空间位置得到转移的业务活动。包括：陆路运输服务、水路运输服务、航空运输服务、管道运输服务。

陆路运输服务，是指通过陆路（地上或地下）运送货物或者旅客的运输业务活动，包括铁路运输服务和其他陆路运输（包括公路运输、缆车运输、索道运输、地铁运输、城市轻轨运输等）。

水路运输服务，是指通过江、河、湖、川等天然、人工水道或海洋航道运送货物或旅客的运输业活动。远洋运输的程租、期租业务属于水路运输服务。

程租业务，是指远洋运输企业为租船人完成某一特定航次的运输任务并收取租赁费的业务。

期租业务，是指远洋运输企业将配备有操作人员的船舶承租给他人使用一定期限，承租期内听承租方调遣，不论是否经营，均按天向承租方收取租赁费，发生的固定费用均由船东负担的业务。

航空运输服务，是指通过空中航线运送货物或旅客的运输业活动。航空运输业的湿租业务，属于航空运输服务。湿租业务是指航空运输企业将配备有机组人员的飞机承租给他人使用一定期限，承租期内听候承租方调遣，不论是否经营，均按一定标准向承租方收取租赁费，发生的固定费用均由承租方承担的业务。

管道运输业务，是指通过管道设施输送气体、液体、固体物质的运输业务活动。

研发和技术服务，包括研发服务、合同能源管理服务、工程勘探服务、专业技术服务。

信息技术服务，包括软件服务、电路设计及测试服务、信息系统服务和业务流程管理服务。

文化创意服务，包括设计服务、知识产权服务、广告服务和会议展览服务。

物流辅助服务，包括航空服务、港口码头服务、货运客运场站服务、打捞救助服务、仓储服务、装卸搬运服务和收派服务。

租赁服务，包括融资租赁服务和经营租赁服务。

鉴证咨询服务，包括认证服务、鉴证服务和咨询服务。

广播影视服务，包括广播影视节目（作品）的制作服务、发行服务和播映（含放映）服务。

3. 征收范围的特殊规定

（1）视同销售。

单位或个体经营者的下列行为，视同销售货物：

①将货物交付其他单位或个人代销；

②销售代销货物；

③设有两个以上机构并实行统一核算的纳税人，将货物从一个机构移送至其他机构用于销售，但相关机构设置在同一县（市）的除外；

④将自产或委托加工的货物用于非增值税应税项目；

⑤将自产或委托加工的货物用于集体福利或个人消费；

⑥将自产、委托加工或购进的货物作为投资，提供给其他单位或个体工商户；

⑦将自产、委托加工或购进的货物分配给股东或投资者；

⑧将自产、委托加工或购进的货物无偿赠送给其他单位或个人。

（2）视同销售服务、无形资产或者不动产。

下列情形视同销售服务、无形资产或者不动产：

①单位或者个体工商户向其他单位或者个人无偿提供服务，但用于公益事业或者以社会公众为对象的除外。

②单位或者个人向其他单位或者个人无偿转让无形资产或者不动产，但用于公益事业或者以社会公众为对象的除外。

③财政部和国家税务总局规定的其他情形。

（3）混合销售。

一项销售行为如果既涉及货物又涉及服务，为混合销售。从事货物的生产、批发或者零售的单位和个体工商户的混合销售行为，按照销售货物缴纳增值税；其他单位和个体工商户的混合销售行为，按照销售服务缴纳增值税。

上述从事货物的生产、批发或者零售的单位和个体工商户，包括以从事货物的生产、批发或者零售为主，并兼营销售服务的单位和个体工商户在内。

（4）兼营。

兼营是指纳税人的经营范围既包括销售货物和应税劳务，又包括销售服务、无形资产或者不动产。与混合销售行为不同的是，兼营是指销售货物、应税劳务、服务、无形资产或者不动产不同时发生在同一购买者身上，也不发生在同一项销售行为中。

纳税人销售货物、加工修理修配劳务、服务、无形资产或者不动产适用不同税率或者征收率的，应当分别核算适用不同税率或者征收率的销售额，未分别核算销售额的，按照以下方法适用税率或者征收率：

①兼有不同税率的销售货物、加工修理修配劳务、服务、无形资产或者不动产，从高适用税率。

②兼有不同征收率的销售货物、加工修理修配劳务、服务，无形资产或者不动产，从高适用征收率

③兼有不同税率和征收率的销售货物，加工修理修配劳务、服务、无形资产或者不动产，从高适用税率。

### （三）增值税税率

1. 基本税率（17%）

（1）纳税人销售或进口货物，除使用低税率和零税率的之外，税率为17%。

（2）纳税人提供加工、修理修配劳务（以下称应税劳务），税率为17%。

2. 低税率（11%）

（1）生活必需品类：粮食、食用植物油、鲜奶、自来水、暖气、冷气、热水、煤气、石油液化气、天然气、沼气、居民用煤制品。

（2）文化用品类：图书、报纸、杂志。

（3）农业生产资料类：饲料、化肥、农药、农机（不包括农机零部件）、农膜。

（4）国务院及其有关部门规定的其他货物：农产品、音像制品、电子出版物、二甲醚。

（5）提供交通运输、邮政、基础电信、建筑、不动产租赁服务，销售不动产，转让土地使用权。

3. 低税率（6%）

纳税人销售增值电信服务、金融服务、现代服务和生活服务，销售土地使用权以外的无形资产，税率为6%。

4. 应纳税额的计算

纳税人提供适用不同税率或征收率的应税服务，应分别核算适用不同税率或征收率的销售额；未分别核算的，从高适用税率。

应纳税额＝当期销项税额－当期进项税额＝销售额×税率－进项税额

（1）销项税额的计算。

当期销项税额小于进项税额时，其不足抵扣的部分可以结转到下期继续抵扣。

销售额：全部价款和价外费用，不包括收取的销项税额。

（不含税）销售额＝含税销售额÷（1+税率）

销项税额＝销售额×税率

纳税人销售货物或提供劳务的价格明显偏低或偏高，且不具有合理商业目的的，或者发生视同销售货物以及提供应税服务而无销售额的，主管税务机关有权按照下列顺序确定销售额：

①按照纳税人最近时期销售或提供同类应税服务的平均价格确定。

②按照其他纳税人最近时期销售货物或提供同类应税服务的平均价格确定。

③按照组成计税价格确定。组成计税价格的公式为：

组成计税价格＝成本×（1+成本利润率）

成本利润率由国家税务总局规定。

（3）进项税额的计算。

第一，准予从销项税额中抵扣的进项税额。①从销售方取得的增值税专用发票（含税控机动车销售统一发票）上注明的增值税额。②从海关取得的海关进口增值税专用缴款书上注明的增值税额。③购进农产品，除取得增值税专用发票或者海关进口的增值税专用缴款书外，按照农产品收购发票或者销售发票上注明的农产品买价和13%的扣除率计算的进项税额。计算公式为：进项税额＝买价×扣除率。④从境外单位或者个人购进服务、无形资产或者不动产，自税务机关或者扣缴义务人取得的解缴税款的完税凭证上注明的增值税额。

第二，不得抵扣的进项税额。①用于简易计税方法计税项目、免征增值税项目、集体福利或者个人消费的购进货物、加工修理修配劳务、服务、无形资产和不动产。②非正常损失的购进货物，以及相关的加工修理修配劳务和交通运输服务。③非正常损失的在产品、产成品所耗用的购进货物（不包括固定资产）、加工修理修配劳务和交通运输服务。④非正常损失的不动产，以及该不动产所耗用的购进货物、设计服务和建筑服务。⑤非正常损失的不动产在建工程所耗用的购进货物、设计服务和建筑服务。纳税人新建、改建、扩建、修缮、装饰不动产，均属于不动产在建工程。⑥购进的旅客运输服务、贷款服务、餐饮服务、居民日常服务和娱乐服务。⑦财政部和国家税务总局规定的其他情形。

（四）增值税小规模纳税人

小规模纳税人销售货物、提供应税劳务或服务，实行按照销售额和征收率计算应纳税额的简易办法，并不得抵扣进项税额。

计算公式：应纳税额=销售额×征收率（其中，销售额为不含增值税的销售额；征收率为3%。）

对于小规模纳税人，由于其经营规模小，会计核算不健全，难以按增值税税率计税和使用增值税专用发票抵扣进项税款。

简易计税办法的销售额不包括其应纳税额，纳税人采用销售和应纳税合并定价方法的，按照下列公式计算销售额：销售额=含税销售额÷（1+征收率）

一般纳税人提供财政部和国家税务总局规定的特定应税服务，可以选择使用简易计税方法计税，但一经选定，36个月内不得变更。

（五）增值税的征收管理

1. 纳税义务发生时间

（1）采用直接收款方式销售货物，不论货物是否发出，均为收到销售款或者取得索取销售款凭证的当天；先开具发票的，为开具发票的当天。

（2）纳税人发生销售服务、无形资产或者不动产行为的，为收讫销售款或者索取销售款项凭据的当天；先开具发票的，为开具发票的当天。

（3）采取托收承付和委托银行收款方式销售货物，为发出货物并办妥托收手续的当天。

（4）采取赊销和分期收款方式销售货物，为书面合同约定的收款当天，无书面合同或者书面合同没有约定收款日期的，为货物发出的当天。

（5）采取预收货款方式销售货物，为货物发出的当天；但生产销售生产工期超过12个月的大型机械设备、船舶、飞机等货物，为收到预收款或者书面合同约定的收款日期的当天。

纳税人提供有形动产租赁服务采取预收款方式的，其纳税义务发生时间为收到预收款的当天。

纳税人提供建筑服务、租赁服务采取预收款方式的，其纳税义务发生时间为收到预收款的当天。

(6) 委托其他纳税人代销货物，为收到代销单位的代销清单或者收到全部或者部分货款的当天。未收到代销清单及货款的，为发出代销货物满180天的当天。

(7) 纳税人从事金融商品转让的，为金融商品所有权转移的当天。

(8) 纳税人发生视同销售货物行为，为货物移送的当天。纳税人发生视同销售服务、无形资产或者不动产行为的，其纳税义务发生时间为销售服务、无形资产或者不动产权属变更的当天。

(9) 纳税人进口货物，纳税义务发生时间为报关进口的当天。

(10) 增值税扣缴义务发生时间为纳税人增值税纳税义务发生的当天。

2. 纳税期限

增值税的纳税期限分别为1日、3日、5日、10日、15日、1个月或者1个季度，纳税人的具体纳税期限，由主管税务机关根据纳税人应纳税额的大小分别核定；以1个季度为纳税期限的规定适用于小规模纳税人以及财政部和国家税务总局规定的其他纳税人；不能按照固定期限纳税的，可以按次纳税。

纳税人以1个月或者1个季度为1个纳税期的，自期满之日起15日内申报纳税；以1日、3日、5日、10日或者15日为1个纳税期的，自期满之日起5日内预缴税款，于次月1日起15日内申报纳税并结清上月应纳税款。

3. 纳税地点

(1) 固定业户应当向其机构所在地的主管税务机关申报纳税。

(2) 固定业户到外县（市）销售货物或者应税劳务，应当向其机构所在地的主管税务机关申请开具外出经营活动税收管理证明，并向其机构所在地的主管税务机关申报纳税；未开具证明的，应当向销售地或者劳务发生地的主管税务机关申报纳税；未向销售地或者劳务发生地的主管税务机关申报纳税的，由其机构所在地的主管税务机关补征税款。

(3) 非固定业户销售货物、应税劳务、服务、无形资产或者不动产，应当向销售地或者劳务发生地或者应税行为发生地的主管税务机关申报纳税；未申报纳税的，由其机构所在地或者居住地的主管税务机关补征税款。其他个人提供建筑服务，销售或者租赁不动产，转让自然资源使用权，应向建筑服务发生地、不动产所在地、自然资源所在地主管税务机关申报纳税。

(4) 进口货物，应当向报关地海关申报纳税。

(5) 扣缴义务人应当向其机构所在地或者居住地的主管税务机关申报缴纳其扣缴的税款。

## 二、消费税

### (一) 消费税的概念

我国现行消费税是对在我国境内从事生产、委托加工和进口应税消费品的单位和个人，就其销售额或销售数量，在特定环节征收的一种税，也属于特种消费税的类型。

消费税的征税环节主要包括：生产环节、进口环节、批发环节。注意：金银首饰、钻石饰品在零售环节征税。

消费税计税方法主要有：从价定率征收、从量定额征收、从价定率和从量定额复合征收三种方式。

### （二）消费税的征税范围

1. 生产应税消费品

生产应税消费品在生产销售环节征税。纳税人将生产的应税消费品换取生产资料、消费资料、投资入股、偿还债务，以及用于继续生产应税消费品以外的其他方面都应缴纳消费税。

2. 委托加工应税消费品

委托加工应税消费品是指委托方提供原料和主要材料，受托方只收取加工费和代垫部分辅助材料加工的应税消费品。由受托方提供原材料或其他情形的一律不能视同加工应税消费品。委托加工的应税消费品收回后，再继续用于生产应税消费品销售的，其加工环节缴纳的消费税款可以扣除。

3. 进口应税消费品

单位和个人进口应税消费品，于报关进口时由海关代征消费税。

4. 批发、零售应税消费品

经国务院批准，自 1995 年 1 月 1 日起，金银首饰消费税由生产销售环节改为零售环节征收。改在零售环节征收的消费税的金银首饰仅限于金基、银基合金首饰以及金、银和金基、银基合金的镶嵌首饰。零售环节适用税率为 5%，从 2002 年 1 月 1 日起，钻石以及钻石首饰消费税改为零售环节征收。从 2003 年 5 月 1 日起，铂金首饰消费税改为零售环节征收。其计税依据是不含增值税的销售额。

对既销售金银首饰，又销售非金银首饰的生产、经营单位，应将两类商品划分清楚，分别核算销售额，凡划分不清楚或不能分别核算的，在生产环节销售的，一律从高适用税率征收消费税；在零售环节销售的，一律按金银首饰征收消费税。金银首饰与其他产品组成成套消费品的销售额，计征消费税。

金银首饰连同包装物一起销售的，无论包装物是否单独计价，也无论会计上如何核算，均应并入金银首饰的销售额，计征消费税。带料加工的金银首饰，应按受托方销售的同类金银首饰的销售价格确定计税依据征收消费税。没有同类金银首饰销售价格的，按照组成计税价格计算纳税。

纳税人以旧换新（含翻新改制）方式销售的金银首饰，应按实际收取的不含增值税的全部价款确定计税依据征收消费税。自 2015 年 5 月 10 日起，卷烟在批发环节加征 11%的从价税并按照 0.005 元/支加征从量税。

### （三）消费税纳税人

消费税纳税人是指在中国境内（起运地或所在地在境内）生产、委托加工及进口《消费税暂行条例》规定的消费品的单位和个人，以及国务院确定的销售《消费税暂行条例》规定的消费品的其他单位和个人。委托加工的应税消费品，除受托方为个人外，由受托方向受托方交货时代收代缴消费税。

### （四）消费税税目与税率

1. 消费税税目

消费税税目的设置主要考虑到尽量简化、科学，征税主旨明确，课税对象清晰，并兼顾历史习惯。

我国消费税共设置了15个，分别是：①烟；②酒；③高档化妆品；④贵重首饰及珠宝玉石；⑤鞭炮、焰火；⑥成品油；⑦摩托车；⑧小汽车；⑨高尔夫球及球具；⑩高档手表；⑪游艇；⑫木制一次性筷子；⑬实木地板；⑭电池；⑮涂料。其中，有些还包括若干子目。

2. 消费税税率

消费税税率有两种形式：一种是比例税率，如粮食白酒税率为20%；另一种是定额税率，即单位税额。如黄酒、啤酒、汽油、柴油等分别按单位重量或单位体积确定单位税额。

### （五）消费税应纳税额

1. 从价定率征税的应纳税额的计算

（1）实行从价定率征税的应税消费品，其计税依据是含消费税而不含增值税的销售额。

（2）应税消费品销售额，是纳税人销售应税消费品向购买方收取的全部价款和价外费用。

（3）应税消费品的销售额中未扣除增值税税款或因不得开具增值税专用发票，发生价款和增值税税款合并收取的，在计算消费税时，应当换算为不含增值税税款的销售额。其换算公式为：

应纳税额=应税消费品销售额×消费税税率应税消费品的销售额=含增值税的销售额÷（1+增值税税率或征收率）

2. 从量定额征税的应纳税额的计算

实行从量定额征税的应税消费品，其计税依据是销售应税消费品的实际销售数量。

3. 实行复合计税办法

实行复合计税的目前只有卷烟、白酒，其计税依据分别是销售应税消费品向购买方收取的全部价款、价外费用和实际销售（或海关核定、委托方收回、移送使用）数量。

应纳税额=销售额×比例税率+销售数量×定额税率

4. 进口环节应纳税的计算

（1）关税进口关税税额=完税价格×进口关税税率。

（2）消费税组成计税价格=（关税完税价格+关税税额）÷（1-消费税税率）。

从价计征的消费税税额计算公式为：应纳税额=组成计税价格×消费税税率

（3）增值税。

组成计税价格=关税完税价格+关税税额+消费税税额

应纳增值税税额=组成计税价格×增值税税率

5. 应纳消费品已纳税款的扣除

消费税的征收环节具有单一性，它只是在应税消费品的生产、加工、进口环节一次性征收（金银首饰及钻石饰品改在零售环节纳税）。但是，某些应税消费品是用外购已缴纳消费税的应税消费品连续生产出来的，在对这些连续生产出来的应税消费品计算征税时，就会出现重复征税问题，根据《消费税暂行条例》第四条第二款规定，外购应税消费品用于连续生产应税消费品，对已纳的消费税税款准予按规定抵扣。

委托加工的应税消费品，委托方用于连续生产应税消费品的，所纳税款准予按规定抵扣。

## 四、企业所得税

### （一）企业所得税的概念

企业所得税，是以企业的生产经营所得和其他所得为计税依据而征收的一种所得税。

我国采用地域管辖权和居民管辖权的双重管辖权标准来确认和划分纳税人。

个体工商户不是企业所得税的纳税人。

1. 纳税义务人：企业和其他取得收入的组织

自 2008 年 1 月 1 日起“两税”合并，内企和外企用一部企业所得税法，但个人独资企业、合伙企业不是企业所得税的纳税人。

2. 纳税人的分类

企业所得税的纳税人被分为居民企业和非居民企业，采用注册地和实际管理机构所在地双重划分标准（见表 3-1）。

表 3-1　企业所得税的纳税人的分类

| 纳税人 | 判定标准 |
| --- | --- |
| 居民企业 | （1）依法在中国境内成立的企业<br>（2）依照外国（地区）法律成立但实际管理机构在中国境内的企业 |
| 非居民企业 | （1）依照外国（地区）法律、法规成立且实际管理机构不在中国境内，但在中国境内设立机构、场所的企业<br>（2）在中国境内未设立机构、场所，但有来源于中国境内所得的企业 |

（1）居民企业。居民企业，是指依法在中国境内成立，或者依照外国法律成立但实际管理机构在中国境内的企业。

（2）非居民企业。依照外国法律成立且实际管理机构不在中国境内，但在中国境内设立机构、场所的，或者依照外国法律成立且实际管理机构不在中国境内，在中国境内未设立机构、场所，但有来源于中国境内所得的企业。

### （二）企业所得税的征税对象

居民企业在中国境内设立机构、场所的，应当就其所设机构、场所取得的来源于中国境内的所得，以及发生在中国境外但与其所设机构、场所有实际联系的所得，缴纳企业所得税。

非居民企业在中国境内未设立机构、场所的，或者虽设立机构、场所但取得的所得与其所设机构、场所没有实际联系的，应当就其来源于中国境内的所得缴纳企业所得税。

（三）企业所得税税率

现行法律规定，企业所得税的基本税率为25%，适用于居民企业和中国境内设有机构、场所且所得与机构、场所有关联的非居民企业。小型微利企业实行的企业所得税税率为20%。

（四）企业所得税应纳税所得额

企业每一纳税年度的收入总额，减除不征税收入、免税收入、各项扣除以及允许弥补的以前年度亏损后的余额，为应纳税所得额。

应纳税所得额= 每一纳税年度的收入总额 -不征税收入-免税收入-各项扣除项目-允许弥补的以前年度亏损

企业应纳税所得额的计算，以权责发生制为原则，属于当期的收入和费用，不论款项是否收付，均作为当期的收入和费用；不属于当期的收入和费用，即使款项已经在当期收付，均不作为当期的收入和费用。

1. 收入总额

企业以货币形式和非货币形式从各种来源取得的收入，为收入总额。包括：①销售货物收入；②提供劳务收入；③转让财产收入；④股息、红利等权益性投资收益；⑤利息收入；⑥租金收入；⑦特许权使用费收入；⑧接受捐赠收入；⑨其他收入。

2. 不征税收入（不是企业营利性活动带来的收益）

不征税收入，是指从性质和根源上不属于企业营利性活动带来的经济利益、不负有纳税义务并不作为应纳税所得额组成部分的收入。

《中华人民共和国企业所得税法》（以下简称《企业所得税法》）规定，收入总额中的下列收入为不征税收入：

（1）财政拨款。税法所称的财政拨款，是指各级政府对纳入预算管理的事业单位、社会团体等组织拨付的财政资金，但国务院和国务院财政、税务主管部门另有规定的除外。

（2）依法收取并纳入财政管理的行政事业性收费、税法所称的行政事业性收费，是指企业根据法律法规等有关规定，按照国务院规定程序批准，在实施社会公共管理，以及在向公民、法人或者其他组织提供特定公共服务过程中，向特定对象收取并纳入财政管理的费用。

（3）政府性基金。政府性基金，是指企业依照法律、行政法规等有关规定，代政府收取的具有专项用途的财政资金。

（4）国务院规定的其他不征税收入。税法所称国务院规定的其他不征税收入，是指企业取得的，由国务院财政、税务主管部门规定专项用途并经国务院批准的财政性资金。

3. 免税收入

免税收入是指属于企业的应纳所得但按照税法规定免予征收企业所得税的收入。

（1）国债利息收入；

【注意】纳税人购买国债的利息收入，不计入应纳税所得额；纳税人购买国家重点建设债券和金融债券的利息收入，应计入应纳税所得额。

（2）符合条件的居民企业之间的股息、红利等权益性投资收益；

（3）在中国境内设立机构、场所的非居民企业从居民企业取得与该机构、场所有实际联系的股息、红利等权益性投资收益；

（4）符合条件的非营利组织的收入；

（5）企业政策性搬迁收入。

4. 准予扣除的项目

与取得收入有关的、合理的支出，包括成本、费用、税金、损失和其他支出，准予在计算应纳税所得额时扣除。

（1）成本，是指企业在生产经营活动中发生的销售成本、销货成本、业务支出以及其他耗费，即企业销售商品、提供劳务、转让固定资产及无形资产的成本。

（2）费用，是指企业每一个纳税年度为生产、经营商品和提供劳务等所发生的销售费用、管理费用和财务费用。

（3）税金，是指企业发生的除企业所得税和允许抵扣的增值税以外的企业缴纳的各项税金及附加。例如消费税、印花税。

（4）损失，是指企业在生产经营活动中发生的固定资产和存货的盘亏、毁损、报废损失、转让财产损失、呆账损失、坏账损失、自然灾害等不可抗力因素造成的损失以及其他损失。

5. 不得扣除的项目

计算应纳税所得额时，下列支出不得扣除：

（1）向投资者支付的股息、红利等权益性投资收益款项（在收入中作为投资方，分回的“股息、红利等权益性投资收益”属于免税收入）。

（2）企业所得税税款。

（3）税收滞纳金（纳税人因违反税法规定被处以的滞纳金）。

（4）罚金、罚款和被没收财物的损失。

【注意】纳税人的生产、经营因违反国家法律、法规和规章，被有关部门处以的罚金、罚款，以及被没收财物的损失，属于行政性罚款，不得扣除。但纳税人逾期归还银行贷款，银行按规定加收的罚息，不属于行政性罚款，允许在税前扣除。

（5）超过规定标准的公益性捐赠支出及其他捐赠支出。企业发生的公益性捐赠支出，在年度利润总额 12%以内的部分，准予在计算应纳税所得额时扣除。

公益性捐赠扣除限额=年度利润总额×12%

【注意】年度利润总额，是指企业依照国家统一会计制度的规定计算的年度会计利润，即扣除了计入“营业外支出”中的全部捐赠支出；公益性捐赠，是指企业通过公益性社会团体或者县级以上人民政府及其部门，用于《公益事业捐赠法》规定的公益事业的捐赠。

（6）赞助支出。

（7）企业之间支付的管理费、企业内营业机构之间支付租金和特许权使用费，以及非银行企业内营业机构之间支付的利息。

（8）未经核定的准备金支出。

（9）与取得收入无关的其他支出。

6. 职工工资、职工福利费、工会经费和职工教育经费支出的税前扣除

（1）企业发生的合理的工资薪金支出，准予扣除。

（2）企业发生的职工福利费支出，不超过工资薪金总额 14%的部分，准予扣除。

（3）企业拨缴的工会经费，不超过工资薪金总额 2%的部分，准予扣除。

（4）除国务院财政、税务主管部门另有规定外，企业发生的职工教育经费支出，不超过工资薪金总额 2.5%的部分，准予扣除；超过部分，准予在以后纳税年度结转扣除。

7. 业务招待费支出

企业发生的与生产经营活动有关的业务招待费支出，按照发生额的 60%扣除，但最高不得超过当年销售（营业）收入的 5‰。

8. 广告费和业务宣传费支出

企业发生的符合条件的广告费和业务宣传费支出，除国务院财政、税务主管部门另有规定外，不超过当年销售（营业）收入 15%的部分，准予扣除；超过部分，准予在以后纳税年度结转扣除。

9. 亏损弥补

根据税法的规定，企业某一纳税年度发生的亏损可以用下一年度的所得弥补，下一年度的所得不足以弥补的，可以逐年延续弥补，但最长不得超过 5 年。5 年内不管是盈利还是亏损，都作为实际弥补期限。税法所指亏损的概念，不是企业财务报表中反映的亏损额，而是企业报表中的亏损额。

经税务机关按照税法规定核实调整后的金额，即指企业依照企业所得税法和实施条例的规定将每一纳税年度的收入总额减除不征税收入、免税收入和各项扣除后小于零的数额。

## 五、个人所得税

### （一）个人所得税的概念

个人所得税，是指对个人取得的各项应税所得征收的一种所得税。

### （二）个人所得税的纳税义务人

个人所得税的纳税义务人，以住所和居住时间为标准分为居民纳税人和非居民纳税人。

（三）个人所得税的应税项目和税率

1. 应税项目

我国税法规定，凡是中国居民纳税人，其所取得的应纳税所得，无论是来源于中国境内还是中国境外任何地方，都要在中国境内缴纳个人所得税（就全部所得纳税）。非居民纳税人仅负有限纳税义务，即仅就来源于中国境内的所得纳税（就境内所得纳税）。

下列各项个人所得，应纳个人所得税：

（1）工资、薪金所得；

（2）个体工商户的生产、经营所得（个人独资企业、合伙企业缴纳个人所得税）；

（3）对企事业单位的承包经营、承租经营所得（个人承包）；

（4）劳务报酬所得（个人从事非雇佣的各种劳务）；

（5）稿酬所得（个人出版图书，或者文章）；

（6）特许权使用费所得（个人专利或者著作权）；

（7）利息、股息、红利所得（个人买卖股票）；

（8）财产租赁所得（租房，租车）；

（9）财产转让所得（个人转让有价证券、股票、建筑物、土地使用权、机器设备、车船）；

（10）偶然所得（个人得奖、中奖、中彩）；

（11）经国务院财政部门确定征税的其他所得。

2. 个人所得税的税率

个人所得税实行超额累进税率与比例税率相结合的税率体系。

（1）工资、薪金所得，适用3%~45%的超额累进税率（见表3-2）。

表3-2　　工资、薪金所得个人所得税税率表

| 级数 | 全月应纳税所得额（税率） | 税率（%） | 速算扣除数 |
|---|---|---|---|
| 1 | 不超过1 500元 | 3 | 0 |
| 2 | 超过1 500元至4 500元的部分 | 10 | 105 |
| 3 | 超过4 500元至9 000元的部分 | 20 | 555 |
| 4 | 超过9 000元至35 000元的部分 | 25 | 1 005 |
| 5 | 超过35 000元至55 000元的部分 | 30 | 2 755 |
| 6 | 超过55 000元至80 000元的部分 | 35 | 5 505 |
| 7 | 超过80 000元的部分 | 45 | 13 505 |

（2）个体工商户的生产、经营所得和对企事业单位的承包经营、承租经营所得，适用5%~35%的5级超额累进税率（见表3-3）。

表 3-3　个体工商户的生产、经营所得和对企事业单位的承包经营、承租经营所得个人所得税税率表

| 级数 | 全年应纳税所得额 | 税率（%） | 速算扣除数 |
|---|---|---|---|
| 1 | 不超过 15 000 元的 | 5 | 0 |
| 2 | 超过 15 000 至 30 000 元的部分 | 10 | 750 |
| 3 | 超过 30 000 至 60 000 元的部分 | 20 | 3 750 |
| 4 | 超过 60 000 至 100 000 元的部分 | 30 | 9 750 |
| 5 | 超过 100 000 元的部分 | 35 | 14 750 |

（3）稿酬所得，适用 20%的比例税率，并按应纳税额减征 30%，故实际税率为 14%：20%×（1-30%）= 14%。

（4）劳务报酬所得，适用 20%的比例税率，对劳务报酬所得一次收入畸高的，可以实行加成征收（见表 3-4）。

表 3-4　劳务报酬所得适用的速算扣除数表

| 级数 | 每次应纳税所得额 | 税率（%） | 速算扣除数（元） |
|---|---|---|---|
| 1 | 不超过 20 000 元的部分 | 20 | 0 |
| 2 | 超过 20 000 至 50 000 元的部分 | 30 | 2 000 |
| 3 | 超过 50 000 元的部分 | 40 | 7 000 |

（5）特许权使用费所得，利息、股息、红利所得，财产租赁所得，财产转让所得，偶然所得和其他所得，适用比例税率，税率为 20%。

（四）个人所得税应纳税所得额

1. 工资、薪金所得（2011 年 9 月 1 日起，个税免征额 3 500 元）

（1）工资、薪金所得，以每月收入额减除费用 3 500 元后的余额，为应纳税所得额。

（2）“三险一金”可以在计算应纳税所得额时扣除。

（3）计算公式：应纳税额 = 应纳税所得额×适用税率-速算扣除数 =（每月收入额-3 500）×适用税率-速算扣除数

2. 个体工商户的生产经营所得应纳个税 =（全年收入-成本、费用损失）×适用税率-速算扣除数

3. 对企事业单位的承包经营、承租经营的所得

（1）应纳税所得额对企事业单位的承包经营、承租经营所得，以每一纳税年度的收入总额，减除必要费用后的余额，为应纳税所得额。计算公式：应纳税所得额 = 收入总额-必要费用（每月 3 500 元）

（2）应纳税额应纳税额 = 应纳税所得额×适用税率-速算扣除数

或 =（纳税年度收入总额-必要费用）×适用税率-速算扣除数应纳税额

=（纳税年度收入总额-3 500×12 个月）×适用税率-速算扣除数

4. 劳务报酬所得

（1）一般规定：劳务报酬所得，适用比例税率，税率为 20%。

（2）加成征收：对劳务报酬所得一次收入较高的收入的，可以实行加成征收。

劳务报酬所得一次收入畸高，是指个人一次取得劳务报酬，其应纳税所得额超过 20 000 元。对应纳税所得额超过 20 000 至 50 000 元的部分，依照税法规定计算应纳税额后再按照应纳税额加征五成；超过 50 000 元的部分，加征十成。因此，劳务报酬所得实际上适用 20%、30%、40%的三级超额累进税率。

（3）应纳税所得额与应纳税额：

①应纳税所得额

每次收入不超过 4 000 元的：应纳税所得额=每次收入额-800

每次收入超过 4 000 元的：应纳税所得额=每次收入额×(1-20%)

②应纳税额

对劳务报酬所得，其个人所得税应纳税额的计算公式为：

每次收入不超过 4 000 元的：应纳税额=(每次收入额-800)×20%

每次收入超过 4 000 元的：应纳税额=每次收入额(1-20%)×20%

每次收入超过 20 000 元的：应纳税额=每次收入额×（1-20%）×适用税率-速算扣除数

5. 稿酬所得

（1）稿酬所得，税率为 20%，并按应纳税额减征 30%。故其实际税率为 14%。

（2）应纳税所得额与应纳税额：

①应纳税所得额每次收入不超过 4 000 元的，应纳税所得额=每次收入额-800

②每次收入超过 4 000 元的：应纳税所得额=每次收入额×(1-20%)

③每次收入不足 4 000 元的，应纳税额=（每次收入额-800）×20%×（1-30%）

④每次收入超过 4 000 元的，应纳税额=每次收入额×(1-20%)×20%×(1-30%)

稿酬所得，以每次出版、发表取得的收入为一次。具体又可细分为：出版、加印算一次，再版算一次，连载算一次。

（五）下列项目免征个人所得税

（1）省级人民政府、国务院部委和中国人民解放军军以上单位，以及外国组织、国际组织颁发的科学、教育、技术、文化、卫生、体育、环境保护等方面的奖金。

（2）国债和国家发行的金融债券的利息。

（3）按照“国家统一规定”发给的补贴、津贴（如政府特殊津贴、院士津贴、资深院士津贴）。

（4）福利费、抚恤金、救济金。

（5）保险赔款。

（6）军人的转业费、复员费。

（7）按照“国家统一规定”发给干部、职工的安家费、退职费、退休工资、离休

工资、离休生活补助费。

（8）在中国境内无住所，但是在一个纳税年度内在中国境内连续或累计居住不超过 90 日的个人，其来源于中国境内的所得，由“境外雇主”支付并且不由该雇主在中国境内的机构、场所负担的部分，免予缴纳个人所得税。

（9）对外籍个人取得的探亲费，免征个人所得税。

（10）根据国家规定，单位为个人缴付和个人缴付的住房公积金、基本医疗保险费、基本养老保险费、失业保险费，从纳税人的应纳税所得额中扣除。

（11）按照国家有关城镇房屋拆迁管理办法规定的标准，被拆迁人取得的拆迁补偿款，免征个人所得税。

（六）个人所得税征收管理

1. 自行申报纳税义务人

自行申报是由纳税人自行在税法规定的纳税期限内，向税务机关申报取得的应税所得项目和数额，如实填写个人所得税纳税申报表，并按照税法规定计算应纳税额，据此缴纳个人所得税的一种方法。

下列人员为自行申报纳税的纳税义务人：

（1）年所得在 12 万元以上的；

（2）从中国境内两处或两处以上取得工资、薪金所得的；

（3）从中国境外取得所得的；

（4）取得应税所得，没有扣缴义务人的等。

2. 代扣代缴

这是指按照税法规定负有扣缴税款义务的单位或个人，在向个人支付应纳税所得时，应计算应纳税额，从其所得中扣除并缴入国库，同时向税务机关报送扣缴个人所得税报告表。

代扣代缴的范围包括：工资、薪金所得；对企事业单位的承包经营、承租经营所得；劳务报酬所得；稿酬所得、特许权使用费所得；利息、股息、红利所得；财产租赁所得；财产转让所得；偶然所得等。

## 第二节　增值税纳税申报

增值税纳税申报表见表 3-5、表 3-6。

**表 3-5**　　**增值税纳税申报表（适用于增值税一般纳税人）**

根据《中华人民共和国增值税暂行条例》和《交通运输业和部分现代服务业营业税改征增值税试点实施办法》的规定制定本表。纳税人不论有无销售额，均应按主管税务机关核定的纳税期限按期填报本表，并向当地税务机关申报。

税款所属时间：自　　年　　月　　日至　　年　　月　　日

填表日期：　　年　　月　　日　　　　　　　　　　　　　　　　　　　　　　金额单位：元至角分

| 纳税人识别号 | | | 所属行业： | | |
|---|---|---|---|---|---|
| 纳税人名称 | （公章） | 法定代表人姓名 | | 注册地址 | 营业地址 |
| 开户银行及账号 | | 企业登记注册类型 | | | 电话号码 |

| | 项　目 | 栏次 | 一般货物及劳务 | | 即征即退货物及劳务 | |
|---|---|---|---|---|---|---|
| | | | 本月数 | 本年累计 | 本月数 | 本年累计 |
| 销售额 | （一）按适用税率征税货物及劳务销售额 | 1 | | | | |
| | 其中：应税货物销售额 | 2 | | | | |
| | 应税劳务销售额 | 3 | | | | |
| | 纳税检查调整的销售额 | 4 | | | | |
| | （二）按简易征收办法征税货物销售额 | 5 | | | | |
| | 其中：纳税检查调整的销售额 | 6 | | | | |
| | （三）免、抵、退办法出口货物销售额 | 7 | | | — | — |
| | （四）免税货物及劳务销售额 | 8 | | | — | — |
| | 其中：免税货物销售额 | 9 | | | — | — |
| | 免税劳务销售额 | 10 | | | — | — |
| 税款计算 | 销项税额 | 11 | | | | |
| | 进项税额 | 12 | | | | |
| | 上期留抵税额 | 13 | | — | | — |
| | 进项税额转出 | 14 | | | | |
| | 免、抵、退货物应退税额 | 15 | | | — | — |
| | 按适用税率计算的纳税检查应补缴税额 | 16 | | | — | — |
| | 应抵扣税额合计 | 17＝12＋13－14－15＋16 | | — | | — |
| | 实际抵扣税额 | 18（如17<11，则为17，否则为11） | | | | |
| | 应纳税额 | 19＝11－18 | | | | |
| | 期末留抵税额 | 20＝17－18 | | — | | — |
| | 简易征收办法计算的应纳税额 | 21 | | | | |
| | 按简易征收办法计算的纳税检查应补缴税额 | 22 | | | — | — |
| | 应纳税额减征额 | 23 | | | | |
| | 应纳税额合计 | 24＝19＋21－23 | | | | |
| 税款缴纳 | 期初未缴税额（多缴为负数） | 25 | | | | |
| | 实收出口开具专用缴款书退税额 | 26 | | | — | — |
| | 本期已缴税额 | 27＝28＋29＋30＋31 | | | | |
| | ①分次预缴税额 | 28 | | — | | — |
| | ②出口开具专用缴款书预缴税额 | 29 | | — | — | — |
| | ③本期缴纳上期应纳税额 | 30 | | | | |
| | ④本期缴纳欠缴税额 | 31 | | | | |
| | 期末未缴税额（多缴为负数） | 32＝24＋25＋26－27 | | | | |
| | 其中：欠缴税额（≥0） | 33＝25＋26－27 | | — | | — |
| | 本期应补（退）税额 | 34＝24－28－29 | | — | | — |
| | 即征即退实际退税额 | 35 | — | — | | |
| | 期初未缴查补税额 | 36 | | | — | — |
| | 本期入库查补税额 | 37 | | | — | — |
| | 期末未缴查补税额 | 38＝16＋22＋36－37 | | | — | — |

| 授权声明 | 如果你已委托代理人申报，请填写下列资料：<br>（地址）<br>为代理一切税务事宜，现授权　　为本纳税人的代理申报人，任何与本申报表有关的往来文件，都可寄予此人。<br>授权人签字： | 申报人声明 | 此纳税申报表是根据《中华人民共和国增值税暂行条例》的规定填报的，我相信它是真实的、可靠的、完整的。<br>声明人签字： |
|---|---|---|---|

以下由税务机关填写：

收到日期：　　　　　　　　接收人：　　　　　　　　主管税务机关盖章：

【表 3-5 说明】

本纳税申报表及其附列资料填写说明（以下简称本表及填写说明）适用于增值税一般纳税人（以下简称纳税人）。

1. 名词解释

（1）本表及填写说明所称“应税货物”，是指增值税的应税货物。

（2）本表及填写说明所称“应税劳务”，是指增值税的应税加工、修理、修配劳务。

（3）本表及填写说明所称“应税服务”，是指营业税改征增值税的应税服务。

（4）本表及填写说明所称“按适用税率计税”“按适用税率计算”和“一般计税方法”，均指按“应纳税额=当期销项税额-当期进项税额”公式计算增值税应纳税额的计税方法。

（5）本表及填写说明所称“按简易办法计税”“按简易征收办法计算”和“简易计税方法”，均指按“应纳税额=销售额×征收率”公式计算增值税应纳税额的计税方法。

（6）本表及填写说明所称“应税服务扣除项目”，是指纳税人提供应税服务，在确定应税服务销售额时，按照有关规定允许其从取得的全部价款和价外费用中扣除价款的项目。

（7）本表及填写说明所称“税控增值税专用发票”，包括以下 3 种：

①增值税防伪税控系统开具的防伪税控“增值税专用发票”；

②货物运输业增值税专用发票税控系统开具的“货物运输业增值税专用发票”；

③机动车销售统一发票税控系统开具的税控“机动车销售统一发票”。

2.《增值税纳税申报表（一般纳税人适用）》填写说明

（1）“税款所属时间”：指纳税人申报的增值税应纳税额的所属时间，应填写具体的起止年、月、日。

（2）“填表日期”：指纳税人填写本表的具体日期。

（3）“纳税人识别号”：填写纳税人的税务登记证号码。

（4）“所属行业”：按照国民经济行业分类与代码中的小类行业填写。

（5）“纳税人名称”：填写纳税人单位名称全称。

（6）“法定代表人姓名”：填写纳税人法定代表人的姓名。

（7）“注册地址”：填写纳税人税务登记证所注明的详细地址。

（8）“生产经营地址”：填写纳税人实际生产经营地的详细地址。

（9）“开户银行及账号”：填写纳税人开户银行的名称和纳税人在该银行的结算账户号码。

（10）“登记注册类型”：按纳税人税务登记证的栏目内容填写。

（11）“电话号码”：填写可联系到纳税人的常用电话号码。

（12）“即征即退货物、劳务和应税服务”列：填写纳税人按规定享受增值税即征即退政策的货物、劳务和应税服务的征（退）税数据。

（13）“一般货物、劳务和应税服务”列：填写除享受增值税即征即退政策以外的货物、劳务和应税服务的征（免）税数据。

（14）“本年累计”列：一般填写本年度内各月“本月数”之和。其中，第13、20、25、32、36、38栏及第18栏“实际抵扣税额”“一般货物、劳务和应税服务”列的“本年累计”分别按本填写说明第（27）、（34）、（39）、（46）、（50）、（52）、（32）条要求填写。

（15）第1栏“（一）按适用税率计税销售额”：填写纳税人本期按一般计税方法计算缴纳增值税的销售额，包含：在财务上不作销售但按税法规定应缴纳增值税的视同销售和价外费用的销售额；外贸企业作价销售进料加工复出口货物的销售额；税务、财政、审计部门检查后按一般计税方法计算调整的销售额。

营业税改征增值税的纳税人，应税服务有扣除项目的，本栏应填写扣除之前的不含税销售额。

本栏“一般货物、劳务和应税服务”列“本月数”=《附列资料（一）》第9列第1至5行之和-第9列第6、7行之和；本栏“即征即退货物、劳务和应税服务”列“本月数”=《附列资料（一）》第9列第6、7行之和。

（16）第2栏“其中：应税货物销售额”：填写纳税人本期按适用税率计算增值税的应税货物的销售额。包含在财务上不作销售但按税法规定应缴纳增值税的视同销售货物和价外费用销售额，以及外贸企业作价销售进料加工复出口货物的销售额。

（17）第3栏“应税劳务销售额”：填写纳税人本期按适用税率计算增值税的应税劳务的销售额。

（18）第4栏“纳税检查调整的销售额”：填写纳税人因税务、财政、审计部门检查，并按一般计税方法在本期计算调整的销售额。但享受增值税即征即退政策的货物、劳务和应税服务，经纳税检查发现偷税的，不填入“即征即退货物、劳务和应税服务”列，而应填入“一般货物、劳务和应税服务”列。

营业税改征增值税的纳税人，应税服务有扣除项目的，本栏应填写扣除之前的不含税销售额。

本栏“一般货物、劳务和应税服务”列“本月数”=《附列资料（一）》第7列第1至5行之和。

（19）第5栏“按简易办法计税销售额”：填写纳税人本期按简易计税方法计算增值税的销售额。包含纳税检查调整按简易计税方法计算增值税的销售额。

营业税改征增值税的纳税人，应税服务有扣除项目的，本栏应填写扣除之前的不含税销售额；应税服务按规定汇总计算缴纳增值税的分支机构，其当期按预征率计算缴纳增值税的销售额也填入本栏。

本栏“一般货物、劳务和应税服务”列“本月数”≥《附列资料（一）》第9列第8至13行之和-第9列第14、15行之和；本栏“即征即退货物、劳务和应税服务”

列“本月数”≥《附列资料（一）》第9列第14、15行之和。

（20）第6栏“其中：纳税检查调整的销售额”：填写纳税人因税务、财政、审计部门检查，并按简易计税方法在本期计算调整的销售额。但享受增值税即征即退政策的货物、劳务和应税服务，经纳税检查发现偷税的，不填入“即征即退货物、劳务和应税服务”列，而应填入“一般货物、劳务和应税服务”列。

营业税改征增值税的纳税人，应税服务有扣除项目的，本栏应填写扣除之前的不含税销售额。

（21）第7栏“免、抵、退办法出口销售额”：填写纳税人本期适用免、抵、退税办法的出口货物、劳务和应税服务的销售额。

营业税改征增值税的纳税人，应税服务有扣除项目的，本栏应填写扣除之前的销售额。

本栏“一般货物、劳务和应税服务”列“本月数”=《附列资料（一）》第9列第16、17行之和。

（22）第8栏“免税销售额”：填写纳税人本期按照税法规定免征增值税的销售额和适用零税率的销售额，但零税率的销售额中不包括适用免、抵、退税办法的销售额。

营业税改征增值税的纳税人，应税服务有扣除项目的，本栏应填写扣除之前的免税销售额。

本栏“一般货物、劳务和应税服务”列“本月数”=《附列资料（一）》第9列第18、19行之和。

（23）第9栏“其中：免税货物销售额”：填写纳税人本期按照税法规定免征增值税的货物销售额及适用零税率的货物销售额，但零税率的销售额中不包括适用免、抵、退税办法出口货物的销售额。

（24）第10栏“免税劳务销售额”：填写纳税人本期按照税法规定免征增值税的劳务销售额及适用零税率的劳务销售额，但零税率的销售额中不包括适用免、抵、退税办法的劳务的销售额。

（25）第11栏“销项税额”：填写纳税人本期按一般计税方法计税的货物、劳务和应税服务的销项税额。

营业税改征增值税的纳税人，应税服务有扣除项目的，本栏应填写扣除之后的销项税额。

本栏“一般货物、劳务和应税服务”列“本月数”=《附列资料（一）》（第10列第1、3行之和-10列第6行）+（第14列第2、4、5行之和-14列第7行）；

本栏“即征即退货物、劳务和应税服务”列“本月数”=《附列资料（一）》第10列第6行+第14列第7行。

（26）第12栏“进项税额”：填写纳税人本期申报抵扣的进项税额。

本栏“一般货物、劳务和应税服务”列“本月数”+“即征即退货物、劳务和应税服务”列“本月数”=《附列资料（二）》第12栏“税额”。

（27）第13栏“上期留抵税额”。

①上期留抵税额按规定须挂账的纳税人，按以下要求填写本栏的“本月数”和“本年累计”。

上期留抵税额按规定须挂账的纳税人是指试点实施之日前一个税款所属期的申报表第20栏“期末留抵税额”“一般货物及劳务”列“本月数”大于零，且兼有营业税改征增值税应税服务的纳税人（下同）。其试点实施之日前一个税款所属期的申报表第20栏“期末留抵税额”“一般货物及劳务”列“本月数”，以下称为货物和劳务挂账留抵税额。

本栏“一般货物、劳务和应税服务”列“本月数”：试点实施之日的税款所属期填写“0”；以后各期按上期申报表第20栏“期末留抵税额”“一般货物、劳务和应税服务”列“本月数”填写。

本栏“一般货物、劳务和应税服务”列“本年累计”：反映货物和劳务挂账留抵税额本期期初余额。试点实施之日的税款所属期按试点实施之日前一个税款所属期的申报表第20栏“期末留抵税额”“一般货物及劳务”列“本月数”填写；以后各期按上期申报表第20栏“期末留抵税额”“一般货物、劳务和应税服务”列“本年累计”填写。

本栏“即征即退货物、劳务和应税服务”列“本月数”：按上期申报表第20栏“期末留抵税额”“即征即退货物、劳务和应税服务”列“本月数”填写。

②其他纳税人，按以下要求填写本栏“本月数”和“本年累计”。

其他纳税人是指除上期留抵税额按规定须挂账的纳税人之外的纳税人（下同）。

本栏“一般货物、劳务和应税服务”列“本月数”：按上期申报表第20栏“期末留抵税额”“一般货物、劳务和应税服务”列“本月数”填写。

本栏“一般货物、劳务和应税服务”列“本年累计”：填写“0”。

本栏“即征即退货物、劳务和应税服务”列“本月数”：按上期申报表第20栏“期末留抵税额”“即征即退货物、劳务和应税服务”列“本月数”填写。

（28）第14栏“进项税额转出”：填写纳税人已经抵扣，但按税法规定本期应转出的进项税额。

本栏“一般货物、劳务和应税服务”列“本月数”+“即征即退货物、劳务和应税服务”列“本月数”=《附列资料（二）》第13栏“税额”。

（29）第15栏“免、抵、退应退税额”：反映税务机关退税部门按照出口货物、劳务和应税服务免、抵、退办法审批的增值税应退税额。

（30）第16栏“按适用税率计算的纳税检查应补缴税额”：填写税务、财政、审计部门检查，按一般计税方法计算的纳税检查应补缴的增值税税额。

本栏“一般货物、劳务和应税服务”列“本月数”≤《附列资料（一）》第8列第1至5行之和+《附列资料（二）》第19栏。

（31）第17栏“应抵扣税额合计”：填写纳税人本期应抵扣进项税额的合计数。按表中所列公式计算填写。

（32）第 18 栏“实际抵扣税额”。

①上期留抵税额按规定须挂账的纳税人，按以下要求填写本栏的“本月数”和“本年累计”。

本栏“一般货物、劳务和应税服务”列“本月数”：按表中所列公式计算填写。

本栏“一般货物、劳务和应税服务”列“本年累计”：填写货物和劳务挂账留抵税额本期实际抵减一般货物和劳务应纳税额的数额。将“货物和劳务挂账留抵税额本期期初余额”与“一般计税方法的一般货物及劳务应纳税额”两个数据相比较，取二者中小的数据。

其中：货物和劳务挂账留抵税额本期期初余额 = 第 13 栏“上期留抵税额”“一般货物、劳务和应税服务”列“本年累计”；

一般计税方法的一般货物及劳务应纳税额 =（第 11 栏“销项税额”“一般货物、劳务和应税服务”列“本月数”-第 18 栏“实际抵扣税额”“一般货物、劳务和应税服务”列“本月数”）×一般货物及劳务销项税额比例；

一般货物及劳务销项税额比例 =（《附列资料（一）》第 10 列第 1、3 行之和-第 10 列第 6 行）÷第 11 栏“销项税额”“一般货物、劳务和应税服务”列“本月数”×100%。

本栏“即征即退货物、劳务和应税服务”列“本月数”：按表中所列公式计算填写。

②其他纳税人，按以下要求填写本栏的“本月数”和“本年累计”：

本栏“一般货物、劳务和应税服务”列“本月数”：按表中所列公式计算填写。

本栏“一般货物、劳务和应税服务”列“本年累计”：填写“0”。

本栏“即征即退货物、劳务和应税服务”列“本月数”：按表中所列公式计算填写。

（33）第 19 栏“应纳税额”：反映纳税人本期按一般计税方法计算并应缴纳的增值税额。按以下公式计算填写：

①本栏“一般货物、劳务和应税服务”列“本月数”= 第 11 栏“销项税额”“一般货物、劳务和应税服务”列“本月数”-第 18 栏“实际抵扣税额”“一般货物、劳务和应税服务”列“本月数”-第 18 栏“实际抵扣税额”“一般货物、劳务和应税服务”列“本年累计”。

②本栏“即征即退货物、劳务和应税服务”列“本月数”= 第 11 栏“销项税额”“即征即退货物、劳务和应税服务”列“本月数”-第 18 栏“实际抵扣税额”“即征即退货物、劳务和应税服务”列“本月数”。

（34）第 20 栏“期末留抵税额”

①上期留抵税额按规定须挂账的纳税人，按以下要求填写本栏的“本月数”和“本年累计”：

本栏“一般货物、劳务和应税服务”列“本月数”：反映试点实施以后，一般货物、劳务和应税服务共同形成的留抵税额。按表中所列公式计算填写。

本栏“一般货物、劳务和应税服务”列“本年累计”：反映货物和劳务挂账留抵税额，在试点实施以后抵减一般货物和劳务应纳税额后的余额。按以下公式计算填写：

本栏“一般货物、劳务和应税服务”列“本年累计”=第13栏“上期留抵税额”“一般货物、劳务和应税服务”列“本年累计”-第18栏“实际抵扣税额”“一般货物、劳务和应税服务”列“本年累计”。

本栏“即征即退货物、劳务和应税服务”列“本月数”：按表中所列公式计算填写。

②其他纳税人，按以下要求填写本栏“本月数”和“本年累计”：

本栏“一般货物、劳务和应税服务”列“本月数”：按表中所列公式计算填写。

本栏“一般货物、劳务和应税服务”列“本年累计”：填写“0”。

本栏“即征即退货物、劳务和应税服务”列“本月数”：按表中所列公式计算填写。

（35）第21栏“简易计税办法计算的应纳税额”：反映纳税人本期按简易计税方法计算并应缴纳的增值税额，但不包括按简易计税方法计算的纳税检查应补缴税额。按以下公式计算填写：

本栏“一般货物、劳务和应税服务”列“本月数”=《附列资料（一）》（第10列第8至11行之和-第10列第14行）+（第14列第12行至13行之和-第14列第15行）

本栏“即征即退货物、劳务和应税服务”列“本月数”=《附列资料（一）》第10列第14行+第14列第15行。

营业税改征增值税的纳税人，应税服务按规定汇总计算缴纳增值税的分支机构，应将预征增值税额填入本栏。预征增值税额=应预征增值税的销售额×预征率。

（36）第22栏“按简易计税办法计算的纳税检查应补缴税额”：填写纳税人本期因税务、财政、审计部门检查并按简易计税方法计算的纳税检查应补缴税额。

（37）第23栏“应纳税额减征额”：填写纳税人本期按照税法规定减征的增值税应纳税额。包含按照规定可在增值税应纳税额中全额抵减的增值税税控系统专用设备费用以及技术维护费。

当本期减征额小于或等于第19栏“应纳税额”与第21栏“简易计税办法计算的应纳税额”之和时，按本期减征额实际填写；当本期减征额大于第19栏“应纳税额”与第21栏“简易计税办法计算的应纳税额”之和时，按本期第19栏与第21栏之和填写。本期减征额不足抵减部分结转下期继续抵减。

（38）第24栏“应纳税额合计”：反映纳税人本期应缴增值税的合计数。按表中所列公式计算填写。

（39）第25栏“期初未缴税额（多缴为负数）”：“本月数”按上一税款所属期申报表第32栏“期末未缴税额（多缴为负数）”“本月数”填写。“本年累计”按上年度最后一个税款所属期申报表第32栏“期末未缴税额（多缴为负数）”“本年累计”填写。

（40）第26栏“实收出口开具专用缴款书退税额”：本栏不填写。

（41）第27栏“本期已缴税额”：反映纳税人本期实际缴纳的增值税额，但不包括本期入库的查补税款。按表中所列公式计算填写。

（42）第28栏“①分次预缴税额”：填写纳税人本期已缴纳的准予在本期增值税应纳税额中抵减的税额。

营业税改征增值税的纳税人，应税服务按规定汇总计算缴纳增值税的总机构，其可以从本期增值税应纳税额中抵减的分支机构已缴纳的税款，按当期实际可抵减数填入本栏，不足抵减部分结转下期继续抵减。

（43）第29栏“②出口开具专用缴款书预缴税额”：本栏不填写。

（44）第30栏“③本期缴纳上期应纳税额”：填写纳税人本期缴纳上一税款所属期应缴未缴的增值税额。

（45）第31栏“④本期缴纳欠缴税额”：反映纳税人本期实际缴纳和留抵税额抵减的增值税欠税额，但不包括缴纳入库的查补增值税额。

（46）第32栏“期末未缴税额（多缴为负数）”：“本月数”反映纳税人本期期末应缴未缴的增值税额，但不包括纳税检查应缴未缴的税额。按表中所列公式计算填写。“本年累计”与“本月数”相同。

（47）第33栏“其中：欠缴税额（≥0）”：反映纳税人按照税法规定已形成欠税的增值税额。按表中所列公式计算填写。

（48）第34栏“本期应补（退）税额”：反映纳税人本期应纳税额中应补缴或应退回的数额。按表中所列公式计算填写。

（49）第35栏“即征即退实际退税额”：反映纳税人本期因符合增值税即征即退政策规定，而实际收到的税务机关退回的增值税额。

（50）第36栏“期初未缴查补税额”：“本月数”按上一税款所属期申报表第38栏“期末未缴查补税额”“本月数”填写。“本年累计”按上年度最后一个税款所属期申报表第38栏“期末未缴查补税额”“本年累计”填写。

（51）第37栏“本期入库查补税额”：反映纳税人本期因税务、财政、审计部门检查而实际入库的增值税额，包括按一般计税方法计算并实际缴纳的查补增值税额和按简易计税方法计算并实际缴纳的查补增值税额。

（52）第38栏“期末未缴查补税额”：“本月数”反映纳税人接受纳税检查后应在本期期末缴纳而未缴纳的查补增值税额。按表中所列公式计算填写，“本年累计”与“本月数”相同。

表 3-6　　增值税纳税申报表（小规模纳税人适用）附列资料

税款所属期：　年　月　日至　年　月　日　　填表日期：　年　月　日

纳税人名称（公章）：　　金额单位：元至角分

| 应税服务扣除额计算 | | | |
|---|---|---|---|
| 期初余额 | 本期发生额 | 本期扣除额 | 期末余额 |
| 1 | 2 | 3（3≤1+2 之和，且 3≤5） | 4=1+2-3 |
| | | | |
| 应税服务计税销售额计算 | | | |
| 全部含税收入 | 本期扣除额 | 含税销售额 | 不含税销售额 |
| 5 | 6=3 | 7=5-6 | 8=7÷1.03 |
| | | | |

【表 3-6 说明】

本附列资料由应税服务有扣除项目的纳税人填写，各栏次均不包含免征增值税应税服务数额。

（1）“税款所属期”是指纳税人申报的增值税应纳税额的所属时间，应填写具体的起止年、月、日。

（2）“纳税人名称”栏，填写纳税人单位名称全称。

（3）第 1 栏“期初余额”：填写应税服务扣除项目上期期末结存的金额，试点实施之日的税款所属期填写“0”。

（4）第 2 栏“本期发生额”：填写本期取得的按税法规定准予扣除的应税服务扣除项目金额。

（5）第 3 栏“本期扣除额”：填写应税服务扣除项目本期实际扣除的金额。

第 3 栏“本期扣除额”≤第 1 栏“期初余额”+第 2 栏“本期发生额”之和，且第 3 栏“本期扣除额”≤5 栏“全部含税收入”

（6）第 4 栏“期末余额”：填写应税服务扣除项目本期期末结存的金额。

（7）第 5 栏“全部含税收入”：填写纳税人提供应税服务取得的全部价款和价外费用数额。

（8）第 6 栏“本期扣除额”：填写本附列资料第 3 项“本期扣除额”栏数据。

第 6 栏“本期扣除额”=第 3 栏“本期扣除额”

（9）第 7 栏“含税销售额”：填写应税服务的含税销售额。

第 7 栏“含税销售额”=第 5 栏“全部含税收入”-第 6 栏“本期扣除额”

（10）第 8 栏“不含税销售额”：填写应税服务的不含税销售额。

第 8 栏“不含税销售额”=第 7 栏“含税销售额”÷1.03，与《增值税纳税申报表（小规模纳税人适用）》第 1 栏“应征增值税不含税销售额”“本期数”“应税服务”栏数据一致。

## 第三节 扣缴个人所得税申报

表 3-7

扣缴个人所得税报告表

税款所属期：　　年　月　日至　　年　月　日

扣缴义务人名称：　　　　　　　　扣缴义务人所属行业：□一般行业 □特定行业月份申报

扣缴义务人编码：□□□□□□□□□□□□□□□□□□□□　　　　　金额单位：人民币元（列至角分）

| 序号 | 姓名 | 身份证件类型 | 身份证件号码 | 所得项目 | 所得期间 | 收入额 | 免税所得 | 税前扣除项目 | | | | | | | | 减除费用 | 准予扣除的捐赠额 | 应纳税所得额 | 税率% | 速算扣除数 | 应纳税额 | 减免税额 | 应扣缴税额 | 已扣缴税额 | 应补（退）税额 | 备注 |
|---|---|---|---|---|---|---|---|---|---|---|---|---|---|---|---|---|---|---|---|---|---|---|---|---|---|---|
| | | | | | | | | 基本养老保险费 | 基本医疗保险费 | 失业保险费 | 住房公积金 | 财产原值 | 允许扣除的税费 | 其他 | 合计 | | | | | | | | | | | |
| 1 | 2 | 3 | 4 | 5 | 6 | 7 | 8 | 9 | 10 | 11 | 12 | 13 | 14 | 15 | 16 | 17 | 18 | 19 | 20 | 21 | 22 | 23 | 24 | 25 | 26 | 27 |
| | | | | | | | | | | | | | | | | | | | | | | | | | | |
| | | | | | | | | | | | | | | | | | | | | | | | | | | |
| | | | | | | | | | | | | | | | | | | | | | | | | | | |
| | | | | | | | | | | | | | | | | | | | | | | | | | | |
| | | | | | | | | | | | | | | | | | | | | | | | | | | |
| | | | | | | | | | | | | | | | | | | | | | | | | | | |
| | | | | | | | | | | | | | | | | | | | | | | | | | | |
| | | | | | | | | | | | | | | | | | | | | | | | | | | |
| 合　计 | | | | | | | | | | | | | | | | | | | | | | | | | | |

谨声明：此扣缴报告表是根据《中华人民共和国个人所得税法》及其实施条例和国家有关税收法律法规规定填写的，是真实的、完整的、可靠的。

法定代表人（负责人）签字：　　　　　　　　年　月　日

| 扣缴义务人公章：<br>经办人： | 代理机构（人）签章：<br>经办人：　　　　经办人执业证件号码： | 主管税务机关受理专用章：<br>受理人： |
|---|---|---|
| 填表日期：　年　月　日 | 代理申报日期：　年　月　日 | 受理日期：　年　月　日 |

国家税务总局监制

【表 3-7 说明】

1. 适用范围

本表适用于扣缴义务人办理全员全额扣缴个人所得税申报（包括向个人支付应税所得，但低于减除费用、不需扣缴税款情形的申报），以及特定行业职工工资、薪金所得个人所得税的月份申报。

2. 申报期限

次月十五日内。扣缴义务人应于次月十五日内将所扣税款缴入国库，并向税务机关报送本表。扣缴义务人不能按规定期限报送本表时，应当按照《中华人民共和国税收征收管理法》及其实施细则有关规定办理延期申报。

3. 本表各栏填写说明

（1）表头项目

税款所属期：为税款所属期月份第一日至最后一日。

扣缴义务人名称：填写实际支付个人所得的单位（个人）的法定名称全称或姓名。

扣缴义务人编码：填写办理税务登记或扣缴登记时，由主管税务机关所确定的扣缴义务人税务编码。

扣缴义务人所属行业：扣缴义务人按以下两种情形在对应框内打“√”。

一般行业：是指除《中华人民共和国个人所得税法》及其实施条例规定的特定行业以外的其他所有行业。

特定行业：指符合《中华人民共和国个人所得税法》及其实施条例规定的采掘业、远洋运输业、远洋捕捞业以及国务院财政、税务主管部门确定的其他行业。

（2）表内各栏

①一般行业的填写。

第 2 列“姓名”：填写纳税人姓名。中国境内无住所个人，其姓名应当用中、外文同时填写。

第 3 列“身份证件类型”：填写能识别纳税人唯一身份的有效证照名称。

在中国境内有住所的个人，填写身份证、军官证、士兵证等证件名称。

在中国境内无住所的个人，如果税务机关已赋予 18 位纳税人识别号的，填写“税务机关赋予”；如果税务机关未赋予的，填写护照、港澳居民来往内地通行证、台湾居民来往大陆通行证等证照名称。

第 4 列“身份证件号码”：填写能识别纳税人唯一身份的号码。

在中国境内有住所的纳税人，填写身份证、军官证、士兵证等证件上的号码。

在中国境内无住所的纳税人，如果税务机关赋予 18 位纳税人识别号的，填写该号码；没有，则填写护照、港澳居民来往内地通行证、台湾居民来往大陆通行证等证照上的号码。

税务机关赋予境内无住所个人的 18 位纳税人识别号，作为其唯一身份识别码，由纳税人到主管税务机关办理初次涉税事项，或扣缴义务人办理该纳税人初次扣缴申报时，由主管税务机关赋予。

第5列“所得项目”：按照税法第二条规定的项目填写。同一纳税人有多项所得时，分行填写。

第6列“所得期间”：填写扣缴义务人支付所得的时间。其中，个人领取的年金所属期间也填入该列。

第7列“收入额”：填写纳税人实际取得的全部收入额。其中，个人领取的年金金额也填入该列。

第8列“免税所得”：是指税法第四条规定可以免税的所得。

第9~16列“税前扣除项目”：是指按照税法及其他法律法规规定，可在税前扣除的项目。其中，在个人年金的缴费环节，个人允许税前扣除的年金缴费部分填入《扣缴个人所得税报告表》第14列“允许扣除的税费”；在个人年金的领取环节，个人领取年金时允许减计的金额填入第15列“其他”。

第17列“减除费用”：是指税法第六条规定可以在税前减除的费用。没有的，则不填。

第18列“准予扣除的捐赠额”：是指按照税法及其实施条例和相关税收政策规定，可以在税前扣除的捐赠额。

第19列“应纳税所得额”：根据相关列次计算填报。第19列=第7列-第8列-第16列-第17列-第18列

第20列“税率”及第21列“速算扣除数”：按照税法第三条规定填写。部分所得项目没有速算扣除数的，则不填。

第22列“应纳税额”：根据相关列次计算填报。第22列=第19列×第20列-第21列

第23列“减免税额”：是指符合税法规定可以减免的税额。其中，纳税人取得“稿酬所得”时，其根据税法第三条规定可按应纳税额减征的30%，填入此栏。

第24列“应扣缴税额”：根据相关列次计算填报。第24列=第22列-第23列

第25列“已扣缴税额”：是指扣缴义务人当期实际扣缴的个人所得税税款。

第26列“应补（退）税额”：根据相关列次计算填报。第26列=第24列-第25列

第27列“备注”：填写非本单位雇员、非本期收入及其他有关说明事项。

对不是按月发放的工资薪金所得，其适用“工资、薪金所得”个人所得税的填报，则不完全按照上述逻辑关系填写。

②特定行业月份申报的填写。

第2~6列的填写：同上“一般行业”的填写。

第7~19列、第22~26列的数据口径同上“一般行业”对应项目，金额按以下原则填写：

第7列“收入额”：是指本月实际发放的全部收入额。

第 8~16 列的填写：填写当月实际发生额。

第 17 列“减除费用”：是指税法第六条规定可以在税前减除的费用额。没有的，则不填。

第 18 列“准予扣除的捐赠额”：准予扣除的捐赠额，按纳税人捐赠月份的实际收入额来计算。

第 19 列“应纳税所得额”：根据相关列次计算填报。第 19 列=第 7 列-第 8 列-第 16 列-第 17 列-第 18 列

第 20 列“税率”及第 21 列“速算扣除数”：按照税法第三条规定填写。

第 22 列“应纳税额”：特定行业个人所得税月份申报时，“应纳税额”为预缴所得税额。根据相关列次计算填报。

第 22 列=第 19 列×第 20 列-第 21 列

## 会计实训资料

1. 12 月 8 日，开具商业承兑汇票支付货款（见图 3-1 和图 3-2）。

**中国建设银行 商业承兑汇票（卡片）**

出票日期（大写） 贰零壹贰 年 壹拾贰 月 零捌 日

<table>
<tr><td rowspan="3">付款人</td><td>全　称</td><td colspan="2">广州市天成科技有限公司</td><td rowspan="3">收款人</td><td>全　称</td><td colspan="12">广州市蓝马科技有限公司</td></tr>
<tr><td>账　号</td><td colspan="2">3060158</td><td>账　号</td><td colspan="12">6960133</td></tr>
<tr><td>开户银行</td><td colspan="2">建行天成路支行</td><td>开户银行</td><td colspan="12">工行大福路支行</td></tr>
<tr><td colspan="2" rowspan="2">出票金额</td><td colspan="4" rowspan="2">人民币（大写） 壹拾捌万叁仟肆佰柒拾伍圆捌角玖分</td><td>亿</td><td>千</td><td>百</td><td>十</td><td>万</td><td>千</td><td>百</td><td>十</td><td>元</td><td>角</td><td>分</td></tr>
<tr><td></td><td></td><td>¥</td><td>1</td><td>8</td><td>3</td><td>4</td><td>7</td><td>5</td><td>8</td><td>9</td></tr>
<tr><td colspan="3">汇票到期日（大写）</td><td colspan="2">贰零壹叁年零贰月零捌日</td><td rowspan="2">付款人开户行</td><td>行号</td><td colspan="11">45646546</td></tr>
<tr><td colspan="3">交易合同号码</td><td colspan="2">906—TB506</td><td>地址</td><td colspan="11">广州市天成路 33 号</td></tr>
<tr><td colspan="5">出票人签章：</td><td colspan="13">备注：</td></tr>
</table>

图 3-1 商业承兑汇票

4400093620 **广东省增值税普通发票** № 56455565

全国统一发票监制章 广东省 国家税务总局监制

开票日期：2012 年 12 月 08 日

<table>
<tr><td>购货单位</td><td colspan="6">名　　　称：广州市天成科技有限公司<br>纳税人识别号：440130651028306<br>地 址 、电 话：广州市光明路 25 号 80690135<br>开户行及账号：建行天成路支行 3060158</td><td>密码区</td><td colspan="2">略</td></tr>
<tr><td colspan="2">货物或应税劳务名称</td><td>规格型号</td><td>单位</td><td>数量</td><td>单价</td><td>金额</td><td>税率</td><td>税额</td></tr>
<tr><td colspan="2">丙材料</td><td></td><td>千克</td><td>100</td><td>1 568. 17</td><td>156 817. 00</td><td>17%</td><td>26 658. 89</td></tr>
<tr><td colspan="2">合计</td><td></td><td></td><td></td><td></td><td>¥156 817. 00</td><td></td><td>¥26 658. 89</td></tr>
<tr><td colspan="2">价税合计（大写）</td><td colspan="7">⊗ 壹拾捌万叁仟肆佰柒拾伍元捌角玖分　　（小写）¥183 475. 89</td></tr>
<tr><td>销货单位</td><td colspan="6">名　　　称：广州市蓝马科技有限公司<br>纳税人识别号：440126654887896<br>地 址 、电 话：广州市大福路 69 号 89171453<br>开户行及账号：工行大福路支行 6960133</td><td>备注</td><td colspan="2"></td></tr>
</table>

收款人：李子　　复核：赵华　　开票人：何冰　　领货单位：　（章）

**图 3-2 增值税普通发票**

2. 12 月 13 日，开具商业承兑汇票支付货款（见图 3-3）。

**中国建设银行 商业承兑汇票（卡片）**

出票日期（大写） 贰零壹贰 年 壹拾贰 月 壹拾叁 日

<table>
<tr><td rowspan="3">付款人</td><td>全　称</td><td colspan="2">广州市天成科技有限公司</td><td rowspan="3">收款人</td><td>全　称</td><td colspan="11">广州市鸿天科技有限公司</td></tr>
<tr><td>账　号</td><td colspan="2">3060158</td><td>账　号</td><td colspan="11">9950128</td></tr>
<tr><td>开户银行</td><td colspan="2">建行天成路支行</td><td>开户银行</td><td colspan="11">农行祁连路支行</td></tr>
<tr><td colspan="2" rowspan="2">出票金额</td><td colspan="4" rowspan="2">人民币（大写）　陆万贰仟零壹拾元整</td><td>亿</td><td>千</td><td>百</td><td>十</td><td>万</td><td>千</td><td>百</td><td>十</td><td>元</td><td>角</td><td>分</td></tr>
<tr><td></td><td></td><td></td><td>¥</td><td>6</td><td>2</td><td>0</td><td>1</td><td>0</td><td>0</td><td>0</td></tr>
<tr><td colspan="2">汇票到期日（大写）</td><td colspan="2">贰零壹叁年零壹月壹拾叁日</td><td rowspan="2" colspan="2">付款人开户行</td><td>行号</td><td colspan="10">6545646</td></tr>
<tr><td colspan="2">交易合同号码</td><td colspan="2">906—TB506</td><td>地址</td><td colspan="10">广州市天成路 32 号</td></tr>
<tr><td colspan="4">出票人签章：</td><td colspan="13">备注：</td></tr>
</table>

**图 3-3 商业承兑汇票**

3. 12 月 2 日，购入固定资产款未付（见图 3-4 和图 3-5）。

4400093620　　**广东省增值税普通发票**　　№ 86546854

全国统一发票监制章　广东省　国家税务总局监制

开票日期：2012 年 12 月 02 日

| 购货单位 | 名　　称：广州市天成科技有限公司<br>纳税人识别号：440130651028306<br>地 址 、电 话：广州市光明路 25 号 80690135<br>开户行及账号：建行天成路支行 3060158 | 密码区 | 略 |
|---|---|---|---|

| 货物或应税劳务名称 | 规格型号 | 单位 | 数量 | 单价 | 金额 | 税率 | 税额 |
|---|---|---|---|---|---|---|---|
| 固定资产 | TG-4 设备 | 台 | 1 | 50 000. 00 | 50 000. 00 | 17% | 8 500. 00 |
| 合计 | | | | | ¥50 000. 00 | | ¥ 8 500. 00 |
| 价税合计（大写） | ⊗ 伍万捌仟伍佰圆整 | | | | （小写） ¥58 500. 00 | | |

| 销货单位 | 名　　称：广州市鸿天科技有限公司<br>纳税人识别号：4401266548876341<br>地 址 、电 话：广州市宝安路 44 号 81330915<br>开户行及账号：农行祁连路支行 9950128 | 备注 | |
|---|---|---|---|

收款人：撒姿　　复核：柳花　　开票人：赵倩　　领货单位：　（章）

**图 3-4　增值税普通发票**

**固定资产入库单**

2012 年 12 月 2 日　　凭证编号：8579—R

| 固定资产名称及编号 | 规格型号 | 单位 | 数量 | 预计使用年限 | 已使用年限 | 原始价值 | 已提折旧 | 评估价 |
|---|---|---|---|---|---|---|---|---|
| TG-4 设备 | | 台 | 1 | 6 | 0 | 50 000. 00 | | |
| 固定资产状况 | 全新 | | | | | | | |

| 何时购入 | 进入方式 | 入账价值 | 固定资产管理部门 | 会计主管 |
|---|---|---|---|---|
| 2012 年 12 月 2 日 | 购买 | 50 000. 00 | 生产车间 | 周晓波 |

**图 3-5　固定资产入库单**

4. 12 月 24 日，购入固定资产，款未付（见图 3-6）。

固定资产入库单

2012 年 12 月 24 日　　凭证编号：5647—8TB

| 固定资产名称及编号 | 规格型号 | 单位 | 数量 | 预计使用年限 | 已使用年限 | 原始价值 | 已提折旧 | 评估价 |
|---|---|---|---|---|---|---|---|---|
| MR 设备 | | 套 | 1 | 5 | 0 | 80 000.00 | | |
| 固定资产状况 | 全新 | | | | | | | |

| 何时购入 | 进入方式 | 入账价值 | 固定资产管理部门 | 会计主管 |
|---|---|---|---|---|
| 2012 年 12 月 24 日 | 购买 | 80 000.00 | 生产车间 | 周晓波 |

图 3-6　固定资产入库单

5. 12 月 11 日，销售材料款未收（见图 3-7 和图 3-8）。

4400093620　　广东省增值税普通发票　　№ 56489456

全国统一发票监制章　广东省　国家税务总局监制

开票日期：2012 年 12 月 11 日

| 购货单位 | 名　　称：广州市天能科技有限公司<br>纳税人识别号：440196653324178<br>地 址 、电 话：广州市洪德路 1275 号 89241086<br>开户行及账号：建行洪德路支行 6609784 | 密码区 | 略 | | | | |
|---|---|---|---|---|---|---|---|
| 货物或应税劳务名称 | 规格型号 | 单位 | 数量 | 单价 | 金额 | 税率 | 税额 |
| A 材料 | | 千克 | 1 000 | 500.00 | 500 000.00 | 17% | 85 000.00 |
| 合计 | | | | | ¥500 000.00 | | ¥85 000.00 |
| 价税合计（大写） | ⊗ 伍拾捌万伍仟圆整 | | | | （小写）¥585 000.00 | | |
| 销货单位 | 名　　称：广州市天成科技有限公司<br>纳税人识别号：440130651028306<br>地 址 、电 话：广州市光明路 25 号 80690135<br>开户行及账号：建行天成路支行 3060158 | 备注 | | | | | |

收款人：黄鹂　　复核：周展　　开票人：马强　　领货单位：　（章）

图 3-7　增值税普通发票

## 商品出库单

编号：No. 400101

客户名称：广州市天能科技有限公司　2012 年 12 月 11 日

| 商品名称 | 规格 | 单位 | 数量 | 单价 | 实际 | √ | 金额 | | | | | | | | | | |
|---|---|---|---|---|---|---|---|---|---|---|---|---|---|---|---|---|---|
| | | | | | 计划 | | 亿 | 千 | 百 | 十 | 万 | 千 | 百 | 十 | 元 | 角 | 分 |
| A 材料 | | 千克 | 1 000 | 500.00 | | | | | | 5 | 0 | 0 | 0 | 0 | 0 | 0 | 0 |
| | | | | | | | | | | | | | | | | | |
| | | | | | | | | | | | | | | | | | |
| 合计 | | | | | | | | | ¥ | 5 | 0 | 0 | 0 | 0 | 0 | 0 | 0 |
| 合计人民币（大写） | 伍拾万元整 | | | | | | | | | | | | | | | | |

生产部门：刘制武　　发货人：张明　　收货人：魏阳光　　制单人：张明

图 3-8　商品出库单

6. 12 月 15 日，销售材料款未收（见图 3-9）。

## 开具发票申请单

申请人：马强　　2012 年 12 月

购货单位：广州市万里科技有限公司　　价税合计款：351 000.00

| 销售产品/劳务 | 型号 | 单位 | 数量 | 单价 | 金额 |
|---|---|---|---|---|---|
| B 材料 | | 千克 | 3 000 | 100.00 | 300 000.00 |
| 合计 | | | | | 300 000.00 |

开票类型：增值税专用发票

开具增值税发票填列：购货单位识别号：440196659064125

购货单位地址、电话：广州市白云路 375 号 89301745

购货单位开户行及账号：建行白云路支行 9901435

发票开票时间：2012 年 12 月 15 日

销售部经理审核签名：周晓波

财务主管签名：黄艳梅　　收款人：黄鹏　　复核：周展

图 3-9　发票申请单

7. 12 月 15 日，销售材料款未收（见图 3-10）。

4400093620　　**广东省增值税普通发票**　　№ 66580421

全国统一发票监制章　广东省　国家税务总局监制

开票日期：2012 年 12 月 15 日

| 购货单位 | 名　　　称：广州市万里科技有限公司<br>纳税人识别号：440196659064125<br>地 址 、电 话：广州市白云路 375 号 89301745<br>开户行及账号：建行白云路支行 9901435 | | | | 密码区 | 略 | | |
|---|---|---|---|---|---|---|---|---|
| 货物或应税劳务名称 | | 规格型号 | 单位 | 数量 | 单价 | 金额 | 税率 | 税额 |
| B 材料 | | | 千克 | 3 000 | 100.00 | 300 000.00 | 17% | 51 000.00 |
| 合计 | | | | | | ¥300 000.00 | | ¥51 000.00 |
| 价税合计（大写） | | ⊗ 叁拾伍万壹仟圆整 | | | | （小写）¥351 000.00 | | |
| 销货单位 | 名　　　称：广州市天成科技有限公司<br>纳税人识别号：440130651028306<br>地 址 、电 话：广州市光明路 25 号 80690135<br>开户行及账号：建行天成路支行 3060158 | | | | 备注 | | | |

收款人：黄鹂　　复核：周展　　开票人：马强　　领货单位：　（章）

图 3-10　增值税普通发票

8. 12 月 18 日，销售产品，款项存入银行（见图 3-11）。

**开具发票申请单**

申请人：马强　　2012 年 12 月

购货单位：广州市万里科技有限公司　　价税合计款：1 170 000.00

| 销售产品/劳务 | 型号 | 单位 | 数量 | 单价 | 金额 |
|---|---|---|---|---|---|
| 乙产品 | | 千克 | 5 000 | 200.00 | 1 000 000.00 |
| 合计 | | | | | 1 000 000.00 |

开票类型：增值税专用发票

开具增值税发票填列：购货单位识别号：440196659064125

购货单位地址、电话：广州市白云路 375 号 89301745

购货单位开户行及账号：建行白云路支行 9901435

发票开票时间：2012 年 12 月 18 日

销售部经理审核签名：周晓波

财务主管签名：黄艳梅　　收款人：黄鹂　　复核：周展

图 3-11　发票申请单

9. 12 月 18 日，销售产品，款项存入银行（见图 3-12 和图 3-13）。

4400093620 **广东省增值税普通发票** № 56848956

全国统一发票监制章 广东省 国家税务总局监制

开票日期：2012 年 12 月 18 日

| 购货单位 | 名　　称：广州市万里科技有限公司<br>纳税人识别号：440196659064125<br>地 址 、电 话：广州市白云路 375 号 89301745<br>开户行及账号：建行白云路支行 9901435 | | | | 密码区 | 略 | | |
|---|---|---|---|---|---|---|---|---|
| 货物或应税劳务名称 | 规格型号 | 单位 | 数量 | 单价 | 金额 | 税率 | 税额 | |
| 乙产品 | | 千克 | 5 000 | 200.00 | 1 000 000.00 | 17% | 170 000.00 | |
| 合计 | | | | | ¥1 000 000.00 | | 170 000.00 | |
| 价税合计（大写） | ⊗ 壹佰壹拾柒万圆整 | | | | （小写） ¥1 170 000.00 | | | |
| 销货单位 | 名　　称：广州市天成科技有限公司<br>纳税人识别号：440130651028306<br>地 址 、电 话：广州市光明路 25 号 80690135<br>开户行及账号：建行天成路支行 3060158 | | | | 备注 | | | |

收款人：黄鹂　　复核：周展　　开票人：马强　　领货单位：　（章）

图 3-12 增值税普通发票

**中国建设银行 进账单（回单）**

2012 年 12 月 18 日

| 出票人 | 全　称 | 广州市万里科技有限公司 | 收款人 | 全　称 | 广州市天成科技有限公司 |
|---|---|---|---|---|---|
| | 账　号 | 9901435 | | 账　号 | 3060158 |
| | 开户银行 | 建行白云路支行 | | 开户银行 | 建行天成路支行 |
| 金额 | 人民币（大写） | 壹佰壹拾柒万元整 | | 亿 千 百 十 万 千 百 十 元 角 分 | 　 ¥ 1 1 7 0 0 0 0 0 0 |
| 票据种类 | 转账支票 | 票据张数 | 壹张 | | |
| 票据号码 | 66054123 | | | | |

复核　　记账　　开户银行签章

图 3-13 中国建设银行进账单

10. 12 月 15 日，登记应付账款——天能公司明细账（见图 3-14）。

**记账凭证**

已录入凭证号列表：

2012 年 12 月 15 日　　　　记 字第 13 号

| 摘要 | 会计科目 | | 借方金额 | | | | | | | | | | | 贷方金额 | | | | | | | | | | | 记账 |
|---|---|---|---|---|---|---|---|---|---|---|---|---|---|---|---|---|---|---|---|---|---|---|---|---|---|
| | 总账科目 | 明细科目 | 亿 | 千 | 百 | 十 | 万 | 千 | 百 | 十 | 元 | 角 | 分 | 亿 | 千 | 百 | 十 | 万 | 千 | 百 | 十 | 元 | 角 | 分 | √ |
| 购入材料 | 原材料 | | | | | | 2 | 0 | 0 | 0 | 0 | 0 | 0 | | | | | | | | | | | | |
| | 应交税费 | 应交增值税——进项税额 | | | | | | 3 | 4 | 0 | 0 | 0 | 0 | | | | | | | | | | | | |
| | 应付账款 | 天能公司 | | | | | | | | | | | | | | | | 2 | 3 | 4 | 0 | 0 | 0 | 0 | |
| | | | | | | | | | | | | | | | | | | | | | | | | | |
| | | | | | | | | | | | | | | | | | | | | | | | | | |
| | | | | | | | | | | | | | | | | | | | | | | | | | |
| | | | | | | | | | | | | | | | | | | | | | | | | | |
| | | | | | | | | | | | | | | | | | | | | | | | | | |
| | | | | | | | | | | | | | | | | | | | | | | | | | |
| 附件 1 张 | 合 | 计 | | | | ¥ | 2 | 3 | 4 | 0 | 0 | 0 | 0 | | | | ¥ | 2 | 3 | 4 | 0 | 0 | 0 | 0 | |

记账　　出纳　　审核　　制证 李明

图 3-14　记账凭证

11. 12 月 30 日，登记库存商品——甲产品数量金额明细账（见图 3-15）。

表 3-21

**记账凭证**

已录入凭证号列表：

2012 年 12 月 30 日　　　　记 字第 27 号

| 摘要 | 会计科目 | | 借方金额 | | | | | | | | | | | 贷方金额 | | | | | | | | | | | 记账 |
|---|---|---|---|---|---|---|---|---|---|---|---|---|---|---|---|---|---|---|---|---|---|---|---|---|---|
| | 总账科目 | 明细科目 | 亿 | 千 | 百 | 十 | 万 | 千 | 百 | 十 | 元 | 角 | 分 | 亿 | 千 | 百 | 十 | 万 | 千 | 百 | 十 | 元 | 角 | 分 | √ |
| 销售产品 | 主营业务成本 | | | | | | 4 | 0 | 9 | 4 | 4 | 0 | 0 | | | | | | | | | | | | |
| | 库存商品 | 甲产品 | | | | | | | | | | | | | | | | 4 | 0 | 9 | 4 | 4 | 0 | 0 | |
| | | | | | | | | | | | | | | | | | | | | | | | | | |
| | | | | | | | | | | | | | | | | | | | | | | | | | |
| | | | | | | | | | | | | | | | | | | | | | | | | | |
| | | | | | | | | | | | | | | | | | | | | | | | | | |
| | | | | | | | | | | | | | | | | | | | | | | | | | |
| | | | | | | | | | | | | | | | | | | | | | | | | | |
| 附件 1 张 | 合 | 计 | | | | ¥ | 4 | 0 | 9 | 4 | 4 | 0 | 0 | | | | ¥ | 4 | 0 | 9 | 4 | 4 | 0 | 0 | |

记账　　出纳　　审核　　制证 李明

图 3-15　记账凭证

12. 12月9日，开具商业承兑汇票支付货款（见图3-16）。

中国建设银行 **商业承兑汇票**（卡片）

出票日期（大写） 贰零壹贰 年 壹拾贰 月 零玖 日

<table>
<tr><td rowspan="3">付款人</td><td>全　称</td><td colspan="3">广州市天成科技有限公司</td><td rowspan="3">收款人</td><td>全　称</td><td colspan="11">广州市蓝马科技有限公司</td></tr>
<tr><td>账　号</td><td colspan="3">3060158</td><td>账　号</td><td colspan="11">6960133</td></tr>
<tr><td>开户银行</td><td colspan="3">建行天成路支行</td><td>开户银行</td><td colspan="11">工行大福路支行</td></tr>
<tr><td colspan="2" rowspan="2">出票金额</td><td colspan="5" rowspan="2">人民币（大写） 壹拾捌万叁仟肆佰柒拾伍圆捌角玖分</td><td>亿</td><td>千</td><td>百</td><td>十</td><td>万</td><td>千</td><td>百</td><td>十</td><td>元</td><td>角</td><td>分</td></tr>
<tr><td></td><td></td><td>¥</td><td>1</td><td>8</td><td>3</td><td>4</td><td>7</td><td>5</td><td>8</td><td>9</td></tr>
<tr><td colspan="3">汇票到期日（大写）</td><td colspan="2">贰零壹叁年零贰月壹拾捌日</td><td colspan="2" rowspan="2">付款人开户行</td><td>行号</td><td colspan="10">45646546</td></tr>
<tr><td colspan="3">交易合同号码</td><td colspan="2">305—GF07</td><td>地址</td><td colspan="10">广州市天成路33号</td></tr>
<tr><td colspan="5">出票人签章：</td><td colspan="13">备注：</td></tr>
</table>

图3-16　商业承兑汇票

13. 12月23日，开具商业承兑汇票支付货款（见图3-17）。

中国建设银行 **商业承兑汇票**（卡片）

出票日期（大写） 贰零壹贰 年 壹拾贰 月 贰拾叁 日

<table>
<tr><td rowspan="3">付款人</td><td>全　称</td><td colspan="3">广州市天成科技有限公司</td><td rowspan="3">收款人</td><td>全　称</td><td colspan="11">广州市鸿天科技有限公司</td></tr>
<tr><td>账　号</td><td colspan="3">3060158</td><td>账　号</td><td colspan="11">9950128</td></tr>
<tr><td>开户银行</td><td colspan="3">建行天成路支行</td><td>开户银行</td><td colspan="11">农行祁连路支行</td></tr>
<tr><td colspan="2" rowspan="2">出票金额</td><td colspan="5" rowspan="2">人民币（大写） 陆万贰仟零壹拾</td><td>亿</td><td>千</td><td>百</td><td>十</td><td>万</td><td>千</td><td>百</td><td>十</td><td>元</td><td>角</td><td>分</td></tr>
<tr><td></td><td></td><td></td><td>¥</td><td>6</td><td>2</td><td>0</td><td>1</td><td>0</td><td>0</td><td>0</td></tr>
<tr><td colspan="3">汇票到期日（大写）</td><td colspan="2">贰零壹叁年零壹月贰拾叁日</td><td colspan="2" rowspan="2">付款人开户行</td><td>行号</td><td colspan="10">6545646</td></tr>
<tr><td colspan="3">交易合同号码</td><td colspan="2">906—TB506</td><td>地址</td><td colspan="10">广州市天成路32号</td></tr>
<tr><td colspan="5">出票人签章：</td><td colspan="13">备注：</td></tr>
</table>

图3-17　商业承兑汇票

14. 12 月 17 日，登记应收账款——源利来公司明细账（见图 3-18）。

## 记账凭证

已录入凭证号列表：

2012 年 12 月 17 日　　　　记 字第 29 号

| 摘要 | 会计科目 | | 借方金额 | | | | | | | | | | | 贷方金额 | | | | | | | | | | | 记账 |
|---|---|---|---|---|---|---|---|---|---|---|---|---|---|---|---|---|---|---|---|---|---|---|---|---|---|
| | 总账科目 | 明细科目 | 亿 | 千 | 百 | 十 | 万 | 千 | 百 | 十 | 元 | 角 | 分 | 亿 | 千 | 百 | 十 | 万 | 千 | 百 | 十 | 元 | 角 | 分 | √ |
| 收到货款 | 银行存款 | | | | | 1 | 8 | 7 | 0 | 0 | 0 | 0 | 0 | | | | | | | | | | | | |
| | 应收账款 | 源利来公司 | | | | | | | | | | | | | | | 1 | 8 | 7 | 0 | 0 | 0 | 0 | 0 | |
| | | | | | | | | | | | | | | | | | | | | | | | | | |
| | | | | | | | | | | | | | | | | | | | | | | | | | |
| | | | | | | | | | | | | | | | | | | | | | | | | | |
| | | | | | | | | | | | | | | | | | | | | | | | | | |
| | | | | | | | | | | | | | | | | | | | | | | | | | |
| | | | | | | | | | | | | | | | | | | | | | | | | | |
| 附件 1 张 | 合 | 计 | | | ¥ | 1 | 8 | 7 | 0 | 0 | 0 | 0 | 0 | | | ¥ | 1 | 8 | 7 | 0 | 0 | 0 | 0 | 0 | |

记账　　　　出纳　　　　审核　　　　制证　李明

图 3-18　记账凭证

15. 12 月 25 日，销售材料款未收（见图 3-19）。

## 开具发票申请单

申请人：马强　　　　2012 年 12 月

购货单位：广州市万里科技有限公司　　　　价税合计款：351 000.00

| 销售产品/劳务 | 型号 | 单位 | 数量 | 单价 | 金额 |
|---|---|---|---|---|---|
| B 材料 | | 千克 | 3 000 | 100.00 | 300 000.00 |
| 合计 | | | | | 300 000.00 |

开票类型：增值税专用发票

开具增值税发票填列：购货单位识别号：440196659064125

购货单位地址、电话：广州市白云路 375 号 89301745

购货单位开户行及账号：建行白云路支行 9901435

发票开票时间：2012 年 12 月 15 日

销售部经理审核签名：周晓波

收款人：黄艳梅　　　　复核：周展

图 3-19　发票申请单

16. 12 月 25 日，销售材料款未收（见图 3-20）。

4400093620　　**广东省增值税普通发票**　　№ 66580421

全国统一发票监制章　广东省　国家税务总局监制

开票日期：2012 年 12 月 25 日

| 购货单位 | 名　　称：广州市万里科技有限公司<br>纳税人识别号：440196659064125<br>地 址 、电 话：广州市白云路 375 号 89301745<br>开户行及账号：建行白云路支行 9901435 | | | | 密码区 | 略 | |
|---|---|---|---|---|---|---|---|
| 货物或应税劳务名称 | 规格型号 | 单位 | 数量 | 单价 | 金额 | 税率 | 税额 |
| B 材料 | | 千克 | 3 000 | 100. 00 | 300 000. 00 | 17% | 51 000. 00 |
| 合计 | | | | | ¥300 000. 00 | | ¥51 000. 00 |
| 价税合计（大写） | ⊗ 叁拾伍万壹仟圆整 | | | | | （小写） | ¥351 000. 00 |
| 销货单位 | 名　　称：广州市天成科技有限公司<br>纳税人识别号：440130651028306<br>地 址 、电 话：广州市光明路 25 号 80690135<br>开户行及账号：建行天成路支行 3060158 | | | | 备注 | | |

收款人：黄艳梅　　复核：周展　　开票人：马强　　领货单位：　（章）

图 3-20　增值税普通发票

17. 12月4日，购入固定资产，款未付（见图3-21、图3-22）。

4400093620　　**广东省增值税普通发票**　　№ 65484868

全国统一发票监制章　广东省　国家税务总局监制

开票日期：2012年12月04日

<table>
<tr><td>购货单位</td><td colspan="4">名　　称：广州市天成科技有限公司<br>纳税人识别号：440130651028306<br>地 址 、电 话：广州市光明路25号 80690135<br>开户行及账号：建行天成路支行 3060158</td><td>密码区</td><td colspan="3">略</td></tr>
<tr><td colspan="2">货物或应税劳务名称</td><td>规格型号</td><td>单位</td><td>数量</td><td>单价</td><td>金额</td><td>税率</td><td>税额</td></tr>
<tr><td colspan="2">固定资产</td><td>MR</td><td>套</td><td>1</td><td>80 000. 00</td><td>80 000. 00</td><td>17%</td><td>13 600. 00</td></tr>
<tr><td colspan="2">合计</td><td></td><td></td><td></td><td></td><td>¥80 000. 00</td><td></td><td>¥93 600. 00</td></tr>
<tr><td colspan="2">价税合计（大写）</td><td colspan="7">⊗ 玖万叁仟陆佰圆整　　（小写）¥351 000. 00</td></tr>
<tr><td>销货单位</td><td colspan="4">名　　称：广州市鸿天科技有限公司<br>纳税人识别号：4401266548876341<br>地 址 、电 话：广州市宝安路44号 81330915<br>开户行及账号：农行祁连路支行 9950128</td><td>备注</td><td colspan="3"></td></tr>
</table>

收款人：张军　　复核：赵飞　　开票人：何飞　　领货单位：　　（章）

**图3-21　增值税普通发票**

## 固定资产入库单

2012年12月04日　　凭证编号：3117—8TB

<table>
<tr><td>固定资产名称及编号</td><td>规格型号</td><td>单位</td><td>数量</td><td>预计使用年限</td><td>已使用年限</td><td>原始价值</td><td>已提折旧</td><td>评估价</td></tr>
<tr><td>MR设备</td><td></td><td>套</td><td>1</td><td>5</td><td>0</td><td>80 000. 00</td><td></td><td></td></tr>
<tr><td>固定资产状况</td><td colspan="8">全新</td></tr>
<tr><td>何时购入</td><td colspan="2">进入方式</td><td colspan="2">入账价值</td><td colspan="2">固定资产管理部门</td><td colspan="2">会计主管</td></tr>
<tr><td>2012年12月04日</td><td colspan="2">购买</td><td colspan="2">80 000. 00</td><td colspan="2">生产车间</td><td colspan="2">周晓波</td></tr>
</table>

**图3-22　固定资产入库单**

18. 12 月 31 日，计提折旧（见表 3-8）。

表 3-8　**固定资产累计折旧表**

编制单位：广州市天成科技有限公司　　2012 年 12 月

| 部门 | 固定资产原值 | 固定资产月折旧率 | 月折旧额 |
|---|---|---|---|
| 管理部门 | 2 596 153. 85 | 0. 005 2 | 13 500. 00 |
| 生产车间 | 5 817 307. 69 | 0. 005 2 | 30 250. 00 |
| 销售部门 | 605 884. 62 | 0. 005 2 | 3 150. 60 |
| 合计 | 9 019 346. 15 | 46 900. 60 | |

19. 12 月 31 日，分配工资（见表 3-9）。

表 3-9　**工资分配表**

2012 年 12 月　　单位：元

| 部门 | 基本工资 | 岗位工资 | 奖金 | 应发合计 | 实发合计 |
|---|---|---|---|---|---|
| 行政管理人员 | 18 000. 00 | 3 000. 00 | 2 700. 00 | 23 700. 00 | 23 700. 00 |
| 车间管理人员 | 30 000. 00 | 5 000. 00 | 4 500. 00 | 39 500. 00 | 39 500. 00 |
| 生产甲产品工人 | 120 000. 00 | 20 000. 00 | 18 000. 00 | 158 000. 00 | 158 000. 00 |
| 生产乙产品工人 | 90 000. 00 | 15 000. 00 | 13 500. 00 | 118 500. 00 | 118 500. 00 |
| 合计 | 258 000. 00 | 43 000. 00 | 38 700. 00 | 339 700. 00 | 339 700. 00 |

20. 12 月 31 日，制造费用分配（见表 3-10）。

表 3-10　**制造费用分配表**

2012 年 12 月

| 产品 | 生产工时 | 分配率 | 金额（元） |
|---|---|---|---|
| 甲产品 | 63 000 | 1. 134 6 | 71 479. 80 |
| 乙产品 | 46 000 | 1. 134 6 | 52 195. 20 |
| 合计 | 109 000 | 1. 134 6 | 123 675. 00 |

# 项目四　会计主管岗位

## 岗位技能目标

1. 具体负责本企业的财务与会计的日常管理工作（审核记账凭证）。
2. 组织制定本企业的各项财务与会计制度，并监督其贯彻执行。
3. 编制本企业的财务成本计划、资金筹措计划，并监督其落实。
4. 会同有关部门拟定企业各项固定资产的投资方案和流动资金定额。
5. 负责企业各种税费的计算和缴纳工作。
6. 负责企业各项财务分析工作。
7. 参加企业有关生产经营管理会议，参与有关经营预测、决策和各部门业绩考评工作。
8. 参与拟定和审核经济合同、协议和其他经济文件。
9. 负责向本企业领导和职代会报告企业的财务状况和经营成果，审查对外提供的财务报告。
10. 组织财会人员的理论和业务学习，负责财会人员的考核，参与研究财会人员任用和调整工作。
11. 领导交办的其他与财务、会计有关的管理工作。
12. 负责保管、加盖银行预留章法人章。

## 任务一　总账的设置和登记

1. 采用科目汇总表登记银行存款总账（见表 4-1 和表 4-2）

表 4-1　　2012 年 11 月账户余额表

| 科目名称 | 借贷方向 | 期初余额 |
| --- | --- | --- |
| 库存现金 | 借 | 500.00 |
| 银行存款 | 借 | 2 325 000.00 |
| 交易性金融资产 | 借 | 1 000 000.00 |
| 应收账款 | 借 | 500 000.00 |
| 原材料 | 借 | 2 000 000.00 |
| 库存商品 | 借 | 3 400 000.00 |

表4-1（续）

| 科目名称 | 借贷方向 | 期初余额 |
| --- | --- | --- |
| 固定资产 | 借 | 5 000 000.00 |
| 累计折旧 | 借 | 960 000.00 |
| 应付账款 | 贷 | 1 200 000.00 |
| 应交税费 | 贷 | 973 000.00 |
| 应付职工薪酬 | 贷 | 240 000.00 |
| 实收资本 | 贷 | 2 000 000.00 |
| 盈余公积 | 贷 | 680 000.00 |
| 本年利润 | 贷 | 6 840 000.00 |

表 4-2　　科目汇总表

2012 年 11 月 1 日至 30 日　　第 11 号

| 会计科目 | 总账页数 | 本期借方发生额 | 本期贷方发生额 | 记账凭证起讫号 |
| --- | --- | --- | --- | --- |
| 库存现金 | 略 | 5 500.00 | 5 000.00 | 略 |
| 银行存款 | 略 | 5 265 000.00 | 2 659 500.00 | 略 |
| 应收账款 | 略 | 1 170 000.00 | 略 | |
| 原材料 | 略 | 1 000 000.00 | 2 100 000.00 | 略 |
| 其他应收款 | 略 | 5 000.00 | | 略 |
| 累计折旧 | 略 | | 40 000.00 | 略 |
| 库存商品 | 略 | 2 172 000.00 | 3 300 000.00 | 略 |
| 生产成本 | 略 | 2 172 000.00 | 2 172 000.00 | 略 |
| 应交税费 | 略 | 918 000.00 | 1 366 375.00 | 略 |
| 应付职工薪酬 | 略 | 96 000.00 | 96 000.00 | 略 |
| 本年利润 | 略 | | 1 064 625.00 | 略 |
| 主营业务收入 | 略 | 5 500 000.00 | 5 500 000.00 | 略 |
| 主营业务成本 | 略 | 3 300 000.00 | 3 300 000.00 | 略 |
| 税金及附加 | 略 | 76 500.00 | 76 500.00 | 略 |
| 管理费用 | 略 | 394 000.00 | 394 000.00 | 略 |
| 销售费用 | 略 | 310 000.00 | 310 000.00 | 略 |
| 所得税费用 | 略 | 354 875.00 | 354 875.00 | 略 |
| 合计 | | 22 738 875.00 | 22 738 875.00 | |

2. 采用科目汇总表登记应收账款总账（见表 4-3 和表 4-4）

表 4-3　　2012 年 11 月账户余额表

| 科目名称 | 借贷方向 | 期初余额 |
|---|---|---|
| 库存现金 | 借 | 500. 00 |
| 银行存款 | 借 | 2 325 000. 00 |
| 交易性金融资产 | 借 | 1 000 000. 00 |
| 应收账款 | 借 | 500 000. 00 |
| 原材料 | 借 | 2 000 000. 00 |
| 库存商品 | 借 | 3 400 000. 00 |
| 固定资产 | 借 | 5 000 000. 00 |
| 累计折旧 | 借 | 960 000. 00 |
| 应付账款 | 贷 | 1 200 000. 00 |
| 应交税费 | 贷 | 973 000. 00 |
| 应付职工薪酬 | 贷 | 240 000. 00 |
| 实收资本 | 贷 | 2 000 000. 00 |
| 盈余公积 | 贷 | 680 000. 00 |
| 本年利润 | 贷 | 6 840 000. 00 |

表 4-4　　科目汇总表

2012 年 11 月 1 日至 30 日　　第 11 号

| 会计科目 | 总账页数 | 本期借方发生额 | 本期贷方发生额 | 记账凭证起讫号 |
|---|---|---|---|---|
| 库存现金 | 略 | 5 500. 00 | 5 000. 00 | 略 |
| 银行存款 | 略 | 5 265 000. 00 | 2 659 500. 00 | 略 |
| 应收账款 | 略 | 1 170 000. 00 | 略 | |
| 原材料 | 略 | 1 000 000. 00 | 2 100 000. 00 | 略 |
| 其他应收款 | 略 | 5 000. 00 | | 略 |
| 累计折旧 | 略 | | 40 000. 00 | 略 |
| 库存商品 | 略 | 2 172 000. 00 | 3 300 000. 00 | 略 |
| 生产成本 | 略 | 2 172 000. 00 | 2 172 000. 00 | 略 |
| 应交税费 | 略 | 918 000. 00 | 1 366 375. 00 | 略 |
| 应付职工薪酬 | 略 | 96 000. 00 | 96 000. 00 | 略 |
| 本年利润 | 略 | | 1 064 625. 00 | 略 |
| 主营业务收入 | 略 | 5 500 000. 00 | 5 500 000. 00 | 略 |
| 主营业务成本 | 略 | 3 300 000. 00 | 3 300 000. 00 | 略 |
| 税金及附加 | 略 | 76 500. 00 | 76 500. 00 | 略 |
| 管理费用 | 略 | 394 000. 00 | 394 000. 00 | 略 |
| 销售费用 | 略 | 310 000. 00 | 310 000. 00 | 略 |

表4-4(续)

| 会计科目 | 总账页数 | 本期借方发生额 | 本期贷方发生额 | 记账凭证起讫号 |
|---|---|---|---|---|
| 所得税费用 | 略 | 354 875.00 | 354 875.00 | 略 |
| 合计 | | 22 738 875.00 | 22 738 875.00 | |

3. 采用科目汇总表登记库存商品总账（见表4-5和表4-6）

表4-5　　2012年11月账户余额表

| 科目名称 | 借贷方向 | 期初余额 |
|---|---|---|
| 库存现金 | 借 | 500.00 |
| 银行存款 | 借 | 2 325 000.00 |
| 交易性金融资产 | 借 | 1 000 000.00 |
| 应收账款 | 借 | 500 000.00 |
| 原材料 | 借 | 2 000 000.00 |
| 库存商品 | 借 | 3 400 000.00 |
| 固定资产 | 借 | 5 000 000.00 |
| 累计折旧 | 借 | 960 000.00 |
| 应付账款 | 贷 | 1 200 000.00 |
| 应交税费 | 贷 | 973 000.00 |
| 应付职工薪酬 | 贷 | 240 000.00 |
| 实收资本 | 贷 | 2 000 000.00 |
| 盈余公积 | 贷 | 680 000.00 |
| 本年利润 | 贷 | 6 840 000.00 |

表4-6　　科目汇总表

2012年11月1日至30日　　第11号

| 会计科目 | 总账页数 | 本期借方发生额 | 本期贷方发生额 | 记账凭证起讫号 |
|---|---|---|---|---|
| 库存现金 | 略 | 5 500.00 | 5 000.00 | 略 |
| 银行存款 | 略 | 5 265 000.00 | 2 659 500.00 | 略 |
| 应收账款 | 略 | 1 170 000.00 | 略 | |
| 原材料 | 略 | 1 000 000.00 | 2 100 000.00 | 略 |
| 其他应收款 | 略 | 5 000.00 | | 略 |
| 累计折旧 | 略 | | 40 000.00 | 略 |
| 库存商品 | 略 | 2 172 000.00 | 3 300 000.00 | 略 |
| 生产成本 | 略 | 2 172 000.00 | 2 172 000.00 | 略 |
| 应交税费 | 略 | 918 000.00 | 1 366 375.00 | 略 |
| 应付职工薪酬 | 略 | 96 000.00 | 96 000.00 | 略 |
| 本年利润 | 略 | | 1 064 625.00 | 略 |

表4-6(续)

| 会计科目 | 总账页数 | 本期借方发生额 | 本期贷方发生额 | 记账凭证起讫号 |
|---|---|---|---|---|
| 主营业务收入 | 略 | 5 500 000.00 | 5 500 000.00 | 略 |
| 主营业务成本 | 略 | 3 300 000.00 | 3 300 000.00 | 略 |
| 税金及附加 | 略 | 76 500.00 | 76 500.00 | 略 |
| 管理费用 | 略 | 394 000.00 | 394 000.00 | 略 |
| 销售费用 | 略 | 310 000.00 | 310 000.00 | 略 |
| 所得税费用 | 略 | 354 875.00 | 354 875.00 | 略 |
| 合计 | | 22 738 875.00 | 22 738 875.00 | |

4. 采用科目汇总表登记应付职工薪酬总账（见表4-7和表4-8）

表4-7　　**2012年11月账户余额表**

| 科目名称 | 借贷方向 | 期初余额 |
|---|---|---|
| 库存现金 | 借 | 500.00 |
| 银行存款 | 借 | 2 325 000.00 |
| 交易性金融资产 | 借 | 1 000 000.00 |
| 应收账款 | 借 | 500 000.00 |
| 原材料 | 借 | 2 000 000.00 |
| 库存商品 | 借 | 3 400 000.00 |
| 固定资产 | 借 | 5 000 000.00 |
| 累计折旧 | 借 | 960 000.00 |
| 应付账款 | 贷 | 1 200 000.00 |
| 应交税费 | 贷 | 973 000.00 |
| 应付职工薪酬 | 贷 | 240 000.00 |
| 实收资本 | 贷 | 2 000 000.00 |
| 盈余公积 | 贷 | 680 000.00 |
| 本年利润 | 贷 | 6 840 000.00 |

表4-8　　**科目汇总表**

2012年11月1日至30日　　第11号

| 会计科目 | 总账页数 | 本期借方发生额 | 本期贷方发生额 | 记账凭证起讫号 |
|---|---|---|---|---|
| 库存现金 | 略 | 5 500.00 | 5 000.00 | 略 |
| 银行存款 | 略 | 5 265 000.00 | 2 659 500.00 | 略 |
| 应收账款 | 略 | 1 170 000.00 | 略 | |
| 原材料 | 略 | 1 000 000.00 | 2 100 000.00 | 略 |
| 其他应收款 | 略 | 5 000.00 | | 略 |
| 累计折旧 | 略 | | 40 000.00 | 略 |

表4-8(续)

| 会计科目 | 总账页数 | 本期借方发生额 | 本期贷方发生额 | 记账凭证起讫号 |
|---|---|---|---|---|
| 库存商品 | 略 | 2 172 000.00 | 3 300 000.00 | 略 |
| 生产成本 | 略 | 2 172 000.00 | 2 172 000.00 | 略 |
| 应交税费 | 略 | 918 000.00 | 1 366 375.00 | 略 |
| 应付职工薪酬 | 略 | 96 000.00 | 96 000.00 | 略 |
| 本年利润 | 略 | | 1 064 625.00 | 略 |
| 主营业务收入 | 略 | 5 500 000.00 | 5 500 000.00 | 略 |
| 主营业务成本 | 略 | 3 300 000.00 | 3 300 000.00 | 略 |
| 税金及附加 | 略 | 76 500.00 | 76 500.00 | 略 |
| 管理费用 | 略 | 394 000.00 | 394 000.00 | 略 |
| 销售费用 | 略 | 310 000.00 | 310 000.00 | 略 |
| 所得税费用 | 略 | 354 875.00 | 354 875.00 | 略 |
| 合计 | | 22 738 875.00 | 22 738 875.00 | |

# 任务二　报表编制

## 第一节　财务会计报告概述

### 一、财务会计报告的意义

财务会计报告是指企业对外提供的反映企业在某一特定日期的财务状况和某一会计期间的经营成果和现金流量的总结性书面文件。财务会计报告以企业日常会计核算资料为基础编制，是会计核算工作的最后结果，是整个会计工作的总结，也是企业相关方获取会计信息的主要渠道。财务会计财务报告至少应当包括下列组成部分：

（1）资产负债表；

（2）利润表；

（3）现金流量表；

（4）所有者权益（或股东权益）变动表；

（5）附注。

新会计准则明确指出，财务会计报告由财务报表和附注披露组成，各组成部分有着同等重要的作用和地位。

准确、及时地编制财务会计报告有以下重要意义：

（一）财务会计报告为有关部门提供信息

企业编制财务会计报告为政府有关部门提供企业经营管理的各类信息，有利于发挥对经济的监督和调控作用。国家的财政、税收、统计、审计、国有资产管理级企业的主管部门等，可以通过对企业财务会计报告的审查和分析，检验企业贯彻国家方针、政策、法令、遵守财政纪律、税收的上缴情况，为国家履行管理职能、分析经济运行情况以及进行宏观调控和决策提供依据。

（二）为投资者和债权人提供信息

随着经济的发展，企业筹资、投资活动日益频繁，企业与社会各方面的经济联系越来越紧密，在企业外部形成了投资者、债权人组成的与企业有着经济利益关系的集团。债权人、投资者一般不直接参与企业的生产经营活动，不能直接从中获得所需要的信息。为了进行投资方面的决策，他们需要对企业财务会计报告进行分析，以了解企业的财务状况及生产经营情况，分析企业的偿债能力，并对企业的财务状况做出准确的判断，作为投资、信贷、融资筹资决策的依据；同时，一些投资者还需要通过财务会计报告提供的信息，了解企业的情况，监督企业的生产经营管理，以保护自身的合法权益。

（三）为经营管理者加强和改善经营管理提供依据

财务会计报告通过一定的报表和附注的形式，将企业生产经营的全面情况和各类信息，特别是财务收支方面的资料，进行搜集、整理，将分散的信息加工成系统的信息资料传递给企业内部经营管理部门。企业内部经营管理部门通过财务会计报告，可以全面、系统、总括地了解企业生产经营活动、财务情况和经营成果，检查、分析财务成本计划和有关方针政策的执行情况，能够及时地发现经营活动中存在的问题，迅速做出决策，采取有效措施，改善生产经营管理；同时也可以利用财务会计报告提供的信息，为未来的经营计划和经营方针提供准确的依据，从而使得企业计划和经营方针更为合理科学。

## 二、财务会计报告的构成

一套完整的财务报表至少应当包括“四表一注”，即资产负债表、利润表、现金流量表、所有者权益（或股东权益，下同）变动表以及附注。

（1）资产负债表是反映企业在某一特定日期的财务状况的会计报表。企业编制资产负债表的目的是通过如实反映企业的资产、负债和所有者权益金额及其结构情况，从而有助于使用者评价企业资产的质量以及短期偿债能力、长期偿债能力、利润分配能力等。

（2）利润表是反映企业在一定会计期间的经营成果和综合收益的会计报表。企业编制利润表的目的是通过如实反映企业实现的收入、发生的费用以及应当计入当期利润的利得和损失、其他综合收益、综合收益等金额及其结构情况，从而有助于使用者分析评价企业的盈利能力及其构成与质量。

（3）现金流量表是反映企业在一定会计期间的现金和现金等价物流入和流出的会计报表。企业编制现金流量表的目的是通过如实反映企业各项活动的现金流入和现金流出，从而有助于使用者评价企业生产经营过程特别是经营活动中所形成的现金流量和资金周转情况。

（4）所有者权益变动表是反映构成企业所有者权益的各组成部分当期的增减变动情况的报表。所有者权益变动表应当全面反映一定时期所有者权益变动的情况，不仅包括所有者权益总量的增减变动，还包括所有者权益增减变动的重要结构性信息，特别是要反映直接计入所有者权益的利得和损失，让使用者准确理解所有者权益增减变动的根源。

（5）附注是对在会计报表中列示项目所做的进一步说明，以及对未能在这些报表中列示项目的说明等。附注由若干附表和对有关项目的文字性说明组成。企业编制附注的目的是通过对报表本身作补充说明，以更加全面、系统地反映企业财务状况、经营成果和现金流量的全貌，从而有助于使用者提供更为有用的决策信息，帮助其做出更加科学合理的决策。

## 三、财务报表的种类

按财务报表编报期间的不同，可以分为中期财务报表和年度财务报表。中期财务报表是以短于一个完整会计年度的报告期间为基础编制的财务报表，包括月报、季报和半年报等。

按财务报表编报主体的不同，可以分为个别财务报表和合并财务报表。个别财务报表是由企业在自身会计核算基础上对账簿记录进行加工而编制的财务报表，它主要用以反映企业自身的财务状况、经营成果及现金流量情况。合并财务报表是以母公司和子公司组成的企业集团为会计主体，根据母公司和所属子公司的财务报表，由母公司编制的综合反映企业集团财务状况、经营成果及现金流量的财务报表。

## 四、财务会计报告的编制要求

会计报表编制和报送是一项严肃的工作，应在规定时间内按照会计制度的规定，编报月、季、半年、年度会计报表，并必须达到以下要求：

### （一）可理解性

可理解性是指会计报表提供的财务信息可以为使用者所理解。企业对外提供的会计报表是为广大阅读者所使用，主要涵盖企业过去、现在和未来的财务信息资料，为投资者、债权人以及潜在的投资者和债权人提供决策所需的经济信息的，因此，编制的会计报表应清晰易懂。如果提供的会计报表晦涩难懂，不可理解，使用者就不能做出可靠的判断，所提供的会计报表也毫无用处。当然，对会计报表的这一要求，是建立在会计报表使用者具有一定阅读会计报表能力的基础之上的。

### （二）真实可靠性

会计首先是一个信息系统，如实反映企业的经营活动和财务状况是会计信息系统的基本要求。对外提供的会计报表主要是满足不同的使用者对信息资料的要求，便于使用者根据所提供的财务信息做出决策。因此，会计报表所提供的数据必须做到真实可靠。如果会计报表所提供的财务信息不真实可靠，反而会由于错误的信息，导致报表的使用者对企业财务状况做出相反的结论，导致其决策失误。

（三）相关可比性

相关可比是指会计报表提供的财务信息必须与使用者的决策需要相关联并具有可比性。如果会计报表提供的信息资料能够使使用者了解过去、现在或对未来事项的影响及其变化趋势，并为使用者提供有关的可比信息，则可认为会计报表提供的财务信息相关可比。

（四）全面完整性

会计报表应当全面反映企业的财务状况和经营成果，反映企业经营活动的全貌。会计报表只有全面反映企业的财务情况，提供完整的会计信息资料，才能满足各方面对财务信息资料的需要。为了保证会计报表的全面完整，企业在编制会计报表时，应该按照规定的格式和内容进行填列，凡是国家要求提供的会计报表，必须按照国家规定的要求编报，不得漏编漏报。企业某些重要的会计事项，应当在会计报表附注中加以说明。

（五）编报及时性

信息的特征具有时效性。会计报表只有及时编制和报送，才能有利于会计报表的使用者使用。否则，即使最真实可靠完整的会计报表，由于编制、报送不及时，对于报表的使用者来说，也是没有任何价值的。

## 第二节　资产负债表的编制

### 一、资产负债表的定义

资产负债表是反映企业在某一特定日期（如月末、季末、年末）全部资产、负债和所有者权益情况的会计报表，是企业经营活动的静态体现，根据“资产＝负债+所有者权益”这一平衡公式，依照一定的分类标准和一定的次序，将某一特定日期的资产、负债、所有者权益的具体项目予以适当的排列编制而成。它表明权益在某一特定日期所拥有或控制的经济资源、所承担的现有义务和所有者对净资产的要求权。它是一张揭示企业在一定时点财务状况的静态报表。资产负债表利用会计平衡原则，将合乎会计原则的“资产、负债、所有者权益”交易科目分为“资产”和“负债及所有者权益”两大区块，在经过分录、转账、分类账、试算、调整等会计程序后，以特定日期的静态企业情况为基准，浓缩成一张报表。其报表功用除了企业内部除错、调控经营方向、防止弊端外，也可让所有阅读者于最短时间了解企业的经营状况。

资产负债表为会计上相当重要的财务报表，最重要功用在于表现企业的经营状况。就程序而言，资产负债表为簿记记账程序的末端，是集合了登录分录、过账及试算调整后的最后结果与报表。就性质而言，资产负债表则是表现公司资产、负债与所有者权益的对比关系，确切反映公司营运状况。就报表基本组成而言，资产负债表主要包含了报表左边算式的资产部分，与右边算式的负债与所有者权益部分。而作业前端，如果完全依照会计原则记载，并经由正确的分录或转账试算过程后，必然会使资产负债表的左右边算式的总金额完全相同。而这个算式终其言就是资产金额总计=负债金额合计+所有者权益金额合计。

## 二、资产负债表的格式

资产负债表一般有表首、正表两部分。其中，表首概括地说明报表名称、编制单位、编制日期、报表编号、货币名称、计量单位等。正表是资产负债表的主体，列示了用以说明企业财务状况的各个项目。资产负债表正表的格式一般有两种：报告式资产负债表和账户式资产负债表。报告式资产负债表是上下结构，上半部列示资产，下半部列示负债和所有者权益。具体排列形式又有两种：一是按“资产=负债+所有者权益”的原理排列；二是按“资产-负债=所有者权益”的原理排列。账户式资产负债表是左右结构，左边列示资产，右边列示负债和所有者权益。不管采取什么格式，资产各项目的合计等于负债和所有者权益各项目的合计这一等式不变。

（1）企业的资产负债表采用账户式结构。账户式资产负债表分左右两方，左方为资产项目，大体按资产的流动性大小排列，流动性大的资产如“货币资金”“交易性金融资产”等排在前面，流动性小的资产如“长期股权投资”“固定资产”等排在后面。右方为负债及所有者权益项目，一般按要求清偿时间的先后顺序排列，“短期借款”“应付票据”“应付账款”等需要在一年以内或者长于一年的一个正常营业周期内偿还的流动负债排在前面，“长期借款”等在一年以上才需偿还的非流动负债排在中间，在企业清算之前不需要偿还的所有者权益项目排在后面。

（2）账户式资产负债表中的资产各项目的合计等于负债和所有者权益各项目的合计，即资产负债表左方和右方平衡。通过账户式资产负债表，可以反映资产、负债、所有者权益之间的内在关系，即“资产=负债+所有者权益”。每个项目又分为“期末余额”和“年初余额”两栏分别填列。

## 三、资产负债表的填制内容

资产负债表根据资产、负债、所有者权益（或股东权益，下同）之间的勾稽关系，按照一定的分类标准和顺序，把企业一定日期的资产、负债和所有者权益各项目予以适当排列。它反映的是企业资产、负债、所有者权益的总体规模和结构，即：资产有多少；资产中，流动资产、固定资产各有多少；流动资产中，货币资金有多少，应收账款有多少，存货有多少，等等，所有者权益有多少；所有者权益中，实收资本（或股本，下同）有多少，资本公积有多少，盈余公积有多少，未分配利润有多少等。

在资产负债表中，企业通常按资产、负债、所有者权益分类、分项反映。也就是说，资产按流动性大小进行列示，具体分为流动资产、长期投资、固定资产、无形资产及其他资产；负债也按流动性大小进行列示，具体分为流动负债、长期负债等；所有者权益则按实收资本、资本公积、盈余公积、未分配利润等项目分项列示。

银行、保险公司和非银行金融机构由于在经营内容上不同于一般的工商企业，导致其资产、负债、所有者权益的构成项目也不同于一般的工商企业，具有特殊性。但是，在资产负债表上列示时，对于资产而言，通常也按流动性大小进行列示，具体分为流动资产、长期投资、固定资产、无形资产及其他资产；对于负债而言，也按流动性大小列示，具体分为流动负债、长期负债等；对于所有者权益而言，也是按实收资本、资本公积、盈余公积、未分配利润等项目分项列示。

（一）资产

资产负债表中的资产反映由过去的交易、事项形成并由企业在某一特定日期所拥有或控制的、预期会给企业带来经济利益的资源。资产应当按照流动资产和非流动资产两大类别在资产负债表中列示，在流动资产和非流动资产类别下进一步按性质分项列示。

流动资产是预计在一个正常营业周期中变现、出售或耗用，或者主要为交易目的而持有，或者预计在资产负债表日起一年内（含一年）变现的资产，或者自资产负债表日起一年内交换其他资产或清偿负债的能力不受限制的现金或现金等价物。

资产负债表中列示的流动资产项目通常包括：货币资金、交易性金融资产、应收票据、应收账款、预付款项、应收利息、应收股利、其他应收款、存货和一年内到期的非流动资产等。

非流动资产是流动资产以外的资产。资产负债表中列示的非流动资产项目通常包括：长期股权投资、固定资产、在建工程、工程物资、固定资产清理、无形资产、开发支出、长期待摊费用以及其他非流动资产等。

（二）负债

资产负债表中的负债反映在某一特定日期企业所承担的、预期会导致经济利益流出企业的现时义务。负债应当按照流动负债和非流动负债在资产负债表中进行列示，在流动负债和非流动负债类别下再进一步按性质分项列示。

流动负债是预计在一个正常营业周期中清偿，或者主要为交易目的而持有，或者自资产负债表日起 1 年内（含 1 年）到期应予以清偿，或者企业无权自主地将清偿推迟至资产负债表日后 1 年以上的负债。资产负债表中列示的流动负债项目通常包括短期借款、应付票据、应付账款、预收款项、应付职工薪酬、应交税费、应付利息、应付股利、其他应付款、1 年内到期的非流动负债等。

非流动负债是流动负债以外的负债。非流动负债项目通常包括长期借款、应付债券和其他非流动负债等。

（三）所有者权益

资产负债表中的所有者权益是企业资产扣除负债后的剩余权益，反映企业在某一特定日期股东（投资者）拥有的净资产的总额，它一般按照实收资本、资本公积、盈余公积和未分配利润分项列示。

## 四、资产负债表的编制方法

资产负债表是反映企业在某一特定日期的财务状况的会计报表。

所有的资产负债表项目都列有“年初数”和“期末数”两栏，相当于两期的比较资产负债表。该表“年初数”栏内各项数字，应根据上年年末资产负债表“期末数”栏内所列数字填列。如果本年度资产负债表规定的各个项目的名称和内容与上年不相一致，应对上年年末资产负债表各项目的名称和数字按照本年度的规定进行调整，填入本表“年初数”栏内。表中的“期末数”，指月末、季末或年末数字，它们是根据各项目有关总账科目或明细科目的期末余额直接填列或计算分析填列的。

资产负债表的填列方法有以下几种：

（1）直接根据总账账户的余额填列，如“交易性金融资产”“应收票据”“应收股利”“应收利息”“固定资产”“固定资产清理”“工程物资”“递延所得税资产”“短期借款”“应付票据”“应付职工薪酬”“应交税费”“应付股利”“其他应付款”“递延所得税负债”“实收资本”“资本公积”“盈余公积”等项目。

（2）根据几个总账账户的余额计算填列，如“货币资金”“未分配利润”项目。其中“货币资金”项目是根据“库存现金”“银行存款”“其他货币资金”账户的期末余额合计填列；“未分配利润”项目是根据“本年利润”账户和“利润分配”账户余额合计填列。

（3）根据有关明细账户的余额计算填列，如“应收账款”“预付账款”“应付账款”“预收账款”等项目。

①“应收账款”项目是根据“应收账款”和“预收账款”账户所属各明细账户的期末借方余额合计数，减去“坏账准备”账户中有关应收账款计提的坏账准备期末余额后的金额填列。

②“预付款项”项目是根据“预付账款”和“应付账款”账户所属各明细账户的期末借方余额合计填列。

③“应付账款”项目是根据“应付账款”和“预付账款”账户所属各明细账户的期末贷方余额合计填列。

④“预收款项”项目是根据“预收账款”和“应收账款”账户所属各明细账户的期末贷方余额合计填列。

（4）根据总账账户和明细账户的余额分析计算填列，包括“持有至到期投资”“长期应收款”“长期待摊费用”“长期借款”“应付债券”“长期应付款”等项目。例如，“长期借款”项目，应根据“长期借款”总账账户余额扣除“长期借款”账户所属的明细账户中将在资产负债表日起一年内到期且企业不能自主地将清偿义务展期的长期借款后的金额填列。

（5）根据总账账户与其备抵账户抵消后的净额填列，如“应收票据”“应收账款”“其他应收款”“存货”“持有至到期投资”“长期股权投资”“固定资产”“投资性房地产”“无形资产”等项目。资产负债表中的“应收账款”“长期股权投资”等项目，应根据“应收账款”“长期股权投资”等账户的期末余额减去“坏账准备”“长期股权投资减值准备”等账户余额后的净额填列；“固定资产”项目，应根据“固定资产”账户期末余额减去“累计折旧”“固定资产减值准备”账户余额后的净额填列；“无形资产”项目，应根据“无形资产”账户期末余额减去“累计摊销”“无形资产减值准备”账户余额后的净额填列。

(6) 综合运用上述填列方法分析填列，如“存货”项目，应根据“在途物资”或“材料采购”“原材料”“周转材料”“库存商品”“委托加工物资”“发出商品”“代理业务资产”“生产成本”“劳务成本”等账户的期末余额合计，减去“代理业务负债”“存货跌价准备”账户期末余额后的金额填列。存货采用计划成本核算的企业，还应加上或减去“材料成本差异”账户的期末余额。

## 第三节 利润表的编制

### 一、利润表的定义

利润表是反映企业一定会计期间（如月度、季度、半年度或年度）生产经营成果的会计报表。企业一定会计期间的经营成果既可能表现为盈利，也可能表现为亏损，因此，利润表也被称为损益表。它全面揭示了企业在某一特定时期实现的各种收入、发生的各种费用、成本或支出，以及企业实现的利润或发生的亏损情况。利润表是根据“收入-费用=利润”的基本关系来编制的，其具体内容取决于收入、费用、利润等会计要素及其内容，利润表项目是收入、费用和利润要素内容的具体体现。从反映企业经营资金运动的角度看，它是一种反映企业经营资金动态表现的报表，主要提供有关企业经营成果方面的信息，属于动态会计报表。

### 二、利润表的格式

利润表一般有表首、正表两部分。其中表首说明报表名称编制单位、编制日期、报表编号、货币名称、计量单位等；正表是利润表的主体，反映形成经营成果的各个项目和计算过程，所以，曾经将这张表称为损益计算书。

利润表正表的格式有两种：单步式利润表和多步式利润表。单步式利润表是将当期所有的收入列在一起然后将所有的费用列在一起两者相减得出当期净损益。多步式利润表是通过对当期的收入、费用、支出项目按性质加以归类，按利润形成的主要环节列示一些中间性利润指标，如营业利润、利润总额、净利润，分步计算当期净损益。

在我国，利润表采用多步式，每个项目通常又分为“本月数”和“本年累计数”两栏分别填列。“本月数”栏反映各项目的本月实际发生数；在编报中期财务会计报告时，填列上年同期累计实际发生数；在编报年度财务会计报告时，填列上年全年累计实际发生数。如果上年度利润表与本年度利润表的项目名称和内容不相一致，则按编报当年的口径对上年度利润表项目的名称和数字进行调整，填入本表“上年数”栏。在编报中期和年度财务会计报告时，将“本月数”栏改成“上年数”栏。本表“本年累计数”栏反映各项目自年初起至报告期末止的累计实际发生数。多步式利润表主要分四步计算企业的利润（或亏损）。第一步，以主营业务收入为基础，减去主营业务成本和主营业务税金及附加，计算主营业务利润；第二步，以主营业务利润为基础，加上其他业务利润，减去销售费用、管理费用、财务费用，计算出营业利润；第三步，以营业利润为基础，加上投资净收益、补贴收入、营业外收入，减去营业外支出，计算出利润总额；第四步，以利润总额为基础，减去所得税，计算净利润（或净亏损）。

## 三、利润表的填制内容

利润表分项列示了企业在一定会计期间因销售商品、提供劳务、对外投资等所取得的各种收入以及与各种收入相对应的费用、损失并将收入与费用、损失加以对比结出当期的净利润。这一将收入与相关的费用、损失进行对比，结出净利润的过程，会计上称为配比。其目的是衡量企业在特定时期或特定业务中所取得的成果，以及为取得这些成果所付出的代价，为考核经营效益和效果提供数据。比如分别列示主营业务收入和主营业务成本、主营业务税金及附加并加以对比，得出主营业务利润，从而掌握一个企业主营业务活动的成果。配比是一项重要的会计原则，在利润表中得到了充分体现。

通常，利润表主要反映以下几方面的内容：

（1）构成主营业务利润的各项要素。从主营业务收入出发，减去为取得主营业务收入而发生的相关费用、税金后得出主营业务利润。

（2）构成营业利润的各项要素。营业利润在主营业务利润的基础上，加其他业务利润，减销售费用、管理费用、财务费用后得出。

（3）构成利润总额（或亏损总额）的各项要素。利润总额（或亏损总额）在营业利润的基础上加（减）投资收益（损失）、补贴收入、营业外收支后得出。

（4）构成净利润（或净亏损）的各项要素。净利润（或净亏损）在利润总额（或亏损总额）的基础上，减去本期计入损益的所得税费用后得出。

## 四、利润表的填制方法

利润表中的各项目都列有“本月数”和“本年累计数”两栏。

### （一）本月数栏

利润表“本月数”栏反映各项目的本月实际发生数。在编报中期和年度财务报表时，应将“本月数”栏改成“上年数”栏。

1. 一般根据账户的本期发生额分析填列

由于该表是反映企业一定时期经营成果的动态报表，因此，该栏内各项目一般根据账户的本期发生额分析填列。

（1）“营业收入”项目，反映企业经营业务所得的收入总额。本项目应根据“主营业务收入”和“其他业务收入”账户的发生额分析填列。

（2）“营业成本”项目，反映企业经营业务发生的实际成本。本项目应根据“主营业务成本”和“其他业务成本”账户的发生额分析填列。

（3）“税金及附加”项目，反映企业经营业务应负担的消费税、城市维护建设税、资源税、土地增值税和教育费附加等。本项目应根据“税金及附加”账户的发生额分析填列。

（4）“销售费用”项目，反映企业在销售商品和商品流通企业在购入商品等过程中发生的费用。本项目应根据“销售费用”账户的发生额分析填列。

（5）“管理费用”项目，反映企业行政管理等部门所发生的费用。本项目应根据“管理费用”账户的发生额分析填列。

（6）“财务费用”项目，反映企业发生的利息费用等。本项目应根据“财务费用”账户的发生额分析填列。

（7）“资产减值损失”项目，反映企业发生的各项减值损失。本项目应根据“资产减值损失”账户的发生额分析填列。

（8）“公允价值变动损益”项目，反映企业交易性金融资产等公允价值变动所形成的当期利得和损失。本项目应根据“公允价值变动损益”账户的发生额分析填列。

（9）“投资收益”项目，反映企业以各种方式对外投资所取得的收益。本项目应根据“投资收益”账户的发生额分析填列；如为投资损失，以“—”号填列。

（10）“营业外收入”项目和“营业外支出”项目，反映企业发生的与其生产经营无直接关系的各项收入和支出。这两个项目应分别根据“营业外收入”账户和“营业外支出”账户的发生额分析填列。其中，处置非流动资产的损失，应当单独列示。

（11）“所得税费用”项目，反映企业按规定从本期损益中减去的所得税。本项目应根据“所得税费用”账户的发生额分析填列。

（12）“每股收益”，分为基本每股收益和潜在每股收益。企业应当按照归属于普通股股东的当期净利润，除以发行在外普通股的加权平均数计算基本每股收益。

（13）综合收益包括其他综合收益和综合收益总额。“其他综合收益”项目，应根据企业会计准则规定未在损益中确认的各项利得和损失扣除所得税影响后的净额填列；“综合收益总额”项目，应根据企业净利润加上其他综合收益的合计数填列。

2. 利润的构成分类项目根据本表有关项目计算填列

利润表中“营业利润”“利润总额”“净利润”等项目，均根据有关项目计算填列。

计算利润时，企业应以收入为起点，计算出当期的利润总额和净利润额。其利润总额和净利润额的形成的计算步骤为：

（1）以主营业务收入减去主营业务成本、税金及附加。计算主营业务利润，目的是考核企业主营业务的获利能力。

主营业务利润=主营业务收入-主营业务成本-税金及附加

上述公式的特点是：主营业务成本、税金及附加与主营业务直接有关，先从主营业务收入中直接扣除，计算出主营业务利润。

（2）从主营业务利润和其他业务利润中减去管理费用、销售费用和财务费用，计算出企业的营业利润，目的是考核企业生产经营活动的获利能力。

营业利润=营业收入-营业成本-税金及附加-销售费用-管理费用-财务费用-资产减值损失+公允价值变动收益（-公允价值变动损失）+投资收益（-投资损失）

（3）在营业利润的基础上，加上投资净收益、补贴收入、营业外收支净额，计算出当期利润总额，目的是考核企业的综合获利能力。

利润总额=营业利润+营业外收入-营业外支出

（4）在利润总额的基础上，减去所得税，计算出当期净利润额，目的是考核企业的最终获利能力。

（二）本年累计数栏

该栏反映各项目自年初起至本月月末止的累计实际发生数。应根据上月利润表的“本年累计数”栏各项目数额，加上本月利润表的“本月数”栏各项目数额，然后将其合计数填入该栏相应项目内。

## 第四节 现金流量表的编制

### 一、现金流量表的定义

现金流量表是反映一定时期内（如月度、季度或年度）企业经营活动、投资活动和筹资活动对其现金及现金等价物所产生影响的财务报表。现金流量表是原先财务状况变动表或者资金流动状况表的替代物。它详细描述了由公司的经营、投资与筹资活动所产生的现金流。一个正常经营的企业，在创造利润的同时，还应创造现金收益，通过对现金流入来源分析，就可以对创造现金能力做出评价，并可对企业未来获取现金的能力做出预测。现金流量表所揭示的现金流量信息可以从现金角度对企业偿债能力和支付能力做出更可靠、更稳健的评价。企业的净利润是以权责发生制为基础计算出来的，而现金流量表中的现金流量是以收付实现制为基础的。通过对现金流量和净利润的比较分析，可以对收益的质量做出评价。投资活动是企业将一部分财力投入某一对象，以谋取更多收益的一种行为；筹资活动是企业根据财力的需求，进行直接或间接融资的一种行为，企业的投资和筹资活动都与企业的经营活动密切相关。因此，对现金流量表中所揭示的投资活动和筹资活动所产生的现金流入和现金流出信息，可以结合经营活动所产生的现金流量信息和企业净收益进行具体分析，从而对企业的投资活动和筹资活动做出评价。

现金流量表中的现金是指现金及现金等价物。

（1）现金，是指企业库存现金以及可以随时用于支付的存款，包括库存现金、银行存款和其他货币资金（如外埠存款、银行汇票存款、银行本票存款等）等。不能随时用于支付的存款不属于现金。

（2）现金等价物，是指企业持有的期限短、流动性强、易于转换为已知金额现金、价值变动风险很小的投资。期限短，一般是指从购买日起三个月内到期。现金等价物通常包括三个月内到期的债券投资等。

### 二、编制现金流量表的方法

我国会计准则规定，企业应当采用直接法编制现金流量表，并要求在补充资料中采用间接法提供净利润调节为经营活动现金流量的信息。

在采用直接法具体编制现金流量表时，可根据业务量的大小及复杂程度，选择采用工作底稿法、T 型账户法或直接根据有关账户的记录分析填列。

（一）工作底稿法

采用工作底稿法编制现金流量表，就是以工作底稿为手段，以利润表和资产负债表数据为基础，对每一项目进行分析并编制调整分录，从而编制出现金流量表。

在直接法下，整个工作底稿纵向分成三段，第一段是资产负债表项目，其中又分为借方项目和贷方项目两部分；第二段是利润表项目；第三段是现金流量表项目。工作底稿横向分为五栏，在资产负债表部分，第一栏是项目栏，填列资产负债表各项目名称；第二栏是期初数，用来填列资产负债表项目的期初数；第三栏是调整分录的借方；第四栏是调整分录的贷方；第五栏是期末数，用来填列资产负债表各项目的期末数。在利润表和现金流量表部分，第一栏也是项目栏，用来填列利润表和现金流量表项目名称；第二栏空置不填；第三、第四栏分别是调整分录的借方和贷方；第五栏是本期数，利润表部分这一栏数字应和本期利润表数字核对相符，现金流量表部分这一栏的数字可直接用来编制正式的现金流量表。

采用工作底稿法编制现金流量表的程序是：

第一步，将资产负债表的期初数和期末数过入工作底稿的期初数栏和期末数栏。

第二步，对当期业务进行分析并编制调整分录。调整分录大体有这样几类：第一类涉及利润表中的收入、成本和费用项目以及资产负债表中的资产、负债及所有者权益项目，通过调整，将权责发生制下的收入费用转换为现金基础；第二类是涉及资产负债表和现金流量表中的投资、筹资项目，反映投资和筹资活动的现金流量；第三类是涉及利润表和现金流量表中的投资和筹资项目，目的是将利润表中有关投资和筹资方面的收入和费用列入现金流量表投资、筹资现金流量中去。此外，还有一些调整分录并不涉及现金收支，只是为了核对资产负债表项目的期末期初变动。

在调整分录中，有关现金和现金等价物的事项，并不直接借记或贷记现金，而是分别记入“经营活动产生的现金流量”“投资活动产生的现金流量”“筹资活动产生的现金流量”有关项目，借记表明现金流入，贷记表明现金流出。

第三步，将调整分录过入工作底稿中的相应部分。

第四步，核对调整分录，借贷合计应当相等，资产负债表项目期初数加减调整分录中的借贷金额以后，应当等于期末数。

第五步，根据工作底稿中的现金流量表项目部分编制正式的现金流量表。

（二）T 型账户法

采用 T 型账户法，就是以 T 型账户为手段，以利润表和资产负债表数据为基础，对每一项目进行分析并编制出调整分录，从而编制出现金流量表。

采用 T 型账户法编制现金流量表的程序如下：

第一步，为所有的非现金项目（包括资产负债表项目和利润表项目）分别开设 T 型账户，并将各自的期末期初变动数过入各该账户。

第二步，开设一个大的“现金及现金等价物”T 型账户，每边分为经营活动、投资活动和筹资活动三个部分，左边记现金流入，右边记现金流出。与其他账户一样，过入期末期初变动数。

第三步，以利润表项目为基础，结合资产负债表分析每一个非现金项目的增减变动，并据此编制调整分录。

第四步，将调整分录过入各 T 型账户，并进行核对，该账户借贷相抵后的余额与原先过入的期末期初变动数应当一致。

第五步，根据大的“现金及现金等价物”T 型账户编制正式的现金流量表。

（三）分析填列法

分析填列法是直接根据已经编制完成的利润表、资产负债表资料及各有关账户的明细资料的记录，分析计算出现金流量表各项目的金额，据以编制出现金流量表的方法。

## 三、现金流量表的填制内容

1. 经营活动产生的现金流量

（1）“销售商品、提供劳务收到的现金”项目，公式为：销售商品、提供劳务收到的现金=营业收入+增值税的销项税额+（应收票据年初余额-应收票据年末余额）+（应收账款年初余额-应收账款年末余额）+（预收账款年末余额-预收账款年初余额）-当期计提的坏账准备

（2）“收到的税费返还”项目，该项目反映企业收到返还的所得税、增值税、消费税、关税和教育费附加等各种税费返还款。

（3）“收到的其他与经营活动有关的现金”项目，该项目反映企业除上述各项目外，收到的其他与经营活动有关的现金，如罚款收入、经营租赁固定资产收到的现金、投资性房地产收到的租金收入、流动资产损失中由个人赔偿的现金收入、除税费返还外的其他政府补助收入等。

（4）“购买商品、接受劳务支付的现金”项目，公式为：购买商品、接受劳务支付的现金=营业成本+增值税的进项税额+（存货年末余额-存货年初余额）+（应付账款年初余额-应付账款年末余额）+（应付票据年初余额-应付票据年末余额）+（预付账款年末余额-预付账款年初余额）-当期列入生产成本、制造费用的职工薪酬-当期列入生产成本、制造费用的折旧费

（5）“支付给职工以及为职工支付的现金”项目，公式为：支付给职工以及为职工支付的现金=应付职工薪酬年初余额+生产成本、制造费用、管理费用中职工薪酬-应付职工薪酬期末余额

（6）“支付的各项税费”项目，公式为：支付的各项税费=(应交所得税期初余额+当期所得税费用-应交所得税期末余额)+支付的税金及附加+应交增值税（已交税金）

（7）“支付其他与经营活动有关的现金”项目，该项目反映企业除上述各项目外所支付的其他与经营活动有关的现金，如经营租赁支付的租金、支付的罚款、差旅费、业务招待费、保险费等，此外包括支付的销售费用。

2. 投资活动产生的现金流量

（1）“收回投资收到的现金”项目，该项目反映企业出售、转让或到期收回除现金

等价物以外的对其他企业的交易性金融资产、长期股权投资收到的现金。本项目可根据“交易性金融资产”“长期股权投资”等科目的记录分析填列。

（2）“取得投资收益收到的现金”项目，该项目反映企业交易性金融资产分得的现金股利，从子公司、联营企业或合营企业分回利润、现金股利而收到的现金，因债权性投资而取得的现金利息收入。本项目可以根据“应收股利”“应收利息”“投资收益”“库存现金”“银行存款”等科目的记录分析填列。

（3）“处置子公司及其他营业单位收到的现金净额”项目，该项目反映企业处置子公司及其他营业单位所取得的现金，减去相关处置费用以及子公司及其他营业单位持有的现金和现金等价物后的净额。本项目可以根据“长期股权投资”“银行存款”“库存现金”等科目的记录分析填列。

（4）“购建固定资产、无形资产和其他长期资产支付的现金”项目，该项目反映企业购买、建造固定资产、取得无形资产和其他长期资产所支付的现金（含增值税款等），以及用现金支付的应由在建工程和无形资产负担的职工薪酬。

为购建固定资产、无形资产而发生的借款利息资本化部分，在筹资活动产生的现金流量“分配股利、利润和偿付利息支付的现金”中反映。本项目可以根据“固定资产”“在建工程”“工程物资”“无形资产”“库存现金”“银行存款”等科目的记录分析填列。

（5）“投资支付的现金”项目，该项目反映企业取得除现金等价物以外的对其他企业的权益工具、债务工具和合营中的权益投资所支付的现金，包括除现金等价物以外的交易性金融资产、长期股权投资，以及支付的佣金、手续费等交易费用。

企业购买股票时实际支付的价款中包含的已宣告而尚未领取的现金股利，以及购买债券时支付的价款中包含的已到期尚未领取的债券利息，应在“支付的其他与投资活动有关的现金”项目中反映。取得子公司及其他营业单位支付的现金净额，应在“取得子公司及其他营业单位支付的现金净额”项目中反映。本项目可以根据“交易性金融资产”“长期股权投资”等科目的记录分析填列。

（6）“取得子公司及其他营业单位支付的现金净额”项目，该项目反映企业购买子公司及其他营业单位购买出价中以现金支付的部分，减去子公司及其他营业单位持有的现金和现金等价物后的净额。本项目可以根据“长期股权投资”“库存现金”“银行存款”等科目的记录分析填列。

3. 筹资活动产生的现金流量

（1）“吸收投资收到的现金”项目，该项目反映企业以发行股票等方式筹集资金实际收到的款项净额（发行收入减去支付的佣金等发行费用后的净额）。本项目可以根据“实收资本（或股本）”“资本公积”“库存现金”“银行存款”等科目的记录分析填列。

（2）“取得借款收到的现金”项目，该项目反映企业举借各种短期、长期借款而收到的现金，以及发行债券实际收到的款项净额（发行收入减去直接支付的佣金等发行费用后的净额）。本项目可以根据“短期借款”“长期借款”“应付债券”“库存现金”“银行存款”等科目的记录分析填列。

（3）“偿还债务支付的现金”项目，该项目反映企业偿还债务本金所支付的现金，包括偿还金融企业的借款本金、偿还债券本金等。企业支付的借款利息和债券利息在“分配股利、利润和偿付利息支付的现金”项目反映，不包括在本项目内。本项目可以根据“短期借款”“长期借款”“应付债券”等科目的记录分析填列。

（4）“分配股利、利润和偿付利息支付的现金”项目，该项目反映企业实际支付的现金股利、支付给其他投资单位的利润或用现金支付的借款利息、债券利息等。不同用途的借款，其利息的开支渠道不一样，如在建工程、制造费用、财务费用等，均在本项目中反映。本项目可以根据“应付股利”“应付利息”“在建工程”“制造费用”“研发支出”“财务费用”等科目的记录分析填列。

## 第五节　所有者权益变动表的编制

### 一、所有者权益变动表概述

所有者权益变动表是指反映构成所有者权益各组成部分当期增减变动情况的报表。

所有者权益变动表，既可以为报表使用者提供所有者权益总量增减变动的信息，也能为其提供所有者权益增减变动的结构性信息，特别是能够让报表使用者理解所有者权益增减变动的根源。

### 二、所有者权益变动表的结构

在所有者权益变动表上，企业至少应当单独列示反映下列信息的项目：①综合收益总额；②会计政策变更和差错更正的累积影响金额；③所有者投入资本和向所有者分配利润等；④提取的盈余公积；⑤实收资本或资本公积、盈余公积、未分配利润的期初和期末余额及其调节情况。

所有者权益变动表以矩阵的形式列示：一方面，列示导致所有者权益变动的交易或事项，即所有者权益变动的来源，对一定时期所有者权益的变动情况进行全面反映；另一方面，按照所有者权益各组成部分（即实收资本、资本公积、其他综合收益、盈余公积、未分配利润和库存股）列示交易或事项对所有者权益各部分的影响。

### 三、所有者权益变动表的编制

#### （一）所有者权益变动表项目的填列方法

所有者权益变动表各项目均需填列“本年金额”和“上年金额”两栏。所有者权益变动表“上年金额”栏内各项数字，应根据上年度所有者权益变动表“本年金额”栏内所列数字填列。上年度所有者权益变动表规定的各个项目的名称和内容同本年度不一致的，应对上年度所有者权益变动表各项目的名称和数字。

按照本年度的规定进行调整，填入所有者权益变动表的“上年金额”栏内。所有者权益变动表“本年金额”栏内各项数字一般应根据“实收资本（或股本）”“资本公积”“其他综合收益”“盈余公积”“利润分配”“库存股”“以前年度损益调整”科目的发生额分析填列。

企业的净利润及其分配情况作为所有者权益变动的组成部分，不需要单独编制利润分配表列示。

（二）所有者权益变动表主要项目说明

（1）“上年年末余额”项目，反映企业上年资产负债表中实收资本（或股本）、资本公积、库存股、其他综合收益、盈余公积、未分配利润的年末余额。

（2）“会计政策变更”“前期差错更正”项目，分别反映企业采用追溯调整法处理的会计政策变更的累积影响金额和采用追溯重述法处理的会计差错更正的累积影响金额。

（3）“本年增减变动金额”项目，主要包括：①“综合收益总额”项目，反映净利润和其他综合收益扣除所得税影响后的净额相加后的合计金额。②“所有者投入和减少资本”项目，反映企业当年所有者投入的资本和减少的资本。③“利润分配”项目，反映企业当年的利润分配金额。④“所有者权益内部结转”项目，反映企业构成所有者权益的组成部分之间的增减变动情况。其中，“资本公积转增资本（或股本）”项目，反映企业以资本公积转增资本或股本的金额。“盈余公积转增资本（或股本）”项目，反映企业以盈余公积转增资本或股本的金额。“盈余公积弥补亏损”项目，反映企业以盈余公积弥补亏损的金额。

## 第六节　报表附注的编制

### 一、附注的概念

附注是对在资产负债表、利润表、现金流量表和所有者权益变动表等报表中列示项目的文字描述或明细资料，以及对未能在这些报表中列示项目的说明等。

附注应当披露财务报表的编制基础，相关信息应当与资产负债表、利润表、现金流量表和所有者权益变动表等报表中列示的项目相互参照。

### 二、附注的主要内容

附注是财务报表的重要组成部分。企业应当按照如下顺序披露附注的内容：

（一）企业的基本情况

（1）企业注册地、组织形式和总部地址。

（2）企业的业务性质和主要经营活动。

（3）母公司以及集团最终母公司的名称。

（4）财务报告的批准报出者和财务报告批准报出日。

（5）营业期限有限的企业，还应当披露有关营业期限的信息。

（二）财务报表的编制基础

财务报表的编制基础是指财务报表是在持续经营基础上还是非持续经营基础上编

制的。企业一般是在持续经营基础上编制财务报表，清算、破产属于非持续经营基础。

（三）遵循企业会计准则的声明

企业应当声明编制的财务报表符合企业会计准则的要求，真实、完整地反映了企业的财务状况、经营成果和现金流量等有关信息，以此明确企业编制财务报表所依据的制度基础。

（四）重要会计政策和会计估计

企业应当披露采用的重要会计政策和会计估计，不重要的会计政策和会计估计可以不披露。在披露重要会计政策和会计估计时，企业应当披露重要会计政策的确定依据和财务报表项目的计量基础，以及会计估计中所采用的关键假设和不确定因素。

会计政策的确定依据，主要是指企业在运用会计政策过程中所做的对报表中确认的项目金额最具影响的判断，有助于使用者理解企业选择和运用会计政策的背景，增加财务报表的可理解性。财务报表项目的计量基础，是指企业计量该项目采用的是历史成本、重置成本、可变现净值、现值还是公允价值，这直接影响使用者对财务报表的理解和分析。

在确定报表中确认的资产和负债的账面价值过程中，企业有时需要对不确定的未来事项在资产负债表日对这些资产和负债的影响加以估计，如企业预计持有至到期投资未来现金流量采用的折现率和假设。这类假设的变动对这些资产和负债项目金额的确定影响很大，有可能会在下一个会计年度内做出重大调整，因此，强调这一披露要求，有助于提高财务报表的可理解性。

（五）会计政策和会计估计变更以及差错更正的说明

企业应当按照会计政策、会计估计变更和差错更正会计准则的规定，披露会计政策和会计估计变更以及差错更正的有关情况。

（六）报表重要项目的说明

企业对报表重要项目的说明，应当按照资产负债表、利润表、现金流量表、所有者权益变动表及其项目列示的顺序，采用文字和数字描述相结合的方式进行披露。报表重要项目的明细金额合计应当与报表项目金额相衔接，主要包括以下重要项目：

1. 以公允价值计量且其变动计入当期损益的金融资产

企业应当披露以公允价值计量且其变动计入当期损益的金融资产的账面价值，并分别反映交易性金融资产和在初始确认时指定为以公允价值计量且其变动计入当期损益的金融资产。

对于指定为以公允价值计量且其变动计入当期损益的金融资产，应当披露下列信息：

（1）指定的金融资产的性质；

（2）初始确认时对上述金融资产做出指定的标准；

（3）如何满足运用指定的标准。

2. 应收款项

企业应当披露应收款项的账龄结构和客户类别以及期初、期末账面余额等信息。

3. 存货

企业应当披露下列信息：

（1）各类存货的期初和期末账面价值；

（2）确定发出存货成本所采用的方法；

（3）存货可变现净值的确定依据，存货跌价准备的计提方法，当期计提的存货跌价准备的金额，当期转回的存货跌价准备的金额，以及计提和转回的有关情况；

（4）用于担保的存货账面价值。

4. 长期股权投资

企业应当披露下列信息：

（1）对控制、共同控制、重大影响的判断；

（2）对投资性主体的判断及主体身份的转换；

（3）企业集团的构成情况；

（4）重要的非全资子公司的相关信息；

（5）对使用企业集团资产和清偿企业集团债务的重大限制；

（6）纳入合并财务报表范围的结构化主体的相关信息；

（7）企业在其子公司的所有者权益份额发生变化的情况；

（8）投资性主体的相关信息；

（9）合营企业和联营企业的基础信息；

（10）重要的合营企业和联营企业的主要财务信息；

（11）不重要的合营企业和联营企业的汇总财务信息；

（12）与企业在合营企业和联营企业中权益相关的风险信息；

（13）未纳入合并财务报表范围的结构化主体的基础信息；

（14）与权益相关资产负债的账面价值和最大损失敞口；

（15）企业是结构化主体的发起人但在结构化主体中没有权益的情况；

（16）向未纳入合并财务报表范围的结构化主体提供支持的情况；

（17）未纳入合并财务报表范围结构化主体的额外信息披露。

5. 投资性房地产

企业应当披露下列信息：

（1）投资性房地产的种类、金额和计量模式；

（2）采用成本模式的，投资性房地产的折旧或摊销，以及减值准备的计提情况；

（3）采用公允价值模式的，公允价值的确定依据和方法，以及公允价值变动对损益的影响；

（4）房地产转换情况、理由，以及对损益或所有者权益的影响；

（5）当期处置的投资性房地产及其对损益的影响。

6. 固定资产

企业应当披露下列信息：

（1）固定资产的确认条件、分类、计量基础和折旧方法；

（2）各类固定资产的使用寿命、预计净残值和折旧率；

（3）各类固定资产的期初和期末原价、累计折旧额及固定资产减值准备累计金额；

（4）当期确认的折旧费用；

（5）对固定资产所有权的限制及金额和用于担保的固定资产账面价值；

（6）准备处置的固定资产名称、账面价值、公允价值、预计处置费用和预计处置时间等。

7. 无形资产

企业应当披露下列信息：

（1）无形资产的期初和期末账面余额、累计摊销额及减值准备累计金额；

（2）使用寿命有限的无形资产，其使用寿命的估计情况；使用寿命不确定的无形资产，其使用寿命不确定的判断依据；

（3）无形资产的摊销方法；

（4）用于担保的无形资产账面价值、当期摊销额等情况；

（5）计入当期损益和确认为无形资产的研究开发支出金额。

8. 职工薪酬

企业应当披露短期职工薪酬相关的下列信息：

（1）应当支付给职工的工资、奖金、津贴和补贴，及其期末应付未付金额；

（2）应当为职工缴纳的医疗保险费、工伤保险费和生育保险费等社会保险费，及其期末应付未付金额；

（3）应当为职工缴存的住房公积金，及其期末应付未付金额；

（4）为职工提供的非货币性福利，及其计算依据；

（5）依据短期利润分享计划提供的职工薪酬金额及其计算依据；

（6）其他短期薪酬。

企业应当披露所设立或参与的设定提存计划的性质、计算缴费金额的公式或依据，当期缴费金额以及应付未付金额。

企业应当披露与设定受益计划有关的下列信息：

（1）设定受益计划的特征及与之相关的风险；

（2）设定受益计划在财务报表中确认的金额及其变动；

（3）设定受益计划对企业未来现金流量金额、时间和不确定性的影响；

（4）设定受益计划义务现值所依赖的重大精算假设及有关敏感性分析的结果。

企业应当披露支付的因解除劳动关系所提供辞退福利及其期末应付未付金额。企业应当披露提供的其他长期职工福利的性质、金额及其计算依据。

9. 应交税费

企业应当披露应交税费的构成及期初、期末账面余额等信息。

10. 短期借款和长期借款

企业应当披露短期借款、长期借款的构成及期初、期末账面余额等信息。对于期末逾期借款，应分别按贷款单位、借款金额、逾期时间、年利率、逾期未偿还原因和预期还款期等进行披露。

11. 应付债券

企业应当披露应付债券的构成及期初、期末账面余额等信息。

12. 长期应付款

企业应当披露长期应付款的构成及期初、期末账面余额等信息。

13. 营业收入

企业应当披露营业收入的构成及本期、上期发生额等信息。

14. 公允价值变动收益

企业应当披露公允价值变动收益的来源及本期、上期发生额等信息。

15. 投资收益

企业应当披露投资收益的来源及本期、上期发生额等信息。

16. 资产减值损失

企业应当披露各项资产的减值损失及本期、上期发生额等信息。

17. 营业外收入

企业应当披露营业外收入的构成及本期、上期发生额等信息。

18. 营业外支出

企业应当披露营业外支出的构成及本期、上期发生额等信息。

19. 所得税费用

企业应当披露下列信息：

（1）所得税费用（收益）的主要组成部分；

（2）所得税费用（收益）与会计利润关系的说明。

20. 其他综合收益

企业应当披露下列信息：

（1）其他综合收益各项目及其所得税影响；

（2）其他综合收益各项目原计入其他综合收益、当期转出计入当期损益的金额；

（3）其他综合收益各项目的期初和期末余额及其调节情况。

21. 政府补助

企业应当披露下列信息：

（1）政府补助的种类及金额；

（2）计入当期损益的政府补助金额；

（3）本期返还的政府补助金额及原因。

22. 借款费用

企业应当披露下列信息：

（1）当期资本化的借款费用金额；

（2）当期用于计算确定借款费用资本化金额的资本化率。

### （七）或有和承诺事项、资产负债表日后非调整事项、关联方关系及其交易等需要说明的事项

（略）

（八）有助于财务报表使用者评价企业管理资本的目标、政策及程序的信息

（略）

## 第七节　实训资料练习

1. 科目余额表（见表4-9）

表4-9　　科目余额表

| 科目编码 | 科目名称 | 方向 | 期初余额 | 科目编码 | 科目名称 | 方向 | 期初余额 |
|---|---|---|---|---|---|---|---|
| 1001 | 库存现金 | 借 | 6 775.70 | 1461 | 存货跌价准备 | 借 | |
| 1002 | 银行存款 | 借 | 159 488.89 | 1501 | 待摊费用 | 借 | 642 |
| 100201 | 工行存款 | 借 | 159 488.89 | 1521 | 持有至到期投资 | 借 | |
| 100202 | 中行存款 | 借 | | 1522 | 持有至到期投资减值准备 | 借 | |
| 1015 | 其他货币基金 | 借 | | 1523 | 可供出售金融资产 | 借 | |
| 1101 | 交易性金融资产 | 借 | | 1524 | 长期股权投资 | 借 | |
| 1121 | 应收票据 | 借 | | 1525 | 长期股权投资减值准备 | 借 | |
| 1122 | 应收账款 | 借 | 157 600.00 | 1526 | 投资性房地产 | 借 | |
| 1123 | 预付账款 | 借 | | 1531 | 长期应收款 | 借 | |
| 1131 | 应收股利 | 借 | | 1541 | 未实现融资收益 | 借 | |
| 1132 | 应收利息 | 借 | | 1601 | 固定资产 | 借 | 1 260 680.00 |
| 1231 | 其他应收款 | 借 | 3 800.00 | 1602 | 累计折旧 | 借 | 197584.84 |
| 1241 | 坏账准备 | 借 | 788.00 | 1603 | 固定资产减值准备 | 借 | |
| 1321 | 代理业务资产 | 借 | | 1604 | 在建工程 | 借 | |
| 1401 | 材料采购 | 借 | | 1605 | 工程物资 | 借 | |
| 1402 | 在途物资 | 借 | | 1606 | 固定资产清理 | 借 | |
| 1403 | 原材料 | 借 | 186 894.97 | 1701 | 无形资产 | 借 | 58 500.00 |
| 1404 | 材料成本差异 | 借 | | 1702 | 累计摊销 | 借 | |
| 1406 | 库存商品 | 借 | 199 976.00 | 1703 | 无形资产减值准备 | 借 | |
| 1407 | 发出商品 | 借 | | 1711 | 商誉 | 借 | |
| 1410 | 商品进销差价 | 借 | | 1801 | 长期待摊费用 | 借 | |
| 1411 | 委托加工物资 | 借 | | 1811 | 递延所得资产 | 借 | |
| 1412 | 包装物及低值易耗品 | 借 | | 1901 | 待处理财产损溢 | 借 | |
| 2001 | 短期借款 | 贷 | 200 000.00 | 2314 | 代理业务负债 | 贷 | |
| 2101 | 交易性金融负债 | 贷 | | 2401 | 预提费用 | 贷 | |
| | | 贷 | | 2411 | 预计负债 | 贷 | |

表4-9(续)

| 科目编码 | 科目名称 | 方向 | 期初余额 | 科目编码 | 科目名称 | 方向 | 期初余额 |
|---|---|---|---|---|---|---|---|
| 2201 | 应付票据 | 贷 | | 2501 | 递延收益 | 贷 | |
| 2202 | 应付账款 | 贷 | 276 850.00 | 2601 | 长期借款 | 贷 | |
| 2205 | 预收账款 | 贷 | | 2602 | 长期债券 | 贷 | |
| 2211 | 应付职工薪酬 | 贷 | 10 222.77 | 2801 | 长期应付款 | 贷 | |
| 2221 | 应交税费 | 贷 | -13 000.00 | 2802 | 未确认融资费用 | 贷 | |
| 2231 | 应付股利 | 贷 | | 2811 | 专项应付款 | 贷 | |
| 2232 | 应付利息 | 贷 | | 2901 | 递延所得税负债 | 贷 | |
| 2241 | 其他应付款 | 贷 | | 4103 | 本年利润 | 贷 | |
| 5001 | 生产成本 | 借 | 17 165.74 | 4104 | 利润分配 | 贷 | -120 922.31 |
| 500101 | 直接材料 | | 155.00 | 4201 | 库存股 | 贷 | |
| 500102 | 直接人工 | | 15 000.00 | 4101 | 盈余公积 | 贷 | |
| 500103 | 制造费用 | | 2 010.74 | 5301 | 研发支出 | 借 | |
| 5101 | 制造费用 | 借 | | 4001 | 实收资本 | 贷 | 1 500 000.00 |
| 5201 | 劳务成本 | 借 | | 4002 | 资本公积 | 贷 | |

2. 1131 应收账款明细余额表（见表4-10）

表4-10 应收账款明细余额表

| 日期 | 凭证号 | 客户单位名称 | 摘要 | 方向 | 金额 |
|---|---|---|---|---|---|
| 2004-02-13 | | 华宏公司 | 销售商品 | 借 | 99 600.00 |
| 2004-01-06 | | 昌新贸易公司 | 销售商品 | 借 | 58 000.00 |

3. 119101 其他应收款——个人明细余额表（见表4-11）

表4-11 个人明细余额表

| 日期 | 凭证号 | 部门 | 职员 | 摘要 | 方向 | 金额 |
|---|---|---|---|---|---|---|
| 2004-05-27 | | 采购部 | 倪雪 | 出差借款 | 借 | 3 800.00 |

4. 2121 应付账款明细余额表（见表4-12）

表4-12 应付账款明细余额表

| 日期 | 凭证号 | 供应商单位名称 | 摘要 | 方向 | 金额 |
|---|---|---|---|---|---|
| 2004-11-07 | | 兴华公司 | 购买商品 | 贷 | 176 850.00 |
| 2004-07-29 | | 泛美商行 | 购买商品 | 贷 | 100 000.00 |

5. 1 月所发生的日常业务

（1）1 月 4 日提取现金 10 000 元。

借：库存现金　　10 000

　贷：银行存款——工行存款　　10 000

（2）1 月 5 日采购部倪雪报销差旅费 3 600 元，交还现金 200 元。

借：管理费用——其他费用（采购部）　　3 600

　　库存现金　　200

　贷：其他应收款（倪雪）　　3 800

（3）1 月 7 日业务一部支付业务招待费 1 200 元，转账支票号：205。

借：管理费用——其他费用　　1 200

　贷：银行存款——工行存款　　1 200

（4）1 月 13 日，收到华宏公司转账支票 2 张，面值分别为：40 000 元和 59 600 元，用以归还货款。

借：银行存款——工行存款　　99 600

　贷：应收账款（华宏公司）　　99 600

（5）1 月 14 日，归还欠泛美商行部分货款 100 000 元，转账支票号为 201。

借：应付账款（泛美商行）　　100 000

　贷：银行存款——工行存款　　100 000

（6）1 月 16 日，向利氏公司售出电脑（P3）25 台，单价 4 220 元，货税款尚未收到（适用税率 17%）。

借：应收账款（北京实验学校）　　105 500

　贷：主营业务收入——电脑（P3）　　87 565

　　　应交税费——应交增值税（销项税额）　　17 935

结转成本，本月共销售电脑（P3）25 台，成本为 2 720 元/台。

借：主营业务成本——电脑（P3）　　68 000

　贷：库存商品——电脑（P3）　　68 000

（7）1 月 19 日，市场部宋佳从艾德公司购入硬盘 100 个，单价 133 元，货税款暂欠，商品已验收库（适用税率 17%）。

借：库存商品——硬盘　　11 039

　　应交税费——应交增值税（进项税额）　　2 261

　贷：应付账款（艾德公司）　　13 300

（8）1 月 20 日收到鲲鹏集团投资资金 10 000 美元。

借：银行存款——中行存款　　（外币金额为 10 000）82 750

　贷：实收资本　　82 750

（9）1 月 28 日购惠普传真机一台，价值 2 852 元，管理部使用，使用年限 5 年，平均年限法，净残值率 10%。

借：固定资产　　2 852

　贷：银行存款　　2 852

（10）该公司管理部门固定每月月底报销电话费用，故统一报销凭证中都为管理费用但明细分属不同部门，以辅助项快速录入方式填制该凭证。财务部：500，管理部：900，计划部：700，业务部：900，贷方为现金。摘要为费用报销。

（11）计提折旧。

借：制造费用——折旧费/生产一部　　3 394
　　制造费用——折旧费/生产二部　　2 496
　　管理费用——折旧费/管理部　　2 346
　　管理费用——折旧费/财务部　　452
　　管理费用——折旧费/业务部　　452
　贷：累计折旧　　9 140

（12）当月29日将奥迪车出售，收回7.8万元，支票结算。

A. 借：累计折旧　　71 246
　　　固定资产清理　　178 754
　　贷：固定资产　　250 000

B. 借：银行存款——工行存款　　78 000
　　　待处理财产损溢——待处理固定资产损溢　　100 654
　　贷：固定资产清理　　178 654

（13）计提工资。

借：生产成本——直接人资/电脑（P3）　　4 060
　　生产成本——直接人资/电脑（P4）　　3 550
　　管理费用——工资/管理部　　4 923
　　管理费用——工资/财务部　　10 410
　　管理费用——工资/业务部　　10 620
　贷：应付职工薪酬　　33 563

（14）需对库存商品科目进行管理，但科目本身信息有限，现准备使用科目备查簿以增强查询管理。

增加“设备名称”“规格”两文本项目，“单价”数字项目，“到货日期”日期项。指定库存商品为备查科目。

1月15日，收到设备一台入库，填制凭证（不通过应付系统）。

借：库存商品　　25 000
　贷：银行存款　　25 000

登记备查簿（见表4-13）。

表4-13　　备查簿

| 设备名称 | 规格 | 单价 | 到货日期 |
|---|---|---|---|
| THY机床 | 50T | 25 000 | 2006-1-5 |

根据上述实训资料登记总账、明细账。

根据上述资料编制资产负债表，利润表以及现金流量表。

# 任务三　财务报表分析

## 第一节　财务报表分析概述

### 一、财务报表分析的目的

财务报表分析的目的是将财务报表数据转换成有用的信息，以帮助信息使用者改善决策。现代财务报表分析一般包括战略分析、会计分析、财务分析和前景分析等四个维度。

（1）战略分析的目的。确定主要的利润动因及经营风险并定性评估公司盈利能力，包括宏观分析、行业分析和公司竞争策略分析等。

（2）会计分析的目的。评价公司会计反映其经济业务的程度，包括评估公司会计的灵活性和恰当性、修正会计数据等。

（3）财务分析的目的。主要运用财务数据评价公司当前及过去的业绩并评估，包括比率分析和现金流量分析等。

（4）前景分析的目的。预测企业未来，包括财务报表预测和公司估值等内容。

### 二、财务报表分析的方法

财务报表分析方法有很多种类，可归为比较分析法和因素分析法两大类。不同财务分析者，由于分析目的有别，而采用各自所需的分析方法。

#### （一）比较分析法

比较是认识事物的最基本方法，没有比较，分析就无法开始。财务报表分析的比较法，是对两个或两个以上有关的可比数据进行对比，从而揭示存在的差异或矛盾。

比较分析按比较对象（和谁比）分为：

（1）与本企业历史比，即不同时期（2~10年）指标相比，也称“趋势分析”。

（2）与同类企业比，即与行业平均数或竞争对手比较，也称“横向比较”。

（3）与计划预算比，即实际执行结果与计划指标比较，也称“预算差异分析”。

比较分析按比较内容（比什么）分为：

（1）比较会计要素的总量：总量是指报表项目的总金额，例如，总资产、净资产、净利润等。总量比较主要用于时间序列分析，如研究利润的逐年变化趋势，看其增长潜力。有时也用于同业对比，看企业相对规模和竞争地位的变化。

（2）比较结构百分比：把资产负债表、利润表、现金流量表转换成结构百分比报表。例如，以收入为100%，看利润表各项目的比重。结构百分比报表用于发现有显著问题的项目，揭示进一步分析的方向。

（3）比较财务比率：财务比率是各会计要素之间的数量关系，反映它们的内在联系。财务比率是相对数，排除了规模的影响，具有较好的可比性，是最重要的分析比较内容。财务比率的计算相对简单，而对它加以说明和解释却比较复杂和困难。

（二）因素分析法

因素分析法，是依据财务指标与其驱动因素之间的关系，从数量上确定各因素对指标影响程度的一种方法。该方法将分析指标分解为各个可以计量的因素，并根据各个因素之间的依存关系，顺次用各因素的比较值（通常为实际值）替代基准值（通常为标准值或计划值），据以测定各因素对分析指标的影响。由于分析时，要逐次进行各因素的有序替代，因此又称为连环替代法。

因素分析法一般分为四个步骤：①确定分析对象，即确定要分析的财务指标，比较其实际数额和标准数额（如上年实际数额），并计算两者的差额；②确定该财务指标的驱动因素，即根据该财务指标的形成过程，建立财务指标与各驱动因素之间的函数关系模型；③确定驱动因素的替代顺序；④按顺序计算各驱动因素脱离标准的差异对财务指标的影响。

## 三、财务报表分析的局限性

财务报表分析以财务报表为主要分析对象，而报表本身存在一定的局限性。

（一）财务报表本身的局限性

财务报表是企业会计系统的产物。每个企业的会计系统，都会受会计环境和企业会计战略的影响。

会计环境包括会计规范和会计管理、税务与会计的关系、外部审计、会计争端处理的法律系统、资本市场结构、公司治理结构等。这些因素是决定企业会计系统质量的外部因素。会计环境缺陷会导致会计系统缺陷，使之不能完全反映企业的实际状况。会计环境的重要变化会导致会计系统的变化，影响财务数据的可比性。例如，会计规范要求以历史成本报告资产，使财务数据不代表其现行成本或变现价值；会计规范要求假设币值不变，使财务数据不按通货膨胀率或物价水平调整；会计规范要求遵循谨慎原则，使会计预计损失而不预计收益，有可能少计收益和资产；会计规范要求按年度分期报告，使得会计报表只报告短期信息，不能提供反映长期潜力的信息等。

企业会计战略是企业根据环境和经营目标做出的主要选择，不同企业会有不同的会计战略。企业会计战略包括选择会计政策、会计估计、补充纰漏及报告具体格式。不同会计战略会导致不同企业财务报告的差异，并影响其可比性。例如，对同一会计事项的会计处理，会计准则允许公司选择不同的会计政策，包括存货计价方法和固定资产折旧方法等。虽然财务报表附注对会计政策选择有一定的表述，但报表使用人未必能完成可比性的调整工作。

由于上述两方面原因，财务报表存在以下三方面局限性：①财务报表没有披露企业的全部信息，管理层拥有更多的信息，披露的只是其中的一部分；②已经披露的财务信息存在会计估计误差，不可能是真实情况的全面准确计量；③管理层的各项会计政策选择，有可能导致降低可比性。

（二）财务报表的可靠性问题

只有根据符合规范的、可靠的财务报表，才能得出正确的分析结论。所谓“符合规范”，是指除了以上三点局限性以外，没有虚假陈述。当然，外部分析人员很难认定是否存在虚假陈述，财务报表的可靠性问题主要依靠注册会计师鉴证、把关。但是注册会计师不能保证财务报表没有任何错误和漏报。因此，分析人员必须自己关注财务报表的可靠性，对于可能存在的问题保持足够的警惕。

外部分析人员虽然不能认定是否存在虚假陈述，但可以发现一些“危险信号”。对于存在有危险信号的报表，分析人员要通过更细致的考察或获取其他有关信息，对报表的可靠性做出自己的判断。

常见的危险信号包括：

（1）财务报告形式不规范。不规范的财务报告，其可靠性也应受到怀疑。分析人员要关注财务报告是否存在重大遗漏，有的重大遗漏可能是因不想讲真话引起；要注意是否及时提供财务报告，不能及时提供报告暗示企业当局与注册会计师存在分歧。

（2）数据异常。异常数据如无合理原因，应考虑该数据的真实性和一贯性是否存在问题。例如，原因不明的会计调整，可能是利用会计政策的灵活性“粉饰”。报表与销售相比应收账款异常增加，可能存在提前确认收入问题；报告净利润与经营活动产生的现金流量净额的缺口加大，报告利润总额与应纳税所得额之间的缺口加大，可能存在盈余管理；第 4 季度的大额的资产冲销和大额调整，可能是中期报告存在问题，年底因根据注册会计师的意见进行调整。

（3）异常关联方交易。关联方交易的定价不公允，可能存在转移利润的动机。

（4）大额资本利得。在经营业绩不佳时，公司可能通过出售长期资产、债务重组等交易实现资本利得。

（5）异常审计报告。无正当理由更换注册会计师或审计报告附有保留意见，有待做进一步分析判断。

（三）比较基础问题

在比较分析时，需要选择比较的参照标准，包括同业数据、本企业历史数据和计划预算数据。

横向比较时，需要使用同业标准。同业平均数只有一般性的指导作用，不一定有代表性，不是合理性的标志。选同行业一组有代表性的企业求平均数，作为同业标准，可能比整个行业的平均数更有意义。近年来，分析大员以一流企业作为标杆，进行对标分析。也有不少企业实行多种经营，没有明确的行业归属，同业比较更加困难。

趋势分析应以本企业历史数据为比较基础。历史数据代表过去，并不代表合理性。经营环境变化后，今年比上年利润提高了，不一定说明已经达到应该达到的水平，甚至不一定说明管理有了改进。会计规范的改变会使财务数据失去直接可比性，要恢复其可比性成本很高，甚至缺乏必要的信息。

实际与计划的差异分析应以预算为比较基础。实际与预算发生差异，可能是执行中有问题，也可能是预算不合理，两者的区分并非易事。

总之，对比较基础本身要准确理解，并且要有限定地使用分析结论，避免简单化和绝对化。

## 第二节 财务相关指标分析

### 一、短期偿债能力比率

债务一般按到期时间分为短期债务和长期债务，偿债能力分析也由此分为短期偿债能力分析和长期偿债能力分析两部分。

偿债能力的衡量方法有两种：一种是比较可供偿债资产与债务的存量，资产存量超过债务存量较多，则认为偿债能力较强；另一种是比较经营活动现金流量和偿债所需现金，如果产生的现金超过需要的现金较多，则认为偿债能力较强。

（一）可偿债资产与短期债务的存量比较

可偿债资产的存量，是指资产负债表中列示的流动资产年末余额。短期债务的存量，是指资产负债表中列示的流动负债年末余额。流动资产将在 1 年或 1 个营业周期内消耗或转变为现金，流动负债将在 1 年或 1 个营业周期内偿还，因此两者的比较可以反映短期偿债能力。

流动资产与流动负债的存量比较有两种方法：一种是差额比较，两者相减的差额称为营运资本；另一种是比率比较，两者相除的比率称为短期债务的存量比率。

1. 营运资本

营运资本是指流动资产超过流动负债的部分。其计算公式如下：

营运资本=流动资产-流动负债

2. 短期债务的存量比率

短期债务的存量比率包括流动比率、速动比率和现金比率。

（1）流动比率。流动比率是流动资产与流动负债的比值，其计算公式如下：

流动比率=流动资产÷流动负债

（2）速动比率。构成流动资产的各项目，流动性差别很大。其中，货币资金、交易性金融资产和各种应收款项等，可以在短时间内变现，称为流动资产；另外的流动资产，包括存货、预付款项、1 年内到期的非流动资产及其他流动资产等，称为非速动资产。非速动资产的变现金额和时间具有较大的不确定性：①存货的变现速度比应收款项要慢得多；部分存货可能已毁损报废、尚未处理；存货估价有多种方法，可能与变现金额相距甚远。②1 年内到期的非流动资产和其他流动资产的金额由偶然性，不代表正常的变现能力。因此，将可偿债资产定义为速动资产，其计算公式如下：

速动比率=速动资产÷流动负债

（3）现金比率。速动资产中，流动性最强、可直接用于偿债的资产称为现金资产。现金资产包括货币资金、交易性金融资产等。与其他速动资产不同，它们本身就是可以直接偿债的资产，而其他速动资产需要等待不确定的时间，才能转换为不确定金额的现金。

现金资产与流动负债的比值称为现金比率，其计算公式如下：

现金比率=（货币资金+交易性金融资产）÷流动负债

### （二）经营活动现金流量净额与短期债务的比较

经营活动现金流量净额与流动负债的比值，称为现金流量比率。其计算公式如下：

现金流量比率=经营活动现金流量净额÷流动负债

公式中的“经营活动现金流量净额”，通常使用现金流量表中的“经营活动产生的现金流量净额”表示。它代表企业创造现金的能力，已经扣除了经营活动自身所需的现金流出，是可以用来偿债的现金流量。

一般来讲，该比率中的流动负债采用期末数而非平均数，因为实际需要偿还的是期末金额，而非平均金额。现金流量比率表明每 1 元流动负债的经营活动现金流量保障程度。该比率越高，偿债能力越强。

### （三）影响短期偿债能力的其他因素

上述短期偿债能力比率，都是根据财务报表数据计算所得。还有一些表外因素也会影响企业的短期偿债能力，甚至影响相当大。财务报表使用人应尽可能了解这方面的信息，以做出正确的判断。

1. 增强短期偿债能力的表外因素

（1）可动用的银行贷款指标：银行已同意、企业尚未动用的银行贷款限额，可以随时增加企业现金，提高支付能力。这一数据不反映在财务报表中，但会在董事会决议中披露。

（2）可以很快变现的非流动资产：企业可能有一些非经营性长期资产可以随时出售变现，而不出现在“一年内到期的非流动资产”项目中。例如，储备的土地、未开采的采矿权、目前出租的房产等。在企业发生周转困难时，将其出售并不影响企业的持续经营。

（3）偿债能力的声誉：如果企业信用良好，在短期偿债方面出现暂时困难，比较容易筹集到短缺现金。

2. 降低短期偿债能力的表外因素

（1）与担保有关的或有负债；如果该金额较大且很有可能发生，应在评价偿债能力时予以关注。

（2）经营租赁合同中的承诺付款，很可能是需要偿付的义务。

## 二、长期偿债能力比率

衡量长期偿债能力的财务比率，也分为存量比率和流量比率两类。

### （一）总债务存量比率

长期来看，所有债务都要偿还。因此，反映长期偿债能力的存量比率是总资产、总债务和所有者权益之间的比例关系。常用比率包括：资产负债率、产权比率、权益乘数和长期资本负债率。

1. 资产负债率

资产负债率是总负债与总资产的百分比，其计算公式如下：

资产负债率=（总负债÷总资产）×100%

资产负债率反映总资产中有多大比例是通过负债取得的。它可以衡量企业清算时对债务人利益的保障程度。资产负债率越低，企业偿债越有保证，贷款越安全。资产负债率还代表企业的举债能力。一个企业的资产负债率越低，举债越容易。如果资产负债率高到一定程度，没有人愿意提供贷款了，则表明企业的举债能力已经用尽。

通常，资产在破产拍卖时的售价不到账面价值的50%，因此如果资产负债率高于50%，则债权人的利益就缺乏保障。各类资产变现能力有显著区别，房地产的变现价值损失小，专用设备则难以变现。不同企业的资产负债率不同，与其持有的资产不同有关。

2. 产权比率和权益乘数

产权比率和权益乘数是资产负债率的另外两种表现形式，它和资产负债率的性质一样，其计算公式如下：

产权比率=总负债÷股东权益

权益乘数=总资产÷股东权益

产权比率表明每1元股东权益借入的债务额，权益乘数表明1元股东权益拥有的资产额，它们是两种常用的财务杠杆比率。财务杠杆即表明债务多少，与偿债能力有关。财务杠杆影响总资产净利率和权益净利率之间的关系，还表明权益净利率的风险高低，与盈利能力有关。

3. 长期资本负债率

长期资本负债率是指非流动资产占长期资本的百分比，其计算公式如下：

长期资本负债率=［非流动负债÷（非流动负债+股东权益）］×100%

长期资本负债率反映企业资本结构。由于流动负债的金额经常变化，资本结构管理大多使用长期资本结构。

（二）总债务流量比率

1. 利息保障倍数

利息保障倍数是指息税前利润对利息费用的倍数。其计算公式如下：

利息保障倍数=息税前利润÷利息费用=（净利润+利息费用+所得税费用）÷利息费用

分母的“利息费用”是指本期的全部应计利息，不仅包括计入利润表财务费用的利息费用，还应包括计入资产负债表固定资产等成本的资本化利息。

长期债务不需要每年还本，却需要每年付息。利息保障倍数表明1元利息支付有多少倍的息税前利润做保障，它可以反映债务政策的风险大小。如果企业一直保持按时付息的信誉，则长期负债可以延续，举借新债也比较容易。利息保障倍数越大，利息支付越有保障。如果利息支付尚且缺乏保障，归还本金就更难指望。因此，利息保障倍数可以反映长期偿债能力。

如果利息保障倍数小于1，表明自身产生的经营收益不能支持现有的债务规模。利息保障倍数等于1也很危险，因为息税前利润受经营风险的影响，很不稳定，而利息支付却是固定的。利息保障倍数越大，公司拥有的偿还利息的缓冲资金越多。

2. 现金流量利息保障倍数

现金流量利息保障倍数，是指经营活动现金流量净额对利息费用的倍数。其计算公式如下：

现金流量利息保障倍数=经营现金活动流量净额÷利息费用

现金流量利息保障倍数是现金基础的利息保障倍数，表明每1元利息费用有多少倍的经营活动现金流量净额做保障。它比利润基础的利息保障倍数更可靠，因为实际用以支付利息的是现金，而不是利润。

3. 现金流量债务比

现金流量债务比，是指经营活动现金流量净额与债务总额的比率。其计算公式如下：

经营活动现金流量净额债务比=（经营活动现金流量净额÷债务总额）×100%

一般来讲，该比率中的债务总额采用期末数而非平均数，因为实际需要偿还的是期末金额，而非平均金额。

该比率表明企业用经营活动现金流量净额偿付全部债务的能力。比率越高，偿还债务总额的能力越强。

（三）影响长期偿债能力的其他因素

上述长期偿债能力比率，都是根据财务报表数据计算而得。还有一些表外因素影响企业长期偿债能力，必须引起足够重视。

1. 长期租赁

当企业急需某种设备或厂房而又缺乏足够资金时，可以通过租赁的方式解决。财务租赁的形式包括融资租赁和经营租赁。融资租赁形成的负债会反映在资产负债表中，而经营租赁的负债则未反映在资产负债表中。当企业的经营租赁额比较大、期限比较长或具有经常性时，就形成了一种长期性融资，因此，经常租赁也是一种表外融资。这种长期融资，到期时必须支付租金，会对企业偿债能力产生影响。因此，如果企业经常发生经营租赁业务，应考虑租赁费用对偿债能力的影响。

2. 债务担保

担保项目的时间长短不一，有的影响企业的长期偿债能力，有的影响企业的短期偿债能力。在分析企业长期偿债能力时，应根据有关资料判断担保责任带来的影响。

3. 未决诉讼

未决诉讼一旦判决败诉，便会影响企业的偿债能力，因此在评价企业长期偿债能力时要考虑其潜在影响。

## 三、营运能力比率

营运能力比率是衡量企业资产管理效率的财务比率。常见的有：应收账款周转率、存货周转率、流动资产周转率、营运资本周转率、非流动资产周转率和总资产周转率。

（一）应收账款周转率

1. 计算方法

应收账款周转率是销售收入与应收账款的比率。它有三种表示形式：应收账款周转次数、应收账款周转天数和应收账款与收入比。其计算公式如下：

应收账款周转天数=销售收入÷应收账款

应收账款周转天数=365÷（销售收入÷应收账款）

应收账款与收入比=应收账款÷销售收入

应收账款周转次数，表明1年中应收账款周转的次数。或者说明每1元应收账款投资支持的销售收入。应收账款周转天数，也称为应收账款收现期，表明从销售开始到收回现金平均需要的天数。应收账款与收入比，则表明每1元销售收入需要的应收账款投资。

2. 在计算和使用应收账款周转率时应注意的问题

（1）销售收入的赊销比例问题。从理论上讲，应收账款是赊销引起的，其对应的流量是赊销额，而非全部销售收入。因此，计算时应使用赊销额而非销售收入。但是，外部分析人员无法取得赊销数据，只好直接使用销售收入进行计算。实际上相当于假设现销是收现时间等于零的应收账款。只要现销与赊销的比例保持稳定，不妨碍与上期数据的可比性，只是一贯高估了周转次数。但问题是与其他企业比较时，不知道可比企业的赊销比例，也就无法知道应收账款周转率是否可比。

（2）应收账款年末余额的可靠性问题。应收账款是特定时点的存量，容易受季节性、偶然性和人为因素的影响。在用应收账款周转率进行业绩评价时，可以使用年初和年末的平均数，或者使用多个时点的平均数，以减少这些因素的影响。

（3）应收账款的减值准备问题。财务报表上列示的应收账款是已经计提坏账准备后的净额，而销售收入并未相应减少。其结构是，计提的坏账准备越多，应收账款周转次数越多、天数越少。这种周转次数增加、天数减少不是业绩改善的结果，反而说明应收账款回流欠佳。如果坏账准备的金额较大，就应进行调整，使用未计提坏账准备的应收账款进行计算。报表附注中披露的应收账款坏账准备信息，可作为调整的依据。

（4）应收票据是否计入应收账款周转率。大部分应收票据是销售形成的，是应收账款的另一种形式，应将其纳入应收账款周转率的计算。

（5）应收账款周转天数是否越少越好。应收账款是赊销引起的，如果赊销有可能比现销更有利，周转天数就不是越少越好。因为时间的长短与企业的信用政策有关。例如，甲企业的应收账款周转天数是18天，信用期是20天；乙企业应收账款周转天数是15天，信用期是10天。前者的收款业绩优于后者，尽管周转天数较多。改变信用政策，通常会引起企业应收账款周转天数的变化。信用政策的评价涉及多种因素，不能仅仅考虑周转天数的缩短。

（6）应收账款分析应与销售额分析、现金分析相联系。应收账款的起点是销售，终点是现金。正常情况是销售增加引起应收账款增加，现金存量和经营活动现金流动也会随之增加。如果一个企业应收账款日益增加，而销售和现金日益减少，则可能是销售出了比较严重的问题，促使放宽信用政策，甚至随意发货，但现金却收不回来。

总之，应当深入应收账款内部进行分析，并且要注意应收账款与其他问题的联系，才能正确评价应收账款周转率。

### （二）存货周转率

1. 计算方式

存货周转率是销售收入与存货的比率，也有三种计量方式。其计算公式如下：

存货周转次数=销售收入÷存货

存货周转次数=365÷（销售收入÷存货）

存货与收入比=存货÷销售收入

2. 在计算和使用存货周转率时应注意的问题

（1）计算存货周转率时，使用“销售收入”还是“销售成本”作为周转额，要看分析的目的。在短期偿债能力分析中，为了评估资产的变现能力需要计量存货转换为现金的金额和时间，应采用“销售收入”。在分解总资产周转率时，为系统分析各项资产的周转情况并识别主要的影响因素，应统一使用“销售收入”计算周转率。如果是为了评估存货管理的业绩，应当使用“销售成本”计算存货周转率，使其分子和分母保持口径一致。实际上，两种周转率的差额是毛利引起的，用哪一个计算都能达成分析目的。

（2）存货周转天数不是越少越好。存货过多会浪费资金，存货过少不能满足流转需要，在特定的生产经营条件下存在一个最佳的存货水平，所以存货不是越少越好。

（3）应注意应付账款、存货和应收账款（或销售收入）之间的关系。一般来说，销售增加会拉动应收账款、存货、应付账款增加，不会引起周转率的明显变化。但是，当企业接受一个大订单时，通常要先增加存货，然后推动应付账款的增加，最后才引起应收账款（销售收入）增加。因此，在该订单没有实现销售以前，先表现为存货等周转天数增加。这种周转天数增加，没有什么不好。与此相反，预见到销售会萎缩时，通常会先减少存货，进而引起存货周转天数等下降。这种周转天数下降，不是什么好事，并非资产管理改善。因此，任何财务分析都以认识经营活动本质为目的，不可根据数据高低简单做出结论。

（4）应关注构成存货的原材料、在产品、半成品和低值易耗品之间的比例关系。各类存货的明细资料以及存货重大变动的解释，应在报表附注中进行披露。正常情况下，它们之间存在某种比例关系。如果产成品大量增加，其他项目减少，很可能是销售不畅，放慢了生产节奏。此时，总的存货金额可能并没有显著变动，甚至尚未引起存货周转率的显著变化。因此，在财务分析时既要重点关注变化大的项目，也不能完全忽视变化不大的项目，其内部可能隐藏着重要问题。

### （三）流动资产周转率

流动资产周转率是销售收入与流动资产的比率，也有三种计量方式。其计算公式如下：

流动资产周转次数=销售收入÷流动资产

流动资产周转天数=365÷（销售收入÷流动资产）

流动资产与收入比=流动资产÷销售收入

流动资产周转次数，表明1年中流动资产周转的次数，或者说明每1元流动资产支持的销售收入。流动资产周转天数表明流动资产周转一次需要的时间，也就是流动资产转换成现金平均需要的时间。流动资产与收入比，表明每1元销售收入需要的流动资产投资。

通常，流动资产中应收账款和存货占绝大部分。因此它们的周转状况对流动资产周转具有决定性影响。

（四）营运资本周转率

营运资本周转率是销售收入与营运成本的比率，也有三种计量方式。其计算公式如下：

营运资本周转次数=销售收入÷营运资本

营运资本周转天数=365÷（销售收入÷营运资本）

营运资本与收入比=营运资本÷销售收入

营运资本周转次数，表明1年中营运资本周转的次数，或者说明每1元营运资本支持的销售收入。营运资本周转天数表明营运资本周转一次需要的时间，也就是营运资本转换成现金平均需要的时间。营运资本与收入比，表明每1元销售收入需要的营运资本投资。

营运资本周转率是综合性的比率。从严格意义上来说，应仅有经营性资产和负债被用于计算这一指标，即短期借款、交易性金融资产和超额现金等因不是经营活动必需的而应被排除在外。

（五）非流动资产周转率

非流动资产周转率是销售收入与非流动资产的比率，也有三种计量方式。其计算公式如下：

非流动资产周转次数=销售收入÷非流动资产

非流动资产周转天数=365÷（销售收入÷非流动资产）

非流动资产与收入比=非流动资产÷销售收入

非流动资产周转天数，表明1年中非流动资产周转的次数，或者说明每1元非流动资产支持的销售收入。非流动资产周转天数表明非流动资产周转一次需要的时间，也就是非流动资产转换成现金平均需要的时间。非流动资产与收入比，表明每1元销售收入需要的非流动资产投资。

非流动资产周转率反映非流动资产的管理效率，主要用于投资预算和项目管理分析，以确定投资和竞争战略是否一致，收购和剥离政策是否合理等。

（六）总资产周转率

1. 计算方法

总资产周转率是销售收入与总资产的比率，也有三种计量方式。其计算公式如下：

总资产周转次数=销售收入÷总资产

总资产周转天数=365÷（销售收入÷总资产）

总资产与收入比=总资产÷销售收入

总资产周转次数，表明1年中总资产周转的次数，或者说明每1元总资产支持的销售收入。总资产周转天数表明总资产周转一次需要的时间，也就是总资产转换成现金平均需要的时间。总资产与收入比，表明每1元销售收入需要的总资产投资。

2. 驱动因素

总资产由各项资产组成，在销售收入既定的情况下，总资产周转率的驱动因素是各项资产。通过驱动因素分析，可以了解总资产周转率变动是由哪些资产项目引起的，以及什么是影响较大的因素，从而为进一步分析指出方向。

总资产周转率的驱动因素分析，通常使用“资产周转天数”或“资产与收入比”指标，不使用“资产周转次数”。因为各项资产周转次数之和不等于总资产周转次数，不便于分析各项目变动对总资产周转率的影响。

## 四、盈利能力比率

（一）销售净利率

1. 计算方法

销售净利率是指净利润与销售收入的比率，通常用百分数表示。其计算公式如下：

销售净利率=（净利润÷销售收入）×100%

“销售收入”“净利润”两者相除可以概括企业的全部经营成果。该比率越大，企业的盈利能力越强。

2. 驱动因素

销售净利率的变动，是由利润表各个项目变动引起的。

（二）总资产净利率

1. 公式

总资产净利率是指净利润与总资产的比率，它反映每1元总资产创造的净利润。其计算公式如下：

总资产净利率=（净利润÷总资产）×100%

总资产净利率是企业盈利能力的关键。虽然股东报酬由总资产净利率和财务杠杆共同决定，但提高财务杠杆会同时增加企业风险，往往并不增加企业价值。此外，财务杠杆的提高有诸多限制，企业经常处于财务杠杆不可能再提高的临界状态。因此，提高权益净利率的基本动力是总资产净利率。

2. 驱动因素

影响总资产净利率的驱动因素是销售净利率和总资产周转次数。

总资产净利率=净利润÷总资产=净利润÷销售收入×销售收入÷总资产=销售净利率×总资产周转次数

总资产周转次数是每1元总资产创造的销售收入，销售净利率是每1元销售收入创造的净利润，两者共同决定了总资产净利率，即每1元总资产创造的净利润。

（三）权益净利率

权益净利率是净利润与股东权益的比率，它反映每1元股东权益赚取的净利润，可以衡量企业的总体盈利能力。

权益净利率=（净利润÷股东权益）×100%

## 五、市价比率

市盈率是指普通股每股市价与每股收益的比率，它反映普通股股东愿意为每1元净利润支付的价格。其中，每股收益是指可分配给普通股股东的净利润与流通在外普通股加权平均股数的比率，它反映每只普通股当年创造的净利润。其计算公式如下：

市盈率=每股市价÷每股收益

每股收益=普通股股东净利润÷流通在外普通股加权平均股数

在计算和使用市盈率和每股收益时，应注意以下问题：

（1）每股市价实际上反映了投资者对未来收益的预期。然而，市盈率是基于过去年度的收益。因此，如果投资者预期收益将从当前水平大幅增长，市盈率将会相当高，也许是增加20倍、30倍或更多。但是，如果投资者预期收益将由当前水平下降，市盈率将会相当低。成熟市场上的成熟公司有非常稳定的收益，通常其每股市价为每股收益的10~20倍。因此，市盈率反映了投资者对公司未来前景的预期，相当于每股收益的资本化。

（2）对仅有普通股的公司而言，每股收益的计算相对简单。在这种情况下，计算公式和上述一致。

如果公司还有优先股，则计算公式如下：

每股收益=（净利润-优先股股利）÷流通在外普通股加权平均股数

由于每股收益的概念仅适用于普通股，优先股股东除规定的优先股股利外，对收益没有要求权。所以用于计算每股收益的分子必须等于可分配给普通股股东的净利润，即从净利润中扣除当年宣告或累积的优先股股利。

# 会计实训资料

表 4-14

**资产负债表**

2015 年 12 月 31 日

单位：元

| 项目 | 期末余额 | 期初余额 |
| --- | --- | --- |
| 流动资产： | | |
| 货币资金 | 5 511 168.93 | 5 983 151.62 |
| 以公允价值计量且其变动计入当期损益的金融资产 | | |
| 衍生金融资产 | | |
| 应收票据 | | |
| 应收账款 | 50 785.54 | 336 528.16 |
| 预付款项 | 10 434 200.84 | 15 137 499.86 |
| 应收利息 | | |
| 应收股利 | | |
| 其他应收款 | 236 079 843.94 | 308 023 543.25 |
| 存货 | | |
| 划分为持有待售的资产 | | |
| 一年内到期的非流动资产 | | |
| 其他流动资产 | 3 879 696.94 | 3 879 696.94 |
| 流动资产合计 | 255 955 696.19 | 333 360 419.83 |
| 非流动资产： | | |
| 可供出售金融资产 | | |
| 持有至到期投资 | | |
| 长期应收款 | | |
| 长期股权投资 | 15 000 000.00 | 15 000 000.00 |
| 投资性房地产 | | |
| 固定资产 | 4 456 467.34 | 6 206 460.72 |
| 在建工程 | | |
| 工程物资 | | |
| 固定资产清理 | | |
| 生产性生物资产 | | |
| 油气资产 | | |
| 无形资产 | 10 166.35 | 246 478.43 |

表4-14(续)

| 项目 | 期末余额 | 期初余额 |
| --- | --- | --- |
| 开发支出 | | |
| 商誉 | | |
| 长期待摊费用 | 1 423 915.86 | 1 791 612.30 |
| 递延所得税资产 | | |
| 其他非流动资产 | | |
| 非流动资产合计 | 20 890 549.55 | 23 244 551.45 |
| 资产总计 | 276 846 245.74 | 356 604 971.28 |
| 流动负债： | | |
| 短期借款 | | |
| 以公允价值计量且其变动计入当期损益的金融负债 | | |
| 衍生金融负债 | | |
| 应付票据 | | |
| 应付账款 | 261 747.60 | 1 067 351.19 |
| 预收款项 | 21 256 703.31 | 20 462 465.31 |
| 应付职工薪酬 | 998 058.64 | 1 107 431.35 |
| 应交税费 | 12 883 388.08 | 13 856 775.61 |
| 应付利息 | | |
| 应付股利 | | |
| 其他应付款 | 68 288 913.01 | 110 886 527.87 |
| 划分为持有待售的负债 | | |
| 一年内到期的非流动负债 | | |
| 其他流动负债 | | |
| 流动负债合计 | 103 688 810.64 | 147 380 551.33 |
| 非流动负债： | | |
| 长期借款 | | |
| 应付债券 | | |
| 其中：优先股 | | |
| 永续债 | | |
| 长期应付款 | | |
| 应付职工薪酬 | | |
| 专项应付款 | | |
| 预计负债 | 19 229 715.49 | |
| 递延收益 | | |

表4-14(续)

| 项目 | 期末余额 | 期初余额 |
| --- | --- | --- |
| 递延所得税负债 | | |
| 其他非流动负债 | | |
| 非流动负债合计 | 19 229 715.49 | |
| 负债合计 | 122 918 526.13 | 147 380 551.33 |
| 所有者权益： | | |
| 股本 | 800 000 000.00 | 800 000 000.00 |
| | | |
| 其他权益工具 | | |
| 其中：优先股 | | |
| 永续债 | | |
| 资本公积 | 305 229 046.08 | 302 608 550.66 |
| 减：库存股 | | |
| 其他综合收益 | | |
| 专项储备 | | |
| 盈余公积 | 34 655 116.25 | 34 655 116.25 |
| 未分配利润 | −985 956 442.72 | −928 039 246.96 |
| 所有者权益合计 | 153 927 719.61 | 209 224 419.95 |
| | 276 846 245.74 | 356 604 971.28 |

**表 4-15**　　**利润表**

2015 年　　单位：元

| 项目 | 本期发生额 | 上期发生额 |
| --- | --- | --- |
| 一、营业收入 | 15 219 830.14 | 19 033 222.76 |
| 减：营业成本 | 12 182 164.42 | 7 107 373.20 |
| 税金及附加 | 979 529.28 | 1 108 526.79 |
| 销售费用 | 116 914.68 | 2 011 808.47 |
| 管理费用 | 28 951 888.94 | 34 943 769.30 |
| 财务费用 | 3 320 856.76 | 28 209 930.44 |
| 资产减值损失 | 5 833 192.59 | 4 948 842.03 |
| 加：公允价值变动收益（损失以“-”号填列） | | |
| 投资收益（损失以“-”号填列） | | −657 621 759.11 |
| 其中：对联营企业和合营企业的投资收益 | | −833 454.07 |
| 二、营业利润（亏损以“-”号填列） | −36 164 716.53 | −716 918 786.58 |
| 加：营业外收入 | 465 252.87 | 96 768 114.58 |

表4-15(续)

| 项目 | 本期发生额 | 上期发生额 |
| --- | --- | --- |
| 其中：非流动资产处置利得 | | |
| 减：营业外支出 | 22 217 732. 10 | 20 602 026. 11 |
| 其中：非流动资产处置损失 | | |
| 三、利润总额（亏损总额以“-”号填列） | -57 917 195. 76 | -640 752 698. 11 |
| 减：所得税费用 | | |
| 四、净利润（净亏损以“-”号填列） | -57 917 195. 76 | -640 752 698. 11 |
| 五、其他综合收益的税后净额 | | |
| （一）以后不能重分类进损益的其他综合收益 | | |
| 1. 重新计量设定受益计划净负债或净资产的变动 | | |
| 2. 权益法下在被投资单位不能重分类进损益的其他综合收益中享有的份额 | | |
| （二）以后将重分类进损益的其他综合收益 | | |
| 1. 权益法下在被投资单位以后将重分类进损益的其他综合收益中享有的份额 | | |
| 2. 可供出售金融资产公允价值变动损益 | | |
| 3. 持有至到期投资重分类为可供出售金融资产损益 | | |
| 4. 现金流量套期损益的有效部分 | | |
| 5. 外币财务报表折算差额 | | |
| 6. 其他 | | |
| 六、综合收益总额 | -57 917 195. 76 | -640 752 698. 11 |
| 七、每股收益： | | |
| （一）基本每股收益 | -0. 07 | -0. 80 |
| （二）稀释每股收益 | -0. 07 | -0. 80 |

# 项目五　广东华峰酒业股份有限公司实训资料

## 一、公司基本情况

企业名称：广东华峰酒业股份有限公司
地址、邮政编码：广州市海珠区新港西路1088号　521100
纳税人识别号：（国税）440112345122981
（地税）440125647887782
联系电话：（020）88888888
法人代表：李德容
营业注册资金：人民币壹亿元整
范围：主要从事生产白酒
会计主管：杨建明
会　　计：刘明军
出　　纳：邓小昱　身份证：440611198306220069
发证机关：湛江市公安局麻章分局
银行预留章为财务专用章和单位法人印鉴。

华峰酒业股份有限公司采用以下的会计政策和核算方法：

（1）华峰酒业股份有限公司执行最新的《会计法》《企业会计准则》《企业会计准则应用指南》《企业财务通则》等。

（2）华峰酒业股份有限公司为广州市国税局认定的一般纳税人企业，增值税率17%，运输费用按7%的扣除率计算进项税额准予扣除，消费税为：①企业华峰38度白酒、华峰52度白酒消费税从量从价征收，税率为20%加0.5元/500克；②企业华峰保健酒从价征收，税率为10%，城市维护建设税税率7%，教育费附加税率3%，企业所得税率25%。

（3）企业所负担的房产税、车船使用税、城镇土地使用税、印花税、关税等根据国家税法规定计提缴纳。

（4）企业所计提的职工养老保险金、职工工伤保险金、职工失业保险金、职工医疗保险金、生育保险金和职工住房公积金分别按企业核准的基本工资总额的32%（企业承担24%，个人承担8%）、1%（企业承担1%）、4%（企业承担3%，个人承担1%）、12%（企业承担10%，个人承担2%）、1.2%（企业承担1.2%）和24%（企业12%，个人12%）计算。

（5）企业所计提的职工工会经费、职工教育经费分别按应付工资总额的 2%、1.5%计算，根据上年职工福利费的支出情况，公司预计本年度应承担的职工福利费义务金额为职工工资总额的 4%。

（6）企业所得税税率为 25%。企业采用按年计算、分月按实际数预缴的方式申报缴纳所得税。

（7）企业提代销业务的手续费用收入按 5%的营业税率计提并缴纳营业税。

（8）流动资产。

①库存现金限额为 100 000.00 元。

②银行存款开立两个银行明细账户，分别为：中行海珠支行，结算存款，账号：835000010019905；建行新港西路办事处，证券存款，账号：4245501001011026。

③每月月末计提坏账准备，采用“账龄分析法”，未到期的账款提取比例为 0.5%，逾期 1 个月比例为 1%，2 个月 2%，3 个月 3%，4~6 个月 5%，7~12 个月 10%，1 年以上 20%。应收款项若为贷方余额，则不必计提坏账准备，亦不冲减坏账准备。

④材料日常收发按实际成本核算。发出材料的计划成本月终根据有关“领料单”编制“原材料耗用汇总表”，月底一次加权结转。

⑤本企业周转材料分为低值易耗品和预包装物，低值易耗品分为普通工作服、联体工作服、套鞋和其他物品。周转领用时采用一次摊销法。月底根据周转材料耗用汇总表一次加权分配。

⑥企业的包装物随货物一起销售，不单独计价，在发出包装物时采用一次摊销法对包装物成本进行摊销。领用包装物时，应即时摊销包装物成本。月底根据周转材料耗用汇总表一次加权分配。

⑦本企业产成品的收发按实际成本核算。本月入库产成品的实际成本于月终根据“产成品成本汇总表”一次结转，本月发出产成品的实际单位成本按全月一次加权平均计算，本月发出产成品的实际总成本在月终根据“产品销售成本计算表”一次结转。

9. 固定资产。

企业将固定资产按经济用途、使用情况综合分类为：

①办公使用固定资产，简称办公设备；

②生产经营用固定资产，简称机械设备（包含设备安装须用的密封罐）；

③运输过程用固定资产，简称运输设备；

④房屋建筑物固定资产，简称房屋建筑物企业对固定资产的核算按以上分类设二级科目进行明细核算。

固定资产提取折旧均采用平均年限法，其中房屋建筑物折旧期限 30 年，机械设备 10 年，运输工具 5 年，办公设备为 10 年，所有固定资产残值率 4%。

固定资产的中小修理费用，直接计入当月的有关费用。

（10）无形资产。

该公司期初拥有土地使用权和专利权两项无形资产，专利技术权尚有 72 个月摊销期，土地使用权尚有 552 个月摊销期。根据企业会计准则及其应用指南，企业对无形资产的摊销采用备抵法进行核算。对于自行研发的无形资产在研发过程中的费用，如果是研究阶段的费用，则计入当期损益；如果是开发阶段的费用，则应当计入无形资产的初始成本。

（11）产品成本核算。

①该公司实行车间成本核算形式。各车间成本计算采用品种法。由于各生产车间采用流水线生产工艺，月末都无在产品。

②加工车间以麦糟和玉米糟作为成本计算对象。加工车间完工的各种产品办理验收手续后入自制半成品仓库；加工车间领用各种粮食加工时，应填写“领用单”，仓库据以发料（半成品通过“原材料——半成品”科目核算）。

③封酵车间以麦酿和玉米酿作为成本计算对象，封酵车间完工的各种产品办理验收手续后入自制半成品仓库；封酵车间领用各种粮食加工时，应填写“领用单”，仓库据以发料（半成品通过“原材料——半成品”科目核算）。

④组装车间以华峰38度白酒、华峰52度白酒、华峰保健酒作为成本计算对象，组装车间完工的各种产品办理验收手续后入产成品仓库；组装车间领用材料加工时，应填写“领用单”，仓库据以发料。

⑤公司设置以下四个成本项目：

第一，直接材料。直接材料包括生产经营过程中实际消耗的原材料、水。

第二，直接动力。直接动力包括生产经营过程中实际消耗的电力等。

第三，直接人工。直接人工包括直接从事产品生产人员的全部工资、职工福利费、社会保险、职工教育经费、工会经费及住房公积金等应付职工薪酬。

第四，制造费用。制造费用包括各个生产车间为组织和管理生产所发生的生产车间管理人员薪酬、固定资产折旧费、修理费、机物料消耗、低值易耗品消耗等。

⑥各分配率保留小数点后5位数，尾差由管理费用或其他项目（无管理费用时）负担。

（12）资产减值准备根据企业会计准则及其应用指南，企业应及时对除以公允价值计量的资产之外的各项资产提取减值准备。其中坏账准备每个月提取一次，其他各项资产每年提取一次。除存货、应收账款、持有至到期投资以外，其他各项资产的减值准备一经计提不得转回，只有待处置该资产时一起结转其已计提的资产减值准备。

对以公允价值计量的资产或负债，包括交易性金融资产、直接指定为以公允价值计量的金融资产、交易性金融负债等，企业应于每个资产负债表日按其公允价值调整其账面价值。

（13）利润分配。

①税前利润弥补以前年度亏损，经过5年期未足额弥补的，未弥补亏损应用所得税后的利润弥补。

②盈余公积提取比例为：法定盈余公积10%，任意盈余公积5%。

③应付给投资者的利润，根据股东大会决议每股分配0.5元，分配依据为各方所持普通股比例。

本公司的产品规格和期初结存表分别如表 5-1 及表 5-2 所示。

表 5-1 产品规格

| 产品名称 | 单位 | 规格 |
|---|---|---|
| 华峰白酒 38 度 | 箱 | 24 瓶×500 克 |
| 华峰白酒 52 度 | 箱 | 24 瓶×500 克 |
| 华峰保健酒 | 箱 | 24 瓶×500 克 |

表 5-2 期初结存表

| 名称 | 单位 | 期初数量 | 单价 | 期初金额 |
|---|---|---|---|---|
| 原材料 | | | | |
| 主要材料 | | | | |
| 麦子 | 吨 | 2 000 | 2 500 | 5 000 000 |
| 玉米 | 吨 | 1 800 | 2 200 | 3 960 000 |
| 半成品 | | | | 0 |
| 麦糟 | 吨 | 15 000 | 328. 79 | 4 931 850 |
| 玉米糟 | 吨 | 6 800 | 315. 61 | 2 146 148 |
| 麦酿 | 吨 | 1 000 | 4 982. 5 | 4 982 500 |
| 玉米酿 | 吨 | 200 | 6 675. 1 | 1 335 020 |
| 包装材料 | | | | |
| 500 克陶罐 | 箱（24 个） | 100 000 | 48 | 4 800 000 |
| 商标 | 箱（12 000 个） | 500 | 960 | 480 000 |
| 包装外纸盒 | 箱（600 个） | 8 000 | 480 | 3 840 000 |
| 辅助材料 | | | | 0 |
| 保健食材 | 千克 | 20 000 | 150 | 3 000 000 |
| 果胶酶制剂 | 千克 | 6 500 | 58 | 377 000 |
| 中性酒石酸钾 | 千克 | 6 000 | 52 | 312 000 |
| 天然香精 | 千克 | 5 000 | 56 | 280 000 |
| | | | | 0 |
| 周转材料 | | | | 0 |
| 低值易耗品 | | | | 0 |
| 普通工作服 | 套 | 500 | 150 | 75 000 |
| 联体工作服 | 套 | 800 | 350 | 280 000 |
| 套靴 | 双 | 1 000 | 58 | 58 000 |
| | | | | 0 |
| 库存商品 | | | | 0 |
| 华峰 38 度白酒 | 箱（24 瓶） | 35 000 | 119. 62 | 4 186 700 |

表5-2（续）

| 名称 | 单位 | 期初数量 | 单价 | 期初金额 |
|---|---|---|---|---|
| 华峰52度白酒 | 箱（24瓶） | 40 000 | 165.5 | 6 620 000 |
| 华峰保健酒 | 箱（24瓶） | 40 000 | 130.2 | 5 208 000 |

注：1. 本案例业务发生时间为2014年12月份。

2. 在企业的业务处理过程中，如果没有特殊说明的，计算结果保留两位小数。

3. 记账凭证的明细科目需要根据企业预设科目填列。

4. 库存现金日记账需要日结，银行存款日记账无须日结。往来明细账需要本月合计。

5. 其他月份数据忽略，不年结。

## 二、实训程序及要求

根据公司主要的经济业务，审核相关的原始凭证，编制记账凭证、登记账簿以及编制相关的报表。资产负债表的年初数见表5-3。

**表5-3**　　**资产负债表**

2014年12月31日

企业名称：广东华峰酒业股份有限公司

| 资产 | 期末余额 | 年初余额 | 负债和所有者权益 | 期末余额 | 年初余额 |
|---|---|---|---|---|---|
| 流动资产： | | | 流动负债 | | |
| 货币资金 | | 544 362 198.34 | 短期借款 | | 10 000 000.00 |
| 交易性金融资产 | | | 交易性金融负债 | | |
| 应收票据 | | | 应付票据 | | |
| 应收账款 | | 1 297 289.37 | 应付账款 | | 902 400.00 |
| 预付账款 | | 21 648 000.00 | 预收账款 | | 500 000.00 |
| 应收利息 | | 1 200 000.00 | 应付职工薪酬 | | 981 572.65 |
| 应收股利 | | | 应交税费 | | 29 035 886.56 |
| 其他应收款 | | | 应付利息 | | 1 050 000.00 |
| 存货 | | 17 215 349.16 | 应付股利 | | 400 000 000.00 |
| 一年内到期的非流动资产 | | | 其他应付款 | | |
| 其他流动资产 | | | 一年到期的非流动负债 | | |
| 流动资产合计 | | 285 722 836.87 | 其他流动负债 | | |
| 非流动资产： | | | 流动负债合计 | | 442 469 859.21 |
| 可供出售金融资产 | | | 非流动负债： | | |
| 持有至到期投资 | | 20 000 000.00 | 长期借款 | | 30 000 000.00 |
| 长期应收款 | | | 应付债券 | | |

表5-3(续)

| 资产 | 期末余额 | 年初余额 | 负债和所有者权益 | 期末余额 | 年初余额 |
|---|---|---|---|---|---|
| 长期股权投资 | | 15 000 000.00 | 长期应付款 | | |
| 投资性房地产 | | | 专项应付款 | | |
| 固定资产 | | 307 995 200.00 | 预计负债 | | |
| 在建工程 | | | 递延所得税负债 | | |
| 工程物资 | | | 其他非流动负债 | | |
| 固定资产清理 | | | 非流动负债合计 | | 30 000 000.00 |
| 生物性生物资产 | | | 负债合计 | | 472 469 859.21 |
| 油气资产 | | | 所有者权益 | | |
| 无形资产 | | 23 557 500.00 | 实收资本 | | 100 000 000.00 |
| 研发支出 | | | 资本公积 | | 35 000 000.00 |
| 商誉 | | | 减：库存股 | | |
| 长期待摊费用 | | | 盈余公积 | | 9 000 000.00 |
| 递延所得税资产 | | 5 677.66 | 未分配利润 | | 65 811 355.32 |
| 其他非流动资产 | | | | | |
| 非流动资产合计: | | 366 558 377.66 | 所有者权益合计 | | 179 811 355.32 |
| 资产合计: | | 652 281 214.53 | 负债和所有者权益合计: | | 652 281 214.53 |

## 三、主要经济业务

业务序号：1　　　业务所属岗位：存货

业务描述：12 月 1 日，加工车间领料。

业务涉及单据见图 5-1 和图 5-2。

**领　料　单**

材料类别：原材料

领用部门：加工车间　　　2014 年　12 月　1 日　　　领用单：20141201001

| 产品名称及用途 | 麦槽 | | 工程编号 | | | | |
|---|---|---|---|---|---|---|---|
| 材料名称 | 规　格 | 单　位 | 数量 请领 | 数量 实发 | 单价 | 实际☑ 计划☐ | 总　价 |
| 麦子 | | 吨 | 1300 | 1300 | | | |

| 发料部门 | 审核员 | 发料员 | 领用部门 | 主管 | 领料 | 备注 |
|---|---|---|---|---|---|---|
| | 杨建明 | 江军 | | 刘其 | 萧山 | 月底加权计算 |

第三联 交财务部门

图 5-1　麦糟领料单

## 领　料　单

领用部门：加工车间　　2014 年　12 月　1 日　　材料类别：原材料　领用单：20141201002

| 产品名称及用途 | 玉米糟 | | 工程编号 | | | | |
|---|---|---|---|---|---|---|---|
| 材料名称 | 规　格 | 单　位 | 数量 请领 | 数量 实发 | 单价 | 实际☑ 计划☐ | 总　价 |
| 玉米 | | 吨 | 700 | 700 | | | |

| 发料部门 审核员 | 发料部门 发料员 | 领用部门 主管 | 领用部门 领料 | 备注 |
|---|---|---|---|---|
| 杨建明 | 江军 | 刘其 | 萧山 | 月底加权计算 |

第三联　交财务部门

图 5-2　玉米糟领料单

业务序号：2　　　业务所属岗位：存货

业务描述：12 月 1 日，组装车间生产领料。

业务涉及单据见图 5-3、图 5-4 和图 5-5。

## 领　料　单

领用部门：组装车间　　2014 年　12 月　1 日　　材料类别：原材料　领用单：20141201003

| 产品名称及用途 | 华峰38度白酒 | | 工程编号 | | | | |
|---|---|---|---|---|---|---|---|
| 材料名称 | 规　格 | 单　位 | 数量 请领 | 数量 实发 | 单价 | 实际☑ 计划☐ | 总　价 |
| 麦酿 | | 吨 | 300 | 300 | | | |

| 发料部门 审核员 | 发料部门 发料员 | 领用部门 主管 | 领用部门 领料 | 备注 |
|---|---|---|---|---|
| 杨建明 | 江军 | 马名山 | 陈东明 | 月底加权计算 |

第三联　交财务部门

图 5-3　华峰 38 度白酒领料单

## 领　料　单

领用部门：组装车间　　2014 年　12 月　1 日　　材料类别：原材料　领用单：20141201004

| 产品名称及用途 | 华峰52度白酒 | | 工程编号 | | | | |
|---|---|---|---|---|---|---|---|
| 材料名称 | 规　格 | 单　位 | 数量 请领 | 数量 实发 | 单价 | 实际☑ 计划☐ | 总　价 |
| 麦酿 | | 吨 | 400 | 400 | | | |

| 发料部门 审核员 | 发料部门 发料员 | 领用部门 主管 | 领用部门 领料 | 备注 |
|---|---|---|---|---|
| 杨建明 | 江军 | 马名山 | 陈东明 | 月底加权计算 |

第三联　交财务部门

图 5-4　华峰 52 度白酒领料单

领 料 单

材料类别：原材料

领用部门：组装车间　　2014 年 12 月 1 日　　领用单：20141201005

| 产品名称及用途 | 华峰保健酒 | | 工程编号 | | | | |
|---|---|---|---|---|---|---|---|
| 材料名称 | 规 格 | 单 位 | 数量 请领 | 数量 实发 | 单价 实际☑ 计划□ | 总 价 | |
| 玉米酿 | | 吨 | 150 | 150 | | | |

| 发料部门 | 审核员 | 发料员 | 领用部门 | 主管 | 领料 | 备注 | 月底加权计算 |
|---|---|---|---|---|---|---|---|
| | 杨建明 | 江军 | | 马名山 | 陈东明 | | |

第三联 交财务部门

图 5-5　华峰保健酒领料单

业务序号：3　　　业务所属岗位：银行存款管理

业务名称：12 月 1 日购买麦子

业务描述：12 月 1 日，购买麦子，转账支票付款，材料尚未验收入库，开转账支票。

业务涉及单据见图 5-6。

支票申请单

2014 年 12 月

| 事由： | 支付货款 |
|---|---|
| 支票号码： | 37080880 |
| 支票内容： | 收款人：广东粮食集团有限公司 |
| | 金额：人民币8746200.00 |
| | 其他要求：转账支票 |
| 支票开票时间： | 2014年12月01日 |
| 单位负责人签名： | 李德容 |

制表：邓小昱　　审核：杨建明

图 5-6　支票申请单

会计人员审查出纳填写转账支票。

业务序号：4　　　业务所属岗位：存货

业务描述：12 月 1 日，购买麦子，转账支票付款，材料尚未验收入库，填制记账凭证（根据业务 3 的原始凭证填制）。

业务序号：5　　　业务所属岗位：存货

业务名称：12 月 2 日组装车间生产领料

业务涉及单据见图 5-7 和图 5-8。

**领 料 单**

领用部门：组装车间 2014 年 12 月 2 日 材料类别：原材料 领用单：20141202001

| 产品名称及用途 | 华峰保健酒 | | 工程编号 | | | | |
|---|---|---|---|---|---|---|---|
| 材料名称 | 规 格 | 单 位 | 数量 请领 | 数量 实发 | 单价 | 实际☑ 计划☐ | 总 价 |
| 保健食材 | | 公斤 | 7000 | 7000 | | | |

| 发料部门 | 审核员 | 发料员 | 领用部门 | 主管 | 领料 | 备注 | 月底加权计算 |
|---|---|---|---|---|---|---|---|
| | 杨建明 | 江军 | | 马名山 | 陈东明 | | |

第三联 交财务部门

图 5-7 华峰保健酒领料单

**领 料 单**

领用部门：组装车间 2014 年 12 月 2 日 材料类别：原材料 领用单：20141202002

| 产品名称及用途 | 华峰38度白酒 | | 工程编号 | | | | |
|---|---|---|---|---|---|---|---|
| 材料名称 | 规 格 | 单 位 | 数量 请领 | 数量 实发 | 单价 | 实际☑ 计划☐ | 总 价 |
| 天然香精 | | 公斤 | 500 | 500 | | | |

| 发料部门 | 审核员 | 发料员 | 领用部门 | 主管 | 领料 | 备注 | 月底加权计算 |
|---|---|---|---|---|---|---|---|
| | 杨建明 | 江军 | | 马名山 | 陈东明 | | |

第三联 交财务部门

图 5-8 华峰 38 度白酒领料单

业务序号：6 业务所属岗位：存货

业务名称：12 月 2 日封酵车间领料

业务涉及单据见图 5-9 和图 5-10。

**领 料 单**

领用部门：封酵车间 2014 年 12 月 2 日 材料类别：原材料 领用单：20141202007

| 产品名称及用途 | 麦酿 | | 工程编号 | | | | |
|---|---|---|---|---|---|---|---|
| 材料名称 | 规 格 | 单 位 | 数量 请领 | 数量 实发 | 单价 | 实际☑ 计划☐ | 总 价 |
| 麦糟 | | 吨 | 14000 | 14000 | | | |

| 发料部门 | 审核员 | 发料员 | 领用部门 | 主管 | 领料 | 备注 | 月底加权计算 |
|---|---|---|---|---|---|---|---|
| | 杨建明 | 江军 | | 刘臣金 | 王晓东 | | |

第三联 交财务部门

图 5-9 麦酿领料单

# 领 料 单

材料类别：原材料

领用部门：封酵车间　　　　2014 年　12 月　2 日　　　　领用单：20141202008

| 产品名称及用途 | 玉米酿 | | 工程编号 | | | |
|---|---|---|---|---|---|---|
| 材料名称 | 规　格 | 单　位 | 数　量 | | 单价　实际☑ 计划☐ | 总　价 |
| | | | 请领 | 实发 | | |
| 玉米糟 | | 吨 | 5200 | 5200 | | |

| 发料部门 | 审核员 | 发料员 | 领用部门 | 主管 | 领料 | 备注 | 月底加权计算 |
|---|---|---|---|---|---|---|---|
| | 杨建明 | 江军 | | 刘臣金 | 王晓东 | | |

第三联　交财务部门

图 5-10　玉米酿领料单

业务序号：7　　　　业务所属岗位：往来岗位

业务名称：12 月 2 日收回前欠货款

业务描述：12 月 2 日，收回前欠货款，填写记账凭证。

业务涉及单据见图 5-11。

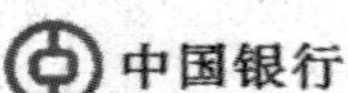

中国银行　　广东省 分行营业部　　银行电子结算单

No. 78589559

行　　名：中国银行海珠支行　　收报日期：20141202

业务种类：转账　　发报日期：20141202

收款人账号：835000010019905　　付款人账号：622554587595684

收款人户名：广东华峰酒业股份有限公司　　收报流水号：895457456

付款人户名：天津市华茂酒业有限公司　　收报行行号：102581006005

大写金额：人民币贰佰叁拾贰万伍仟叁佰柒拾伍元　　延时付款指令：延时付款

小写金额：¥2325375.00　　用途附言：货款

发报流水号：987895654

发报行行号：455456562

发报行行名：中国工商银行津桥支行

打印日期：20141202

中国银行 海珠支行 ★2014.12.02★ 业务清讫

收电：刘明山　　记账：　　复核：钟情群

图 5-11　银行电子结算单

业务序号：8　　　　业务所属岗位：银行存款管理

业务名称：12 月 3 日支付运输费

业务描述：12 月 3 日，支付购买麦子运输费，开出转账支票。

业务涉及单据见图 5-12。

**支票申请单**

2014 年　12 月

| 事由： | 支付运输费 |
|---|---|
| 支票号码： | 37080881 |
| 支票内容： | 收款人：广州市速到物流有限公司 |
| | 金额：人民币46453.50 |
| | 其他要求：转账支票 |
| 支票开票时间： | 2014年12月03日 |
| 单位负责人签名： | 李德容 |

制表：邓小昱　　　　审核：杨建明

图 5-12　支票申请单

业务序号：9　　　业务所属岗位：存货

业务名称：12 月 3 日支付运输费

业务描述：12 月 3 日，支付购买麦子运输费，填制记账凭证。

业务涉及单据见图 5-13。

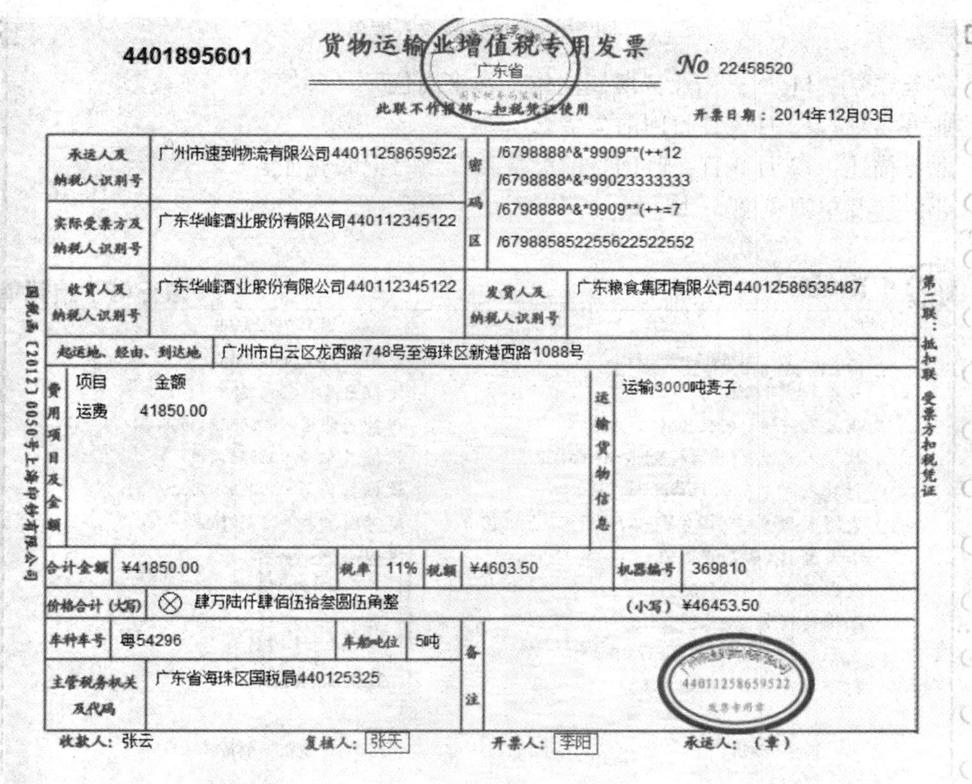

4401895601　　**货物运输业增值税专用发票**　　№ 22458520

广东省

此联不作报销、扣税凭证使用　　　　开票日期：2014年12月03日

| 承运人及纳税人识别号 | 广州市速到物流有限公司44011258659522 | 密码区 | /6798888^&*9909**(++12<br>/6798888^&*99023333333<br>/6798888^&*9909**(++=7<br>/67988585225562252552 |
|---|---|---|---|
| 实际受票方及纳税人识别号 | 广东华峰酒业股份有限公司440112345122 | | |
| 收货人及纳税人识别号 | 广东华峰酒业股份有限公司440112345122 | 发货人及纳税人识别号 | 广东粮食集团有限公司44012586535487 |
| 起运地、经由、到达地 | 广州市白云区龙西路748号至海珠区新港西路1088号 | | |
| 费用项目及金额 | 项目　金额<br>运费　41850.00 | 运输货物信息 | 运输3000吨麦子 |
| 合计金额 | ¥41850.00　税率 11%　税额 ¥4603.50 | 机器编号 | 369810 |
| 价税合计（大写） | ⊗ 肆万陆仟肆佰伍拾叁圆伍角整 | （小写） | ¥46453.50 |
| 车种车号 | 粤54296　车船吨位 5吨 | 备注 | 44011258659522 发票专用章 |
| 主管税务机关及代码 | 广东省海珠区国税局440125325 | | |

收款人：张云　　复核人：张天　　开票人：李阳　　承运人：（章）

第二联：抵扣联　受票方扣税凭证

国税函〔2012〕0050号上海印钞有限公司

图 5-13　增值税专用发票

业务序号：10　　　业务所属岗位：存货

业务名称：12 月 3 日购买麦子验收入库

业务描述：12 月 3 日，12 月 1 日购买的麦子验收入库，填写记账凭证。

业务涉及单据见图 5-14。

材料验收入库单

凭证编号：2014120301

供应人：广东粮食集团有限公司　　2014 年　12 月　3 日　　仓库编号：0001

| 增值税 1006200.00 | | 发票号 05896548 | | 验收日期 2014 年 12 月 3 日 | | | 存放地点 一号库 | | 附件份数　份 | |
|---|---|---|---|---|---|---|---|---|---|---|
| 材料编号 | 材料名称 | 规格 | 型号 | 单位 | 数量 | | 计划单价 | | 实际单价 | |
| | | | | | 凭证 | 实收 | 单价 | 总价 | 单价 | 总价 |
| 1001 | 麦子 | | | 吨 | 3000 | 3000 | | | 2580.00 | 7740000.00 |
| | | | | | | | | | | |
| | | | | | | | | | | |
| | | | | | | | | | | |
| 差　异 | | 备注 | 入库单总价不包含运费，运费41850.00元，税额4603.50元（运费需计入采购成本） | | | | | | | |

第三联　财务科核算

财务处长　　供应科长　　仓库主管 江军　　验收保管　　检验 李东　　采购经办 周中文

图 5-14　材料验收入库单

业务序号：11　　　业务所属岗位：往来岗位

业务名称：12 月 3 日收回前欠货款

业务描述：12 月 3 日，收回货前欠货款，填写记账凭证。

业务涉及单据见图 5-15。

中国银行　　广东省 分行营业部　　银行电子结算单

No. 78533359

行　　名：中国银行海珠支行　　收报日期：20141203

业务种类：转账　　发报日期：20141203

收款人账号：835000010019905　　付款人账号：622552233595684

收款人户名：广东华峰酒业股份有限公司　　收报流水号：895457411

付款人户名：兰州市昌吉酒业有限公司　　收报行行号：102581006005

大写金额：人民币贰佰贰拾壹万陆仟柒佰伍拾元整　　延时付款指令：延时付款

小写金额：¥2216750.00　　用途附言：货款

发报流水号：987895611

发报行行号：455456511

发报行行名：中国工商银行昌吉支行

打印日期：20141203

中国银行海珠支行 2014.12.03 业务清讫

收电：刘明山　　记账：　　复核：钟倩群

图 5-15　银行电子结算单

业务序号：12　　　　业务所属岗位：存货

业务名称：12 月 4 日组装车间生产领料

业务描述：12 月 4 日，组装车间生产领料。

业务涉及单据见图 5-16、图 5-17、图 5-18 和图 5-19。

领　料　单

领用部门：组装车间　　2014 年 12 月 4 日　　材料类别：包装材料　领用单：20141204001

| 产品名称及用途 | 华峰38度白酒 | | 工程编号 | | | | |
|---|---|---|---|---|---|---|---|
| 材料名称 | 规　格 | 单　位 | 数量 请领 | 数量 实发 | 单价 | 实际☑ 计划□ | 总　价 |
| 500克陶罐 | 箱（24个） | 箱 | 20000 | 20000 | | | |

| 发料部门 审核员 | 发料部门 发料员 | 领用部门 主管 | 领用部门 领料 | 备注 |
|---|---|---|---|---|
| 杨建明 | 江军 | 马名山 | 陈东明 | 月底加权计算 |

第三联　交财务部门

图 5-16　华峰 38 度白酒领料单

领　料　单

领用部门：组装车间　　2014 年 12 月 4 日　　材料类别：包装材料　领用单：20141204002

| 产品名称及用途 | 华峰52度白酒 | | 工程编号 | | | | |
|---|---|---|---|---|---|---|---|
| 材料名称 | 规　格 | 单　位 | 数量 请领 | 数量 实发 | 单价 | 实际☑ 计划□ | 总　价 |
| 500克陶罐 | 箱（24个） | 箱 | 30000 | 30000 | | | |

| 发料部门 审核员 | 发料部门 发料员 | 领用部门 主管 | 领用部门 领料 | 备注 |
|---|---|---|---|---|
| 杨建明 | 江军 | 马名山 | 陈东明 | 月底加权计算 |

第三联　交财务部门

图 5-17　华峰 52 度白酒领料单

领 料 单

材料类别：包装材料
领用单：20141204003

领用部门：组装车间　　2014 年 12 月 4 日

| 产品名称及用途 | 华峰保健酒 | | 工程编号 | | | | |
|---|---|---|---|---|---|---|---|
| 材料名称 | 规格 | 单位 | 数量 请领 | 数量 实发 | 单价 实际☑ 计划☐ | 总价 | |
| 500克陶罐 | 箱（24个） | 箱 | 30000 | 30000 | | | |
| 发料部门 审核员 | 杨建明 | 发料员 江军 | 领用部门 主管 | 马名山 | 领料 陈东明 | 备注 | 月底加权计算 |

第三联 交财务部门

图 5-18　华峰保健酒领料单

领 料 单

材料类别：包装材料
领用单：20141204004

领用部门：组装车间　　2014 年 12 月 4 日

| 产品名称及用途 | 华峰38度白酒 | | 工程编号 | | | | |
|---|---|---|---|---|---|---|---|
| 材料名称 | 规格 | 单位 | 数量 请领 | 数量 实发 | 单价 实际☑ 计划☐ | 总价 | |
| 商标 | 箱（12000个） | 箱 | 40 | 40 | | | |
| 发料部门 审核员 | 杨建明 | 发料员 江军 | 领用部门 主管 | 马名山 | 领料 陈东明 | 备注 | 月底加权计算 |

第三联 交财务部门

图 5-19　华峰 38 度白酒领料单

业务序号：13　　　业务所属岗位：增值税开票

业务名称：12 月 4 日销售商品款未收

业务描述：12 月 4 日，销售商品款未收，开具增值税专用发票。

业务涉及单据见图 5-20、图 5-21 和图 5-22。

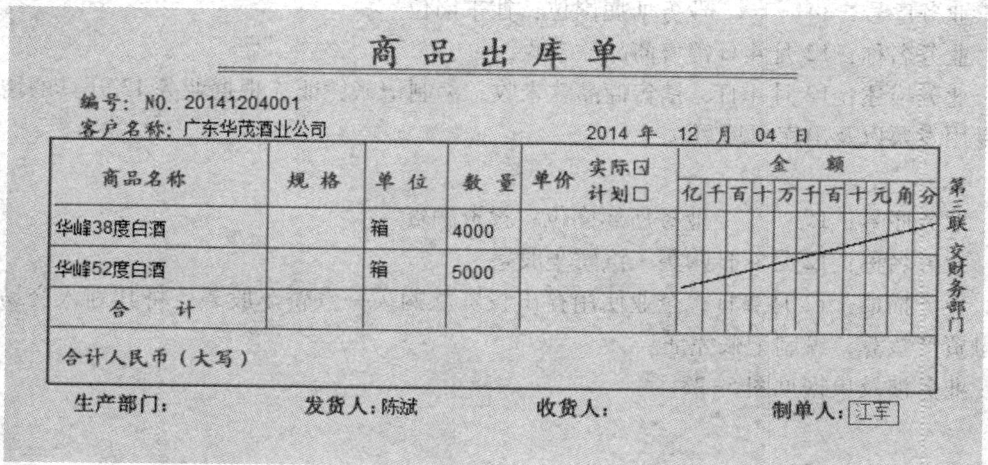

# 商品出库单

编号：NO. 20141204001

客户名称：广东华茂酒业公司　　　　2014 年 12 月 04 日

| 商品名称 | 规格 | 单位 | 数量 | 单价 | 实际☑ 计划☐ | 金额（亿千百十万千百十元角分） |
| --- | --- | --- | --- | --- | --- | --- |
| 华峰38度白酒 | | 箱 | 4000 | | | |
| 华峰52度白酒 | | 箱 | 5000 | | | |
| 合　计 | | | | | | |
| 合计人民币（大写） | | | | | | |

生产部门：　　发货人：陈斌　　收货人：　　制单人：江军

第三联　交财务部门

图 5-20　商品出库单

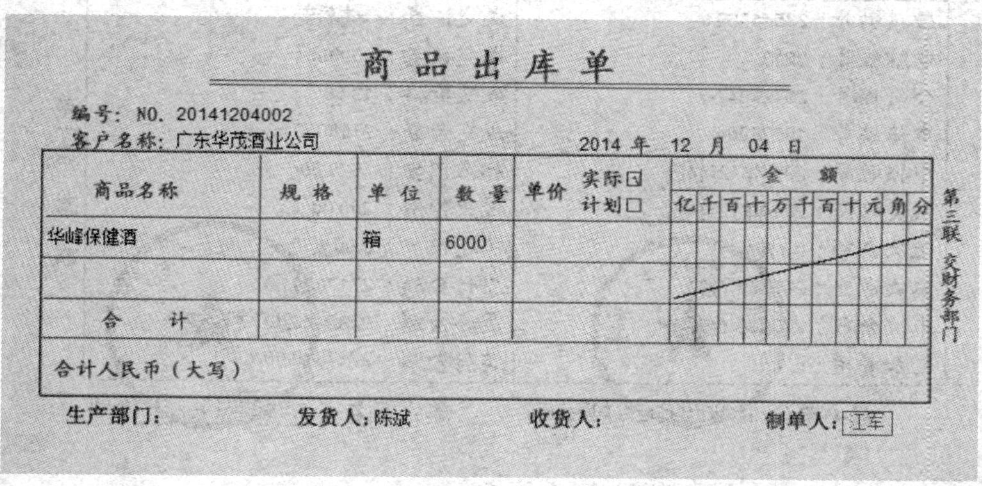

# 商品出库单

编号：NO. 20141204002

客户名称：广东华茂酒业公司　　　　2014 年 12 月 04 日

| 商品名称 | 规格 | 单位 | 数量 | 单价 | 实际☑ 计划☐ | 金额（亿千百十万千百十元角分） |
| --- | --- | --- | --- | --- | --- | --- |
| 华峰保健酒 | | 箱 | 6000 | | | |
| | | | | | | |
| 合　计 | | | | | | |
| 合计人民币（大写） | | | | | | |

生产部门：　　发货人：陈斌　　收货人：　　制单人：江军

第三联　交财务部门

图 5-21　商品出库单

**开具发票申请单**

申请人：刘明军　　　　2014 年 12 月

| 购货单位： | 广东华茂酒业公司 | | | 价税合计款： | ¥10208250.00 |
| --- | --- | --- | --- | --- | --- |
| 销售产品/劳务 | 型号 | 单位 | 数量 | 单价 | 金额 |
| 华峰38度白酒 | | 箱 | 4000 | 525.00 | 2100000.00 |
| 华峰52度白酒 | | 箱 | 5000 | 725.00 | 3625000.00 |
| 华峰保健酒 | | 箱 | 6000 | 500.00 | 3000000.00 |
| | | | | | |
| 合计 | | | | | ¥8725000.00 |
| 开票类型： | √增值税专用发票 | □增值税普通发票 | □服务发票 | | |
| 开具增值税发票填列： | 购货单位识别号： | 440112322253981 | | | |
| | 购货单位地址、电话： | 广州市天河区天河南一路88号(020)82 | | | |
| | 购货单位开户行及账号： | 中行天河支行835111110019905 | | | |
| 发票开票时间： | 2014年12月04日 | | | | |
| 销售部经理审核签名： | 刘恺威 | | | | |
| 财务主管签名： | 杨建明 | | 收款人：邓小昱 | 复核：杨建明 | |

制表：刘明军　　审核：杨建明

图 5-22　发票申请单

业务序号：14　　　　业务所属岗位：往来岗位

业务名称：12 月 4 日销售商品款未收

业务描述：12 月 4 日，销售商品款未收，编制记账凭证（根据业务 13 开具的增值税专用发票以及出库单填写）。

业务序号：15　　　　业务所属岗位：投资融资

业务名称：12 月 4 日购买一汽轿车股票

业务描述：12 月 4 日，企业使用存出投资款购买一汽轿车股票，将其划入交易性金融资产核算，编制记账凭证。

业务涉及单据见图 5-23。

**成交过户交割凭单**

2014年 12月 4 日

| | | |
|---|---|---|
| 股东编号：23541789 | 成交证券：一汽轿车 | 第一联　客户联 |
| 电脑编号：0213 | 成交数量：200000 | |
| 公司代号：23423347-7 | 成交价格：13.58 | |
| 申请编号：10536984 | 成交金额：2716000.00 | |
| 申报时间：2014年12月4日 | 标准佣金：1629.60 | |
| 成交时间：2014年12月4日 | 过户费用：200.00 | |
| 上次余额：0（股） | 印花税：　0.00 | |
| 本次成交：200000（股） | 应付金额：2717829.60 | |
| 本次余额：200000（股） | 最终余额：3282170.40 | |
| 附加费用： | 实付金额：2717829.60 | |

经办单位：广州市华欣证券有限公司　　　　客户签名：广东华[illegible]酒业股份有限公司

图 5-23　成交过户交割凭单

业务序号：16　　　　业务所属岗位：存货

业务名称：12 月 5 日企业总部领用普通工作服

业务描述：12 月 5 日，企业总部领用普通工作服 12 套。

业务涉及单据见图 5-24。

**领　料　单**

领用部门：企业总部　　2014 年　12 月　5 日　　材料类别：周转材料　领用单：20141205001

| 产品名称及用途 | 一般耗用 | | 工程编号 | | | | |
|---|---|---|---|---|---|---|---|
| 材料名称 | 规　格 | 单　位 | 数量 请领 | 数量 实发 | 单价 | 实际☑ 计划☐ | 总　价 |
| 普通工作服 | | 套 | 12 | 12 | | | |

| 发料部门 审核员 | 发料部门 发料员 | 领用部门 主管 | 领用部门 领料 | 备注 |
|---|---|---|---|---|
| 杨建明 | 江军 | 柳华 | 郭云杉 | 月底加权计算 |

第三联　交财务部门

图 5-24　一般耗用领料单

业务序号：17　　业务所属岗位：地税报税

业务名称：12 月 5 日上缴地税款

业务描述：12 月 5 日，地税缴纳上月代扣的个人所得税，上月应交城市维护建设税，应交教育费附加，填写相关的记账凭证。

业务涉及单据见图 5-25。

中国银行　广东省分行营业部　**电子缴税回单**

No.20141205001

扣账日期：2014 年 12 月 5 日　清算日期：2014 年 12 月 5 日

| 付款人 | | 收款人 | |
|---|---|---|---|
| 全　称 | 广东华峰酒业股份有限公司 | 全　称 | 广州市海珠区地方税局 |
| 账　号 | 835000010019905 | 账　号 | 4401025825897410 |
| 开户银行 | 中行海珠支行 | 开户银行 | 中华人民共和国国家金库广州市海珠区国库 |

金额 人民币（大写）：壹佰捌拾陆万捌仟壹佰贰拾陆元贰角伍分　¥1868126.25

内容：上缴税费　电子税票号：2014120500　纳税人编码：4401256478　纳税人名称：广东华峰酒业股份有限公司

| 税种 | 所属期 | 纳税金额 | 备注 | 税种 | 所属期 | 纳税金额 | 备注 |
|---|---|---|---|---|---|---|---|
| 个人所得税 | 20141101-201411 | ¥89010.25 | 地税 | | | | |
| 城市维护建设税 | 20141101-201411 | ¥1245381.20 | 地税 | | | | |
| 教育费附加 | 20141101-201411 | ¥533734.80 | 地税 | | | | |

中国银行 海珠支行 2014.12.05 业务清讫

打印日期：2014 年12月 5 日

图 5-25　电子缴税回单

业务序号：18　　　业务所属岗位：地税报税

业务名称：12 月 5 日上缴社保和住房公积金

业务描述：12 月 5 日，地税缴纳社保、住房公积金，编制记账凭证。

业务涉及单据见图 5-26 和图 5-27。

住房公积金汇缴书

2014 年 12 月 05 日

| 单位名称（公章） | 广东华峰酒业股份有限公司 | | |
|---|---|---|---|
| 单位登记号 | 440125647887782 | 资金来源：☐财政统发☑非财政统发 | 汇缴 2014 年 11 月份 |
| 汇缴金额（大写）：捌万柒仟贰佰肆拾元整 | | | 千百十万千百十元角分<br>¥ 8 7 2 4 0 0 0 |

| | 上月汇缴 | 本月增加 | 本月减少 | 本月汇缴 |
|---|---|---|---|---|
| 人　数 | 77 | 0 | 0 | 77 |
| 金　额 | 87240.00 | 0 | 0 | 87240.00 |
| 缴款方式 | ☐支票 | ☑委托收款 | ☐现金送款簿 | ☐汇款 |
| 票据号码 | | | 收款银行签章 中国银行 海珠支行 ★2014.12.05★ 业务清讫 | |
| 付款银行 | 中行海珠支行 | | | |
| 付款账户 | 835000010019905 | | | |

图 5-26　住房公积金汇缴书

中国银行　　中行海珠支行　　批扣回单

No.20141205002

批扣日期：2014 年 12 月 05 日

| 付款人 | 全　称 | 广东华峰酒业股份有限公司 | 收款人 | 全　称 | 广州市海珠区地税局 |
|---|---|---|---|---|---|
| | 账　号 | 835000010019905 | | 账　号 | 4401025825897410 |
| | 开户银行 | 中行海珠支行 | | 开户银行 | 中华人民共和国国家金库广州市海珠区国库 |
| 金额 | 人民币（大写） | 壹拾捌万贰仟肆佰柒拾柒元整 | | | 千百十万千百十元角分<br>¥ 1 8 2 4 7 7 0 0 |
| 摘要 | 上缴上月社保 | | | | |
| 备注 | 社保合计：182477.00　个人缴纳：39985.00　企业缴纳：142492.00 | | | | 中国银行 海珠支行 ★2014.12.05★ 业务清讫 |

打印日期：2014 年12月05日

图 5-27　批扣回单

业务序号：19　　　　业务所属岗位：存货

业务名称：12 月 6 日封酵车间和组装车间领用工作服

业务描述：12 月 6 日，封酵车间领用联体工作服，组装车间领用普通工作服。

业务涉及单据见图 5-28 和图 5-29。

**领　料　单**

材料类别：周转材料

领用部门：封酵车间　　　　2014 年 12 月 6 日　　　　领用单：20141206001

| 产品名称及用途 | 一般耗用 | | 工程编号 | | | | |
|---|---|---|---|---|---|---|---|
| 材料名称 | 规　格 | 单　位 | 数量 请领 | 数量 实发 | 单价 | 实际☑ 计划☐ | 总　价 |
| 联体工作服 | | 套 | 10 | 10 | | | |

| 发料部门 审核员 | 发料部门 发料员 | 领用部门 主管 | 领用部门 领料 | 备注 |
|---|---|---|---|---|
| 杨建明 | 江军 | 马名山 | 陈东明 | 月底加权计算 |

第三联　交财务部门

图 5-28　一般耗用领料单

**领　料　单**

材料类别：周转材料

领用部门：组装车间　　　　2014 年 12 月 6 日　　　　领用单：20141206002

| 产品名称及用途 | 一般耗用 | | 工程编号 | | | | |
|---|---|---|---|---|---|---|---|
| 材料名称 | 规　格 | 单　位 | 数量 请领 | 数量 实发 | 单价 | 实际☑ 计划☐ | 总　价 |
| 普通工作服 | | 套 | 25 | 25 | | | |

| 发料部门 审核员 | 发料部门 发料员 | 领用部门 主管 | 领用部门 领料 | 备注 |
|---|---|---|---|---|
| 杨建明 | 江军 | 马名山 | 陈东明 | 月底加权计算 |

第三联　交财务部门

图 5-29　一般耗用领料单

业务序号：20　　　　业务所属岗位：投资融资

业务名称：12 月 6 日借入长期借款

业务描述：12 月 6 日，借入长期借款（专项借款），一次还本付息，编制记账凭证。

业务涉及单据见图 5-30。

中国银行　　借款凭证（回单）

转账日期 2014 年 12 月 6 日

| 借款单位名称 | 广东华峰酒业股份有限公司 | 纳税人识别号 | 440112345122981 |
|---|---|---|---|
| 放款账号 | 835000010019905 | 往来账号 | 835000010019905 |
| 借款金额 | 人民币（大写）叁仟万元整 | 亿千百十万千百十元角分 | ¥3000000000 |
| 用途 | 专项借款 | 利率 | 9% |
| 单位提出期限 | 自 2014 年 12 月 6 日起至 2017 年 12 月 6 日止 | | |
| 银行核定期限 | 自 2014 年 12 月 6 日起至 2017 年 12 月 6 日止 | | |
| 上列款项已收入你方单位往来户内<br>此致<br>单位（银行盖章） | | 单位会计人员：<br>杨建明 | |

| 分次偿还记录 | 日期 | | 偿还金额 | 未还金额 | 复核盖章 | 分次偿还计划 | 日期 | | | 金额 |
|---|---|---|---|---|---|---|---|---|---|---|
| | 月 | 日 | 百十万千百十元角分 | 百十万千百十元角分 | | | 年 | 月 | 日 | 万千百十元角分 |
| | | | | | | | | | | |

第一联　回单联

图 5-30　借款凭证

业务序号：21　　　　业务所属岗位：国税报税

业务名称：12 月 6 日缴纳国税款

业务描述：12 月 6 日，缴纳上月应交增值税、应交消费税，预交上月企业所得税，编制记账凭证。

业务涉及单据见图 5-31。

中国银行　　广东省分行营业部　　电子缴税回单

No.20141206001

扣账日期：2014 年 12 月 6 日　清算日期：2014 年 12 月 6 日

| 付款人 | 全称 | 广东华峰酒业股份有限公司 | 收款人 | 全称 | 广州市海珠区国税局 |
|---|---|---|---|---|---|
| | 账号 | 835000010019905 | | 账号 | 4401025825865852 |
| | 开户银行 | 中行海珠支行 | | 开户银行 | 中华人民共和国国家金库广州市海珠区国库 |
| 金额 | 人民币（大写） | 贰仟陆佰贰拾万零玖仟柒佰肆拾元零壹角玖分 | | 千百十万千百十元角分 | 2620974019 |
| 内容 | 上缴税费 | 电子税票号 | 2014120600 | 纳税人编码 | 4401256478 |
| 纳税人名称 | 广东华峰酒业股份有限公司 | | | | |

| 税种 | 所属期 | 纳税金额 | 备注 | 税种 | 所属期 | 纳税金额 | 备注 |
|---|---|---|---|---|---|---|---|
| 增值税 | 20141101-201411 | ¥3046160.00 | 国税 | | | | |
| 消费税 | 20141101-201411 | ¥14745000.00 | 国税 | | | | |
| 企业所得税 | 20141101-201411 | ¥8418580.19 | 国税 | | | | |
| | | | | | | | |

中国银行 海珠支行 2014.12.06 业务清讫

打印日期：2014 年12月 6 日

图 5-31　电子缴税回单

业务序号：22　　　业务所属岗位：银行存款管理

业务名称：12 月 7 日购买办公用品

业务描述：12 月 7 日，加工车间用银行存款购买办公用品，开具转账支票。

业务涉及单据见图 5-32。

**支票申请单**

2014 年 12 月

| 事由： | 购买办公用品 |
|---|---|
| 支票号码： | 37080882 |
| 支票内容： | 收款人：广州市文博文具有限公司 |
| | 金额：人民币9600.00 |
| | 其他要求：转账支票 |
| 支票开票时间： | 2014年12月07日 |
| 单位负责人签名： | 李德容 |

制表：邓小昱　　　审核：杨建明

图 5-32　支票申请单

业务序号：23　　　业务所属岗位：存货

业务名称：12 月 7 日购买办公用品

业务描述：12 月 7 日，加工车间用银行存款购买办公用品，编制记账凭证。

业务涉及单据见图 5-33。

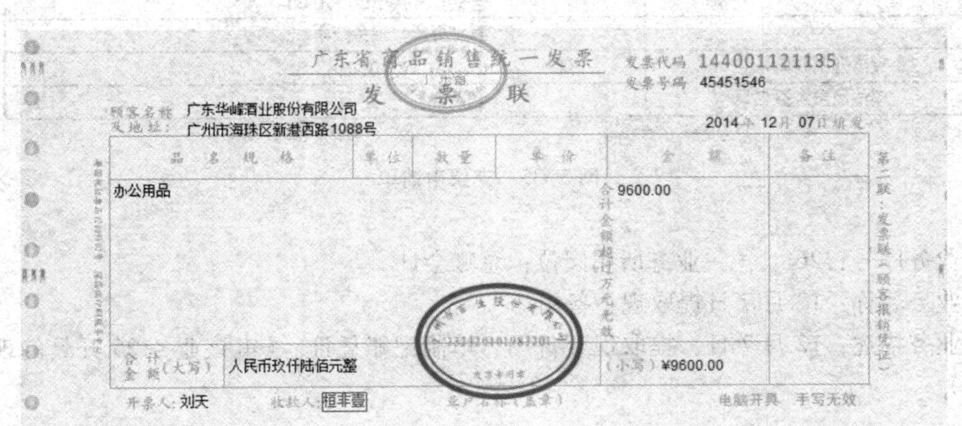

广东省商品销售统一发票　　发票代码 144001121135

发票联　　发票号码 45451546

顾客名称及地址：广东华峰酒业股份有限公司 广州市海珠区新港西路1088号

2014 年 12 月 07 日填发

| 品名规格 | 单位 | 数量 | 单价 | 金额 | 备注 |
|---|---|---|---|---|---|
| 办公用品 | | | | 9600.00 | |
| 合计金额（大写） 人民币玖仟陆佰元整 | | | | （小写）¥9600.00 | |

合计金额超过万元无效

开票人：刘天　　收款人：植非壹　　业户名称（盖章）　　电脑开具　手写无效

第二联：发票联（顾客报销凭证）

图 5-33　商品销售统一发票发票联

业务序号：24　　　业务所属岗位：总账会计

业务名称：12 月 7 日预借差旅费

业务描述：12 月 7 日，董事会秘书杨飞燕现金借支，出差武汉，编制记账凭证。

业务涉及单据见图 5-34。

广东华峰酒业股份有限公司

借款单(付款凭证)

2014 年 12 月 7 日

| 单位 | 借款人姓名 | 出差地点 | 用途 |
|---|---|---|---|
| 董事会秘书 | 杨飞燕 | 武汉 | 出差 |
| 借款金额 | 人民币(大写)贰万伍仟元整 | | ¥25000.00 |
| 结算时间 | 年 月 日报销 | 元 | 经办人签字 |
| | 年 月 日报销 | 元 | 经办人签字 |
| 注意事项：1.借款手续，省内由单位主管批准，省外要经司办公室主任批准。<br>2.报销时间，省内回司3天报销，省外回司一个星期报销，一次结清，不许拖欠。<br>3.回司后，在规定时间不报销者，由财务在借款人工资中扣还。 | | | |

主管人:李武平　　出纳:邓小昱　　借款人签章:杨飞燕

图 5-34　借款单（付款凭证）

业务序号：25　　　业务所属岗位：银行存款管理

业务名称：12 月 7 日提取现金备用

业务描述：12 月 7 日，提取现金备用，本业务开具现金支票。

业务涉及单据见图 5-35。

支票申请单

2014 年 12 月

| 事由: | 提现备用 |
|---|---|
| 支票号码: | 37080883 |
| 支票内容: | 收款人：广东华峰酒业股份有限公司 |
| | 金额：人民币50000.00 |
| | 其他要求：现金支票 |
| 支票开票时间: | 2014年12月07日 |
| 单位负责人签名: | 李德容 |

制表：邓小昱　　审核：杨建明

图 5-35　支票申请单

业务序号：26　　　业务所属岗位：总账会计

业务名称：12 月 7 日提取现金备用

业务描述：12 月 7 日，提取现金备用，填制记账凭证。（审核业务 25 开具的现金支票）

业务序号：27　　　业务所属岗位：银行存款管理

业务名称：12 月 8 日购买办公用品

业务描述：12 月 8 日，封酵车间用银行存款购买办公用品，开具转账支票。

业务涉及单据见图 5-36。

**支票申请单**

2014 年 12 月

| 事由： | 购买办公用品 |
|---|---|
| 支票号码： | 37080884 |
| 支票内容： | 收款人：广州市文博文具有限公司 |
| | 金额：人民币9612.00 |
| | 其他要求：转账支票 |
| 支票开票时间： | 2014年12月08日 |
| 单位负责人签名： | 李德容 |
| 制表：邓小昱 | 审核：杨建明 |

图 5-36 支票申请单

业务序号：28 业务所属岗位：损益

业务名称：12 月 8 日购买办公用品

业务描述：12 月 8 日，封酵车间用银行存款购买办公用品，审核业务 27 开具的转账支票并填制记账凭证。

业务涉及单据见图 5-37。

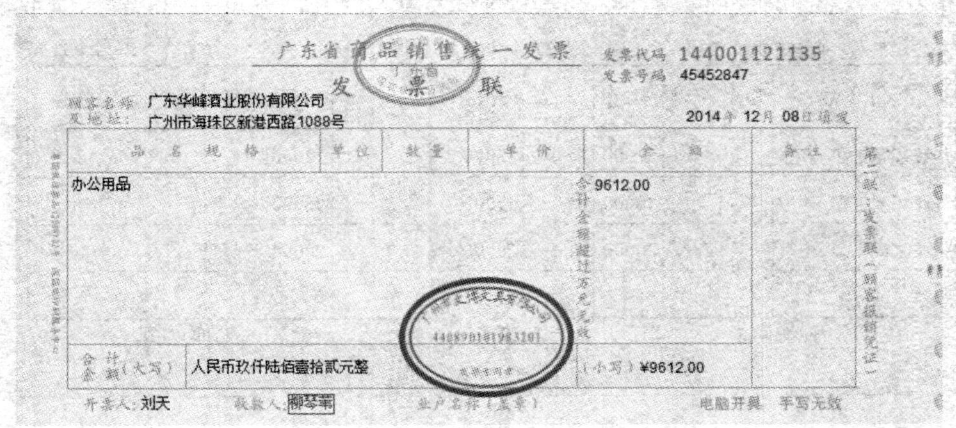

广东省商品销售统一发票　发票代码 144001121135

发票联　发票号码 45452847

顾客名称及地址：广东华峰酒业股份有限公司　广州市海珠区新港西路1088号

2014 年 12 月 08 日填发

| 品名规格 | 单位 | 数量 | 单价 | 金额 | 备注 |
|---|---|---|---|---|---|
| 办公用品 | | | | 9612.00 | |
| 合计金额（大写） 人民币玖仟陆佰壹拾贰元整 | | | | （小写）¥9612.00 | |

合计金额超过万元无效

第二联：发票联（顾客报销凭证）

开票人：刘天　收款人：柳琴莆　业户名称（盖章）　电脑开具 手写无效

图 5-37 商品销售统一发票发票联

业务序号：29 业务所属岗位：总账会计

业务名称：12 月 8 日借支差旅费

业务描述：12 月 8 日，市场部王嘉图现金借支出差北京开拓市场，填制记账凭证。

业务涉及单据见图 5-38。

广东华峰酒业股份有限公司

借款单(付款凭证)

2014 年 12 月 8 日

| 单位 | 借款人姓名 | 出差地点 | 用途 |
| --- | --- | --- | --- |
| 市场部 | 王嘉图 | 北京 | 开拓市场 |
| 借款金额 | 人民币(大写)肆万元整 | | ¥40000.00 |
| 结算时间 | 年 月 日报销 元 经办人签字 | | |
| | 年 月 日报销 元 经办人签字 | | |

注意事项：1.借款手续，省内由单位主管批准，省外要经司办公室主任批准。
2.报销时间，省内回司3天报销，省外回司一个星期报销，一次结清，不许拖欠。
3.回司后，在规定时间不报销者，由财务在借款人工资中扣还。

主管人:李武平　　出纳:邓小昱　　借款人签章:王嘉图

图 5-38　借款单

业务序号：30　　　业务所属岗位：存货

业务名称：12 月 9 日组装车间生产酒入库

业务描述：12 月 9 日，组装车间生产酒入库。

业务涉及单据见图 5-39。

产成品入库单

交库单位：组装车间　　2014 年 12 月 9 日　　编号 001

| 产品名称 | 型号规格 | 数量 | 单位 | 检验结果 | | 实收数量 | 金额 |
| --- | --- | --- | --- | --- | --- | --- | --- |
| | | | | 合格 | 不合格 | | |
| 华峰38度白酒 | | 12000 | 箱 | 12000 | | 12000 | |
| 华峰52度白酒 | | 15000 | 箱 | 15000 | | 15000 | |
| 华峰保健酒 | | 20000 | 箱 | 20000 | | 20000 | |
| | | | | | | | |

第三联：交财务部门

生产车间：孙仲链　　验收人：　　仓库：江军

图 5-39　产成品入库单

业务序号：31　　　业务所属岗位：银行存款管理

业务名称：12 月 9 日支付宣传费

业务描述：12 月 9 日，开出转账支票，支付市场部宣传费，开具转账支票。

业务涉及单据见图 5-40。

**支票申请单**

2014 年 12 月

| 事由： | 支付宣传费 |
|---|---|
| 支票号码： | 37080885 |
| 支票内容： | 收款人：广州市长城广告有限公司 |
| | 金额：人民币45000.00 |
| | 其他要求：转账支票 |
| 支票开票时间： | 2014年12月09日 |
| 单位负责人签名： | 李德容 |

制表：邓小昱　　审核：杨建明

图 5-40　支票申请单

业务序号：32　　　　业务所属岗位：损益

业务名称：12 月 9 日支付宣传费

业务描述：12 月 9 日，开出转账支票，支付市场部宣传费，填制记账凭证。

业务涉及单据见图 5-41。

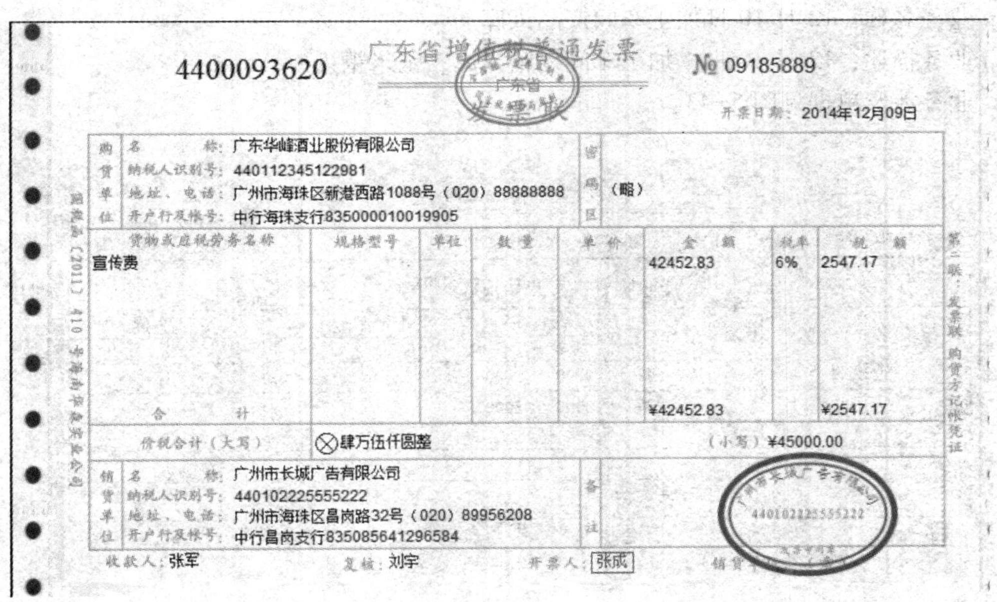

广东省增值税普通发票

4400093620　　№ 09185889

开票日期：2014年12月09日

| 购货单位 | 名称：广东华峰酒业股份有限公司<br>纳税人识别号：440112345122981<br>地址、电话：广州市海珠区新港西路1088号（020）88888888<br>开户行及账号：中行海珠支行835000010019905 | 密码区 | （略） | | | |
|---|---|---|---|---|---|---|
| 货物或应税劳务名称 | 规格型号 | 单位 | 数量 | 单价 | 金额 | 税率 | 税额 |
| 宣传费 | | | | | 42452.83 | 6% | 2547.17 |
| 合计 | | | | | ¥42452.83 | | ¥2547.17 |
| 价税合计（大写） | ⊗肆万伍仟圆整 | | | | （小写）¥45000.00 | | |
| 销货单位 | 名称：广州市长城广告有限公司<br>纳税人识别号：440102225555222<br>地址、电话：广州市海珠区昌岗路32号（020）89956208<br>开户行及账号：中行昌岗支行835085641296584 | 备注 | | | | |

收款人：张军　　复核：刘宇　　开票人：张成　　销货单位（章）

图 5-41　增值税发票

业务序号：33　　　　业务所属岗位：往来岗位

业务名称：12 月 9 日收到货款入账

业务描述：12 月 9 日，收到 12 月 4 日销售货款入账，填制记账凭证。

业务涉及单据见图 5-42。

中国银行　　进账单　（收账通知）3

2014 年 12 月 9 日

| 出票人 | 全称 | 广东华茂酒业公司 | 收款人 | 全称 | 广东华峰酒业股份有限公司 |
|---|---|---|---|---|---|
| | 账号 | 835111110019905 | | 账号 | 835000010019905 |
| | 开户银行 | 中行天河支行 | | 开户银行 | 中行海珠支行 |
| 金额 | 人民币（大写） | 壹仟零贰拾万零捌仟贰佰伍拾元整 | | 亿千百十万千百十元角分 | ¥ 1 0 2 0 8 2 5 0 0 0 |
| 票据种类 | 转账支票 | 票据张数 | 1 | | |
| 票据号码 | 20136548 | | | | |
| | 复核　记账 | | | 收款人开户银行签章 | |

此联是收款人开户银行交给收款人的收账通知

图 5-42　进账单

业务序号：34　　　业务所属岗位：存货

业务名称：12 月 10 日加工车间产品入库

业务描述：12 月 10 日，加工车间麦糟入库，玉米糟入库。

业务涉及单据见图 5-43。

材料验收入库单

凭证编号：20141210001

供应人:加工车间　　2014 年 12 月 10 日　　仓库编号：02

| 增值税 | | 发票号 | | 验收日期 | 2014 年 12 月 10 日 | 存放地点 | 糟库 | 附件份数 | 份 |
|---|---|---|---|---|---|---|---|---|---|
| 材料编号 | 材料名称 | 规格 | 型号 | 单位 | 数量 凭证 | 数量 实收 | 计划单价 单价 | 计划单价 总价 | 实际单价 单价 | 实际单价 总价 |
| 002 | 麦糟 | | | 吨 | 9000 | 9000 | | | | |
| 003 | 玉米糟 | | | 吨 | 3000 | 3000 | | | | |
| | | | | | | | | | | |
| | | | | | | | | | | |
| 差异 | | 备注 | 月末一次核算 | | | | | | | |

财务处长　供应科长　仓库主管 江军　验收保管　检验 李东　采购经办 周中

第三联　财务科核算

图 5-43　材料验收入库单

业务序号：35　　　业务所属岗位：存货

业务名称：12 月 10 日封酵车间产品入库

业务描述：12 月 10 日，封酵车间麦酿入库，玉米酿入库。

业务涉及单据见图 5-44。

**材料验收入库单**

供应人：封酵车间　　　　2014 年　12 月　10 日　　　　凭证编号：20141210002
仓库编号：03

| 增值税 | 发票号 | 验收日期 | 2014 年 12 月 10 日 | 存放地点 | 酿库 | 附件份数 | 份 | | | | |
|---|---|---|---|---|---|---|---|---|---|---|---|
| 材料编号 | 材料名称 | 规格 | 型号 | 单位 | 数量 | | 计划单价 | | 实际单价 | | |
| | | | | | 凭证 | 实收 | 单价 | 总价 | 单价 | 总价 | |
| 004 | 麦酿 | | | 吨 | 800 | 800 | | | | | |
| 005 | 玉米酿 | | | 吨 | 150 | 150 | | | | | |
| | | | | | | | | | | | |
| | | | | | | | | | | | |
| 差异 | | 备注 | 月末一次加权核算 | | | | | | | | |

财务处长　　供应科长　　仓库主管 江军　　验收保管　　检验 李东　　采购经办 周中

第三联　财务科核算

图 5-44　材料验收入库单

业务序号：36　　　　业务所属岗位：往来岗位

业务名称：12 月 10 日预付购粮款

业务描述：12 月 10 日，预付购粮款，编制记账凭证。

业务涉及单据见图 5-45 和图 5-46。

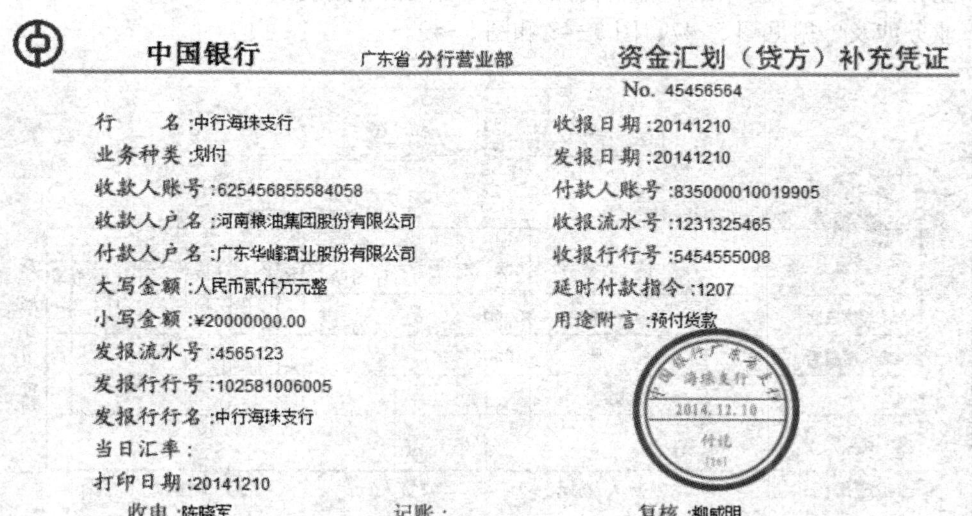

中国银行　　广东省 分行营业部　　资金汇划（贷方）补充凭证

No. 45456564

行　　名：中行海珠支行　　收报日期：20141210
业务种类：划付　　发报日期：20141210
收款人账号：625456855584058　　付款人账号：835000010019905
收款人户名：河南粮油集团股份有限公司　　收报流水号：1231325465
付款人户名：广东华峰酒业股份有限公司　　收报行行号：5454555008
大写金额：人民币贰仟万元整　　延时付款指令：1207
小写金额：¥20000000.00　　用途附言：预付货款
发报流水号：4565123
发报行行号：102581006005
发报行行名：中行海珠支行
当日汇率：
打印日期：20141210
收电：陈晓军　　记账：　　复核：柳威明



图 5-45　资金汇划补充凭证

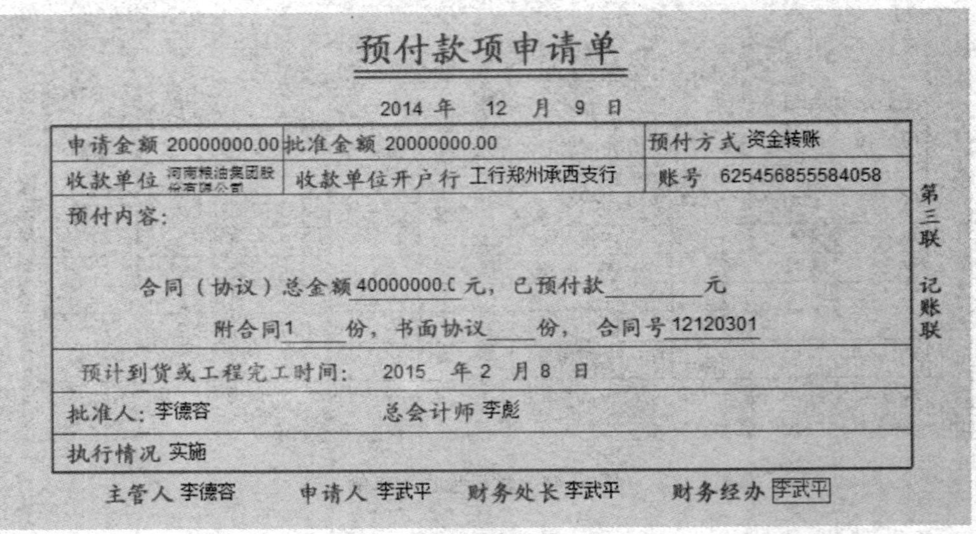

# 预付款项申请单

2014 年 12 月 9 日

| 申请金额 20000000.00 | 批准金额 20000000.00 | 预付方式 资金转账 |
|---|---|---|
| 收款单位 河南粮油集团股份有限公司 | 收款单位开户行 工行郑州承西支行 | 账号 625456855584058 |
| 预付内容：<br>合同（协议）总金额 40000000.0 元，已预付款 元<br>附合同 1 份，书面协议 份， 合同号 12120301 | | |
| 预计到货或工程完工时间： 2015 年 2 月 8 日 | | |
| 批准人：李德容 | 总会计师 李彪 | |
| 执行情况 实施 | | |

主管人 李德容　申请人 李武平　财务处长 李武平　财务经办 李武平

第三联 记账联

图 5-46 预付款项申请单

业务序号：37　　　业务所属岗位：增值税开票

业务名称：12 月 10 日销售商品

业务描述：12 月 10 日，销售商品，开具增值税专用发票。

业务涉及单据见图 5-47、图 5-48 和图 5-49。

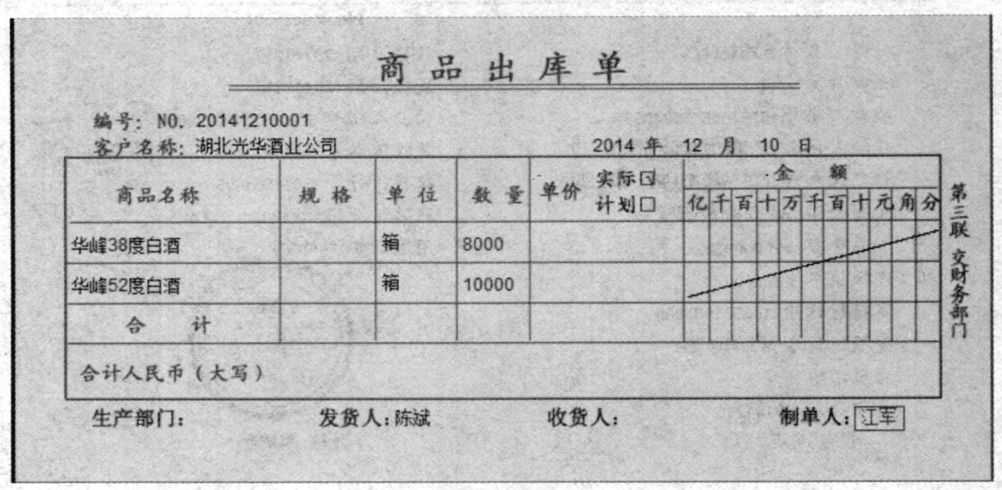

# 商品出库单

编号：NO. 20141210001

客户名称：湖北光华酒业公司　　2014 年 12 月 10 日

| 商品名称 | 规格 | 单位 | 数量 | 单价 | 实际☑ 计划☐ | 金额（亿千百十万千百十元角分） |
|---|---|---|---|---|---|---|
| 华峰38度白酒 | | 箱 | 8000 | | | |
| 华峰52度白酒 | | 箱 | 10000 | | | |
| 合　计 | | | | | | |
| 合计人民币（大写） | | | | | | |

生产部门：　发货人：陈斌　收货人：　制单人：江军

第三联 交财务部门

图 5-47 商品出库单

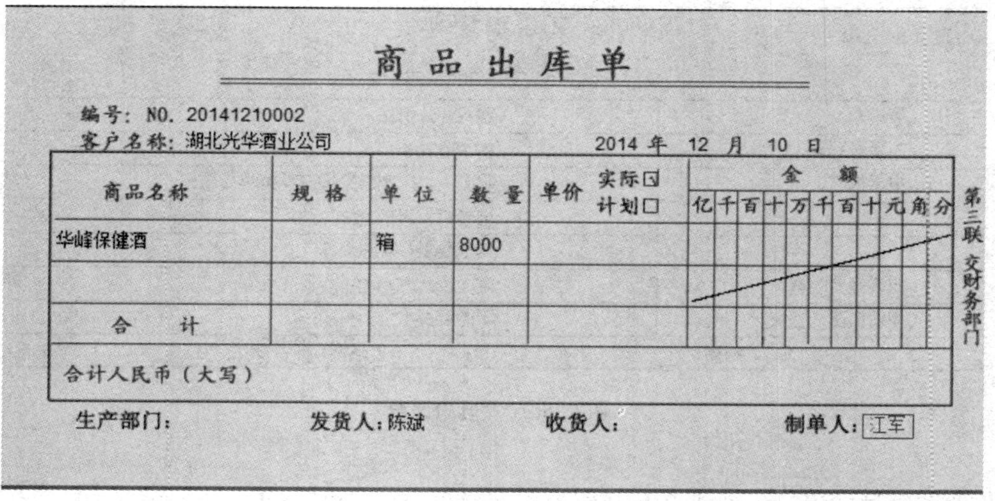

商品出库单

编号：NO. 20141210002
客户名称：湖北光华酒业公司　　2014 年 12 月 10 日

| 商品名称 | 规格 | 单位 | 数量 | 单价 | 实际☑ 计划□ 金额（亿千百十万千百十元角分） |
|---|---|---|---|---|---|
| 华峰保健酒 | | 箱 | 8000 | | |
| | | | | | |
| 合计 | | | | | |
| 合计人民币（大写） | | | | | |

生产部门：　发货人：陈斌　收货人：　制单人：江军

第三联 交财务部门

图 5-48　商品出库单

开具发票申请单

申请人：刘明军　　2014 年 12 月

| 购货单位： | 湖北光华酒业公司 | | | 价税合计款： | ¥18076500.00 |
|---|---|---|---|---|---|
| 销售产品/劳务 | 型号 | 单位 | 数量 | 单价 | 金额 |
| 华峰38度白酒 | | 箱 | 8000 | 525.00 | 4200000.00 |
| 华峰52度白酒 | | 箱 | 10000 | 725.00 | 7250000.00 |
| 华峰保健酒 | | 箱 | 8000 | 500.00 | 4000000.00 |
| | | | | | |
| 合计 | | | | | ¥15450000.00 |
| 开票类型： | √增值税专用发票 | □增值税普通发票 | □服务发票 | | |
| 开具增值税发票填列： | 购货单位识别号： | 440112555553981 | | | |
| | 购货单位地址、电话： | 湖北省武汉市光华路88号(027)823688 | | | |
| | 购货单位开户行及账号： | 中行光华支行835188888819905 | | | |
| 发票开票时间： | 2014年12月10日 | | | | |
| 销售部经理审核签名： | 刘恺威 | | | | |
| 财务主管签名： | 杨建明 | | 收款人：邓小昱 | 复核：杨建明 | |

制表：刘明军　　审核：杨建明

图 5-49　发票申请单

业务序号：38　　　　业务所属岗位：损益

业务名称：12 月 10 日销售商品

业务描述：12 月 10 日，销售商品，款未收，编制记账凭证。

业务涉及单据：见业务 37

业务序号：39　　　　业务所属岗位：银行存款管理

业务名称：12 月 11 日购买办公用品

业务描述：12 月 11 日，组装车间购买办公用品，开具转账支票。

业务涉及单据见图 5-50。

**支票申请单**

2014 年 12 月

| | |
|---|---|
| 事由： | 购买办公用品 |
| 支票号码： | 37080886 |
| 支票内容： | 收款人：广州市文博文具有限公司 |
| | 金额：人民币16898.00 |
| | 其他要求：转账支票 |
| 支票开票时间： | 2014年12月11日 |
| 单位负责人签名： | 李德容 |

制表：邓小昱　　审核：杨建明

图 5-50　支票申请单

业务序号：40　　　　业务所属岗位：存货

业务名称：12 月 11 日购买办公用品

业务描述：12 月 11 日，组装车间购买办公用品，填制记账凭证。

业务涉及单据见图 5-51。

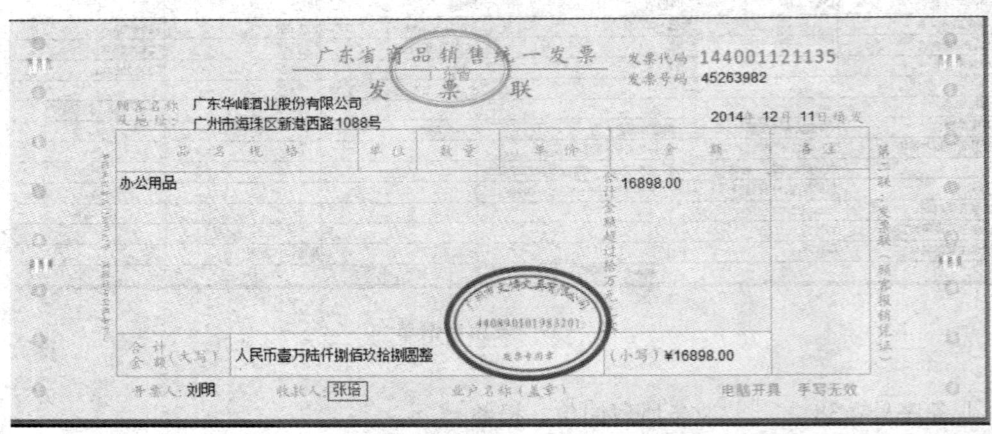

广东省商品销售统一发票

发票联

发票代码 144001121135

发票号码 45263982

顾客名称及地址：广东华峰酒业股份有限公司 广州市海珠区新港西路1088号

2014 年 12 月 11 日填发

| 品名规格 | 单位 | 数量 | 单价 | 金额 | 备注 |
|---|---|---|---|---|---|
| 办公用品 | | | | 16898.00 | |
| 合计金额（大写） 人民币壹万陆仟捌佰玖拾捌圆整 | | | | （小写）¥16898.00 | |

开票人：刘明　　收款人：张培　　业户名称（盖章）　　电脑开具　手写无效

图 5-51　商品销售统一发票发票联

业务序号：41　　　　业务所属岗位：银行存款管理

业务名称：12 月 11 日支付招待餐费

业务描述：12 月 11 日，结算企业招待餐费，开具转账支票。

业务涉及单据见图 5-52。

**支票申请单**

2014 年 12 月

| | |
|---|---|
| 事由： | 支付餐费 |
| 支票号码： | 37080887 |
| 支票内容： | 收款人：广州市手拉手餐饮有限公司 |
| | 金额：人民币525680.00 |
| | 其他要求：转账支票 |
| 支票开票时间： | 2014年12月11日 |
| 单位负责人签名： | 李德容 |

制表：邓小昱　　　审核：杨建明

图 5-52　支票申请单

业务序号：42　　　业务所属岗位：损益

业务名称：12 月 11 日支付招待餐费

业务描述：12 月 11 日，结算企业招待餐费，填制记账凭证。

业务涉及单据见图 5-53。

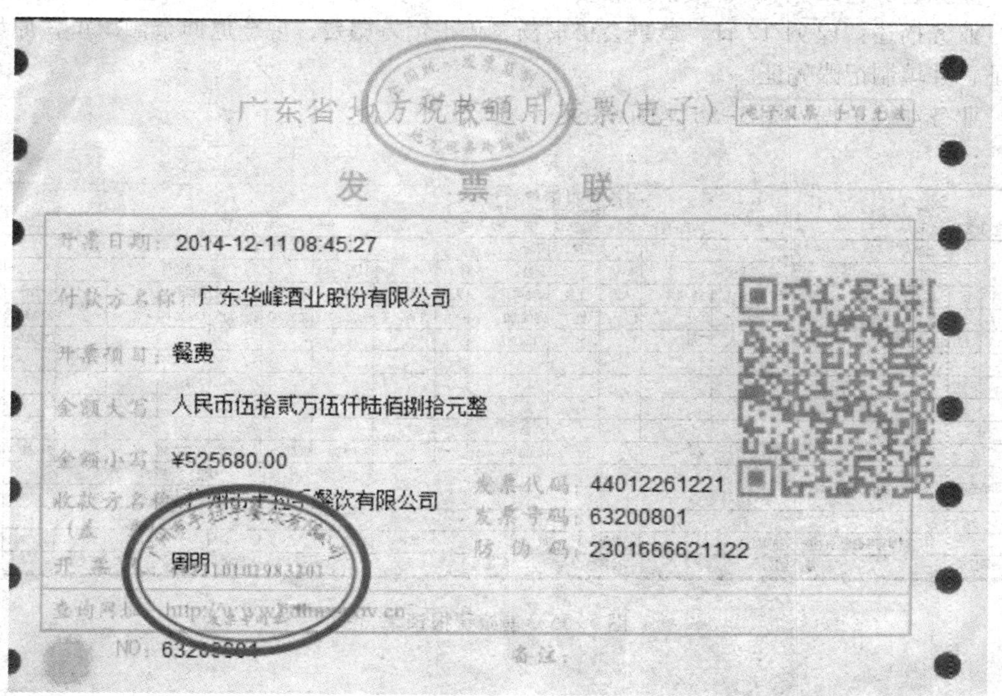

广东省地方税收通用发票(电子)

发票联

开票日期：2014-12-11 08:45:27

付款方名称：广东华峰酒业股份有限公司

开票项目：餐费

金额大写：人民币伍拾贰万伍仟陆佰捌拾元整

金额小写：¥525680.00

收款方名称：广州市手拉手餐饮有限公司

开票人：周明

发票代码：44012261221

发票号码：63200801

防伪码：2301666621122

备注：

图 5-53　地方税收通用发票发票联

业务序号：43　　　业务所属岗位：存货

业务名称：12 月 12 日加工车间领用套靴

业务描述：12 月 12 日，加工车间领用套靴。

业务涉及单据见图 5-54。

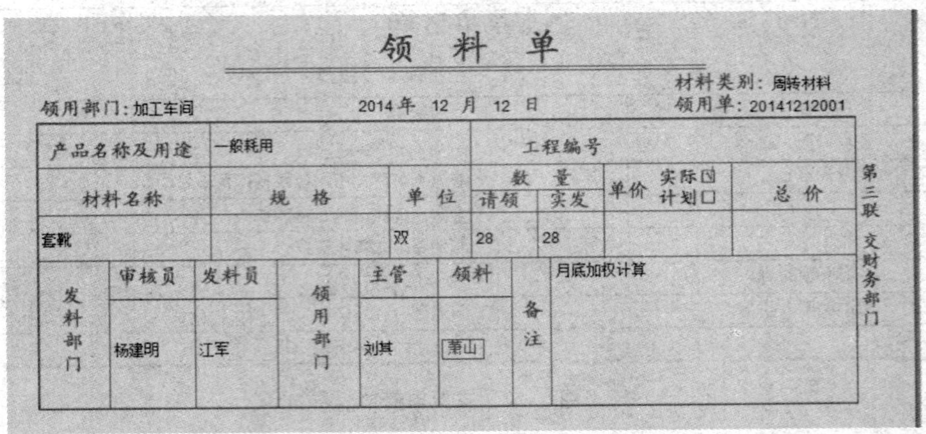

领　料　单

材料类别：周转材料

领用部门：加工车间　　2014年　12月　12日　　领用单：20141212001

| 产品名称及用途 | 一般耗用 | | 工程编号 | | | | |
|---|---|---|---|---|---|---|---|
| 材料名称 | 规　格 | 单　位 | 数量 请领 | 数量 实发 | 单价 实际☑ 计划☐ | 总　价 | |
| 套靴 | | 双 | 28 | 28 | | | |

| 发料部门 | 审核员 | 发料员 | 领用部门 | 主管 | 领料 | 备注 | 月底加权计算 |
|---|---|---|---|---|---|---|---|
| | 杨建明 | 江军 | | 刘其 | 萧山 | | |

第三联 交财务部门

图 5-54　一般耗用领料单

业务序号：44　　　　业务所属岗位：总账会计

业务名称：12 月 12 日报销差旅费

业务描述：12 月 12 日，董事会秘书杨飞燕报销差旅费，现金退回余额，审核原始凭证，并填制记账凭证。

业务涉及单据见图 5-55 至图 5-64。

**差旅费报销单**

部门：董事会秘书　　报销日期：2014 年　12 月　12 日　　编号：20141212001

| 出差人 | | | | 杨飞燕 | | | | 出差事由 | | 开会 | | | | 项目名称 | | 开会 | | | |
|---|---|---|---|---|---|---|---|---|---|---|---|---|---|---|---|---|---|---|---|
| 出发 | | | | 到达 | | | | | | 交通 | | 出差补助 | | | 其他费用 | | | | |
| 月 | 日 | 时 | 地点 | 月 | 日 | 时 | 地点 | 人数 | 工具 | 金额 | 天数 | 补助标准 | 金额 | 住宿费用 | 市内交通 | 餐饮费 | | | 合计 |
| 12 | 7 | 09：00 | 广州 | 12 | 7 | 12：00 | 武汉 | 1 | 飞机 | 2000.00 | 6 | 1000元/天 | 6000.00 | 3000.00 | 800.00 | 10200.00 | | | 22000.00 |
| 12 | 12 | 09：00 | 武汉 | 12 | 12 | 12：00 | 广州 | 1 | 飞机 | 2000.00 | | | | | | | | | 2000.00 |
| | | | | | | | | | | | | | | | | | | | |
| | | | | | | | | | | | | | | | | | | | |
| | | | | | | | | | | | | | | | | | | | |
| | | | | | | | | | | | | | | | | | | | |
| 合计 | | | | | | | | | | 4000.00 | —— | | 6000.00 | 3000.00 | 800.00 | 10200.00 | | | 24000.00 |
| 报销总额 | 人民币(大写) 贰万肆仟元整 | | | | | | | | | ¥24000.00 | | | | | 预借金额 ¥25000.00<br>退☑/补☐金额 ¥1000.00 | | | | |
| 附单据张数合计(对应上方的项目) | | | | | | | | 城际交通： | | 6 | | 其他： | 2 | | | | | | |
| 领导批示 | | | | 部门主管 | | | | 财务主管 | | 杨建明 | | 会计 | 刘明军 | | 出纳 | 邓小盟 | 领款人 | 杨飞燕 | |

图 5-55　差旅费报销单

# 收款收据

NO 8756

日期：2014年 12 月 12 日

今收到　董事会秘书杨飞燕

人民币　壹仟元整　　　　¥ 1000.00

系　付　退回预借多余差旅费　　现金收讫

广东华峰酒业股份有限公司财务专用章

单位盖章　　会计　刘明军　　出纳　邓小昱　　经手人　邓小昱

第三联　记账联

图 5-56　收款收据

航空运输电子客票行程单
ITINERARY/RECEIPT OF E-TICKET FOR AIR TRANSPORT
印刷序号：201412071372 SERIAL NUMBER:

旅客姓名 NAME OF PASSENGER：杨飞燕
有效身份证件号码 ID.NO.：4852********336
签注 ENDORSEMENTS/RESTRICTIONS(CARBON)：不得签转变更退票收费

| | 承运人 CARRIER | 航班号 FLIGHT | 座位等级 CLASS | 日期 DATE | 时间 TIME | 客票级别/客票类别 FARE BASIS | 客票生效日期 NOT VALID BEFORE | 有效截止日期 NOT VALID AFTER | 免费行李 ALLOW |
|---|---|---|---|---|---|---|---|---|---|
| 自 FROM 广州 | CZ | 2041 | K | 7DEC | 09:00 | K | | | |
| 至 TO 武汉 | | | | | | | | | |
| 至 TO | | | | | | | | | |
| 至 TO | | | | | | | | | |
| 至 TO | | | | | | | | | |

| 票价 FARE | 机场建设费 AIRPORT TAX | 燃油附加费 FUEL SURCHARGE | 其他税费 OTHER TAXES | 合计 TOTAL |
|---|---|---|---|---|
| 1800.00 | 100.00 | 80.0 | | 2000.00 |

电子客票号码 E-TICKET NO.：94804972　　验证码　　提示信息 INFORMATION　　保险费 INSURANCE：20.00

销售单位代号 AGENT CODE　　填开单位 ISSUED BY：中国南方航空股份有限公司　　填开日期 DATE OF ISSUE：20141207

图 5-57　航空运输电子客票行程单 1

航空运输电子客票行程单
ITINERARY/RECEIPT OF E-TICKET FOR AIR TRANSPORT
印刷序号：201412121372 SERIAL NUMBER:

旅客姓名 NAME OF PASSENGER：杨飞燕
有效身份证件号码 ID.NO.：4852********336
签注 ENDORSEMENTS/RESTRICTIONS(CARBON)：不得签转变更退票收费

| | 承运人 CARRIER | 航班号 FLIGHT | 座位等级 CLASS | 日期 DATE | 时间 TIME | 客票级别/客票类别 FARE BASIS | 客票生效日期 NOT VALID BEFORE | 有效截止日期 NOT VALID AFTER | 免费行李 ALLOW |
|---|---|---|---|---|---|---|---|---|---|
| 自 FROM 武汉 | CZ | 2041 | K | 12DEC | 09:00 | K | | | |
| 至 TO 广州 | | | | | | | | | |
| 至 TO | | | | | | | | | |
| 至 TO | | | | | | | | | |
| 至 TO | | | | | | | | | |

| 票价 FARE | 机场建设费 AIRPORT TAX | 燃油附加费 FUEL SURCHARGE | 其他税费 OTHER TAXES | 合计 TOTAL |
|---|---|---|---|---|
| 1800.00 | 100.00 | 80.0 | | 2000.00 |

电子客票号码 E-TICKET NO.：94809324　　验证码　　提示信息 INFORMATION　　保险费 INSURANCE：20.00

销售单位代号 AGENT CODE　　填开单位 ISSUED BY：中国南方航空股份有限公司　　填开日期 DATE OF ISSUE：20141212

图 5-58　航空运输电子客票行程单 2

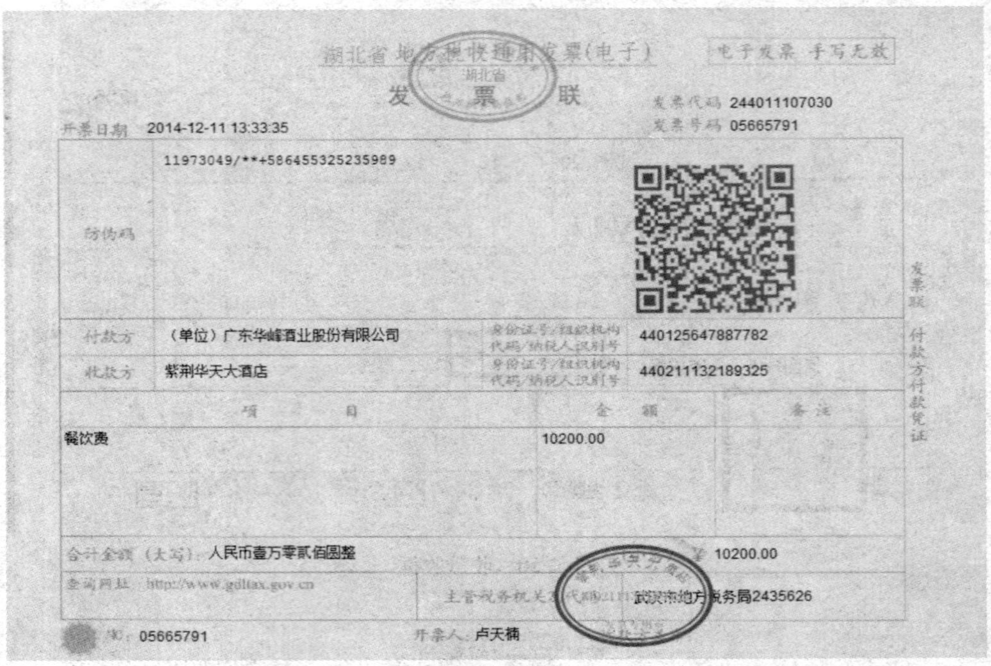

湖北省地方税收通用发票（电子）　电子发票　手写无效

发票联

发票代码 244011107030
发票号码 05665791

开票日期 2014-12-11 13:33:35

| 防伪码 | 11973049/**+586455325235989 | | |
|---|---|---|---|
| 付款方 | （单位）广东华峰酒业股份有限公司 | 身份证号/组织机构代码/纳税人识别号 | 440125647887782 |
| 收款方 | 紫荆华天大酒店 | 身份证号/组织机构代码/纳税人识别号 | 440211132189325 |

| 项目 | 金额 | 备注 |
|---|---|---|
| 餐饮费 | 10200.00 | |
| 合计金额（大写）：人民币壹万零贰佰圆整 | ¥10200.00 | |
| 查询网址：http://www.gdltax.gov.cn | 主管税务机关及代码 武汉市地方税务局2435626 | |

号：05665791　开票人：卢天楠

发票联　付款方付款凭证

图 5-59　餐饮费发票

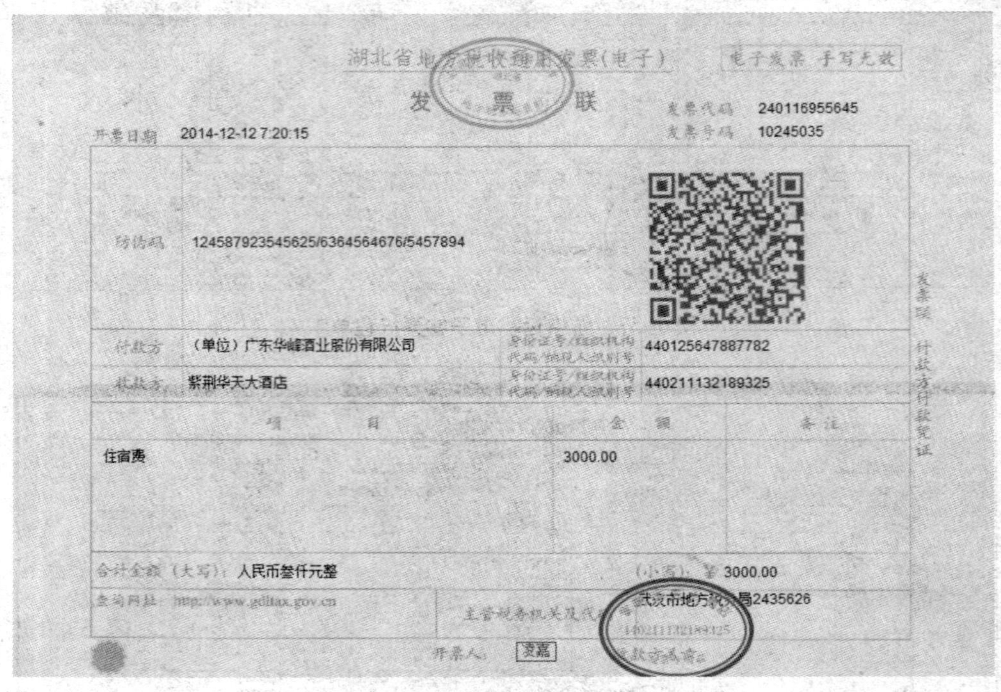

湖北省地方税收通用发票（电子）　电子发票　手写无效

发票联

发票代码 240116955645
发票号码 10245035

开票日期 2014-12-12 7:20:15

| 防伪码 | 12458792354562５/6364564676/5457894 | | |
|---|---|---|---|
| 付款方 | （单位）广东华峰酒业股份有限公司 | 身份证号/组织机构代码/纳税人识别号 | 440125647887782 |
| 收款方 | 紫荆华天大酒店 | 身份证号/组织机构代码/纳税人识别号 | 440211132189325 |

| 项目 | 金额 | 备注 |
|---|---|---|
| 住宿费 | 3000.00 | |
| 合计金额（大写）：人民币叁仟元整 | （小写）：¥3000.00 | |
| 查询网址：http://www.gdltax.gov.cn | 主管税务机关及代码 武汉市地方税务局2435626 | |

开票人：凌嘉

发票联　付款方付款凭证

图 5-60　住宿费发票

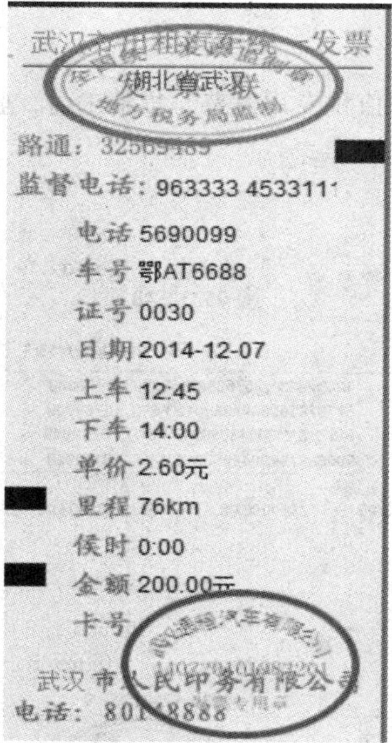

武汉市出租汽车统一发票

发票联

路通：32569489

监督电话：963333 4533111

电话 5690099

车号 鄂AT6688

证号 0030

日期 2014-12-07

上车 12:45

下车 14:00

单价 2.60元

里程 76km

候时 0:00

金额 200.00元

卡号

武汉市人民印务有限公司

电话：80148888

图 5-61　发票 1

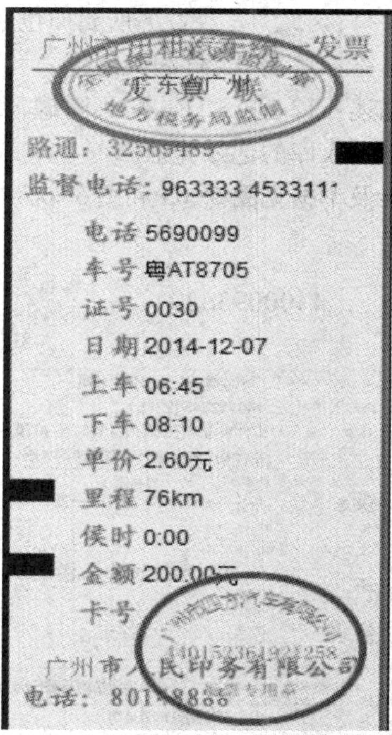

广州市出租汽车统一发票

发票联

路通：32569489

监督电话：963333 4533111

电话 5690099

车号 粤AT8705

证号 0030

日期 2014-12-07

上车 06:45

下车 08:10

单价 2.60元

里程 76km

候时 0:00

金额 200.00元

卡号

广州市人民印务有限公司

电话：80148888

图 5-62　发票 2

武汉市出租汽车统一发票

发票联

路通：32569489

监督电话：963333 4533111

电话 5690099

车号 鄂AT1105

证号 0030

日期 2014-12-12

上车 06:45

下车 08:15

单价 2.60元

里程 76km

候时 0:00

金额 200.00元

卡号

武汉市人民印务有限公司

电话：80148888

图 5-63　发票 3

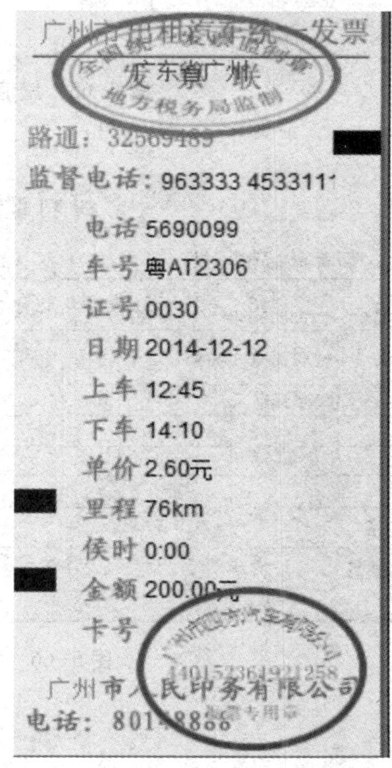

广州市出租汽车统一发票

发票联

路通：32569489

监督电话：963333 4533111

电话 5690099

车号 粤AT2306

证号 0030

日期 2014-12-12

上车 12:45

下车 14:10

单价 2.60元

里程 76km

候时 0:00

金额 200.00元

卡号

广州市人民印务有限公司

电话：80148888

图 5-64　发票 4

业务序号：45　　　业务所属岗位：存货

业务名称：12 月 13 日购买陶罐

业务描述：12 月 13 日，购买陶罐，取得增值税专用发票，货款未付，验收入库，填制未入库及入库的记账凭证。

业务涉及单据见图 5-65 和图 5-66。

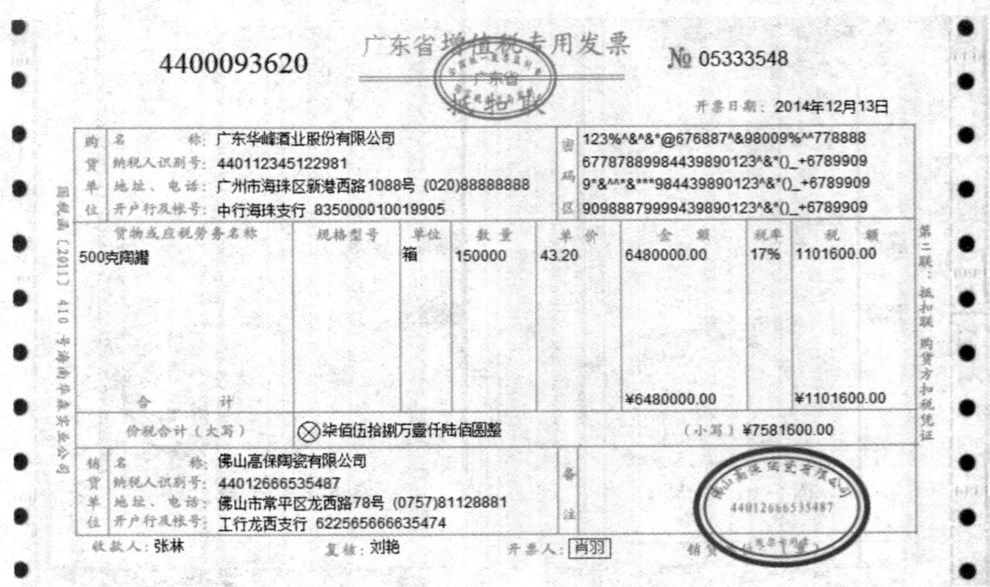

4400093620　　广东省增值税专用发票　　№ 05333548

抵扣联

开票日期：2014年12月13日

| 购货单位 | 名称：广东华峰酒业股份有限公司<br>纳税人识别号：440112345122981<br>地址、电话：广州市海珠区新港西路1088号 (020)88888888<br>开户行及帐号：中行海珠支行 835000010019905 | 密码区 | 123%^&^&*@676887^&98009%^^778888<br>67787889984439890123^&*()_+6789909<br>9*&^^*&***984439890123^&*()_+6789909<br>90988879999439890123^&*()_+6789909 |
|---|---|---|---|

| 货物或应税劳务名称 | 规格型号 | 单位 | 数量 | 单价 | 金额 | 税率 | 税额 |
|---|---|---|---|---|---|---|---|
| 500克陶罐 | | 箱 | 150000 | 43.20 | 6480000.00 | 17% | 1101600.00 |
| 合计 | | | | | ¥6480000.00 | | ¥1101600.00 |
| 价税合计（大写） | ⊗柒佰伍拾捌万壹仟陆佰圆整 | | | | （小写）¥7581600.00 | | |

| 销货单位 | 名称：佛山高保陶瓷有限公司<br>纳税人识别号：44012666535487<br>地址、电话：佛山市常平区龙西路78号 (0757)81128881<br>开户行及帐号：工行龙西支行 622565666635474 | 备注 | |
|---|---|---|---|

收款人：张林　　复核：刘艳　　开票人：肖羽　　销货单位：（章）

第三联：抵扣联　购货方扣税凭证

图 5-65　增值税专用发票抵扣联

## 材料验收入库单

供应人：佛山高保陶瓷有限公司　　2014 年　12 月　13 日　　凭证编号：20141213001　仓库编号：103

| 增值税 1101600.00 | 发票号 05333548 | 验收日期 2014 年 12 月 13 日 | 存放地点 陶罐库 | 附件份数　份 | | | | | | |
|---|---|---|---|---|---|---|---|---|---|---|
| 材料编号 | 材料名称 | 规格 | 型号 | 单位 | 数量 | | 计划单价 | | 实际单价 | |
| | | | | | 凭证 | 实收 | 单价 | 总价 | 单价 | 总价 |
| 008 | 500克陶罐 | | | 箱 | 150000 | 150000 | | | 43.20 | 6480000.00 |
| | | | | | | | | | | |
| | | | | | | | | | | |
| | | | | | | | | | | |
| 差异 | | 备注 | | | | | | | | |

财务处长　　供应科长　　仓库主管 江军　　验收保管　　检验 李东　　采购经办 周中

第三联　财务科核算

图 5-66　材料验收入库单

业务序号：46　　　　业务所属岗位：银行存款管理

业务名称：12 月 13 日购买保险

业务描述：12 月 13 日，购买下一年度的财产保险，开具转账支票支付。

业务涉及单据见图 5-67。

支票申请单

2014 年 12 月

| | |
|---|---|
| 事由： | 购买财产保险 |
| 支票号码： | 37080888 |
| 支票内容： | 收款人：太平洋保险公司 |
| | 金额：人民币3732000.00 |
| | 其他要求：转账支票 |
| 支票开票时间： | 2014年12月13日 |
| 单位负责人签名： | 李德容 |

制表：邓小昱　　　　审核：杨建明

图 5-67　支票申请单

业务序号：47　　　　业务所属岗位：总账会计

业务名称：12 月 13 日购买保险

业务描述：12 月 13 日，购买下一年度的财产保险。

业务涉及单据：见业务 46

业务序号：48　　　　业务所属岗位：存货

业务名称：12 月 14 日领用材料

业务描述：12 月 14 日，领用材料。

业务涉及单据见图 5-68 至图 5-71。

领　料　单

材料类别：包装材料

领用部门：组装车间　　　　2014 年　12 月　14 日　　　　领用单：20141214003

| 产品名称及用途 | 华峰38度白酒 | | 工程编号 | | | |
|---|---|---|---|---|---|---|
| 材料名称 | 规　格 | 单　位 | 数量 请领 | 数量 实发 | 单价 实际☑ 计划☐ | 总　价 |
| 500克陶罐 | 箱（24个） | 箱 | 20000 | 20000 | | |

| 发料部门 审核员 | 发料部门 发料员 | 领用部门 主管 | 领用部门 领料 | 备注 |
|---|---|---|---|---|
| 杨建明 | 江军 | 马名山 | 陈东明 | 月底加权计算 |

第三联　交财务部门

图 5-68　华峰 38 度白酒领料单

# 领　料　单

材料类别：包装材料

领用部门：组装车间　　　2014 年　12 月　14 日　　　领用单：20141214002

| 产品名称及用途 | 华峰52度白酒 | | | 工程编号 | | | | |
|---|---|---|---|---|---|---|---|---|
| 材料名称 | 规　格 | | 单　位 | 数　量 | | 单价 | 实际☑ 计划☐ | 总　价 |
| | | | | 请领 | 实发 | | | |
| 500克陶罐 | 箱（24个） | | 箱 | 15000 | 15000 | | | |
| 发料部门 | 审核员 | 发料员 | 领用部门 | 主管 | 领料 | 备注 | 月底加权计算 | |
| | 杨建明 | 江军 | | 马名山 | 陈东明 | | | |

第三联　交财务部门

图 5-69　华峰 52 度白酒领料单

# 领　料　单

材料类别：包装材料

领用部门：组装车间　　　2014 年　12 月　14 日　　　领用单：2014124001

| 产品名称及用途 | 华峰保健酒 | | | 工程编号 | | | | |
|---|---|---|---|---|---|---|---|---|
| 材料名称 | 规　格 | | 单　位 | 数　量 | | 单价 | 实际☑ 计划☐ | 总　价 |
| | | | | 请领 | 实发 | | | |
| 500克陶罐 | 箱（24个） | | 箱 | 30000 | 30000 | | | |
| 发料部门 | 审核员 | 发料员 | 领用部门 | 主管 | 领料 | 备注 | 月底加权计算 | |
| | 杨建明 | 江军 | | 马名山 | 陈东明 | | | |

第三联　交财务部门

图 5-70　华峰保健酒领料单

# 领　料　单

材料类别：包装材料

领用部门：组装车间　　　2014 年　12 月　14 日　　　领用单：20141214006

| 产品名称及用途 | 华峰38度白酒 | | | 工程编号 | | | | |
|---|---|---|---|---|---|---|---|---|
| 材料名称 | 规　格 | | 单　位 | 数　量 | | 单价 | 实际☑ 计划☐ | 总　价 |
| | | | | 请领 | 实发 | | | |
| 商标 | 箱（12000个） | | 箱 | 40 | 40 | | | |
| 发料部门 | 审核员 | 发料员 | 领用部门 | 主管 | 领料 | 备注 | 月底加权计算 | |
| | 杨建明 | 江军 | | 马名山 | 陈东明 | | | |

第三联　交财务部门

图 5-71　华峰 38 度白酒领料单

业务序号：49　　　　业务所属岗位：增值税开票

业务名称：12 月 14 日销售商品

业务描述：12 月 14 日，向江苏国华酒业公司销售华峰 38 度白酒 10 000 箱（525.00 元/箱），华峰 52 度白酒 10 000 箱（725.00 元/箱），华峰保健酒 15 000 箱（500.00 元/箱），开具增值税专用发票。

业务涉及单据见图 5-72、图 5-73 和图 5-74。

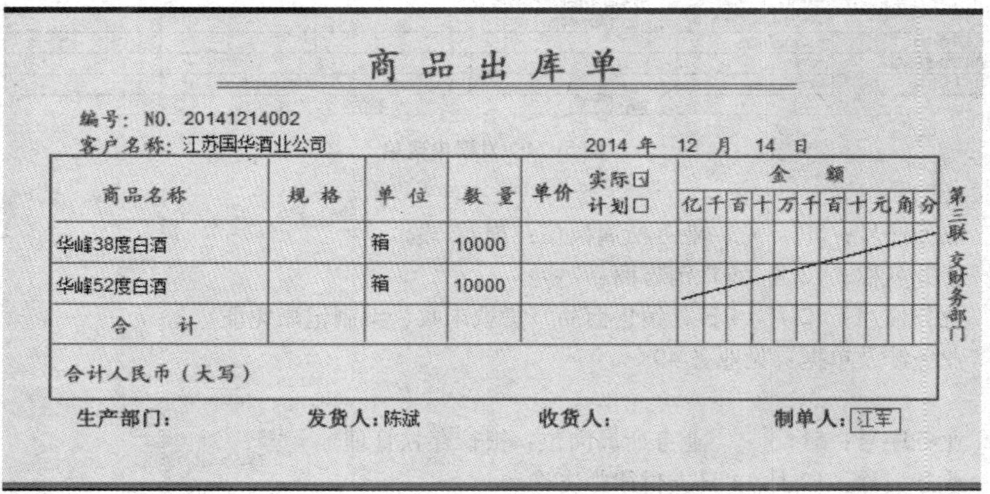

商品出库单

编号：NO. 20141214002

客户名称：江苏国华酒业公司　　　　2014 年 12 月 14 日

| 商品名称 | 规格 | 单位 | 数量 | 单价 | 实际☑ 计划□ | 金额（亿千百十万千百十元角分） |
|---|---|---|---|---|---|---|
| 华峰38度白酒 | | 箱 | 10000 | | | |
| 华峰52度白酒 | | 箱 | 10000 | | | |
| 合计 | | | | | | |
| 合计人民币（大写） | | | | | | |

第三联 交财务部门

生产部门：　　发货人：陈斌　　收货人：　　制单人：江军

图 5-72　商品出库单

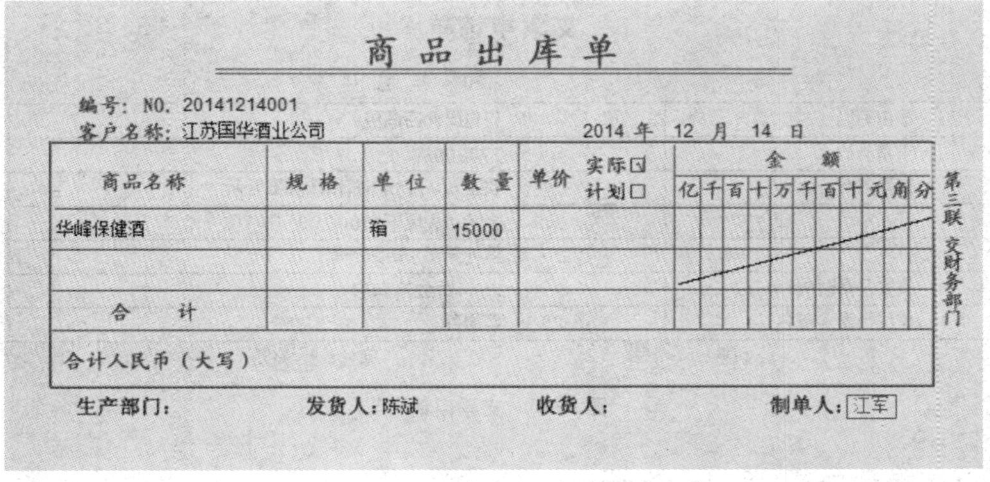

商品出库单

编号：NO. 20141214001

客户名称：江苏国华酒业公司　　　　2014 年 12 月 14 日

| 商品名称 | 规格 | 单位 | 数量 | 单价 | 实际☑ 计划□ | 金额（亿千百十万千百十元角分） |
|---|---|---|---|---|---|---|
| 华峰保健酒 | | 箱 | 15000 | | | |
| | | | | | | |
| 合计 | | | | | | |
| 合计人民币（大写） | | | | | | |

第三联 交财务部门

生产部门：　　发货人：陈斌　　收货人：　　制单人：江军

图 5-73　商品出库单

开具发票申请单

申请人：刘明军　　　　2014 年 12 月

| 购货单位: | 江苏国华酒业公司 | | | 价税合计款: | ¥23400000.00 |
|---|---|---|---|---|---|
| 销售产品/劳务 | 型号 | 单位 | 数量 | 单价 | 金额 |
| 华峰38度白酒 | | 箱 | 10000 | 525.00 | 5250000.00 |
| 华峰52度白酒 | | 箱 | 10000 | 725.00 | 7250000.00 |
| 华峰保健酒 | | 箱 | 15000 | 500.00 | 7500000.00 |
| | | | | | |
| 合计 | | | | | ¥20000000.00 |
| 开票类型: | √增值税专用发票 | □增值税普通发票 | □服务发票 | | |
| 开具增值税发票填列: | 购货单位识别号: | 440116666553981 | | | |
| | 购货单位地址、电话: | 江苏省苏州市南麓路88号(0512)8266 | | | |
| | 购货单位开户行及账号: | 中行南麓支行835188666619905 | | | |
| 发票开票时间: | 2014年12月14日 | | | | |
| 销售部经理审核签名: | 刘恺威 | | | | |
| 财务主管签名: | 杨建明 | | 收款人：邓小昱 | 复核：杨建明 | |

制表：刘明军　　　　审核：杨建明

图 5-74　发票申请单

业务序号：50　　　　业务所属岗位：损益

业务名称：12 月 14 日销售商品

业务描述：12 月 14 日，销售商品，货款未收，编制记账凭证。

业务涉及单据：见业务 49

业务序号：51　　　　业务所属岗位：银行存款管理

业务名称：12 月 14 日支付律师咨询费

业务描述：12 月 14 日，支付律师咨询费，开具转账支票。

业务涉及单据见图 5-75。

支票申请单

2014 年 12 月

| 事由: | 支付律师咨询费 |
|---|---|
| 支票号码: | 37080889 |
| 支票内容: | 收款人：广州市精博律师事务所 |
| | 金额：人民币15000.00 |
| | 其他要求：转账支票 |
| 支票开票时间: | 2014年12月14日 |
| 单位负责人签名: | 李德容 |

制表：邓小昱　　　　审核：杨建明

图 5-75　支票申请单

业务序号：52　　　　业务所属岗位：损益

业务名称：12 月 14 日支付律师咨询费

业务描述：12 月 14 日支付律师咨询费，填制记账凭证。

业务涉及单据见图 5-76。

4400093620　　广东省增值税普通发票　　№ 09185156

发票联

开票日期：2014年12月14日

| 购货单位 | 名　　称：广东华峰酒业股份有限公司<br>纳税人识别号：440112345122981<br>地址、电话：广州市海珠区新港西路1088号（020）88888888<br>开户行及帐号：中行海珠支行835000010019905 | 密码区 | （略） |
|---|---|---|---|

| 货物或应税劳务名称 | 规格型号 | 单位 | 数量 | 单价 | 金额 | 税率 | 税额 |
|---|---|---|---|---|---|---|---|
| 律师咨询费 | | | | | 14150.94 | 6% | 849.06 |
| 合　　计 | | | | | ¥14150.94 | | ¥849.06 |
| 价税合计（大写） | ⊗壹万伍仟圆整 | | | | （小写）¥15000.00 | | |

| 销货单位 | 名　　称：广州市精博律师事务所<br>纳税人识别号：440102222222222<br>地址、电话：广州市海珠区新港西路145号（020）88546863<br>开户行及帐号：中行晓港支行568425632152986 | 备注 | |
|---|---|---|---|

收款人：张小　　复核：万江　　开票人：蓝天　　销货单位：（章）

国税函〔2011〕410号海南华森实业公司

第二联：发票联　购货方记帐凭证

图 5-76　增值税发票

业务序号：53　　　　业务所属岗位：存货

业务名称：12 月 15 日加工车间领用材料

业务描述：12 月 15 日，加工车间领用麦子。

业务涉及单据见图 5-77。

领　料　单

材料类别：原材料

领用部门：加工车间　　　　2014 年　12　月　15　日　　　　领用单：20141215001

| 产品名称及用途 | 麦糟 | | 工程编号 | | | |
|---|---|---|---|---|---|---|
| 材料名称 | 规　格 | 单　位 | 数量 请领 | 数量 实发 | 单价 实际☑ 计划☐ | 总　价 |
| 麦子 | | 吨 | 1100 | 1100 | | |

| 发料部门 审核员 | 发料部门 发料员 | 领用部门 主管 | 领用部门 领料 | 备注 |
|---|---|---|---|---|
| 杨建明 | 江军 | 刘其 | 萧山 | 月底加权计算 |

第三联　交财务部门

图 5-77　麦糟领料单

业务序号：54　　　　业务所属岗位：银行存款管理

业务名称：12 月 15 日提现备发工资

业务描述：12 月 15 日，提取现金，备发工资，开具现金支票。

业务涉及单据见图 5-78。

## 支票申请单

2014 年 12 月

| 事由: | 提现备发工资 |
|---|---|
| 支票号码: | 37080890 |
| 支票内容: | 收款人：广东华峰酒业股份有限公司 |
| | 金额：人民币586584.75 |
| | 其他要求：现金支票 |
| 支票开票时间: | 2014年12月15日 |
| 单位负责人签名: | 李德容 |

制表：邓小昱　　审核：杨建明

图 5-78　支票申请单

业务序号：55　　　业务所属岗位：总账会计

业务名称：12 月 15 日提现备发工资

业务描述：12 月 15 日，提取现金，备发工资，填制记账凭证。

业务涉及单据：见业务 54

业务序号：56　　　业务所属岗位：总账会计

业务名称：12 月 15 日发放工资

业务描述：12 月 15 日，发放工资，编制记账凭证。

业务涉及单据见图 5-79。

### 工资单

编制单位：广东华峰酒业股份有限公司　　2014 年 11 月　　单位：元

| 姓名 | 部门 | 基本工资 | 职务补贴 | 交通补助 | 奖金 | 应付 | 应扣工资 | 应扣个税交纳数 | 应扣个税 | 应扣保险（11% | 应扣个人公积 | 应扣合计 | 实付工资 |
|---|---|---|---|---|---|---|---|---|---|---|---|---|---|
| 李德容 | 董事会 | 20000.00 | 20000.00 | 8000.00 | 12000.00 | 60000.00 | | 53400.00 | 12645.00 | 2200.00 | 2400.00 | 17245.00 | 42755.00 |
| 杨飞燕 | 董事会 | 5000.00 | 2000.00 | 800.00 | 2000.00 | 9800.00 | | 6650.00 | 955.00 | 550.00 | 600.00 | 2105.00 | 7695.00 |
| 李彪 | 财务部 | 10000.00 | 6000.00 | 4000.00 | 6500.00 | 26500.00 | | 22200.00 | 4175.00 | 1100.00 | 1200.00 | 6475.00 | 20025.00 |
| 李武平 | 财务部 | 4000.00 | 2000.00 | 1000.00 | 1200.00 | 8200.00 | | 5280.00 | 681.00 | 440.00 | 480.00 | 1601.00 | 6599.00 |
| 杨建明 | 财务部 | 3500.00 | 1500.00 | 800.00 | 1000.00 | 6800.00 | | 3995.00 | 474.25 | 385.00 | 420.00 | 1279.25 | 5520.75 |
| 邓小昱 | 财务部 | 3000.00 | 1500.00 | 800.00 | 1000.00 | 6300.00 | | 3610.00 | 416.50 | 330.00 | 360.00 | 1106.50 | 5193.50 |
| 江军 | 财务部 | 2500.00 | 1000.00 | 800.00 | 1000.00 | 5300.00 | | 2725.00 | 283.75 | 275.00 | 300.00 | 858.75 | 4441.25 |
| 柳华 | 总经理办公室 | 15000.00 | 10000.00 | 4000.00 | 6000.00 | 35000.00 | | 29550.00 | 6012.50 | 1650.00 | 1800.00 | 9462.50 | 25537.50 |
| 王涛云 | 总经理办公室 | 4500.00 | 2000.00 | 2000.00 | 2000.00 | 10500.00 | | 7465.00 | 1118.00 | 495.00 | 540.00 | 2153.00 | 8347.00 |
| 马军华 | 行政部 | 14000.00 | 10000.00 | 4000.00 | 6000.00 | 34000.00 | | 28780.00 | 5820.00 | 1540.00 | 1680.00 | 9040.00 | 24960.00 |
| 留意 | 行政部 | 6000.00 | 2000.00 | 1000.00 | 1000.00 | 10000.00 | | 6620.00 | 949.00 | 660.00 | 720.00 | 2329.00 | 7671.00 |
| 郭云杉 | 行政部 | 4500.00 | 1200.00 | 1200.00 | 1000.00 | 7900.00 | | 4865.00 | 604.75 | 495.00 | 540.00 | 1639.75 | 6260.25 |
| 钟为龙 | 拓展研发部 | 12000.00 | 8000.00 | 3000.00 | 5000.00 | 28000.00 | | 23240.00 | 4435.00 | 1320.00 | 1440.00 | 7195.00 | 20805.00 |
| 陈晓明 | 拓展研发部 | 8000.00 | 3000.00 | 1000.00 | 1500.00 | 13500.00 | | 9660.00 | 1557.00 | 880.00 | 960.00 | 3397.00 | 10103.00 |
| 许应良 | 拓展研发部 | 5000.00 | 1000.00 | 800.00 | 1500.00 | 8300.00 | | 5150.00 | 655.00 | 550.00 | 600.00 | 1805.00 | 6495.00 |
| 郭江东 | 生产部 | 10000.00 | 6000.00 | 4000.00 | 8500.00 | 28500.00 | | 24200.00 | 4675.00 | 1100.00 | 1200.00 | 6975.00 | 21525.00 |
| 王涛 | 生产部 | 7000.00 | 3000.00 | 2000.00 | 4000.00 | 16000.00 | | 12390.00 | 2103.00 | 770.00 | 840.00 | 3713.00 | 12287.00 |
| 马山 | 销售部 | 14000.00 | 10000.00 | 4000.00 | 6000.00 | 34000.00 | | 28780.00 | 5820.00 | 1540.00 | 1680.00 | 9040.00 | 24960.00 |
| 王嘉图 | 销售部 | 8000.00 | 3000.00 | 2000.00 | 1500.00 | 14500.00 | | 10660.00 | 1757.00 | 880.00 | 960.00 | 3597.00 | 10903.00 |
| 李为国 | 销售部 | 6000.00 | 3000.00 | 2000.00 | 1500.00 | 12500.00 | | 9120.00 | 1449.00 | 660.00 | 720.00 | 2829.00 | 9671.00 |
| 童大为 | 销售部 | 6000.00 | 3000.00 | 2000.00 | 1500.00 | 12500.00 | | 9120.00 | 1449.00 | 660.00 | 720.00 | 2829.00 | 9671.00 |
| 孙大发 | 销售部 | 5000.00 | 2500.00 | 2000.00 | 1200.00 | 10700.00 | | 7550.00 | 1135.00 | 550.00 | 600.00 | 2285.00 | 8415.00 |
| 林祥谦 | 销售部 | 5000.00 | 2000.00 | 1500.00 | 1000.00 | 9500.00 | | 6350.00 | 895.00 | 550.00 | 600.00 | 2045.00 | 7455.00 |
| 李林军 | 销售部 | 5000.00 | 2000.00 | 1500.00 | 1000.00 | 9500.00 | | 6350.00 | 895.00 | 550.00 | 600.00 | 2045.00 | 7455.00 |
| 主任 | 加工车间 | 12000.00 | 6000.00 | 4000.00 | 5000.00 | 27000.00 | | 22240.00 | 4185.00 | 1320.00 | 1440.00 | 6945.00 | 20055.00 |
| 付主任 | 加工车间 | 9000.00 | 4000.00 | 4000.00 | 4000.00 | 21000.00 | | 16930.00 | 3011.00 | 990.00 | 1080.00 | 5081.00 | 15919.00 |
| 工人麦1 | 加工车间 | 2500.00 | 500.00 | 200.00 | 1000.00 | 4200.00 | | 1625.00 | 137.50 | 275.00 | 300.00 | 712.50 | 3487.50 |
| 工人麦2 | 加工车间 | 2500.00 | 500.00 | 200.00 | 1000.00 | 4200.00 | | 1625.00 | 137.50 | 275.00 | 300.00 | 712.50 | 3487.50 |
| 工人麦3 | 加工车间 | 2500.00 | 500.00 | 200.00 | 1000.00 | 4200.00 | | 1625.00 | 137.50 | 275.00 | 300.00 | 712.50 | 3487.50 |
| 工人麦4 | 加工车间 | 2500.00 | 500.00 | 200.00 | 1000.00 | 4200.00 | | 1625.00 | 137.50 | 275.00 | 300.00 | 712.50 | 3487.50 |

| | | | | | | | | | | | | | |
|---|---|---|---|---|---|---|---|---|---|---|---|---|---|
| 工人麦5 | 加工车间 | 2500.00 | 500.00 | 200.00 | 1000.00 | 4200.00 | | 1625.00 | 137.50 | 275.00 | 300.00 | 712.50 | 3487.50 |
| 工人麦6 | 加工车间 | 2500.00 | 500.00 | 200.00 | 1000.00 | 4200.00 | | 1625.00 | 137.50 | 275.00 | 300.00 | 712.50 | 3487.50 |
| 工人麦7 | 加工车间 | 2500.00 | 500.00 | 200.00 | 1000.00 | 4200.00 | | 1625.00 | 137.50 | 275.00 | 300.00 | 712.50 | 3487.50 |
| 工人麦8 | 加工车间 | 2500.00 | 500.00 | 200.00 | 1000.00 | 4200.00 | | 1625.00 | 137.50 | 275.00 | 300.00 | 712.50 | 3487.50 |
| 工人玉1 | 加工车间 | 2500.00 | 500.00 | 200.00 | 1000.00 | 4200.00 | | 1625.00 | 137.50 | 275.00 | 300.00 | 712.50 | 3487.50 |
| 工人玉2 | 加工车间 | 2500.00 | 500.00 | 200.00 | 1000.00 | 4200.00 | | 1625.00 | 137.50 | 275.00 | 300.00 | 712.50 | 3487.50 |
| 工人玉3 | 加工车间 | 2500.00 | 500.00 | 200.00 | 1000.00 | 4200.00 | | 1625.00 | 137.50 | 275.00 | 300.00 | 712.50 | 3487.50 |
| 工人玉4 | 加工车间 | 2500.00 | 500.00 | 200.00 | 1000.00 | 4200.00 | | 1625.00 | 137.50 | 275.00 | 300.00 | 712.50 | 3487.50 |
| 主任 | 封酵车间 | 12000.00 | 6000.00 | 4000.00 | 5000.00 | 27000.00 | | 22240.00 | 4185.00 | 1320.00 | 1440.00 | 6945.00 | 20055.00 |
| 付主任 | 封酵车间 | 9000.00 | 4000.00 | 4000.00 | 4000.00 | 21000.00 | | 16930.00 | 3011.00 | 990.00 | 1080.00 | 5081.00 | 15919.00 |
| 工人麦1 | 封酵车间 | 2500.00 | 500.00 | 200.00 | 1000.00 | 4200.00 | | 1625.00 | 137.50 | 275.00 | 300.00 | 712.50 | 3487.50 |
| 工人麦2 | 封酵车间 | 2500.00 | 500.00 | 200.00 | 1000.00 | 4200.00 | | 1625.00 | 137.50 | 275.00 | 300.00 | 712.50 | 3487.50 |
| 工人麦3 | 封酵车间 | 2500.00 | 500.00 | 200.00 | 1000.00 | 4200.00 | | 1625.00 | 137.50 | 275.00 | 300.00 | 712.50 | 3487.50 |
| 工人麦4 | 封酵车间 | 2500.00 | 500.00 | 200.00 | 1000.00 | 4200.00 | | 1625.00 | 137.50 | 275.00 | 300.00 | 712.50 | 3487.50 |
| 工人麦5 | 封酵车间 | 2500.00 | 500.00 | 200.00 | 1000.00 | 4200.00 | | 1625.00 | 137.50 | 275.00 | 300.00 | 712.50 | 3487.50 |
| 工人麦6 | 封酵车间 | 2500.00 | 500.00 | 200.00 | 1000.00 | 4200.00 | | 1625.00 | 137.50 | 275.00 | 300.00 | 712.50 | 3487.50 |
| 工人麦7 | 封酵车间 | 2500.00 | 500.00 | 200.00 | 1000.00 | 4200.00 | | 1625.00 | 137.50 | 275.00 | 300.00 | 712.50 | 3487.50 |
| 工人玉1 | 封酵车间 | 2500.00 | 500.00 | 200.00 | 1000.00 | 4200.00 | | 1625.00 | 137.50 | 275.00 | 300.00 | 712.50 | 3487.50 |
| 工人玉2 | 封酵车间 | 2500.00 | 500.00 | 200.00 | 1000.00 | 4200.00 | | 1625.00 | 137.50 | 275.00 | 300.00 | 712.50 | 3487.50 |
| 工人玉3 | 封酵车间 | 2500.00 | 500.00 | 200.00 | 1000.00 | 4200.00 | | 1625.00 | 137.50 | 275.00 | 300.00 | 712.50 | 3487.50 |
| 主任 | 组装车间 | 12000.00 | 6000.00 | 4000.00 | 5000.00 | 27000.00 | | 22240.00 | 4185.00 | 1320.00 | 1440.00 | 6945.00 | 20055.00 |
| 付主任 | 组装车间 | 9000.00 | 4000.00 | 4000.00 | 4000.00 | 21000.00 | | 16930.00 | 3011.00 | 990.00 | 1080.00 | 5081.00 | 15919.00 |
| 工人38白1 | 组装车间 | 2500.00 | 500.00 | 200.00 | 1000.00 | 4200.00 | | 1625.00 | 137.50 | 275.00 | 300.00 | 712.50 | 3487.50 |
| 工人38白2 | 组装车间 | 2500.00 | 500.00 | 200.00 | 1000.00 | 4200.00 | | 1625.00 | 137.50 | 275.00 | 300.00 | 712.50 | 3487.50 |
| 工人38白3 | 组装车间 | 2500.00 | 500.00 | 200.00 | 1000.00 | 4200.00 | | 1625.00 | 137.50 | 275.00 | 300.00 | 712.50 | 3487.50 |
| 工人38白4 | 组装车间 | 2500.00 | 500.00 | 200.00 | 1000.00 | 4200.00 | | 1625.00 | 137.50 | 275.00 | 300.00 | 712.50 | 3487.50 |
| 工人38白5 | 组装车间 | 2500.00 | 500.00 | 200.00 | 1000.00 | 4200.00 | | 1625.00 | 137.50 | 275.00 | 300.00 | 712.50 | 3487.50 |
| 工人38白6 | 组装车间 | 2500.00 | 500.00 | 200.00 | 1000.00 | 4200.00 | | 1625.00 | 137.50 | 275.00 | 300.00 | 712.50 | 3487.50 |
| 工人38白7 | 组装车间 | 2500.00 | 500.00 | 200.00 | 1000.00 | 4200.00 | | 1625.00 | 137.50 | 275.00 | 300.00 | 712.50 | 3487.50 |
| 工人38白8 | 组装车间 | 2500.00 | 500.00 | 200.00 | 1000.00 | 4200.00 | | 1625.00 | 137.50 | 275.00 | 300.00 | 712.50 | 3487.50 |
| 工人52白1 | 组装车间 | 2500.00 | 500.00 | 200.00 | 1000.00 | 4200.00 | | 1625.00 | 137.50 | 275.00 | 300.00 | 712.50 | 3487.50 |
| 工人52白2 | 组装车间 | 2500.00 | 500.00 | 200.00 | 1000.00 | 4200.00 | | 1625.00 | 137.50 | 275.00 | 300.00 | 712.50 | 3487.50 |
| 工人52白3 | 组装车间 | 2500.00 | 500.00 | 200.00 | 1000.00 | 4200.00 | | 1625.00 | 137.50 | 275.00 | 300.00 | 712.50 | 3487.50 |
| 工人52白4 | 组装车间 | 2500.00 | 500.00 | 200.00 | 1000.00 | 4200.00 | | 1625.00 | 137.50 | 275.00 | 300.00 | 712.50 | 3487.50 |
| 工人52白5 | 组装车间 | 2500.00 | 500.00 | 200.00 | 1000.00 | 4200.00 | | 1625.00 | 137.50 | 275.00 | 300.00 | 712.50 | 3487.50 |
| 工人52白6 | 组装车间 | 2500.00 | 500.00 | 200.00 | 1000.00 | 4200.00 | | 1625.00 | 137.50 | 275.00 | 300.00 | 712.50 | 3487.50 |
| 工人52白7 | 组装车间 | 2500.00 | 500.00 | 200.00 | 1000.00 | 4200.00 | | 1625.00 | 137.50 | 275.00 | 300.00 | 712.50 | 3487.50 |
| 工人52白8 | 组装车间 | 2500.00 | 500.00 | 200.00 | 1000.00 | 4200.00 | | 1625.00 | 137.50 | 275.00 | 300.00 | 712.50 | 3487.50 |
| 工人保1 | 组装车间 | 2500.00 | 500.00 | 200.00 | 1000.00 | 4200.00 | | 1625.00 | 137.50 | 275.00 | 300.00 | 712.50 | 3487.50 |
| 工人保2 | 组装车间 | 2500.00 | 500.00 | 200.00 | 1000.00 | 4200.00 | | 1625.00 | 137.50 | 275.00 | 300.00 | 712.50 | 3487.50 |
| 工人保3 | 组装车间 | 2500.00 | 500.00 | 200.00 | 1000.00 | 4200.00 | | 1625.00 | 137.50 | 275.00 | 300.00 | 712.50 | 3487.50 |
| 工人保4 | 组装车间 | 2500.00 | 500.00 | 200.00 | 1000.00 | 4200.00 | | 1625.00 | 137.50 | 275.00 | 300.00 | 712.50 | 3487.50 |
| 工人保5 | 组装车间 | 2500.00 | 500.00 | 200.00 | 1000.00 | 4200.00 | | 1625.00 | 137.50 | 275.00 | 300.00 | 712.50 | 3487.50 |
| 工人保6 | 组装车间 | 2500.00 | 500.00 | 200.00 | 1000.00 | 4200.00 | | 1625.00 | 137.50 | 275.00 | 300.00 | 712.50 | 3487.50 |
| 工人保7 | 组装车间 | 2500.00 | 500.00 | 200.00 | 1000.00 | 4200.00 | | 1625.00 | 137.50 | 275.00 | 300.00 | 712.50 | 3487.50 |
| 工人保8 | 组装车间 | 2500.00 | 500.00 | 200.00 | 1000.00 | 4200.00 | | 1625.00 | 137.50 | 275.00 | 300.00 | 712.50 | 3487.50 |
| 工人保9 | 组装车间 | 2500.00 | 500.00 | 200.00 | 1000.00 | 4200.00 | | 1625.00 | 137.50 | 275.00 | 300.00 | 712.50 | 3487.50 |
| 合计 | | 363500.00 | 159200.00 | 87600.00 | 148900.00 | 759200.00 | 0.00 | 521595.00 | 89010.25 | 39985.00 | 43620.00 | 172615.25 | 586584.75 |

制表：邓小燕　　　　审核：杨建明

图 5-79　工资单

业务序号：57　　　　业务所属岗位：存货

业务名称：12 月 16 日封酵车间领用材料

业务描述：12 月 16 日，封酵车间领用麦槽。

业务涉及单据见图 5-80。

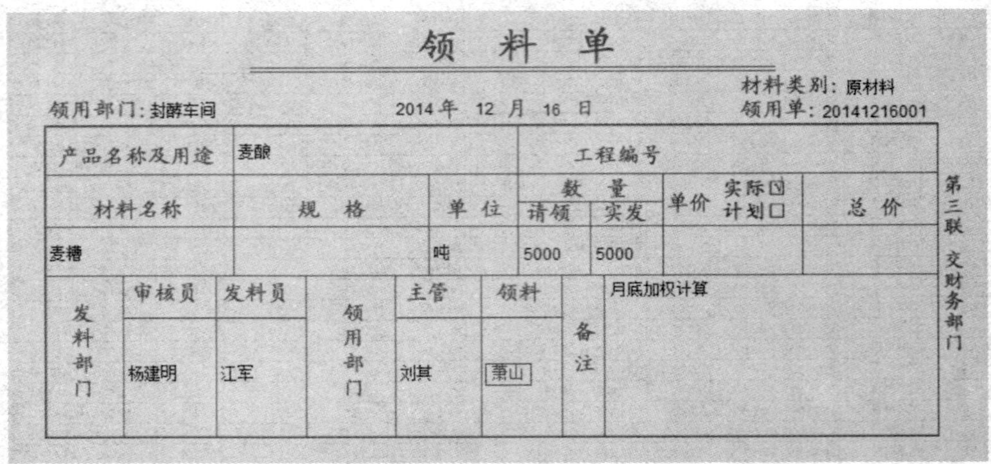

领 料 单

材料类别：原材料

领用部门：封酵车间　　2014年 12月 16日　　领用单：20141216001

| 产品名称及用途 | 麦酿 | | | 工程编号 | | | |
|---|---|---|---|---|---|---|---|
| 材料名称 | 规 格 | 单 位 | 数量 请领 | 数量 实发 | 单价 实际☑ 计划☐ | 总 价 | |
| 麦糟 | | 吨 | 5000 | 5000 | | | |

| 发料部门 审核员 | 发料部门 发料员 | 领用部门 主管 | 领用部门 领料 | 备注 |
|---|---|---|---|---|
| 杨建明 | 江军 | 刘其 | 萧山 | 月底加权计算 |

第三联 交财务部门

图 5-80　麦酿领料单

业务序号：58　　　　业务所属岗位：固定资产

业务名称：12 月 16 日购买密封罐

业务描述：12 月 16 日，封酵车间购买安装专用设备需要的密封罐，取得增值税专用发票，未付款，编制记账凭证。

业务涉及单据见图 5-81 和图 5-82。

4400093620　　广东省增值税专用发票　　№ 05333548

抵扣联

开票日期：2014年12月16日

| 购货单位 | 名称：广东华峰酒业股份有限公司<br>纳税人识别号：440112345122981<br>地址、电话：广州市海珠区新港西路1088号 (020)88888888<br>开户行及账号：中行海珠支行 835000010019905 | 密码区 | 123%^&^&*@676887^&98009%^^778888<br>67787889984439890123^&*()_+6789909<br>9*&^^*&***984439890123^&*()_+6789909<br>90988879999439890123^&*()_+6789909 |
|---|---|---|---|

| 货物或应税劳务名称 | 规格型号 | 单位 | 数量 | 单价 | 金额 | 税率 | 税额 |
|---|---|---|---|---|---|---|---|
| 密封罐 | | 个 | 5 | 150000.00 | 750000.00 | 17% | 127500.00 |
| 合计 | | | | | ¥750000.00 | | ¥127500.00 |
| 价税合计（大写） | ⊗捌拾柒万柒仟伍佰圆整 | | | | （小写）¥877500.00 | | |

| 销货单位 | 名称：广东美能机电有限公司<br>纳税人识别号：44012633662287<br>地址、电话：广州市白云区京溪路78号 (020)82228881<br>开户行及账号：工行白云支行 622565555635474 | 备注 | |
|---|---|---|---|

收款人：张许　　复核：李艳艳　　开票人：刘宇　　销货单位（章）

第二联：抵扣联 购货方扣税凭证

图 5-81　增值税专用发票

**工程物资入库单**

供货单位：广东美能机电有限公司　　　　2014年 12 月 16 日

| 名称 | 型号规格 | 数量 | 单位 | 检验结果 | | 实收数量 | 金额 | 使用工程 |
|---|---|---|---|---|---|---|---|---|
| | | | | 合格 | 不合格 | | | |
| 密封罐 | | 个 | 5 | 5 | | 5 | 750000.00 | 密封罐设备 |
| | | | | | | | | |
| | | | | | | | | |
| | | | | | | | | |

第二联 交财务部门

设备经手人　　　　　　检验人　　　　　　仓库经手 江军

图 5-82　工程物资入库单

业务序号：59　　　　业务所属岗位：银行存款管理

业务名称：12 月 16 日支付研发部员工培训费

业务描述：12 月 16 日，支付研发部员工培训费，开具转账支票。

业务涉及单据见图 5-83 和图 5-84。

广东省地方税收通用发票(电子)　　电子发票 手写无效

发　票　联

开票日期 2014-12-16 15:30:21　　发票代码 4401236522　发票号码 09185889

防伪码 15665588745487859682546

| | | | |
|---|---|---|---|
| 付款方 | （单位）广东华峰酒业股份有限公司 | 身份证号/组织机构代码/纳税人识别号 | 440125647887782 |
| 收款方 | 广州市文博培训有限公司 | 身份证号/组织机构代码/纳税人识别号 | 440890101983201 |

| 项　目 | 金　额 | 备　注 |
|---|---|---|
| 培训费 | 6000.00 | |

合计金额（大写）：人民币陆仟元整　　6000.00

查询网址：http://www.gdltax.gov.cn　　主管税务机关及代码 广州市海珠区地方税务局244010500

开票人：张琳

发票联 付款方付款凭证

图 5-83　地方税收通用发票发票联

**支票申请单**

2014 年 12 月

| | |
|---|---|
| 事由： | 支付员工培训费 |
| 支票号码： | 37080891 |
| 支票内容： | 收款人：广州市文博培训有限公司 |
| | 金额：人民币6000.00 |
| | 其他要求：转账支票 |
| 支票开票时间： | 2014年12月16日 |
| 单位负责人签名： | 李德容 |

制表：邓小昱　　　　审核：杨建明

图 5-84　支票申请单

业务序号：60　　　　业务所属岗位：负债

业务名称：12 月 16 日支付研发部员工培训费

业务描述：12 月 16 日，开具转账支票支付研发部员工培训费，编制记账凭证（通过应付职工薪酬核算）。

业务涉及单据：见业务 59

业务序号：61　　　　业务所属岗位：存货

业务名称：12 月 17 日车间领用材料

业务描述：12 月 17 日，组装车间生产领用材料。

业务涉及单据见图 5-85 至图 5-87。

**领　料　单**

材料类别：包装材料

领用部门：组装车间　　　　2014 年 12 月 17 日　　　　领用单：20141217003

| 产品名称及用途 | 华峰38度白酒 | | | 工程编号 | | | |
|---|---|---|---|---|---|---|---|
| 材料名称 | 规　格 | 单 位 | 数量 请领 | 数量 实发 | 单价 | 实际☑ 计划□ | 总 价 |
| 麦醣 | | 吨 | 200 | 200 | | | |

| 发料部门 审核员 | 发料部门 发料员 | 领用部门 主管 | 领用部门 领料 | 备注 |
|---|---|---|---|---|
| 杨建明 | 江军 | 马名山 | 陈东明 | 月底加权计算 |

第三联　交财务部门

图 5-85　华峰 38 度白酒领料单

领　料　单

领用部门：组装车间　　2014 年　12 月　17 日　　材料类别：包装材料　领用单：20141217002

| 产品名称及用途 | 华峰52度白酒 | | 工程编号 | | | | |
|---|---|---|---|---|---|---|---|
| 材料名称 | 规　格 | 单　位 | 数　量 | | 单价 | 实际☑<br>计划☐ | 总　价 |
| | | | 请领 | 实发 | | | |
| 麦酿 | | 吨 | 400 | 400 | | | |

| 发料部门 | 审核员 | 发料员 | 领用部门 | 主管 | 领料 | 备注 | 月底加权计算 |
|---|---|---|---|---|---|---|---|
| | 杨建明 | 江军 | | 马名山 | 陈东明 | | |

第三联　交财务部门

图 5-86　华峰 52 度白酒领料单

领　料　单

领用部门：组装车间　　2014 年　12 月　17 日　　材料类别：包装材料　领用单：20141217001

| 产品名称及用途 | 华峰保健酒 | | 工程编号 | | | | |
|---|---|---|---|---|---|---|---|
| 材料名称 | 规　格 | 单　位 | 数　量 | | 单价 | 实际☑<br>计划☐ | 总　价 |
| | | | 请领 | 实发 | | | |
| 玉米酿 | | 吨 | 110 | 110 | | | |

| 发料部门 | 审核员 | 发料员 | 领用部门 | 主管 | 领料 | 备注 | 月底加权计算 |
|---|---|---|---|---|---|---|---|
| | 杨建明 | 江军 | | 马名山 | 陈东明 | | |

第三联　交财务部门

图 5-87　华峰保健酒领料单

业务序号：62　　　业务所属岗位：固定资产

业务名称：12 月 17 日领用密封罐进行安装

业务描述：12 月 17 日，领用密封罐进行安装，编制记账凭证。

业务涉及单据见图 5-88。

工程用料领用单

领用工程 密封罐　　2014 年 12 月 17 日　　编号 001

| 产品名称 \ 项目 | 用途：安装密封罐（专用设备） | | | | |
|---|---|---|---|---|---|
| | 请领 | 实发 | 单位成本 | 总成本 | 备注 |
| 密封罐 | 5 | 5 | 150000.00 | 750000.00 | |
| | | | | | |
| | | | | | |
| | | | | | |
| 合　计 | 5 | 5 | 150000.00 | 750000.00 | |

会计主管 李武平　　审核　　领料　　发料 江军

第二联 交财务部门

图 5-88　工程用料领用单

业务序号：63　　业务所属岗位：银行存款管理

业务名称：12 月 17 日支付密封罐安装费

业务描述：12 月 17 日，支付密封罐安装费，本业务开具转账支票。

业务涉及单据见图 5-89。

支票申请单

2014 年 12 月

| 事由： | 支付安装费 |
|---|---|
| 支票号码： | 37080892 |
| 支票内容： | 收款人：广东美能机电有限公司 |
| | 金额：人民币10000.00 |
| | 其他要求：转账支票 |
| 支票开票时间： | 2014年12月17日 |
| 单位负责人签名： | 李德容 |

制表：邓小昱　　审核：杨建明

图 5-89　支票申请单

业务序号：64　　业务所属岗位：总账会计

业务名称：12 月 17 日支付密封罐安装费

业务描述：12 月 17 日，支付密封罐安装费，填制记账凭证。

业务涉及单据见图 5-90。

广东省地方税收通用发票(电子)　电子发票 手写无效

发票联

发票代码 4401236525
发票号码 02583201

开票日期 2014-12-17 08:15:36

防伪码 21235696652321220023352 23

付款方 (单位)广东华峰酒业股份有限公司　身份证号/组织机构代码/纳税人识别号 440125647887782

收款方 广东美能机电有限公司　身份证号/组织机构代码/纳税人识别号 44012633662287

| 项目 | 金额 | 备注 |
| --- | --- | --- |
| 安装费 | 10000.00 | |

合计金额（大写）：人民币壹万元整　10000.00

查询网址：http://www.gdltax.gov.cn　主管税务机关及代码 广州市白云区地方税务局244010500

开票人：刘玲

发票联 付款方付款凭证

图 5-90　地方税收通用发票发票联

业务序号：65　　　　业务所属岗位：增值税开票

业务名称：12 月 17 日销售商品

业务描述：12 月 17 日，销售商品，开具增值税专用发票。

业务涉及单据见图 5-91 至图 5-94。

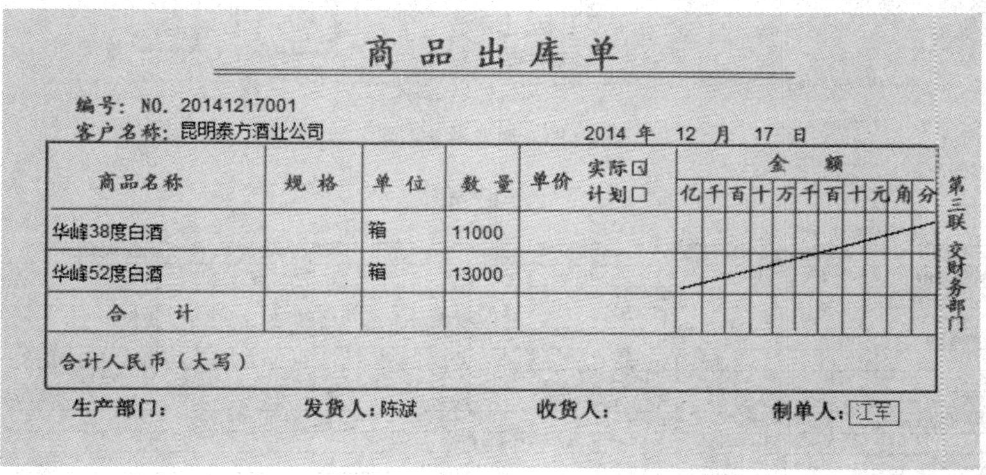

商品出库单

编号：NO. 20141217001

客户名称：昆明泰方酒业公司　　2014 年 12 月 17 日

| 商品名称 | 规格 | 单位 | 数量 | 单价 实际☑ 计划□ | 金额 亿千百十万千百十元角分 |
| --- | --- | --- | --- | --- | --- |
| 华峰38度白酒 | | 箱 | 11000 | | |
| 华峰52度白酒 | | 箱 | 13000 | | |
| 合计 | | | | | |
| 合计人民币（大写） | | | | | |

生产部门：　发货人：陈斌　收货人：　制单人：江军

第三联 交财务部门

图 5-91　商品出库单

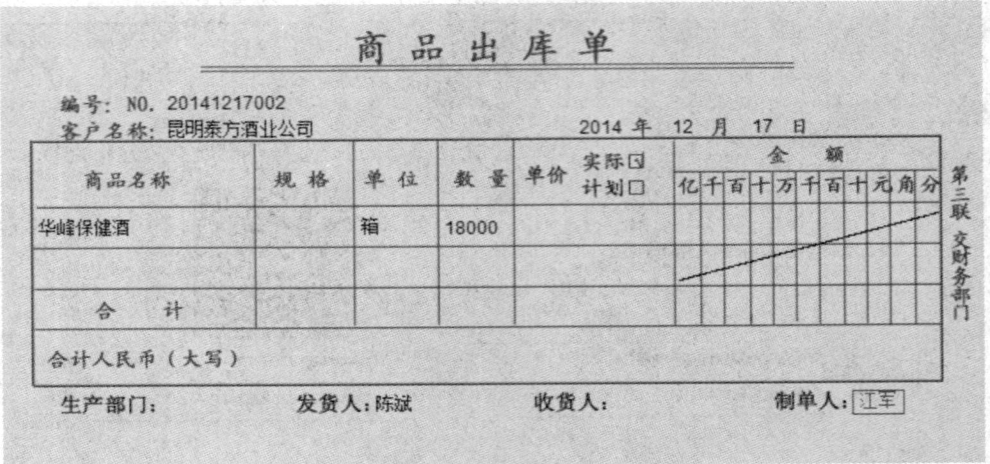

商品出库单

编号：NO. 20141217002

客户名称：昆明泰方酒业公司　　2014 年 12 月 17 日

| 商品名称 | 规格 | 单位 | 数量 | 单价 | 实际☑ 计划□ | 金额 亿千百十万千百十元角分 |
|---|---|---|---|---|---|---|
| 华峰保健酒 | | 箱 | 18000 | | | |
| | | | | | | |
| 合　计 | | | | | | |
| 合计人民币（大写） | | | | | | |

生产部门：　发货人：陈斌　收货人：　制单人：江军

第三联 交财务部门

图 5-92　商品出库单

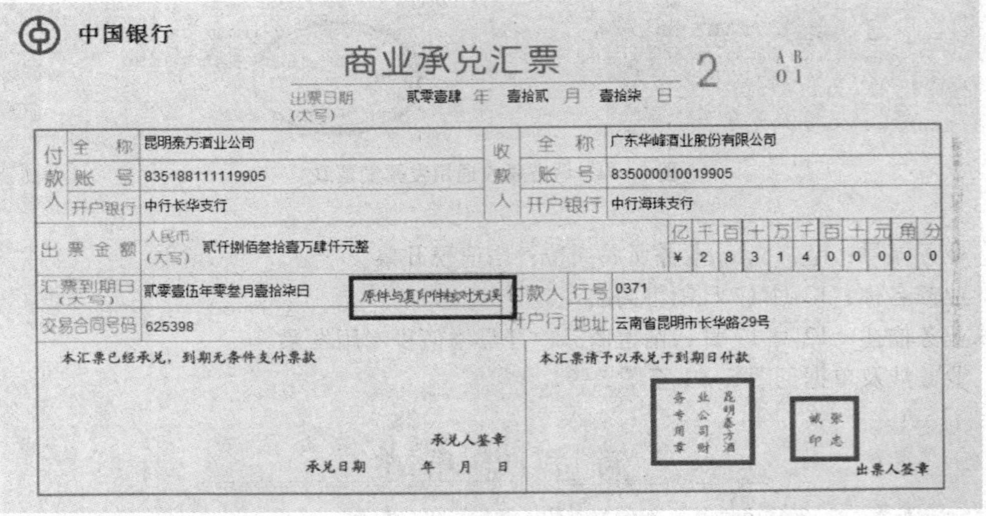

中国银行

商业承兑汇票　2　AB 01

出票日期（大写）　贰零壹肆 年 壹拾贰 月 壹拾柒 日

| 付款人 | | 收款人 | |
|---|---|---|---|
| 全　称 | 昆明泰方酒业公司 | 全　称 | 广东华峰酒业股份有限公司 |
| 账　号 | 835188111119905 | 账　号 | 835000010019905 |
| 开户银行 | 中行长华支行 | 开户银行 | 中行海珠支行 |

| 出票金额 | 人民币（大写）贰仟捌佰叁拾壹万肆仟元整 | 亿 | 千 | 百 | 十 | 万 | 千 | 百 | 十 | 元 | 角 | 分 |
|---|---|---|---|---|---|---|---|---|---|---|---|---|
| | | | ¥ | 2 | 8 | 3 | 1 | 4 | 0 | 0 | 0 | 0 | 

| 汇票到期日（大写） | 贰零壹伍年零叁月壹拾柒日 | 付款人开户行 | 行号 | 0371 |
|---|---|---|---|---|
| 交易合同号码 | 625398 | | 地址 | 云南省昆明市长华路29号 |

原件与复印件核对无误

本汇票已经承兑，到期无条件支付票款

承兑人签章

承兑日期　年　月　日

本汇票请予以承兑于到期日付款

昆明泰方酒业公司财务专用章　张志诚印

出票人签章

图 5-93　商业承兑汇票

开具发票申请单

申请人：刘明军　　2014 年 12 月

| 购货单位: | 昆明泰方酒业公司 | | | 价税合计款: | ¥28314000.00 |
|---|---|---|---|---|---|
| 销售产品/劳务 | 型号 | 单位 | 数量 | 单价 | 金额 |
| 华峰38度白酒 | | 箱 | 11000 | 525.00 | 5775000.00 |
| 华峰52度白酒 | | 箱 | 13000 | 725.00 | 9425000.00 |
| 华峰保健酒 | | 箱 | 18000 | 500.00 | 9000000.00 |
| | | | | | |
| 合计 | | | | | ¥24200000.00 |
| 开票类型: | √增值税专用发票 | □增值税普通发票 | □服务发票 | | |
| 开具增值税发票填列: | 购货单位识别号: | 440111111553981 | | | |
| | 购货单位地址、电话: | 云南省昆明市长华路8号(0871)82311 | | | |
| | 购货单位开户行及账号: | 中行长华支行835188111119905 | | | |
| 发票开票时间: | 2014年12月17日 | | | | |
| 销售部经理审核签名: | 刘恺威 | | | | |
| 财务主管签名: | 杨建明 | | 收款人：邓小昱 | 复核：杨建明 | |

制表：刘明军　　审核：杨建明

图 5-94　发票申请单

业务序号：66　　　业务所属岗位：损益
业务名称：12 月 17 日销售商品
业务描述：12 月 17 日，销售商品，收到无息 90 天商业承兑汇票。
业务涉及单据：见业务 65 单据

业务序号：67　　　业务所属岗位：总账会计
业务名称：12 月 17 日支付购买支票工本费
业务描述：12 月 17 日，支付购买支票工本费，编制记账凭证。
业务涉及单据见图 5-95。

中国银行 收费凭证

2014 年 12 月 17 日

| 户名 | 广东华峰酒业股份有限公司 | 开户银行 | 中行海珠支行 | | |
|---|---|---|---|---|---|
| 账号 | 835000010019905 | 收费种类 | 工本费 | | |
| 1. 客户购买凭证时在"收费种类"栏填写"工本费"，在"凭证种类"栏填所购凭证名称。<br>2. 客户在办理结算业务时，在"收费种类"栏分别填写收续费或邮电费，在"结算种类"栏填写办理的结算方式。 | 凭证（结算）种类 | 单价 | 数量 | 金额 | |
| | 普通支票 | 25.00 | 1 | 2500 | 第一联 回单 |
| | 合计人民币（大写） | 贰拾伍元整 | | ¥2500 | |

复核：诸天　　记账：王宇

图 5-95　收费凭证

业务序号：68　　　业务所属岗位：存货
业务名称：12 月 18 日生产领用材料
业务描述：12 月 18 日，组装车间生产领用材料。
业务涉及单据见图 5-96 至图 5-98。

# 领 料 单

材料类别：原材料

领用部门：组装车间　　2014 年 12 月 18 日　　领用单：20141218003

<table>
<tr><td colspan="2">产品名称及用途</td><td colspan="3">华峰保健酒</td><td colspan="5">工程编号</td><td rowspan="3">第三联 交财务部门</td></tr>
<tr><td colspan="2">材料名称</td><td colspan="2">规 格</td><td>单 位</td><td>数量 请领</td><td>数量 实发</td><td>单价</td><td>实际☑ 计划☐</td><td>总 价</td></tr>
<tr><td colspan="2">保健食材</td><td colspan="2"></td><td>公斤</td><td>5000</td><td>5000</td><td></td><td></td><td></td></tr>
<tr><td rowspan="2">发料部门</td><td>审核员</td><td>发料员</td><td rowspan="2">领用部门</td><td>主管</td><td>领料</td><td rowspan="2">备注</td><td colspan="3" rowspan="2">月底加权计算</td></tr>
<tr><td>杨建明</td><td>江军</td><td>马名山</td><td>陈东明</td></tr>
</table>

图 5-96　华峰保健酒领料单

# 领 料 单

材料类别：原材料

领用部门：组装车间　　2014 年 12 月 18 日　　领用单：20141218002

<table>
<tr><td colspan="2">产品名称及用途</td><td colspan="3">华峰38度白酒</td><td colspan="5">工程编号</td><td rowspan="3">第三联 交财务部门</td></tr>
<tr><td colspan="2">材料名称</td><td colspan="2">规 格</td><td>单 位</td><td>数量 请领</td><td>数量 实发</td><td>单价</td><td>实际☑ 计划☐</td><td>总 价</td></tr>
<tr><td colspan="2">天然香精</td><td colspan="2"></td><td>公斤</td><td>460</td><td>460</td><td></td><td></td><td></td></tr>
<tr><td rowspan="2">发料部门</td><td>审核员</td><td>发料员</td><td rowspan="2">领用部门</td><td>主管</td><td>领料</td><td rowspan="2">备注</td><td colspan="3" rowspan="2">月底加权计算</td></tr>
<tr><td>杨建明</td><td>江军</td><td>马名山</td><td>陈东明</td></tr>
</table>

图 5-97　华峰 38 度白酒领料单

# 领 料 单

材料类别：原材料

领用部门：组装车间　　2014 年 12 月 18 日　　领用单：20141218001

<table>
<tr><td colspan="2">产品名称及用途</td><td colspan="3">华峰52度白酒</td><td colspan="5">工程编号</td><td rowspan="3">第三联 交财务部门</td></tr>
<tr><td colspan="2">材料名称</td><td colspan="2">规 格</td><td>单 位</td><td>数量 请领</td><td>数量 实发</td><td>单价</td><td>实际☑ 计划☐</td><td>总 价</td></tr>
<tr><td colspan="2">果胶酶制剂</td><td colspan="2"></td><td>公斤</td><td>2000</td><td>2000</td><td></td><td></td><td></td></tr>
<tr><td rowspan="2">发料部门</td><td>审核员</td><td>发料员</td><td rowspan="2">领用部门</td><td>主管</td><td>领料</td><td rowspan="2">备注</td><td colspan="3" rowspan="2">月底加权计算</td></tr>
<tr><td>杨建明</td><td>江军</td><td>马名山</td><td>陈东明</td></tr>
</table>

图 5-98　华峰 52 度白酒领料单

业务序号：69　　　业务所属岗位：固定资产

业务名称：12 月 18 日密封罐安装验收合格交付封酵车间

业务描述：12 月 18 日，密封罐安装验收合格交付封酵车间，编制记账凭证。

业务涉及单据见图 5-99 和图 5-100。

固定资产竣工工程交接单

单项工程　　2014 年 12 月 18 日　　附件　页

| 资产名称 | 规格型号 | 计量单位 | 数量 | 开工日期 | 竣工日期 | 实际成本 | | | | 备注 |
|---|---|---|---|---|---|---|---|---|---|---|
| | | | | | | 设备费 | 安装费 | 借款利息 | 合计 | |
| 密封罐 | | 个 | 5 | 12.16 | 12.18 | 750000.00 | 10000.00 | | 760000.00 | |
| | | | | | | | | | | |

| 移交单位 | 广东美能机电有限公司 | 负责人 | 周斌 | 接收单位 | 负责人 | 江军 |
|---|---|---|---|---|---|---|
| | | 会计主管 | 陈浩 | | 会计主管 | 李武平 |
| | | 经办人 | 李達 | | 经办人 | 杨建明 |

第一联　存根联

图 5-99　固定资产竣工工程交接单

固定资产入库单

2014 年 12 月 18 日　　凭证编号：23521

| 固定资产名称及编号 | 规格型号 | 单位 | 数量 | 预计使用年限 | 已使用年限 | 原始价值 | 已提折旧 | 评估价 |
|---|---|---|---|---|---|---|---|---|
| 密封罐 | | 个 | 5 | 10 | 0 | 760000.00 | | |
| 固定资产状况 | 全新入库 | | | | | | | |

| 何时购入 | 进入方式 | 入账价值 | 固定资产管理部门 | 会计主管 |
|---|---|---|---|---|
| 2014.12.18 | 购入安装入库 | 760000.00 | 封酵车间 | 李武平 |

第二联　交财务部门

图 5-100　固定资产入库单

业务序号：70　　　业务所属岗位：存货

业务名称：12 月 19 日商品入库

业务描述：12 月 19 日，组装车间生产商品入库。

业务涉及单据见图 5-101。

产成品入库单

交库单位：组装车间　　2014 年 12 月 19 日　　编号 001

| 产品名称 | 型号规格 | 数量 | 单位 | 检验结果 | | 实收数量 | 金额 |
|---|---|---|---|---|---|---|---|
| | | | | 合格 | 不合格 | | |
| 华峰38度白酒 | | 15000 | 箱 | 15000 | | 15000 | |
| 华峰52度白酒 | | 15000 | 箱 | 15000 | | 15000 | |
| 华峰保健酒 | | 20000 | 箱 | 20000 | | 20000 | |
| | | | | | | | |

第三联：交财务部门

生产车间：　　验收人：　　仓库：江军

图 5-101　产成品入库单

业务序号：71　　业务所属岗位：固定资产

业务名称：12 月 19 日固定资产清理

业务描述：12 月 19 日，将拆下的旧密封罐进行清理，编制记账凭证（本凭证核算固定资产转入清理）。

业务涉及单据见图 5-102。

固定资产报废单

2014 年 12 月 19 日　　凭证编号：001

| 固定资产名称及编号 | 规格型号 | 单位 | 数量 | 预计使用年限 | 已使用年限 | 原始价值 | 已提折旧 | 备注 |
|---|---|---|---|---|---|---|---|---|
| 旧密封罐 | PK-L | 个 | 5 | 10 | 2 | 540000.00 | 112500.00 | |
| 固定资产状况及报废原因 | 报废 | | | | | | | |
| 处理意见 | 使用部门 | | | 技术评估小组 | | 固定资产管理部门 | | 股东大会审批 |
| | 同意 | | | 同意 | | 同意 | | 同意 |

第二联：交财务部门

图 5-102　固定资产报废单

业务序号：72　　业务所属岗位：固定资产

业务名称：12 月 19 日将企业房产转为投资性房地产

业务描述：12 月 19 日，将企业自用房产转为投资性房地产，编制记账凭证。

业务涉及单据见图 5-103。

## 房产相关资料

12月19日，企业将公司总部一栋原值2 400 000.00元的房产，计提折旧32 000.00元，经股东大会批准，该房产作为投资性房产，采用公允价值计量（评估价9 600 000.00元）。

广东华峰酒业股份有限公司

图 5-103　房产相关资料

业务序号：73　　　　业务所属岗位：增值税开票

业务名称：12 月 20 日销售旧密封罐

业务描述：12 月 20 日，销售旧的密封罐，开具增值税普通发票（税率 17%）。

业务涉及单据见图 5-104 和图 5-105。

中国银行　　进账单　（收账通知）3

2014 年 12 月 20 日

| | | | | | |
|---|---|---|---|---|---|
| 出票人 | 全　称 | 广州市黄蜂机械制造有限公司 | 收款人 | 全　称 | 广东华峰酒业股份有限公司 |
| | 账　号 | 836925410236542 | | 账　号 | 835000010019905 |
| | 开户银行 | 中行黄埔支行 | | 开户银行 | 中行海珠支行 |
| 金额 | 人民币（大写） | 肆拾陆万捌仟元整 | | 亿千百十万千百十元角分 | ¥46800000 |
| 票据种类 | 转账支票 | 票据张数 | 1 | | |
| 票据号码 | 563214 | | | | |
| 复核 | 记账 | | | 收款人开户银行签章 | |

中国银行广东省支行 海珠支行 2014.12.20 收讫 (36)

此联是收款人开户银行交给收款人的收账通知

图 5-104　进账单

**开具发票申请单**

申请人：刘明军　　　　2014 年 12 月

| | | | | | |
|---|---|---|---|---|---|
| 购货单位： | 广州市黄蜂机械制造有限公司 | | | 价税合计款： | ¥468000.00 |
| 销售产品/劳务 | 型号 | 单位 | 数量 | 单价 | 金额 |
| 密封罐 | PK-L | 个 | 5 | 80000.00 | 400000.00 |
| | | | | | |
| 合计 | | | | | ¥400000.00 |
| 开票类型： | □增值税专用发票 | √增值税普通发票 | □服务发票 | | |
| 开具增值税发票填列： | 购货单位识别号： | 440251236521589 | | | |
| | 购货单位地址、电话： | 广州市黄埔区黄埔大道66号(020)8222 | | | |
| | 购货单位开户行及账号： | 中行黄埔支行836925410236542 | | | |
| 发票开票时间： | 2014年12月20日 | | | | |
| 销售部经理审核签名： | 刘恺威 | | | | |
| 财务主管签名： | 杨建明 | | 收款人：邓小昱 | 复核：杨建明 | |

制表：刘明军　　　　审核：杨建明

图 5-105　发票申请单

业务序号：74　　　　业务所属岗位：固定资产

业务名称：12 月 20 日销售旧密封罐

业务描述：12 月 20 日，销售旧密封罐，收到转账支票货款，本业务登记记账凭证。

业务涉及单据：见业务 73 单据

业务序号：75　　　　业务所属岗位：往来岗位

业务名称：12 月 20 日投资性房地产出租

业务描述：12 月 20 日投资性房地产出租，地方税收通用发票（电子）平推式，开具发票。

业务涉及单据见图 5-106。

**开具发票申请单**

申请人：刘明军　　　　2014 年 12 月

| | | | | |
|---|---|---|---|---|
| 付款方: | （单位）中国亚美科技有限公司广州分 | | | |
| | 纳税识别号：440186425125410 | | | |
| 开票类型: | □增值税专用发票 | □增值税普通发票 | √服务发票 | |
| 开具服务发票填列: | 防伪码：1566558874548722968254 | | | |
| | 收款方：广东华峰酒业股份有限公司 | | | |
| | 纳税识别号：440125647887782 | | | |
| | 项目：租赁费 | | | |
| | 金额：384000.00 | | | |
| | 主管税务机关及代码：广州市海珠区地 | | | |
| 发票开票时间: | 2014-12-20 15:30:21 | | | |
| 财务主管签名: | 杨建明 | | | |

制表：刘明军　　　　审核：杨建明

图 5-106　发票申请单

业务序号：76　　　　业务所属岗位：银行存款管理

业务名称：12 月 20 日投资性房地产出租

业务描述：12 月 20 日，投资性房地产出租，开具收款收据（系付：房产押金。盖财务专用章）。

业务涉及单据见图 5-107。

图 5-107　进账单

业务序号：77　　　　业务所属岗位：投资融资

业务名称：12 月 20 日投资性房地产出租

业务描述：12 月 20 日，投资性房地产出租，收到租金 384 000 元，押金 384 000 元，进行业务核算。填制记账凭证。

业务涉及单据见图 5-108。

## 资料说明

2014年12月20日，投资房产出租给（单位）中国[illegible]美科技有限公司广州分公司，签定5年租赁协议。
每年租金为384000.00。协议签定日，交付房产使用权，并收取一年的租金为押金，共计款项：768000.00元，给收取的租金开具服务发票，收取的押金开具收款收据。

图 5-108　资料说明

业务序号：78　　　业务所属岗位：固定资产
业务名称：12 月 20 日结算处理固定资产收益
业务描述：12 月 20 日，结算处理固定资产收益。
业务涉及单据：根据业务 71 和业务 74 号

业务序号：79　　　业务所属岗位：存货
业务名称：12 月 21 日加工车间麦糟、玉米糟入库
业务描述：12 月 21 日，加工车间麦糟入库，玉米糟入库。
业务涉及单据见图 5-109。

### 材料验收入库单

供应人:加工车间　　2014 年 12 月 21 日　　凭证编号：20141221001
仓库编号：02

| 增值税 | | 发票号 | | 验收日期 | 2014年12月21日 | | 存放地点 | 糟库 | | 附件份数 | 份 |
|---|---|---|---|---|---|---|---|---|---|---|---|
| 材料编号 | 材料名称 | 规格 | 型号 | 单位 | 数量 | | 计划单价 | | 实际单价 | | |
| | | | | | 凭证 | 实收 | 单价 | 总价 | 单价 | 总价 | |
| 002 | 麦糟 | | | 吨 | 10000 | 10000 | | | | | |
| 003 | 玉米糟 | | | 吨 | 2200 | 2200 | | | | | |
| | | | | | | | | | | | |
| | | | | | | | | | | | |
| 差　异 | | 备注 | 月末加权计算 | | | | | | | | |

财务处长　　供应科长　　仓库主管 江军　　验收保管　　检验 李东　　采购经办 周中

第三联 财务科核算

图 5-109　材料验收入库单

业务序号：80　　　业务所属岗位：银行存款管理
业务名称：12 月 21 日支付基础通信费
业务描述：12 月 21 日，支付基础通信费，开具转账支票。
业务涉及单据见图 5-110。

| 支票申请单 | |
|---|---|
| 2014 年 12 月 | |
| 事由： | 支付基础通信费 |
| 支票号码： | 37080893 |
| 支票内容： | 收款人：中国电信集团广州分公司 |
| | 金额：人民币158458.50 |
| | 其他要求：转账支票 |
| 支票开票时间： | 2014年12月21日 |
| 单位负责人签名： | 李德容 |
| 制表：邓小昱 | 审核：杨建明 |

图 5-110　支票申请单

业务序号：81　　　业务所属岗位：损益

业务名称：12 月 21 日支付基础通信费

业务描述：12 月 21 日，支付基础通信费，编制记账凭证。

业务涉及单据见图 5-111。

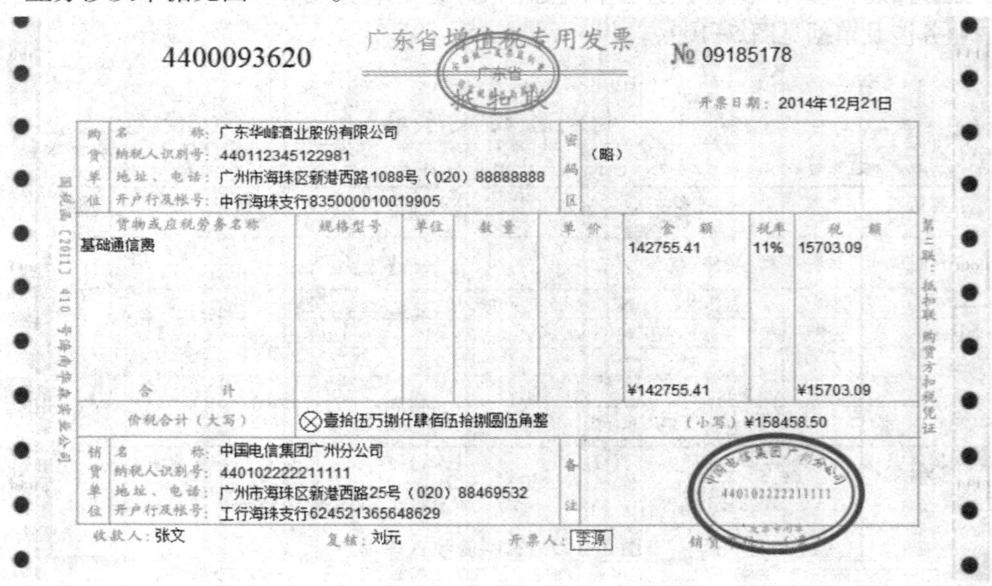

4400093620　　广东省增值税专用发票　　№ 09185178

开票日期：2014年12月21日

| 购货单位 | 名　　称：广东华峰酒业股份有限公司<br>纳税人识别号：440112345122981<br>地址、电话：广州市海珠区新港西路1088号（020）88888888<br>开户行及帐号：中行海珠支行835000010019905 | 密码区 | （略） |
|---|---|---|---|

| 货物或应税劳务名称 | 规格型号 | 单位 | 数量 | 单价 | 金额 | 税率 | 税额 |
|---|---|---|---|---|---|---|---|
| 基础通信费 | | | | | 142755.41 | 11% | 15703.09 |
| 合　　计 | | | | | ¥142755.41 | | ¥15703.09 |
| 价税合计（大写） | ⊗壹拾伍万捌仟肆佰伍拾捌圆伍角整 | | | | （小写）¥158458.50 | | |

| 销货单位 | 名　　称：中国电信集团广州分公司<br>纳税人识别号：440102222211111<br>地址、电话：广州市海珠区新港西路25号（020）88469532<br>开户行及帐号：工行海珠支行624521365648629 | 备注 | |
|---|---|---|---|

收款人：张文　　复核：刘元　　开票人：李源　　销货单位：（章）

第二联：抵扣联 购货方扣税凭证

图 5-111　增值税专用发票

业务序号：82　　　业务所属岗位：损益

业务名称：12 月 21 日现金报销汽油费

业务描述：12 月 21 日，现金报销总公司汽油费，填制记账凭证。

业务涉及单据见图 5-112 和图 5-113。

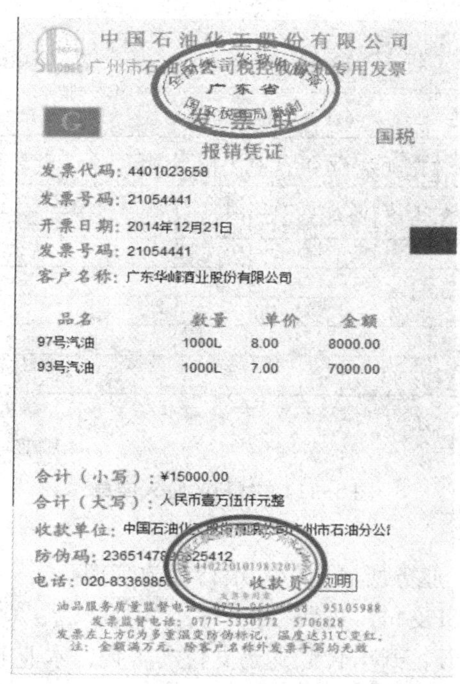
中国石油化工股份有限公司
广州市石油分公司税控收款机专用发票
报销凭证
国税
发票代码：4401023658
发票号码：21054441
开票日期：2014年12月21日
发票号码：21054441
客户名称：广东华峰酒业股份有限公司

| 品名 | 数量 | 单价 | 金额 |
|---|---|---|---|
| 97号汽油 | 1000L | 8.00 | 8000.00 |
| 93号汽油 | 1000L | 7.00 | 7000.00 |

合计（小写）：¥15000.00
合计（大写）：人民币壹万伍仟元整
收款单位：中国石油化工股份有限公司广州市石油分公
防伪码：23651478□25412
电话：020-8336985□　收款员：刘明

图 5-112　报销凭证

支 付 证 明 单

附件：　张　　总号　第　号
科目：　2014 年 12 月 21 日　分号　第　号

| 事由或品名 | 数量 | 单位 | 单价 | 十万 | 万 | 千 | 百 | 十 | 元 | 角 | 分 |
|---|---|---|---|---|---|---|---|---|---|---|---|
| 加油费 | | | | | 1 | 5 | 0 | 0 | 0 | 0 | 0 |
| | | | | | | | | | | | |
| | | | | | | | | | | | |
| | | | | | | | | | | | |
| 共计金额 | ⊗拾壹万伍仟零佰零拾零元零角零分 | | | ¥15000.00 | | | | | | | |
| 受款人 | 总公司 | | 未能取得单据原因 | | | | | | | | |

主管人 杨建明　会计 刘明军　出纳 邓小昱　记账 刘明军　证明人　经手人

图 5-113　支付证明单

业务序号：83　　　业务所属岗位：存货

业务名称：12 月 21 日封酵车间产品入库

业务描述：12 月 21 日，封酵车间麦酿入库，玉米酿入库。

业务涉及单据见图 5-114。

材料验收入库单

| 供应人：封酵车间 | | | 2014 年 12 月 21 日 | | | | 凭证编号：20141221001<br>仓库编号：02 | | | | |
|---|---|---|---|---|---|---|---|---|---|---|---|
| 增值税 | 发票号 | | 验收日期 2014 年 12 月 21 日 | | | | 存放地点 糖库 | | 附件份数　份 | | |
| 材料编号 | 材料名称 | 规格 | 型号 | 单位 | 数量 | | 计划单价 | | 实际单价 | | 第三联 财务科核算 |
| | | | | | 凭证 | 实收 | 单价 | 总价 | 单价 | 总价 | |
| 004 | 麦酿 | | | 吨 | 500 | 500 | | | | | |
| 005 | 玉米酿 | | | 吨 | 110 | 110 | | | | | |
| | | | | | | | | | | | |
| | | | | | | | | | | | |
| 差　异 | | 备注 | | | | | | | | | |

财务处长　　供应科长　　仓库主管 江军　　验收保管　　检验 李东　　采购经办 周中

图 5-114　材料验收入库单

业务序号：84　　　　业务所属岗位：银行存款管理

业务名称：12 月 21 日支付广告费

业务描述：12 月 21 日，开出转账支票支付广告费，本业务开具转账支票。

业务涉及单据见图 5-115。

支票申请单

2014 年 12 月

| 事由： | 支付广告费 |
|---|---|
| 支票号码： | 37080894 |
| 支票内容： | 收款人：广州市长城广告有限公司 |
| | 金额：人民币4800000.00 |
| | 其他要求：转账支票 |
| 支票开票时间： | 2014年12月21日 |
| 单位负责人签名： | 李德容 |
| 制表：邓小昱 | 审核：杨建明 |

图 5-115　支票申请单

业务序号：85　　　　业务所属岗位：损益

业务名称：12 月 21 日支付广告费

业务描述：12 月 21 日，开出转账支票支付广告费，本业务填制记账凭证。

业务涉及单据见图 5-116。

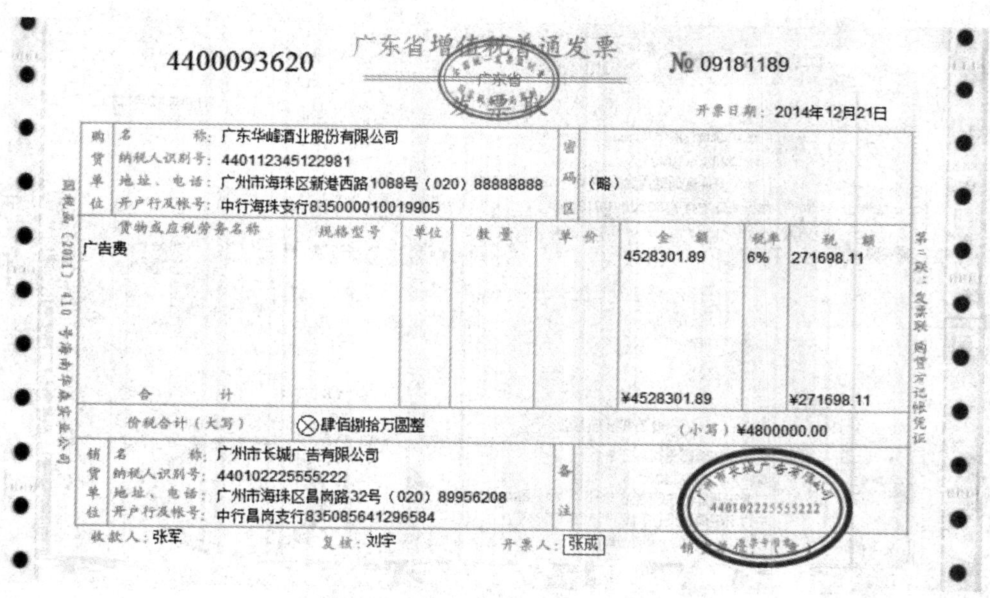

广东省增值税普通发票

发票联

4400093620　　№ 09181189

开票日期：2014年12月21日

| 购货单位 | 名　　称：广东华峰酒业股份有限公司<br>纳税人识别号：440112345122981<br>地址、电话：广州市海珠区新港西路1088号（020）88888888<br>开户行及帐号：中行海珠支行835000010019905 | 密码区 | （略） |
|---|---|---|---|

| 货物或应税劳务名称 | 规格型号 | 单位 | 数量 | 单价 | 金额 | 税率 | 税额 |
|---|---|---|---|---|---|---|---|
| 广告费 | | | | | 4528301.89 | 6% | 271698.11 |
| 合　　计 | | | | | ¥4528301.89 | | ¥271698.11 |
| 价税合计（大写） | ⊗肆佰捌拾万圆整 | | | | （小写）¥4800000.00 | | |

| 销货单位 | 名　　称：广州市长城广告有限公司<br>纳税人识别号：440102225555222<br>地址、电话：广州市海珠区昌岗路32号（020）89956208<br>开户行及帐号：中行昌岗支行835085641296584 | 备注 | 440102225555222 |
|---|---|---|---|

收款人：张军　　复核：刘宇　　开票人：张成　　销货单位：（章）

第二联：发票联　购货方记帐凭证

图 5-116　增值税发票发票联

业务序号：86　　　　业务所属岗位：银行存款管理

业务名称：12 月 22 日支付展览费

业务描述：12 月 22 日，支付展览费，填制记账凭证。

业务涉及单据见图 5-117。

**支票申请单**

2014 年 12 月

| 事由： | 支付展览费 |
|---|---|
| 支票号码： | 37080895 |
| 支票内容： | 收款人：广州市精英展览有限公司 |
| | 金额：人民币1200000.00 |
| | 其他要求：转账支票 |
| 支票开票时间： | 2014年12月22日 |
| 单位负责人签名： | 李德容 |

制表：邓小昱　　审核：杨建明

图 5-117　支票申请单

业务序号：87　　　　业务所属岗位：损益

业务名称：12 月 22 日支付展览费

业务描述：12 月 22 日，开出转账支票支付展览费。

业务涉及单据见图 5-118。

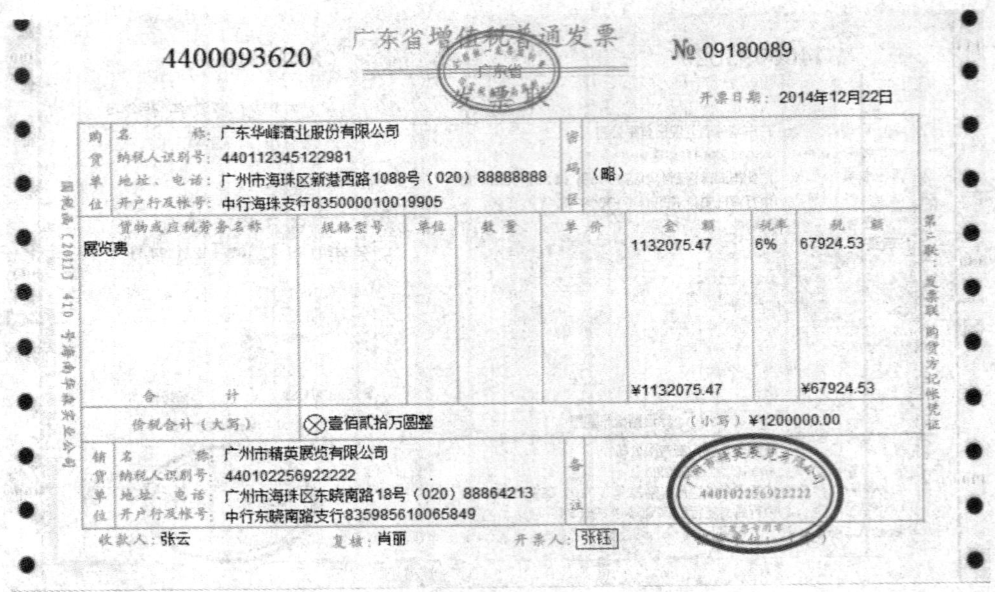

广东省增值税普通发票

4400093620　　No 09180089

开票日期：2014年12月22日

| 购货单位 | 名称：广东华峰酒业股份有限公司<br>纳税人识别号：440112345122981<br>地址、电话：广州市海珠区新港西路1088号（020）88888888<br>开户行及帐号：中行海珠支行835000010019905 | 密码区 | （略） |
|---|---|---|---|

| 货物或应税劳务名称 | 规格型号 | 单位 | 数量 | 单价 | 金额 | 税率 | 税额 |
|---|---|---|---|---|---|---|---|
| 展览费 | | | | | 1132075.47 | 6% | 67924.53 |
| 合计 | | | | | ¥1132075.47 | | ¥67924.53 |
| 价税合计（大写） | ⊗壹佰贰拾万圆整 | | | | （小写）¥1200000.00 | | |

| 销货单位 | 名称：广州市精英展览有限公司<br>纳税人识别号：440102256922222<br>地址、电话：广州市海珠区东晓南路18号（020）88864213<br>开户行及帐号：中行东晓南路支行835985610065849 | 备注 | |
|---|---|---|---|

收款人：张云　　复核：肖丽　　开票人：张钰

第二联：发票联 购货方记帐凭证

国税函〔2011〕410 号海南华森实业公司

图 5-118　增值税发票发票联

业务序号：88　　　　业务所属岗位：损益

业务名称：12 月 22 日现金报销汽油费

业务描述：12 月 22 日现金报销市场部汽油费，填制记账凭证。

业务涉及单据见图 5-119 和图 120。

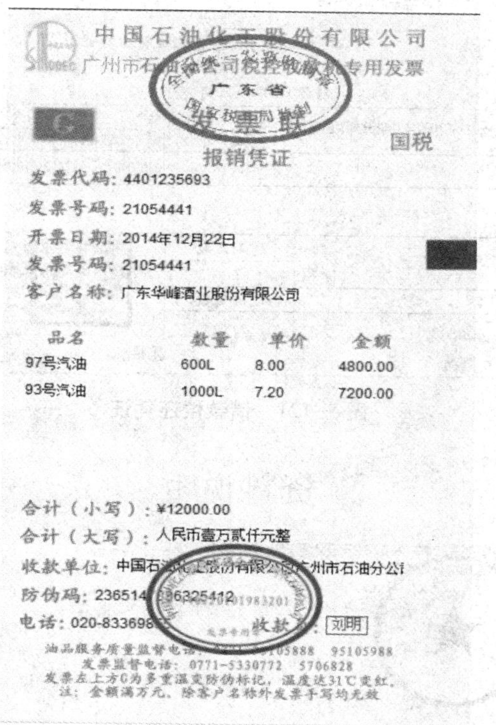

中国石油化工股份有限公司
广州市石油分公司税控收款机专用发票

广东省

发票联

报销凭证

国税

发票代码：4401235693
发票号码：21054441
开票日期：2014年12月22日
发票号码：21054441
客户名称：广东华峰酒业股份有限公司

| 品名 | 数量 | 单价 | 金额 |
| --- | --- | --- | --- |
| 97号汽油 | 600L | 8.00 | 4800.00 |
| 93号汽油 | 1000L | 7.20 | 7200.00 |

合计（小写）：¥12000.00
合计（大写）：人民币壹万贰仟元整
收款单位：中国石油化工股份有限公司广州市石油分公司
防伪码：23651496325412
电话：020-833698 收款员：刘明
油品服务质量监督电话：[illegible]105888 95105988
发票监督电话：0771-5330772 5706828
发票左上方C为多重温变防伪标记，温度达31℃变红。
注：金额满万元，除客户名称外发票手写均无效

图 5-119 报销凭证

支 付 证 明 单

附件： 张　　　　　　　　　　　　总号 第 号
科目：　　　2014 年 12 月 22 日　　　分号 第 号

| 事由或品名 | 数量 | 单位 | 单价 | 金额 十万千百十元角分 |
| --- | --- | --- | --- | --- |
| 加油费 | | | | 1 2 0 0 0 0 0 |
| | | | | |
| | | | | |
| | | | | |
| 共计金额 | ⊗拾壹万贰仟零佰零拾零元零角零分 ¥12000.00 | | | |
| 受款人 | 市场部 | | 未能取得单据原因 | |

主管人 杨建明　会计 刘明军　出纳 邓小昱　记账 刘明军　证明人　经手人

图 5-120 支付证明单

业务序号：89　　　　业务所属岗位：投资融资
业务名称：12 月 22 日偿还短期借款及利息
业务描述：12 月 22 日，偿还短期借款及利息，编制记账凭证。
业务涉及单据见图 5-121 和图 5-122。
单据名称：12 月 22 日偿还短期借款及利息，记账凭证
单据描述：12 月 22 日，偿还短期借款及利息，编制记账凭证。

**中国银行**　　　　借款偿还凭证（付出凭证）

传票号：001

（贷）科目　　　　转账日期：2014 年 12 月 22 日　　　　对方科目

| 放款账号 | 835000010065842 | 户名 | 广东华峰酒业股份有限公司 | 还款金额 | 利息 | 合计 |
|---|---|---|---|---|---|---|
| 往来账号 | 835000010019905 | | | ¥1000000000 | ¥90000000 | ¥1090000000 |
| 人民币（大写） | 壹仟零玖拾万元整 | | | | | |
| 自 2013 年 12 月 23 日起<br>至 2014 年 12 月 22 日止 | | 过期天数 | | 上列款项从本单位往来账户内复出偿还借款与利息（单位签章） | | 中国银行海珠支行 2014.12.22 业务专用（银行盖章） |
| 日期 | 利率 | 过期天数 | | | | |
| | 9% | | | | | |

复核：　　　　记账：邓小罡

第一联 顾客联

图 5-121　借款偿还凭证

# 资料说明

12月22日，偿还中行海珠支行短期借款10 000 000.00元及利息900 000.00。
其中已计提的利息为825 000.00，本月应计提借款利息为75 000.00元，用银行存款支付。

图 5-122　资料说明

业务序号：90　　　　业务所属岗位：总账会计

业务描述：12 月 23 日，王嘉图报销出差差旅费，余款退回现金，编制记账凭证。

业务涉及单据见图 5-123 至图 5-132。

单据名称：12 月 23 日报销差旅费，记账凭证

单据描述：12 月 23 日，王嘉图报销出差差旅费，余款退回现金，编制记账凭证。

**差旅费报销单**

部门：市场部　　　　报销日期：2014 年 12 月 23 日　　　　编号：20141223001

| 出差人 | | | | 王嘉图 | | | | 出差事由 | | 开拓市场 | | | | 项目名称 | | 开拓市场 | | | |
|---|---|---|---|---|---|---|---|---|---|---|---|---|---|---|---|---|---|---|---|
| 出发 | | | | 到达 | | | | 交通 | | | 出差补助 | | | 其他费用 | | | | | |
| 月 | 日 | 时 | 地点 | 月 | 日 | 时 | 地点 | 人数 | 工具 | 金额 | 天数 | 补助标准 | 金额 | 住宿费用 | 市内交通 | 餐饮费 | | | 合计 |
| 12 | 8 | 09：00 | 广州 | 12 | 8 | 15：00 | 北京 | 1 | 飞机 | 3000.00 | 16 | 800元/天 | 12800.00 | 4800.00 | 1500.00 | 9900.00 | | | 32000.00 |
| 12 | 23 | 09：00 | 北京 | 12 | 23 | 15：00 | 广州 | 1 | 飞机 | 3000.00 | | | | | | | | | 3000.00 |
| | | | | | | | | | | | | | | | | | | | |
| | | | | | | | | | | | | | | | | | | | |
| | | | | | | | | | | | | | | | | | | | |
| | | | | | | | | | | | | | | | | | | | |
| 合计 | | | | | | | | | | 6000.00 | —— | | 12800.00 | 4800.00 | 1500.00 | 9900.00 | | | 35000.00 |
| 报销总额 | 人民币(大写) 叁万伍仟元整 | | | | | | | | | ¥35000.00 | | | | | 预借金额 ¥40000.00<br>退☑/补☐金额 ¥5000.00 | | | | |
| 附单据张数合计(对应上方的项目) | | | | | | | | 城际交通： | | 6 | | 其他： | 2 | | | | | | |

领导批示　　部门主管　　财务主管 杨建明　　会计 刘明军　　出纳 邓小罡　　领款人 王嘉图

图 5-123　差旅费报销单

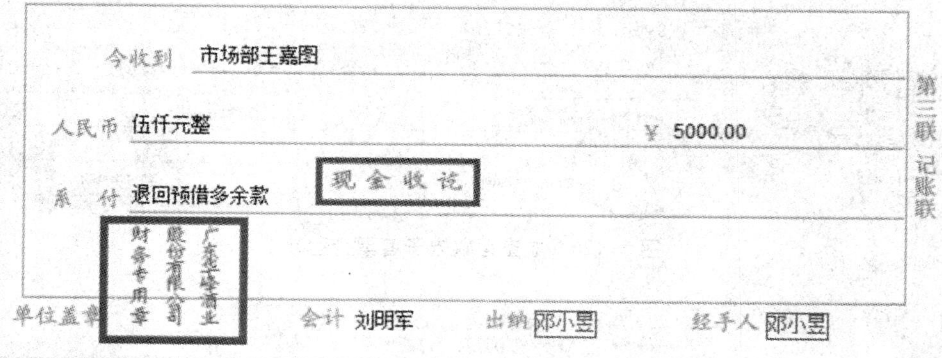

收款收据

NO 7541

日期：2014年 12 月 23 日

今收到 市场部王嘉图

人民币 伍仟元整 ¥ 5000.00

系 付 退回预借多余款 现金收讫

第三联 记账联

单位盖章 广东华峰酒业股份有限公司财务专用章 会计 刘明军 出纳 邓小昱 经手人 邓小昱

图 5-124　收款收据

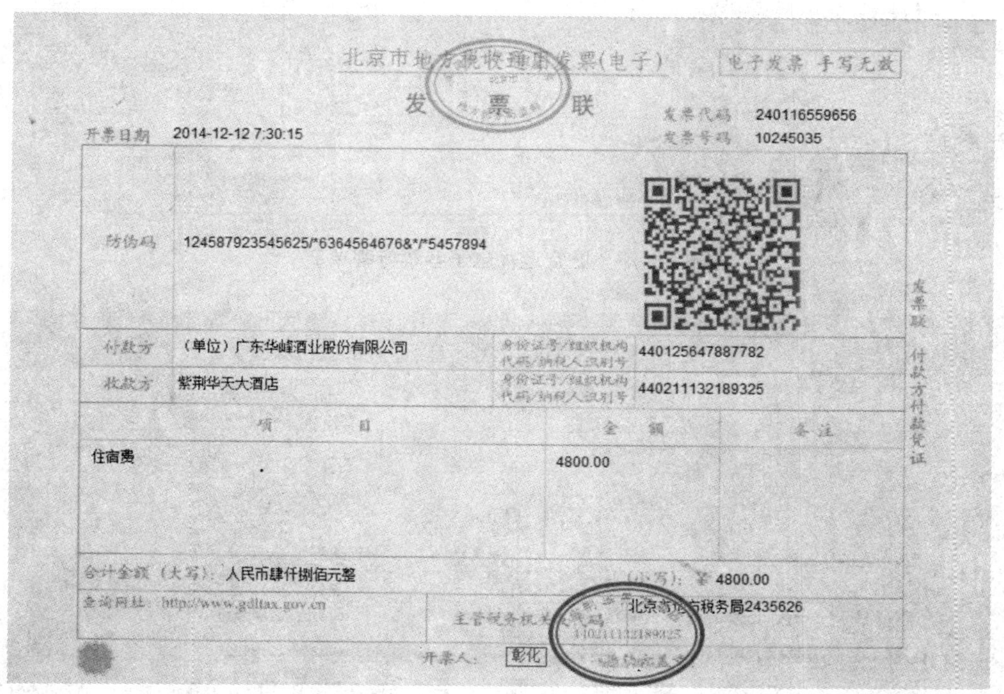

北京市地方税收通用发票（电子） 电子发票 手写无效

发票联

发票代码 240116559656

发票号码 10245035

开票日期 2014-12-12 7:30:15

防伪码 124587923545625/*6364564676&*/*5457894

| 付款方 | （单位）广东华峰酒业股份有限公司 | 身份证号/组织机构代码/纳税人识别号 | 440125647887782 |
|---|---|---|---|
| 收款方 | 紫荆华天大酒店 | 身份证号/组织机构代码/纳税人识别号 | 440211132189325 |

| 项目 | 金额 | 备注 |
|---|---|---|
| 住宿费 | 4800.00 | |
| 合计金额（大写）：人民币肆仟捌佰元整 | （小写）：¥ 4800.00 | |

查询网址：http://www.gdltax.gov.cn

主管税务机关及代码 北京市地方税务局2435626

开票人：彰化

发票联 付款方付款凭证

图 5-125　地方税收通用发票发票联

航空运输电子客票行程单
ITINERARY/RECEIPT OF E-TICKET FOR AIR TRANSPORT
印刷序号：201412081372 SERIAL NUMBER:

旅客姓名 NAME OF PASSENGER：王嘉图
有效身份证件号码 ID.NO.：4322********456
签注 ENDORSEMENTS/RESTRICTIONS(CARBON)：不得签转变更退票收费

| | 承运人 CARRIER | 航班号 FLIGHT | 座位等级 CLASS | 日期 DATE | 时间 TIME | 客票级别/客票类别 FARE BASIS | 客票生效日期 NOT VALID BEFORE | 有效截止日期 NOT VALID AFTER | 免费行李 ALLOW |
|---|---|---|---|---|---|---|---|---|---|
| 自 FROM 广州 | CZ | 2041 | K | 8DEC | 09:00 | K | | | |
| 至 TO 北京 | | | | | | | | | |
| 至 TO | | | | | | | | | |
| 至 TO | | | | | | | | | |
| 至 TO | | | | | | | | | |

票价 FARE：2800.00　机场建设费 AIRPORT TAX：100.00　燃油附加费 FUEL SURCHARGE：80.0　其他税费 OTHER TAXES：　合计 TOTAL：3000.00

电子客票号码 E-TICKET NO.：94804935　验证码：　提示信息 INFORMATION：　保险费 INSURANCE：20.00

销售单位代号 AGENT CODE：　填开单位 ISSUED BY：中国南方航空股份有限公司　填开日期 DATE OF ISSUE：20141208

付款凭证 RECEIPT　手写无效 INVALID IN HANDWRITING

图 5-126　航空运输电子客票行程单 1

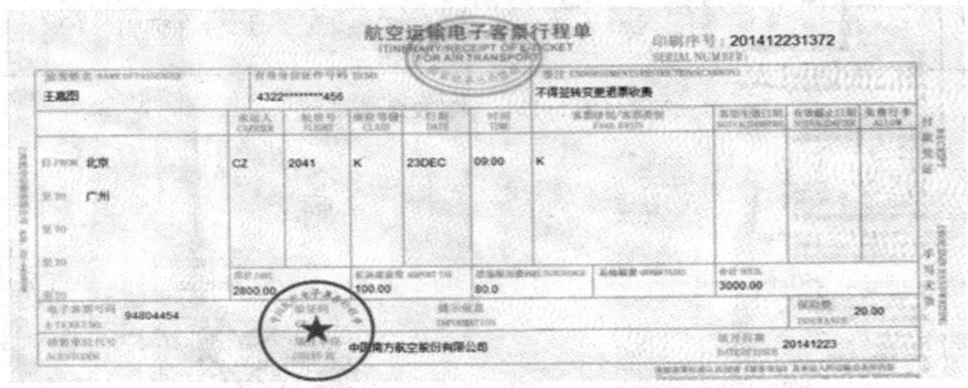

航空运输电子客票行程单
ITINERARY/RECEIPT OF E-TICKET FOR AIR TRANSPORT
印刷序号：201412231372 SERIAL NUMBER:

旅客姓名 NAME OF PASSENGER：王嘉图
有效身份证件号码 ID.NO.：4322********456
签注 ENDORSEMENTS/RESTRICTIONS(CARBON)：不得签转变更退票收费

| | 承运人 CARRIER | 航班号 FLIGHT | 座位等级 CLASS | 日期 DATE | 时间 TIME | 客票级别/客票类别 FARE BASIS | 客票生效日期 NOT VALID BEFORE | 有效截止日期 NOT VALID AFTER | 免费行李 ALLOW |
|---|---|---|---|---|---|---|---|---|---|
| 自 FROM 北京 | CZ | 2041 | K | 23DEC | 09:00 | K | | | |
| 至 TO 广州 | | | | | | | | | |
| 至 TO | | | | | | | | | |
| 至 TO | | | | | | | | | |

票价 FARE：2800.00　机场建设费 AIRPORT TAX：100.00　燃油附加费 FUEL SURCHARGE：80.0　其他税费 OTHER TAXES：　合计 TOTAL：3000.00

电子客票号码 E-TICKET NO.：94804454　验证码：　提示信息 INFORMATION：　保险费 INSURANCE：20.00

销售单位代号 AGENT CODE：　填开单位 ISSUED BY：中国南方航空股份有限公司　填开日期 DATE OF ISSUE：20141223

付款凭证 RECEIPT　手写无效 INVALID IN HANDWRITING

图 5-127　航空运输电子客票行程单 2

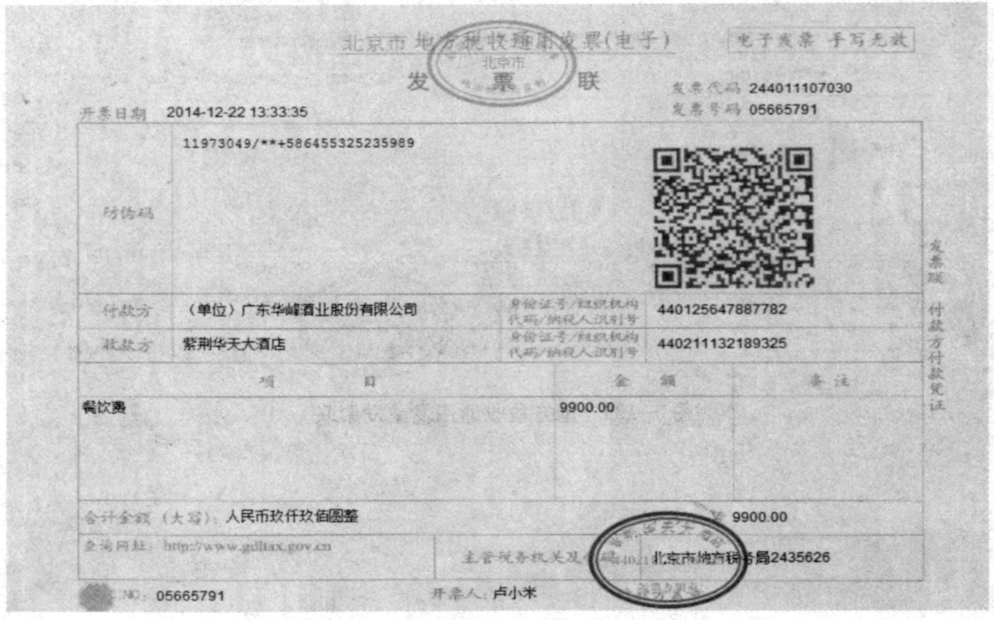

北京市地方税收通用发票(电子)　电子发票 手写无效

发票联

开票日期　2014-12-22 13:33:35　发票代码 244011107030　发票号码 05665791

| 防伪码 | 11973049/**+586455325235989 | | |
|---|---|---|---|
| 付款方 | (单位)广东华峰酒业股份有限公司 | 身份证号/组织机构代码/纳税人识别号 | 440125647887782 |
| 收款方 | 紫荆华天大酒店 | 身份证号/组织机构代码/纳税人识别号 | 440211132189325 |

| 项目 | 金额 | 备注 |
|---|---|---|
| 餐饮费 | 9900.00 | |

合计金额（大写）：人民币玖仟玖佰圆整　9900.00

查询网址：http://www.gdltax.gov.cn　主管税务机关及代码：北京市地方税务局2435626

NO：05665791　开票人：卢小米

发票联　付款方付款凭证

图 5-128　地方税收通用发票发票联

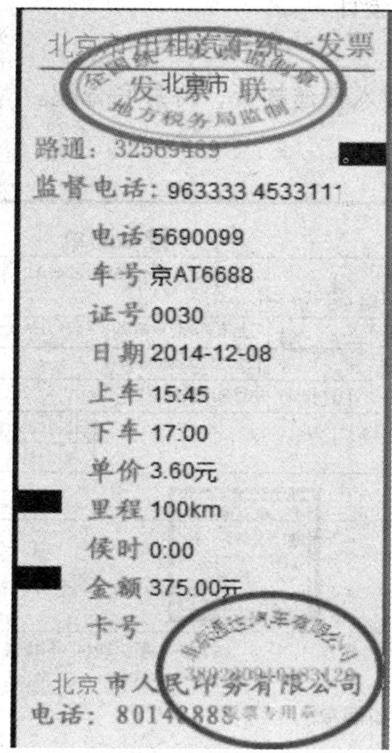

北京市出租汽车统一发票
发票联
北京市地方税务局监制
路通：32569489
监督电话：963333 4533111
电话 5690099
车号 京AT6688
证号 0030
日期 2014-12-08
上车 15:45
下车 17:00
单价 3.60元
里程 100km
候时 0:00
金额 375.00元
卡号
北京市人民印务有限公司
电话：80148888

图 5-129　发票 1

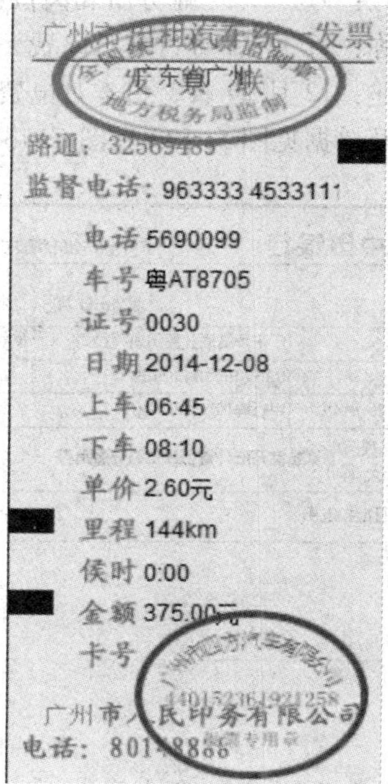

广州市出租汽车统一发票
发票联
广东省广州市地方税务局监制
路通：32569489
监督电话：963333 4533111
电话 5690099
车号 粤AT8705
证号 0030
日期 2014-12-08
上车 06:45
下车 08:10
单价 2.60元
里程 144km
候时 0:00
金额 375.00元
卡号
广州市人民印务有限公司
电话：80148888

图 5-130　发票 2

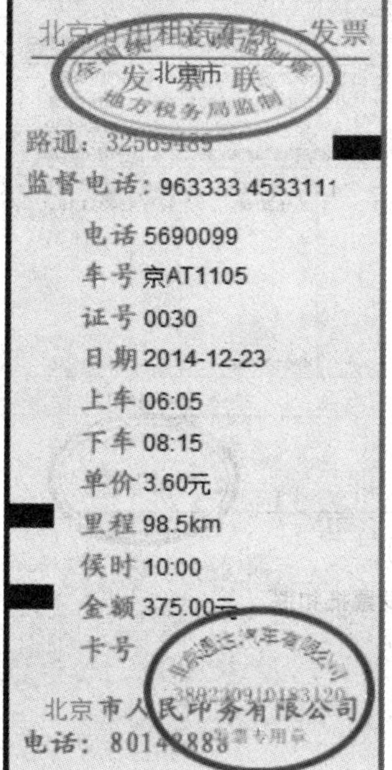

北京市出租汽车统一发票
发票联
北京市地方税务局监制
路通：32569489
监督电话：963333 4533111
电话 5690099
车号 京AT1105
证号 0030
日期 2014-12-23
上车 06:05
下车 08:15
单价 3.60元
里程 98.5km
候时 10:00
金额 375.00元
卡号
北京市人民印务有限公司
电话：80148888

图 5-131　发票 3

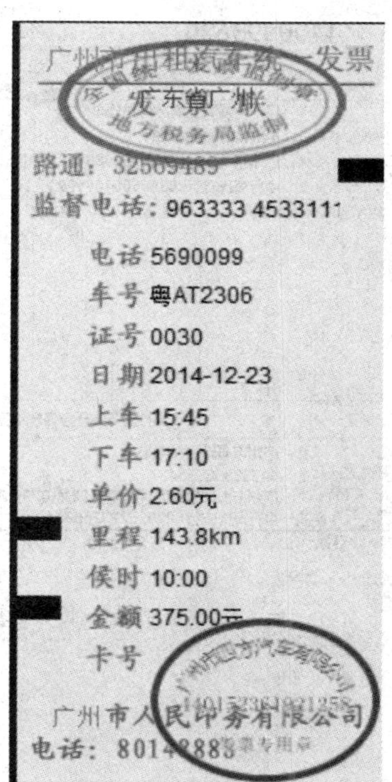

广州市出租汽车统一发票
发票联
广东省广州市地方税务局监制
路通：32569489
监督电话：963333 4533111
电话 5690099
车号 粤AT2306
证号 0030
日期 2014-12-23
上车 15:45
下车 17:10
单价 2.60元
里程 143.8km
候时 10:00
金额 375.00元
卡号
广州市人民印务有限公司
电话：80148888

图 5-132　发票 4

业务序号：91　　　业务所属岗位：总账会计

业务名称：12 月 24 日付本月电费

业务描述：12 月 24 日，付本月电费，暂计入在途物资，待月底分配。

业务涉及单据见图 5-133 和图 5-134。

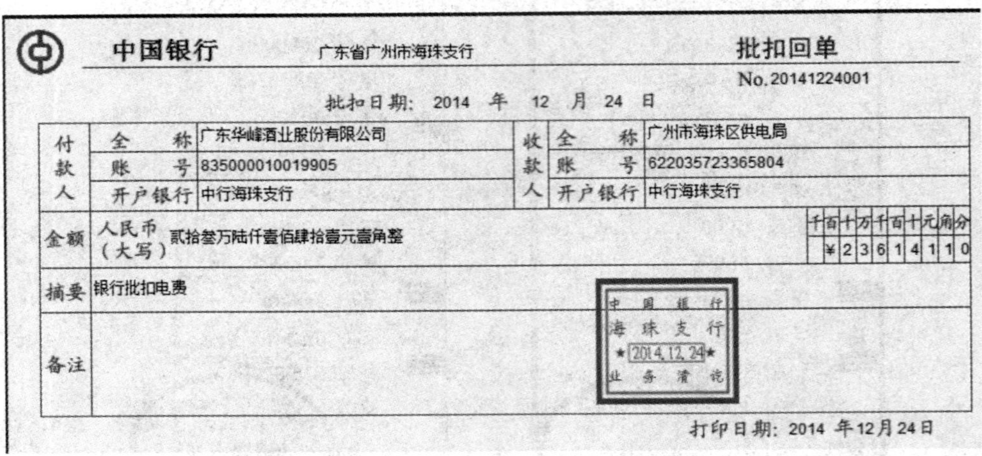

中国银行　广东省广州市海珠支行　批扣回单

No.20141224001

批扣日期：2014 年 12 月 24 日

| 付款人 | | | 收款人 | | |
|---|---|---|---|---|---|
| 付款人 | 全　称 | 广东华峰酒业股份有限公司 | 收款人 | 全　称 | 广州市海珠区供电局 |
| | 账　号 | 835000010019905 | | 账　号 | 622035723365804 |
| | 开户银行 | 中行海珠支行 | | 开户银行 | 中行海珠支行 |
| 金额 | 人民币（大写） | 贰拾叁万陆仟壹佰肆拾壹元壹角整 | | | ¥236141.10 |
| 摘要 | 银行批扣电费 | | | | |
| 备注 | | | | | |

中国银行 海珠支行 ★2014.12.24★ 业务清讫

打印日期：2014 年12月24日

图 5-133　批扣回单

4400093620　广东省增值税专用发票　№ 05890225

抵扣联

开票日期：2014年12月24日

| 购货单位 | 名　称：广东华峰酒业股份有限公司<br>纳税人识别号：440112345122981<br>地址、电话：广州市海珠区新港西路1088号 (020)88888888<br>开户行及账号：中行海珠支行 835000010019905 | | | | 密码区 | 123%^&^&*@676887^&98009%^^778888<br>677878899844398901 23^&*()_+6789909<br>9*&^^*&***984439890123^&*()_+6789909<br>909888799943989012 3^&*()_+6789909 | |
|---|---|---|---|---|---|---|---|
| 货物或应税劳务名称 | 规格型号 | 单位 | 数量 | 单价 | 金额 | 税率 | 税额 |
| 电费 | | 度 | 201830 | 1.00 | 201830.00 | 17% | 34311.10 |
| 合　计 | | | | | ¥201830.00 | | ¥34311.10 |
| 价税合计（大写） | ⊗贰拾叁万陆仟壹佰肆拾壹圆壹角整 | | | | （小写）¥236141.10 | | |
| 销货单位 | 名　称：广州市海珠区供电局<br>纳税人识别号：44033335535487<br>地址、电话：广州市海珠区海印大桥南路22号(020)82336666<br>开户行及账号：中行海珠支行622035723365804 | | | | 备注 | | |

收款人：张斌　复核：刘艳　开票人：张军　销货单位：（章）

第二联：抵扣联 购货方扣税凭证

图 5-134　增值税发票抵扣联

业务序号：92　　　　业务所属岗位：固定资产

业务名称：12 月 25 日购买小汽车

业务描述：12 月 25 日，购买别克小汽车一台，取得汽车销售专用发票，并缴纳车辆购置税，入库建立固定资产档案，编制记账凭证。

业务涉及单据见图 5-135 至图 5-138。

**固定资产入库单**

2014 年 12 月 25 日　　　　凭证编号：20141225001

| 固定资产名称及编号 | 规格型号 | 单位 | 数量 | 预计使用年限 | 已使用年限 | 原始价值 | 已提折旧 | 评估价 |
|---|---|---|---|---|---|---|---|---|
| 别克小汽车 | | 辆 | 1 | 5 | 0 | 296957.26 | | |
| 固定资产状况 | 全新 | | | | | | | |

| 何时购入 | 进入方式 | 入账价值 | 固定资产管理部门 | 会计主管 |
|---|---|---|---|---|
| 2014年12月25日 | 购入 | 296957.26 | 李武平 | 杨建明 |

第二联　交财务部门

图 5-135　固定资产入库单

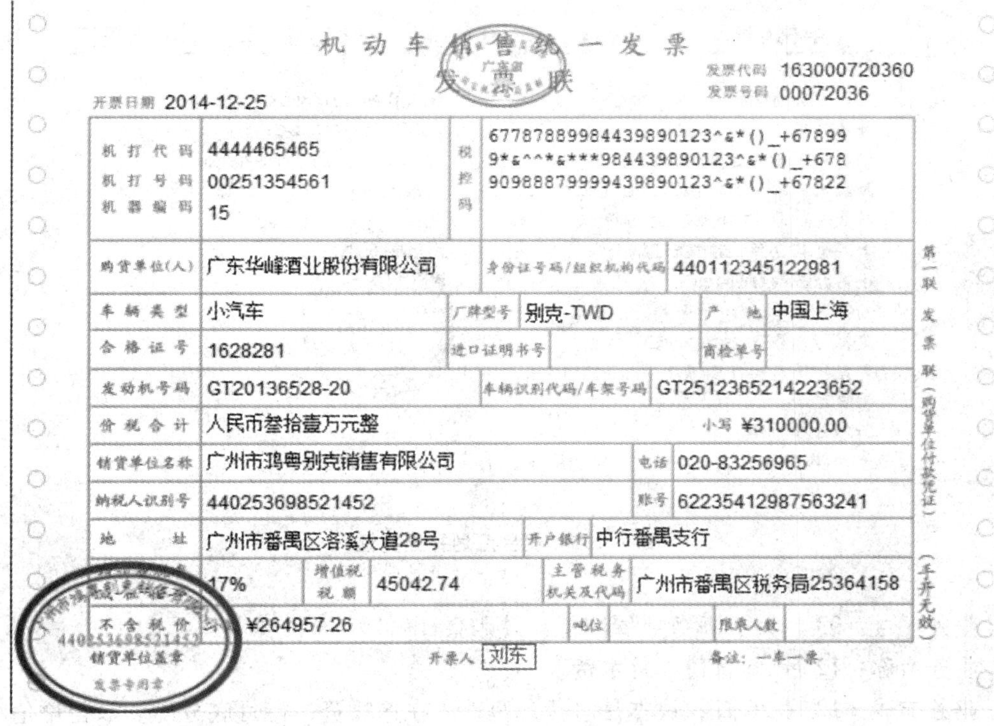

机动车销售统一发票

发票联

发票代码 163000720360
发票号码 00072036

开票日期 2014-12-25

| 机打代码 | 4444465465 | 税控码 | 6778788998443989O123^&*()_+67899 9*&^^*&***984439890123^&*()_+678 909888799994398 90123^&*()_+67822 |
|---|---|---|---|
| 机打号码 | 00251354561 | | |
| 机器编码 | 15 | | |

| 购货单位(人) | 广东华峰酒业股份有限公司 | 身份证号码/组织机构代码 | 440112345122981 | | |
|---|---|---|---|---|---|
| 车辆类型 | 小汽车 | 厂牌型号 | 别克-TWD | 产地 | 中国上海 |
| 合格证号 | 1628281 | 进口证明书号 | | 商检单号 | |
| 发动机号码 | GT20136528-20 | 车辆识别代码/车架号码 | GT2512365214223652 | | |
| 价税合计 | 人民币叁拾壹万元整 | | | 小写 | ¥310000.00 |
| 销货单位名称 | 广州市鸿粤别克销售有限公司 | | | 电话 | 020-83256965 |
| 纳税人识别号 | 440253698521452 | | | 账号 | 62235412987563241 |
| 地址 | 广州市番禺区洛溪大道28号 | 开户银行 | 中行番禺支行 | | |
| 增值税税率或征收率 | 17% | 增值税税额 | 45042.74 | 主管税务机关及代码 | 广州市番禺区税务局25364158 |
| 不含税价 | ¥264957.26 | 吨位 | | 限乘人数 | |

销货单位盖章　开票人 刘东　备注：一车一票

第一联 发票联（购货单位付款凭证）（手开无效）

图 5-136　机动车销售发票

中国银行　广东省分行营业部　**电子缴税回单**

No.20141225001

扣账日期：2014 年 12 月 25 日　清算日期：2014 年 12 月 25 日

| 付款人 | 全称 | 广东华峰酒业股份有限公司 | 收款人 | 全称 | 广州市海珠区地方税局 |
|---|---|---|---|---|---|
| | 账号 | 835000010019905 | | 账号 | 4401025825897410 |
| | 开户银行 | 中行海珠支行 | | 开户银行 | 中华人民共和国国家金库广州市海珠区国库 |
| 金额 | 人民币（大写） | 叁万贰仟元整 | | 千百十万千百十元角分 | ¥3200000 |
| 内容 | 上缴税费 | 电子税票号 2011120500 | 纳税人编码 4401256478 | 纳税人名称 | 广东华峰酒业股份有限公司 |

| 税种 | 所属期 | 纳税金额 | 备注 | 税种 | 所属期 | 纳税金额 | 备注 |
|---|---|---|---|---|---|---|---|
| 车辆购置税 | 20141201-2014123 | 32000.00 | 地税 | | | | |
| | | | | | | | |
| | | | | | | | |
| | | | | | | | |
| | | | | | | | |
| | | | | | | | |
| | | | | | | | |

中国银行 海珠支行 ★2014.12.25★ 业务清讫

打印日期：2014 年 12 月 25 日

图 5-137　电子缴税回单

中国银行　中行海珠 分行营业部　资金汇划（贷方）补充凭证

No. 20141225011

行　　名：451201　　收报日期：2014-12-25

业务种类：15　　发报日期：2014-12-25

收款人账号：6223541298756324 1　　付款人账号：835000010019905

收款人户名：广州市鸿粤别克销售有限公司　　收报流水号：12420

付款人户名：广东华峰酒业股份有限公司　　收报行行号：15313000

大写金额：人民币叁拾壹万元整　　延时付款指令：

小写金额：¥310000.00

发报流水号：32015

发报行行号：102581006005

发报行行名：中行海珠支行

当日汇率：

打印日期：2014-12-25

收电：刘宇　　记账：张兰　　复核：梁天

图 5-138　资金汇划补充凭证

业务序号：93　　　业务所属岗位：总账会计

业务名称：12 月 26 日付本月水费

业务描述：12 月 26 日，付本月水费，暂计入在途物资，待月底分配。取得增值税专用发票，编制记账凭证。

业务涉及单据见图 5-139 和图 5-140。

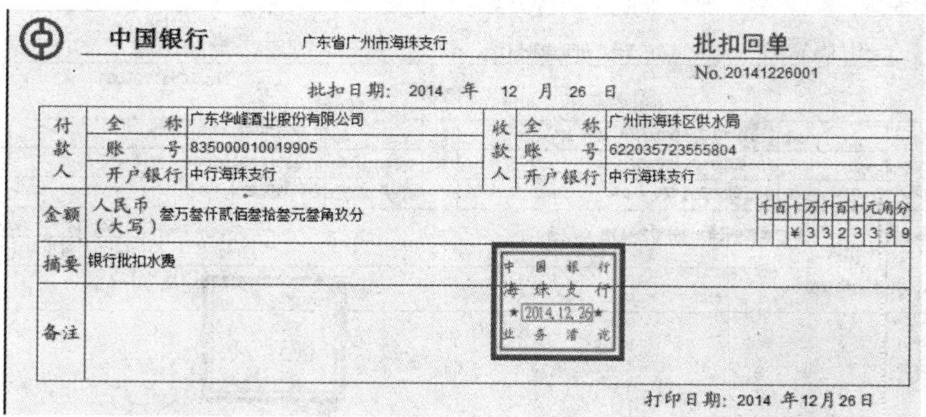

中国银行　广东省广州市海珠支行　批扣回单

No.20141226001

批扣日期：2014 年 12 月 26 日

| 付款人 | | 收款人 | |
|---|---|---|---|
| 全称 | 广东华峰酒业股份有限公司 | 全称 | 广州市海珠区供水局 |
| 账号 | 835000010019905 | 账号 | 622035723555804 |
| 开户银行 | 中行海珠支行 | 开户银行 | 中行海珠支行 |
| 金额 | 人民币（大写）叁万叁仟贰佰叁拾叁元叁角玖分 | | ¥33233.39 |
| 摘要 | 银行批扣水费 | | |
| 备注 | | | |

中国银行海珠支行 2014.12.26 业务清讫

打印日期：2014 年12月26日

图 5-139　批扣回单

4400093620　广东省增值税专用发票　№ 05890256

抵扣联

开票日期：2014年12月26日

| 购货单位 | |
|---|---|
| 名称 | 广东华峰酒业股份有限公司 |
| 纳税人识别号 | 440112345122981 |
| 地址、电话 | 广州市海珠区新港西路1088号 (020)88888888 |
| 开户行及帐号 | 中行海珠支行 835000010019905 |

密码区：123%^&^&*@676887^&98009%^*778888 67787889984439890123^&*()_+6789909 9*&^^^&***984439890123^&*()_+6789909 9098887999943989O123^&*()_+6789909

| 货物或应税劳务名称 | 规格型号 | 单位 | 数量 | 单价 | 金额 | 税率 | 税额 |
|---|---|---|---|---|---|---|---|
| 水费 | | 吨 | 24508.40 | 1.20 | 29410.08 | 13% | 3823.31 |
| 合计 | | | | | ¥29410.08 | | ¥3823.31 |
| 价税合计（大写） | ⊗叁万叁仟贰佰叁拾叁圆叁角玖分 | | | | （小写）¥33233.39 | | |

| 销货单位 | |
|---|---|
| 名称 | 广州市海珠区供水局 |
| 纳税人识别号 | 44012355535487 |
| 地址、电话 | 广州市海珠区南一路25号02083669988 |
| 开户行及帐号 | 中行海珠支行622035723555804 |

收款人：张丽　复核：刘艳　开票人：张钰　销货单位：（章）

第二联：抵扣联 购货方扣税凭证

图 5-140　增值税发票抵扣联

业务序号：94　　　业务所属岗位：总账会计

业务名称：12 月 27 日付本月排污费

业务描述：12 月 27 日，付本月排污费，取得收据，编制记账凭证。

业务涉及单据见图 5-141 和图 5-142。

**中国银行** 广东省广州市海珠支行 **批扣回单**

No.20141227001

批扣日期：2014 年 12 月 27 日

| 付款人 | 全称 | 广东华峰酒业股份有限公司 | 收款人 | 全称 | 广州市海珠区环境保护局 |
|---|---|---|---|---|---|
| | 账号 | 835000010019905 | | 账号 | 622035723555804 |
| | 开户银行 | 中行海珠支行 | | 开户银行 | 中行海珠支行 |
| 金额 | 人民币（大写） | 叁万壹仟捌佰陆拾元零玖角贰分 | | 千百十万千百十元角分 | ¥31860.92 |
| 摘要 | 批扣排污费 | | | | |
| 备注 | | | | | 中国银行 海珠支行 2014.12.27 业务清讫 |

打印日期：2014 年12月27日

图 5-141 批扣回单

广州市海珠区环境保护局
征收排污水费收款收据

2014 年 12 月27日 NO 1227856

| 付款单位 | 全称 | 广东华峰酒业股份有限公司 | | 收款单位 | 全称 | 广州市海珠区环境保护局 |
|---|---|---|---|---|---|---|
| | 开户行 | 835000010019905 | | | 开户行 | 622035723555804 |
| | 账号 | 中行海珠支行 | | | 账号 | 中行海珠支行 |
| 应征年 | 应征月 | 排污水量 吨/月 | 征收标准 元/吨 | 金额 | 备注 | |
| 14 | 12 | 24508.40 | 1.30 | ¥31860.92 | | |
| | | | | | | |
| | | | | | | |
| | | | | | | |
| 合计金额（大写） | | 人民币叁万壹仟捌佰陆拾元零玖角贰分 | | | | |

复核 经手人 柳得生

第二联 交款单位记账凭证

图 5-142 收款收据

业务序号：95　　　　业务所属岗位：固定资产

业务名称：12 月 27 日卖出一汽轿车股票

业务描述：12 月 27 日，企业将拥有的一汽轿车股票卖出，计入其他货币资金，编制记账凭证。

业务涉及单据见图 5-143。

**成交过户交割凭单**

2014年 12月 27日

| | | | |
|---|---|---|---|
| 股东编号： | 23541789 | 成交证券： | 一汽轿车 |
| 电脑编号： | 0213 | 成交数量： | 200000 |
| 公司代号： | 23423347-7 | 成交价格： | 15.21 |
| 申请编号： | 10536984 | 成交金额： | 3042000.00 |
| 申报时间： | 2014年12月27日 | 标准佣金： | 1825.20 |
| 成交时间： | 2014年12月27日 | 过户费用： | 200.00 |
| 上次余额： | 200000股 | 印花税： | 3042.00 |
| 本次成交： | 200000股 | 应收金额： | 3036932.80 |
| 本次余额： | 0股 | 最终余额： | 6319103.20 |
| 附加费用： | | 实收金额： | 3036932.80 |

第一联　客户联

经办单位：广州市华欣证券有限公司　　客户签名：广东华峰酒业股份有限公司

图 5-143　成交过户交割凭单

业务序号：96　　　业务所属岗位：银行存款管理

业务名称：12 月 28 日购买办公用品

业务描述：12 月 28 日，行政部购买办公用品，开具支票。

业务涉及单据见图 5-144。

单据名称：12 月 28 日购买办公用品，转账支票

单据描述：12 月 28 日，行政部购买办公用品，本业务开具转账支票。

**支票申请单**

2014 年 12 月

| | |
|---|---|
| 事由： | 购买办公用品 |
| 支票号码： | 37080896 |
| 支票内容： | 收款人：广州市文博文具有限公司 |
| | 金额：人民币20000.00 |
| | 其他要求：转账支票 |
| 支票开票时间： | 2014年12月28日 |
| 单位负责人签名： | 李德容 |

制表：邓小昱　　审核：杨建明

图 5-144　支票申请单

业务序号：97　　　业务所属岗位：损益

业务名称：12 月 28 日购买办公用品

业务描述：12 月 28 日，行政部购买办公用品，填制记账凭证。

业务涉及单据见图 5-145。

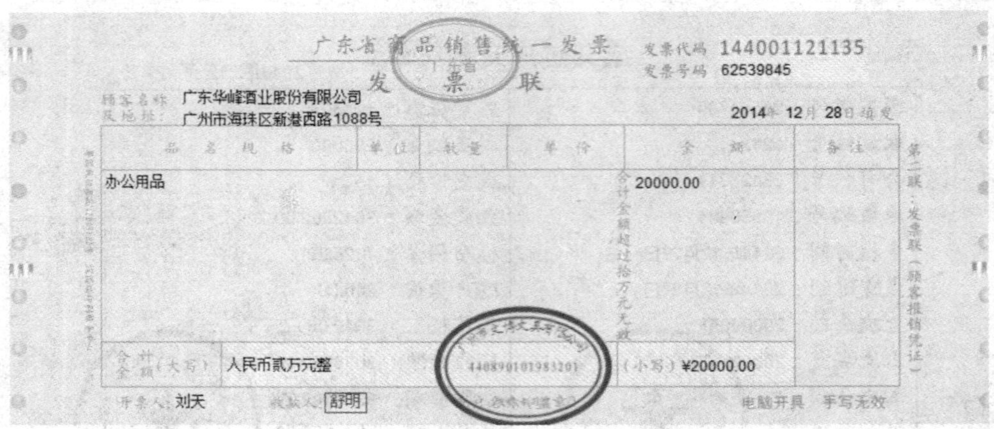

广东省商品销售统一发票

发票联

发票代码 144001121135
发票号码 62539845

顾客名称及地址：广东华峰酒业股份有限公司 广州市海珠区新港西路1088号

2014年12月28日填发

| 品名规格 | 单位 | 数量 | 单价 | 金额 | 备注 |
|---|---|---|---|---|---|
| 办公用品 | | | | 20000.00 | |
| 合计金额（大写） | 人民币贰万元整 | | | （小写）¥20000.00 | |

合计金额超过拾万元无效

第二联：发票联（顾客报销凭证）

开票人：刘天　收款人：舒明　电脑开具　手写无效

图 5-145　商品销售统一发票发票联

业务序号：98　　　业务所属岗位：存货

业务名称：12 月 29 日组装车间生产商品入库

业务描述：12 月 29 日，组装车间生产商品入库。

业务涉及单据见图 5-146。

**产成品入库单**

交库单位：组装车间　　2014 年 12 月 29 日　　编号 001

| 产品名称 | 型号规格 | 数量 | 单位 | 检验结果 | | 实收数量 | 金额 |
|---|---|---|---|---|---|---|---|
| | | | | 合格 | 不合格 | | |
| 华峰38度白酒 | | 13000 | 箱 | 13000 | | 13000 | |
| 华峰52度白酒 | | 15000 | 箱 | 15000 | | 15000 | |
| 华峰保健酒 | | 20000 | 箱 | 20000 | | 20000 | |
| | | | | | | | |

第三联：交财务部门

生产车间：　　验收人：　　仓库：江军

图 5-146　产成品入库单

业务序号：99　　　业务所属岗位：损益

业务名称：12 月 29 日发放元旦慰问品

业务描述：12 月 29 日，发放元旦慰问品，共发放 77 箱华峰保健酒，编制收入记账凭证（考虑增值税、消费税，税率分别为 17%和 10%）。

业务涉及单据见图 5-147。

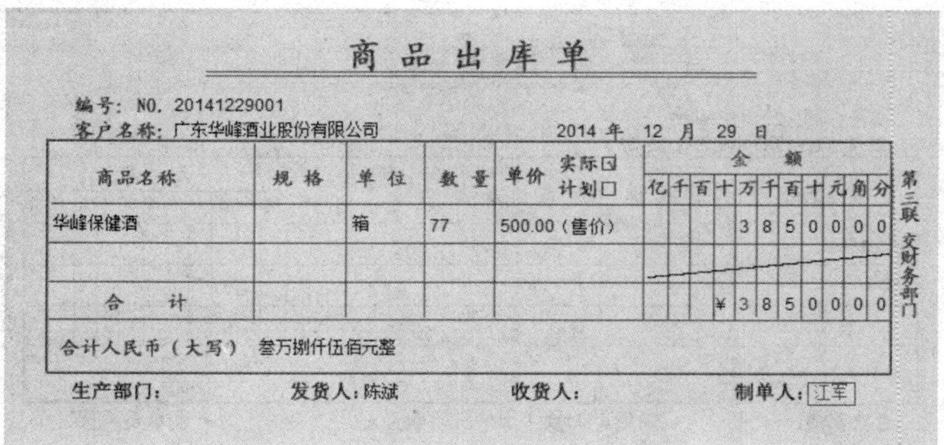

商品出库单

编号：NO. 20141229001

客户名称：广东华峰酒业股份有限公司　　2014 年 12 月 29 日

| 商品名称 | 规格 | 单位 | 数量 | 单价 | 实际☑ 计划☐ | 亿 | 千 | 百 | 十 | 万 | 千 | 百 | 十 | 元 | 角 | 分 |
|---|---|---|---|---|---|---|---|---|---|---|---|---|---|---|---|---|
| 华峰保健酒 | | 箱 | 77 | 500.00（售价） | | | | | | 3 | 8 | 5 | 0 | 0 | 0 | 0 |
| | | | | | | | | | | | | | | | | |
| 合　计 | | | | | | | | | ¥ | 3 | 8 | 5 | 0 | 0 | 0 | 0 |
| 合计人民币（大写）　叁万捌仟伍佰元整 | | | | | | | | | | | | | | | | |

生产部门：　发货人：陈斌　收货人：　制单人：江军

第三联 交财务部门

图 5-147　商品出库单

业务序号：100　　　业务所属岗位：增值税开票

业务名称：12 月 30 日销售商品款未收

业务描述：12 月 30 日，销售商品，开具增值税专用发票。

业务涉及单据见图 5-148、图 5-149 和图 5-150。

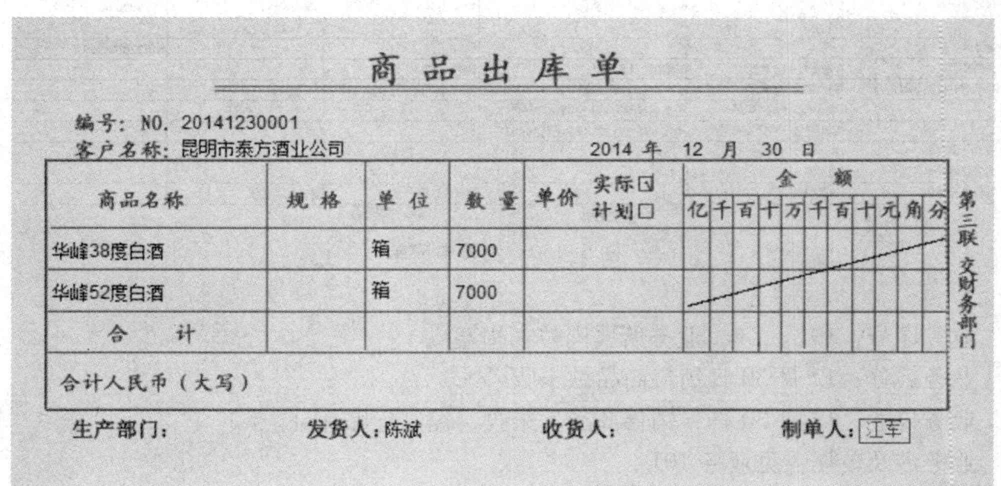

商品出库单

编号：NO. 20141230001

客户名称：昆明市泰方酒业公司　　2014 年 12 月 30 日

| 商品名称 | 规格 | 单位 | 数量 | 单价 | 实际☑ 计划☐ | 亿 | 千 | 百 | 十 | 万 | 千 | 百 | 十 | 元 | 角 | 分 |
|---|---|---|---|---|---|---|---|---|---|---|---|---|---|---|---|---|
| 华峰38度白酒 | | 箱 | 7000 | | | | | | | | | | | | | |
| 华峰52度白酒 | | 箱 | 7000 | | | | | | | | | | | | | |
| 合　计 | | | | | | | | | | | | | | | | |
| 合计人民币（大写） | | | | | | | | | | | | | | | | |

生产部门：　发货人：陈斌　收货人：　制单人：江军

第三联 交财务部门

图 5-148　商品出库单

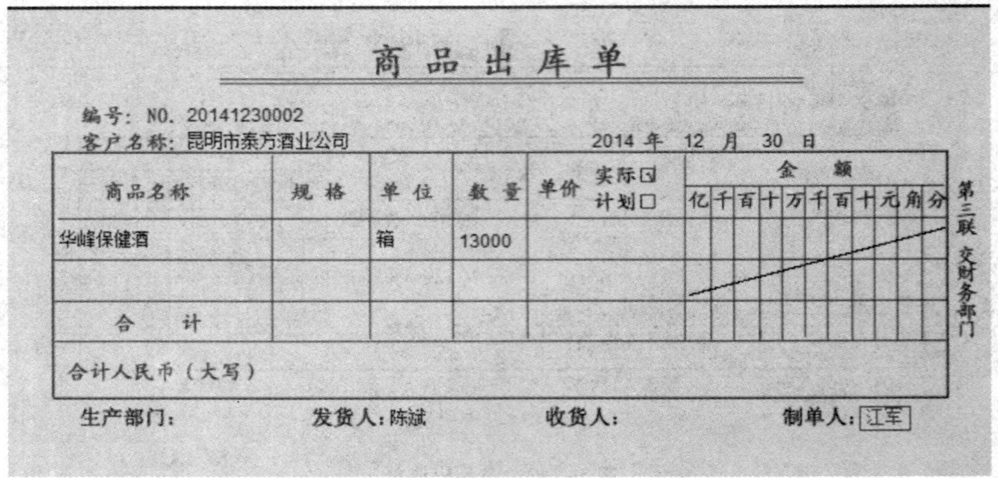

商品出库单

编号：NO. 20141230002

客户名称：昆明市秦方酒业公司　　　　2014 年 12 月 30 日

| 商品名称 | 规格 | 单位 | 数量 | 单价 | 实际☑ 计划☐ | 金额（亿千百十万千百十元角分） |
|---|---|---|---|---|---|---|
| 华峰保健酒 | | 箱 | 13000 | | | |
| | | | | | | |
| 合　计 | | | | | | |
| 合计人民币（大写） | | | | | | |

第三联 交财务部门

生产部门：　　发货人：陈斌　　收货人：　　制单人：江军

图 5-149　商品出库单

**开具发票申请单**

申请人：刘明军　　　　2014 年 12 月

| 购货单位： | 昆明市秦方酒业公司 | | | 价税合计款： | ¥17842500.00 |
|---|---|---|---|---|---|
| 销售产品/劳务 | 型号 | 单位 | 数量 | 单价 | 金额 |
| 华峰38度白酒 | | 箱 | 7000 | 525.00 | 3675000.00 |
| 华峰52度白酒 | | 箱 | 7000 | 725.00 | 5075000.00 |
| 华峰保健酒 | | 箱 | 13000 | 500.00 | 6500000.00 |
| | | | | | |
| 合计 | | | | | ¥15250000.00 |
| 开票类型： | √增值税专用发票 | □增值税普通发票 | □服务发票 | | |
| 开具增值税发票填列： | 购货单位识别号： | 440111111553981 | | | |
| | 购货单位地址、电话： | 云南省昆明市长华路8号(0871)82311 | | | |
| | 购货单位开户行及账号： | 中行长华支行835188111119905 | | | |
| 发票开票时间： | 2014年12月30日 | | | | |
| 销售部经理审核签名： | 刘恺威 | | | | |
| 财务主管签名： | 杨建明 | | 收款人：邓小昱 | 复核：杨建明 | |

制表：刘明军　　　　审核：杨建明

图 5-150　发票申请单

业务序号：101　　　　业务所属岗位：损益

业务名称：12 月 30 日销售商品款未收

业务描述：12 月 30 日，销售商品款未收，编制记账凭证。

业务涉及单据：见业务 101

业务序号：102　　　　业务所属岗位：损益

业务名称：12 月 31 日对外捐赠

业务描述：12 月 31 日，对外捐赠华峰保健酒，填制记账凭证。

库存商品的计算以期初单价计算，考虑增值税消费税，税率分别为销售价格的 17%、10%。

业务涉及单据见图 5-151 和图 5-152。

## 捐赠合同

甲方：广东华峰酒业股份有限公司

乙方：广东老龄协会

根据甲乙双方协定，甲方向乙方捐赠甲方自产的华峰保健酒500箱市场销售价为500.00/箱(不含税)。

甲方为无偿捐赠。

乙方需要按照甲方的相关要求使用分配捐赠的物资。

本合同一式三份，甲乙双方及管理机构各一份。

如有附件，附件和本合同具有同等法律效力。

甲方：广东华峰酒业股份有限公司　　乙方：广东老龄协会

代表签字：李　　代表签字：万芸丽

日期：2014年12月31日　　日期：2014年12月31日

图 5-151　捐赠合同

## 商 品 出 库 单

编号：NO. 20141231001

客户名称：广东老龄协会　　2014 年 12 月 31 日

| 商品名称 | 规格 | 单位 | 数量 | 单价 | 实际☑ 计划□ | 亿 | 千 | 百 | 十 | 万 | 千 | 百 | 十 | 元 | 角 | 分 |
|---|---|---|---|---|---|---|---|---|---|---|---|---|---|---|---|---|
| 华峰保健酒 | | 箱 | 500 | 130.20（成本价） | | | | | | 6 | 5 | 1 | 0 | 0 | 0 | 0 |
| | | | | | | | | | | | | | | | | |
| 合计 | | | | | | | | | ¥ | 6 | 5 | 1 | 0 | 0 | 0 | 0 |
| 合计人民币（大写）陆万伍仟壹佰圆整 | | | | | | | | | | | | | | | | |

第三联 交财务部门

生产部门：　　发货人：陈斌　　收货人：　　制单人：江军

图 5-152　商品出库单

业务序号：103　　　业务所属岗位：存货

业务名称：12 月 31 日分配电费

业务描述：12 月 31 日，根据电费表分配电费，填制记账凭证。

业务涉及单据见图 5-153。

**电费使用明细表**

2014 年 12 月

| 部门 | 数量 | 分配率 | 金额 |
|---|---|---|---|
| 总部 | 480 | 1.00000 | 480.00 |
| 销售部 | 150 | 1.00000 | 150.00 |
| 加工车间一麦糟 | 38000 | 1.00000 | 38000.00 |
| 加工车间一玉米糟 | 10400 | 1.00000 | 10400.00 |
| 封酵车间一麦酿 | 6500 | 1.00000 | 6500.00 |
| 封酵车间-玉米酿 | 1300 | 1.00000 | 1300.00 |
| 组装车间-华峰38度白酒 | 40000 | 1.00000 | 40000.00 |
| 组装车间-华峰52度白酒 | 45000 | 1.00000 | 45000.00 |
| 组装车间-华峰保健酒 | 60000 | 1.00000 | 60000.00 |
| 合计 | 201830 | 1.00000 | 201830.00 |

制表：刘明军 审核：

图 5-153　电费使用明细表

业务序号：104　　　业务所属岗位：存货

业务名称：12 月 31 日分配水费

业务描述：12 月 31 日，根据水费表分配水费，填制记账凭证。

业务涉及单据见图 5-154。

单据名称：12 月 31 日分配水费，记账凭证

单据描述：12 月 31 日，根据水费表分配水费，填制记账凭证。

**水费使用明细表**

2014 年 12 月

| 部门 | 数量 | 分配率 | 金额 |
|---|---|---|---|
| 总部 | 100 | 1.20000 | 120.00 |
| 销售部 | 30 | 1.20000 | 36.00 |
| 加工车间一麦糟 | 16800 | 1.20000 | 20160.00 |
| 加工车间一玉米糟 | 4900 | 1.20000 | 5880.00 |
| 组装车间-华峰38度白酒 | 691.20 | 1.20000 | 829.44 |
| 组装车间-华峰52度白酒 | 518.40 | 1.20000 | 622.08 |
| 组装车间-华峰保健酒 | 1468.80 | 1.20000 | 1762.56 |
| 合计 | 24508.40 | 1.20000 | 29410.08 |

制表：刘明军 审核：

图 5-154　水费使用明细表

业务序号：105　　　业务所属岗位：投资融资

业务名称：12 月 31 日计提本月长期借款利息

业务描述：12 月 31 日，计提本月长期借款利息，编制记账凭证。

业务涉及单据见图 5-155。

单据名称：12 月 31 日计提本月长期借款利息，记账凭证

单据描述：12 月 31 日，计提本月长期借款利息，编制记账凭证。

借款余额说明

12月31日，计提本月长期借款利息。该借款的利息计入财务费用

本月期初长期借款余额为30 000 000.00元，年利率为6%

图 5-155　借款余额说明

业务序号：106　　　　业务所属岗位：薪酬

业务名称：12 月 31 日计算部分职工薪酬

业务描述：12 月 31 日，计算部分职工薪酬。本例从职工中随机抽取四个职工，计算其相关工资。

业务涉及单据见图 5-156。

单据名称：12 月 31 日计算部分职工薪酬，职工薪酬计算表

单据描述：12 月 31 日，计算部分职工薪酬。

计算工资资料

企业所计提的职工养老保险金按照基本工资总额的32%（企业承担24%，个人承担8%）

职工工伤保险金按照基本工资总额的1%（企业承担1%）

职工失业保险金按照基本工资总额的4%（企业承担3%，个人承担1%）

职工医疗保险金按照基本工资总额的12%（企业承担10%，个人承担2%）

生育保险金按照基本工资总额的1.2%（企业承担1.2%）

职工住房公积金按照基本工资总额的24%（企业12%，个人12%）

职工工会经费、职工教育经费分别按应付工资总额的2%、1.5%计算

个人所得税税率表一（工资、薪金所得适用）

| 级数 | 含税级距 | 税率（%） | 速算扣除数 |
|---|---|---|---|
| 1 | 不超过1500元的 | 3 | 0 |
| 2 | 超过1500元至4500元的部分 | 10 | 105 |
| 3 | 超过4500元至9000元的部分 | 20 | 555 |
| 4 | 超过9000元至35000元的部分 | 25 | 1005 |
| 5 | 超过35000元至55000元的部分 | 30 | 2755 |
| 6 | 超过55000元至80000元的部分 | 35 | 5505 |
| 7 | 超过80000元的部分 | 45 | 13505 |

注：1.本表所列含税级距，按照税法规定减除有关费用后的所得额；

2.含税级距适用于由纳税人负担税款的工资、薪金所得，工资、薪金所得个人所得税的费用扣除标准是3500元/月。

图 5-156　计算工资资料

业务序号：107　　　　业务所属岗位：薪酬

业务名称：12 月 31 日计算并分配本月工资

业务描述：12 月 31 日，计算本月工资，并分配工资。

业务涉及单据见图 5-157。

**工资汇总表**

编制单位：广东华峰酒业股份有限公司　　2014 年 12 月　　单位：元

| 部门 | 工资总额 | 应扣个税 | 应扣个人保险 | 应扣个人住房公积金 | 应付保险费 | 应付福利费 | 工会经费 | 职工教育经费 | 住房公积金 | 合计薪酬 |
|---|---|---|---|---|---|---|---|---|---|---|
| 总部 | 314600.00 | 43335.75 | 14740.00 | 16080.00 | 52528.00 | 12584.00 | 6292.00 | 4719.00 | 16080.00 | 406803.00 |
| 销售部 | 103200.00 | 10523.00 | 5390.00 | 5880.00 | 19208.00 | 4128.00 | 2064.00 | 1548.00 | 5880.00 | 136028.00 |
| 加工车间-制造费用 | 48000.00 | 7032.50 | 2310.00 | 2520.00 | 8232.00 | 1920.00 | 960.00 | 720.00 | 2520.00 | 62352.00 |
| 加工车间-麦糟 | 49600.00 | 860.00 | 2200.00 | 2400.00 | 7840.00 | 1984.00 | 992.00 | 744.00 | 2400.00 | 63560.00 |
| 加工车间-玉米糟 | 16800.00 | 15.00 | 1100.00 | 1200.00 | 3920.00 | 672.00 | 336.00 | 252.00 | 1200.00 | 23180.00 |
| 封酵车间-制造费用 | 48000.00 | 7032.50 | 2310.00 | 2520.00 | 8232.00 | 1920.00 | 960.00 | 720.00 | 2520.00 | 62352.00 |
| 封酵车间-麦酿 | 29400.00 | 26.25 | 1925.00 | 2100.00 | 6860.00 | 1176.00 | 588.00 | 441.00 | 2100.00 | 40565.00 |
| 封酵车间-玉米酿 | 12600.00 | 11.25 | 825.00 | 900.00 | 2940.00 | 504.00 | 252.00 | 189.00 | 900.00 | 17385.00 |
| 组装车间-制造费用 | 48000.00 | 7032.50 | 2310.00 | 2520.00 | 8232.00 | 1920.00 | 960.00 | 720.00 | 2520.00 | 62352.00 |
| 组装车间-华峰38度白酒 | 33600.00 | 30.00 | 2200.00 | 2400.00 | 7840.00 | 1344.00 | 672.00 | 504.00 | 2400.00 | 46360.00 |
| 组装车间-华峰52度白酒 | 33600.00 | 30.00 | 2200.00 | 2400.00 | 7840.00 | 1344.00 | 672.00 | 504.00 | 2400.00 | 46360.00 |
| 组装车间-华峰保健酒 | 37800.00 | 33.75 | 2475.00 | 2700.00 | 8820.00 | 1512.00 | 756.00 | 567.00 | 2700.00 | 52155.00 |
| 合计 | 775200.00 | 75962.50 | 39985.00 | 43620.00 | 142492.00 | 31008.00 | 15504.00 | 11628.00 | 43620.00 | 1019452.00 |

制表：邵小[illegible]　　审核：杨建明

图 5-157　工资汇总表

业务序号：108　　　业务所属岗位：薪酬

业务名称：12 月 31 日计提个税、个人保险金、住房公积金

业务描述：12 月 31 日，计提应扣个人所得税、个人保险金、住房公积金。

业务涉及单据：见业务 107

业务序号：109　　　业务所属岗位：固定资产

业务名称：12 月 31 日计提折旧

业务描述：12 月 31 日，计提固定资产折旧，填制固定资产累计折旧表。

业务涉及单据见图 5-158 和图 5-159。

单据名称：12 月 31 日计提折旧，固定资产累计折旧表

单据描述：12 月 31 日，计提固定资产折旧，本业务填写固定资产累计折旧表。

**固定资产价值**

编制单位：广东华峰酒业股份有限公司　　2014 年 12 月　　单位：元

| 类别 | 房屋建筑物 | 办公设备 | 机械设备 | 运输设备 | 合计 |
|---|---|---|---|---|---|
| 加工车间 | 25000000.00 | 1200000.00 | 64800000.00 | 600000.00 | 91600000.00 |
| 封酵车间 | 25000000.00 | 1200000.00 | 68600000.00 | | 94800000.00 |
| 组装车间 | 35000000.00 | 1200000.00 | 79200000.00 | 600000.00 | 116000000.00 |
| 公司总部 | 48000000.00 | 1500000.00 | | 1800000.00 | 51300000.00 |
| 销售部 | 15200000.00 | 900000.00 | | 1200000.00 | 17300000.00 |
| 合计 | 148200000.00 | 6000000.00 | 212600000.00 | 4200000.00 | 371000000.00 |

制表：杨建明　　审核：李武平

图 5-158　固定资产价值

## 折旧说明

①固定资产提取折旧均采用平均年限法，其中房屋建筑物折旧期限三十年，机械设备十年，运输工具五年，办公设备为十年。

②所有固定资产残值率4%。

图 5-159　折旧说明

业务序号：110　　　　业务所属岗位：总账会计

业务名称：12 月 31 日计提折旧

业务描述：12 月 31 日计提折旧，填制记账凭证。

业务涉及单据：见业务 109

业务序号：111　　　　业务所属岗位：存货

业务名称：12 月 31 日编制周转材料耗用汇总表并结转

业务描述：12 月 31 日，根据周转材料领用单，编制周转材料耗用汇总表。

业务涉及单据见图 5-160。

周转材料(低值易耗品)加权成本表

编制单位：广东华峰酒业股份有限公司　　2014 年 12 月　　单位：元

| 名称 | 单位 | 期初数量 | 单价 | 期初金额 | 购进/入库数量 | 购进/入库单价 | 购进/入库金额 | 加权单位成本 | 发出数量 | 发出金额 | 结存数量 | 结存单价 | 结存金额 |
|---|---|---|---|---|---|---|---|---|---|---|---|---|---|
| 普通工作服 | 套 | 500 | 150.00 | 75000.00 | | | | 150.00 | 37 | 5550.00 | 463 | 150.00 | 69450.00 |
| 联体工作服 | 套 | 800 | 350.00 | 280000.00 | | | | 350.00 | 10 | 3500.00 | 790 | 350.00 | 276500.00 |
| 套靴 | 双 | 1000 | 58.00 | 58000.00 | | | | 58.00 | 28 | 1624.00 | 972 | 58.00 | 56376.00 |

制表：　　　　审核：

图 5-160　周转材料加权成本表

业务序号：112　　　　业务所属岗位：存货

业务名称：12 月 31 日分配加工车间制造费用

业务描述：12 月 31 日，根据机器工时分配加工车间制造费用，编制分配表。

业务涉及单据见图 5-161 和图 5-162。

加工车间机器工时表

编制单位：广东华峰酒业股份有限公司　　2014 年 12 月　　单位：元

| 产品名称 | 使用机器工时 |
|---|---|
| 麦糟 | 1550 |
| 玉米糟 | 850 |
| 合计 | 2400 |

制表：杨建明　　　　审核：

图 5-161　加工车间机器工时表

制造费用汇总

加工车间制造费用本月发生费用如下：
制造费用-加工车间-办公费：9600.00
制造费用-加工车间-职工薪酬：62352.00
制造费用-加工车间-折旧：604266.67
制造费用-加工车间-机物料耗：1624.00

注：计算分配率保留5位小数点，尾差计入玉米糟。

图 5-162　制造费用汇总

业务序号：113　　　业务所属岗位：存货

业务名称：12 月 31 日分配封酵车间制造费用

业务描述：12 月 31 日，根据机器工时分配封酵车间制造费用，编制分配表。

业务涉及单据见图 5-163 和图 5-164。

**封酵车间机器工时表**

编制单位：广东华峰酒业股份有限公司　　2014 年 12 月

| 产品名称 | 使用工时数 |
| --- | --- |
| 麦酿 | 1650 |
| 玉米酿 | 750 |
| 合计 | 2400 |

制表：李凤　　审核：

图 5-163　封酵车间机器工时表

**制造费用汇总**

封酵车间制造费用本月发生费用如下：
制造费用-封酵车间-办公费：9612.00
制造费用-封酵车间-职工薪酬：62352.00
制造费用-封酵车间-折旧：625066.67
制造费用-封酵车间-机物料耗：3500.00

注：计算分配率保留5位小数点，尾差计入玉米酿。

图 5-164　制造费用汇总

业务序号：114　　　业务所属岗位：存货

业务名称：12 月 31 日分配组装车间制造费用

业务描述：12 月 31 日，根据机器工时分配组装车间制造费用，填制分配表。

业务涉及单据见图 5-165 和图 5-166。

单据名称：12 月 31 日分配组装车间制造费用，组装车间制造费用分配表

单据描述：12 月 31 日，根据机器工时，编制组装车间制造费用分配表。

**组装车间机器工时表**

编制单位：广东华峰酒业股份有限公司　　2014 年 12 月

| 产品名称 | 使用工时数 |
| --- | --- |
| 华峰38度白酒 | 1700 |
| 华峰52度白酒 | 1800 |
| 华峰保健酒 | 1900 |
| 合计 | 5400 |

制表：李凤　　审核：

图 5-165　组装车间机器工时表

## 制造费用汇总

组装车间制造费用本月发生费用如下：
制造费用-组装车间-办公费：16898.00
制造费用-组装车间-职工薪酬：62352.00
制造费用-组装车间-折旧：746133.33
制造费用-组装车间-机物料耗：3750.00

注：计算分配率保留5位小数点，尾差计入华峰保健酒。

图 5-166　制造费用汇总

业务序号：115　　　业务所属岗位：无形资产及其他资产
业务名称：12 月 31 日计提无形资产摊销
业务描述：12 月 31 日，计提无形资产摊销。
业务涉及单据见图 5-167。
单据名称：12 月 31 日计提无形资产摊销，记账凭证
单据描述：12 月 31 日，计提无形资产摊销。

**无形资产累计摊销计提表**

编制单位：广东华峰酒业股份有限公司　　2014 年 12 月　　单位：元

| 无形资产名称 | 土地使用权 | 专利权 |
|---|---|---|
| 所属部门：管理部门 | 40000.00 | 12500.00 |
| 合计 | 40000.00 | 12500.00 |

制表：李凤　　审核：

图 5-167　无形资产累计摊销计提表

业务序号：116　　　业务所属岗位：损益
业务名称：12 月 31 日摊销财产保险费
业务描述：12 月 31 日，摊销本月负担的财产保险费。
业务涉及单据见图 5-168。
单据名称：12 月 31 日摊销本月负担的财产保险费，记账凭证
单据描述：12 月 31 日，摊销本月负担的财产保险费。

**财产保险摊销表**

编制单位：广东华峰酒业股份有限公司　　2014 年 12 月　　单位：元

| 摊销部门 | 摊销总金额 | 每期摊销金额 | 本期摊销金额 |
|---|---|---|---|
| 管理部门 | 21648000.00 | 1804000.00 | 1804000.00 |
| 合计 | 21648000.00 | 1804000.00 | 1804000.00 |

制表：李凤　　审核：

图 5-168　财产保险摊销表

业务序号：117　　　业务所属岗位：投资融资

业务名称：12 月 31 日计提本月国库券利息

业务描述：12 月 31 日，计提本月国库券利息。

业务涉及单据见图 5-169。

单据名称：12 月 31 日计提国库券利息，记账凭证

单据描述：12 月 31 日，计提本月国库券利息。

**国库券利息计提表**

编制单位：广东华峰酒业股份有限公司　　2014 年 12 月　　单位：元

| 国库券总金额 | 年利率 | 每月计提利息 | 本月计提利息 |
|---|---|---|---|
| 20000000.00 | 6% | 100000.00 | 100000.00 |

制表：李凤　　审核：

图 5-169　国库券利息计提表

业务序号：118　　　业务所属岗位：投资融资

业务名称：12 月 31 日计提公允价值变动损益

业务描述：12 月 31 日，根据市场价值，计提公允价值变动损益，编制记账凭证。

业务涉及单据见图 5-170。

单据名称：12 月 31 日计提公允价值变动损益，记账凭证

单据描述：12 月 31 日，根据市场价值，计提公允价值变动损益，编制记账凭证。

公允价值变动说明

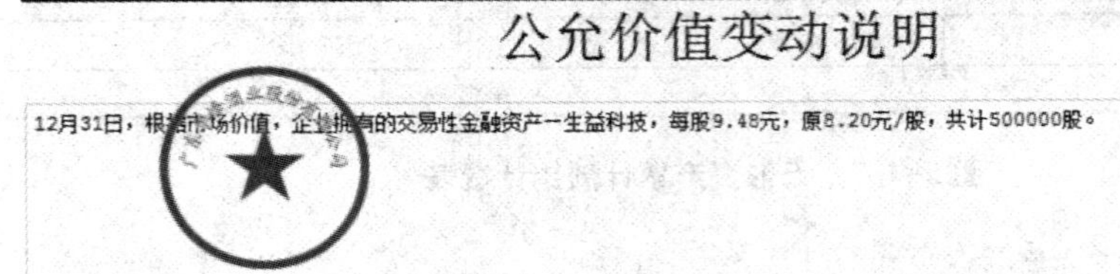

12月31日，根据市场价值，企业拥有的交易性金融资产一生益科技，每股9.48元，原8.20元/股，共计500000股。

图 5-170　公允价值变动说明

业务序号：119　　　业务所属岗位：国税报税

业务名称：12 月 31 日计算本月预交企业所得税

业务描述：12 月 31 日，计算本月预交企业所得税。

业务涉及单据见图 5-171。

单据名称：12 月 31 日计算本月预交企业所得税，企业所得税预缴（季度）［企业所得税月（季）度预缴纳税申报表（A 类）］

单据描述：12 月 31 日，计算本月预交企业所得税，本业务填制企业所得税预缴申报表。

## 企业所得申报表资料说明

企业名称：广东华峰酒业股份有限公司
住　　所：广州市海珠区新港西路1088号
联系电话：（020）88888888
法人代表：李德容
企业类型：工业企业
经营范围：从事华峰白酒、华峰保健酒的生产与销售。
税务登记号码：粤国税字440112345122981号
　　　　　　　粤地税字440125647887782号

银行存款开立明细账户：中行海珠支行，结算存款，账号：835000010019905
广东华峰酒业股份有限公司2014年12月的相关收益发生额如下：营业收入：84047500.00；营业成本：21031314.10；营业税金及附加：17442956.13；销售费用：6295147.33；管理费用：3208799.33；财务费用：225025.00；资产减值损失：6948.87；公允价值变动损益：640000.00；投资收益：419103.20；营业外支出：160100.00

向广东老龄协会捐赠132600.00不属于免税抵扣需要加回。其中：本期公允价值变动损益发生额属于纳税调减项；本期资产减值损失发生额属于纳税调增项，国债利息收入100000.00为免税收入。

企业12月实际申报利润总额=36736312.44+132600.00-640000.00+6948.87=36116460.87

减免所得税额=100000.00*0.25=25000.00

实际应缴纳所得税额=36116460.84*0.25-25000.00=9004115.22

注：本例只填写12月份数据，本年累计略。

图 5-171　企业所得申报表资料说明

# 项目六　N 市家佳旺有限公司实训资料

## 一、公司基本情况

企业名称：N 市家佳旺有限公司

法人代表：王民

会计主管：陆展红

会　计：周小敏

出　纳：李静　身份证：440011197506280078

发证机关：N 市公安局越秀分局

住址、邮编：N 市光明二路 15 号，531302

电　话：86373695

纳税人识别号：44010319048980A

开户银行：建行光明支行

账号：1001001

主营业务：生产销售甲、乙产品

生产组织形式和工艺流程：设有一个基本生产车间，单步骤大量大批重复生产甲产品和乙产品。

N 市家佳旺有限公司采用以下的会计政策和核算方法：

（1）公司执行《企业会计准则》和《会计基础工作规范》（财政部）。

（2）公司经 N 市国家税务局认定为一般纳税人企业，增值税税率 17%，城市维护建设税税率 7%，教育费附加征收率 3%，企业所得税率 25%（企业所得税实行查账计征，按季预缴、年终汇算清缴）。

（3）采购和销售业务的单价均为不含税价格。

（4）完工单位成本计算保留四位小数，分配率计算保留四位小数，其他会计核算均保留两位小数。

（5）存货按实际成本计价，发出存货成本于月末采用一次加权平均法（倒挤法）。

（6）企业有一个基本生产车间，生产甲、乙两种产品，按“品种法”计算产品成本。生产用材料全部外购，直接人工和制造费用按产品生产工时比例分配。月末无在产品。

（7）固定资产折旧方法采用年限平均法，按月综合折旧率计提，生产车间设备折旧率 0.5%，行政管理部门设备折旧率 0.5%。

（8）采用科目汇总表核算形式，每月汇总一次。

（9）损益结转采用账结法。

本案例业务发生日期为2016年11月。

企业生产成本不设“燃料及动力”明细，直接用于产品生产的燃料动力费以“直接材料”明细核算。

记账凭证的明细科目需要根据企业预设科目填列。

库存现金日记账需要日结，银行存款日记账无须日结。

往来明细账（应收/应付账款、预收/预付账款）无须本月合计。

## 二、综合业务及单项技能实训安排

### （一）第一课时

**实训1：11月1日，发现上月入账错误。**

1. 业务描述

11月1日，经核准，发现上月（10月26日，记字32号凭证）向花城公司购进的生产用设备56 800元（款未付），而发票的金额为65 800元，采取最佳的方法予以更正。

2. 实训目标

掌握发现上月购入固定资产入账错误的账务处理及操作流程。

3. 实训过程

登录会计岗位，进入实训，分别审核记账凭证32号、增值税发票的外来原始凭证（见图6-1、图6-2），审核完，填制记账凭证（见图6-3）。填完之后交由会计主管审核（见图6-4）。登录会计主管岗位，进行审核会计传递的记账凭证（见图6-5）。

4. 注意事项

（1）填制记账凭证时，点击左上角的请选择资料选项的下拉按钮 —请选择资料— ，根据资料填制记账凭证。

（2）注意记账凭证号要连续，如果分录太多，需要拆分分录登记记账凭证，则编号规律为记1-1/3、记1-2/3、记1-3/3。

（3）系统中的摘要有设置智能判断，老师应提醒学生填写摘要时要尽量填写完整。

（4）借贷合计金额要相等。

（5）附件张数要记得填写，支票申请单、发票申请单等不属于原始凭证，不计入附件张数。

（6）如没有特殊说明，退回表示业务存在问题或者错误，需要退回；传递表示业务正确无误，可以传递到下一岗位。

（7）会计填制的记账凭证都要传递给主管审核。

注：以下所有实训使用的记账凭证和填写的注意事项与该实训一致，不再赘述。

图 6-1 记账凭证

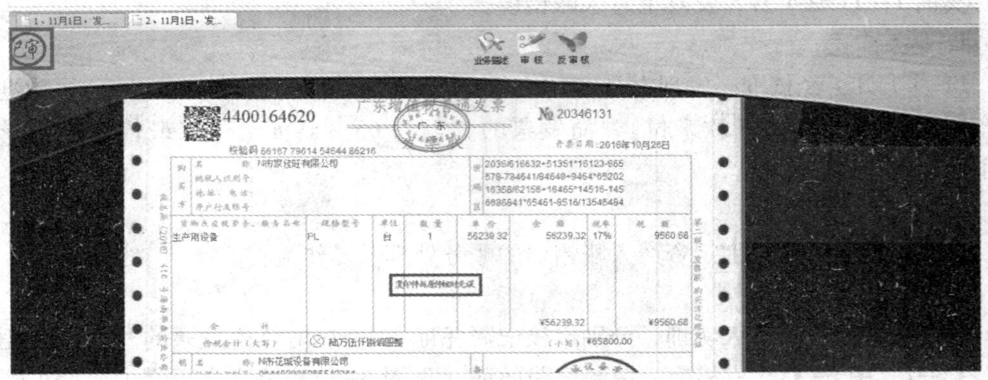


图 6-2 增值税发票

5. 功能操作描述

（1）点击 审核：页面会显示“已审”的标志。

（2）点击反审核：取消审核。

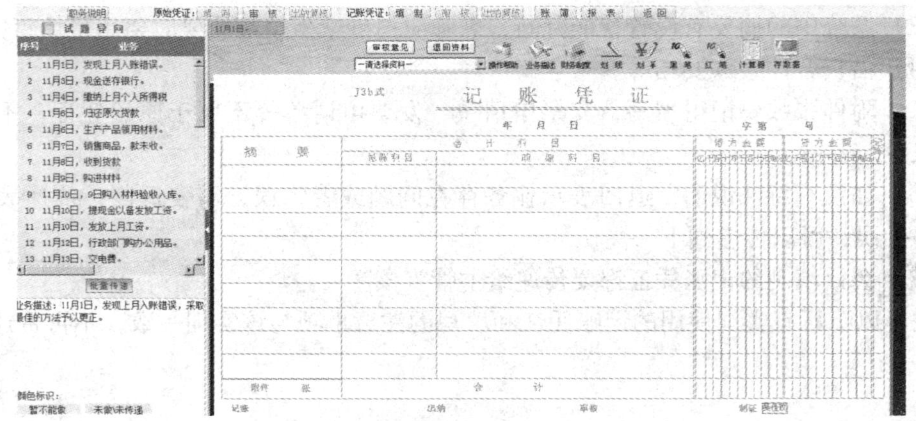


图 6-3 填制记账凭证

（3）点击“填制”，根据资料，填写记账凭证。

（4）点击一请选择资料一，可以打开查看与填写本张凭证的相关单据，点击资料上方的关闭按钮，关闭资料查看。

（5）点击操作帮助，显示操作说明。

（6）点击计算器，弹出计算器，用户可以根据需要用计算器来计算要填写的数据，点击计算器右上角的关闭按钮关闭计算器。

（7）点击业务描述，弹出本笔业务处理的描述，点击右上角的关闭按钮关闭业务描述。

（8）点击财务制度，显示财务制度说明，点击右上角的关闭按钮，关闭财务制度窗口。

（9）点击盖　章，可以在单据上盖章。点击后，会弹出盖章页面，选择企业、章类型后会显示章，选择一个章（用鼠标左键移到图片上进行单选），选中的章边框变成黄色，选中章后，点【盖章】按钮，此时选中的章会跟随鼠标，将鼠标移到要盖章的位置，再点鼠标左键，章就会盖在指定位置。如果需要移动章的位置，先选择要移动的章，鼠标拖拉到指定位置即可。

（10）单击删除章，可以删除一个已盖在界面上的章，首先选中要删除的章（选中后章边框变成黄色），再点击图标即可。

（11）点击划　线，在支票左上方添加双斜线，再点击图标，清除已划的双斜线。

（12）点击划 ￥，在指定输入数字的前面填上人民币符号，再点击图标，清除已填上的人民币符号。

（13）点击存数据，保存数据。

上述描述的功能与以下实训操作一致，不再赘述。

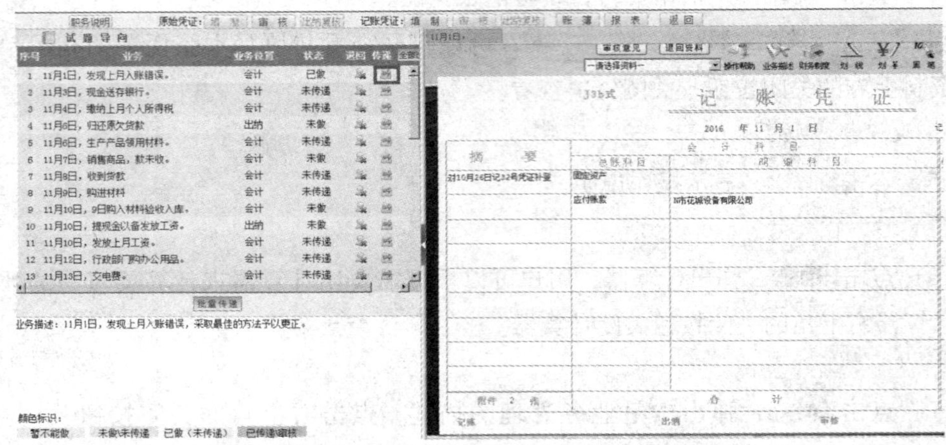

图 6-4　传递记账凭证

（14）点击传递：会计将填写好的记账凭证传递到会计主管审核。

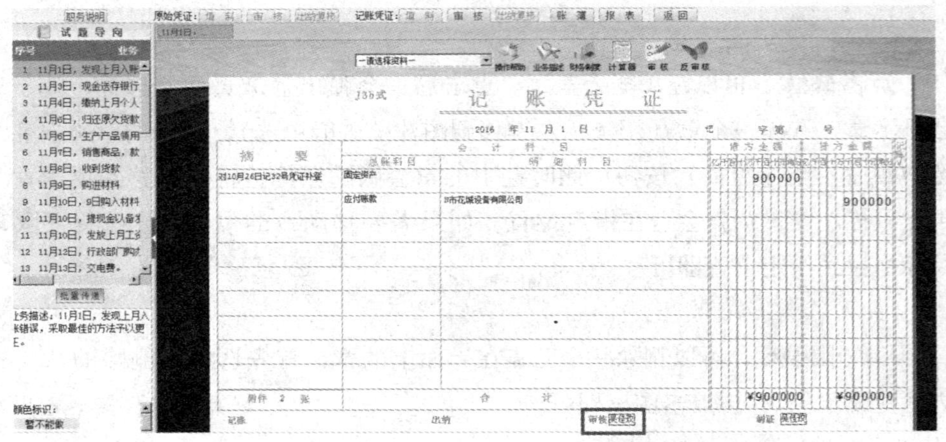

图 6-5　主管审核记账凭证

（15）点击审核：记账凭证显示会计主管审核的名字。

实训 2：11 月 3 日，现金送存银行。

1. 业务描述

11 月 3 日，现金送存银行。

2. 实训目标

掌握现金送存银行的账务处理。

3. 实训过程

会计根据现金存款凭证填写记账凭证，操作可参照实训 1。

4. 注意事项

记账凭证中用“银行存款”或“库存现金”科目核算的，出纳都要分别进行登记“银行存款日记账”及“库存现金日记账”（该注意事项在以下的实训中有一致的，将不再赘述）。

实训 3：11 月 4 日，缴纳上月个人所得税。

1. 业务描述

11 月 4 日，缴纳上月个人所得税。

2. 实训目标

掌握缴纳税费的账务处理。

3. 实训过程

会计根据银行电子缴税回单填写记账凭证，操作可参照实训 1。

实训 4：11 月 6 日，归还原欠货款。

1. 业务描述

11 月 6 日，开支票办理转账，归还原欠花城公司货款 65 800 元。

2. 实训目标

掌握填写转账支票及账务处理。

总流程：填制支票（填制流程）→保存→传递→审核支票（审核流程）

填制流程：选择填制支票业务→支票填制（需要盖银行预留章的财务专用章）→保存→传递

审核流程：选择需要审核的支票业务→支票审核（审核前需要盖银行预留章的企业法人章）→传递（退回）

3. 实训过程（见图 6-6）

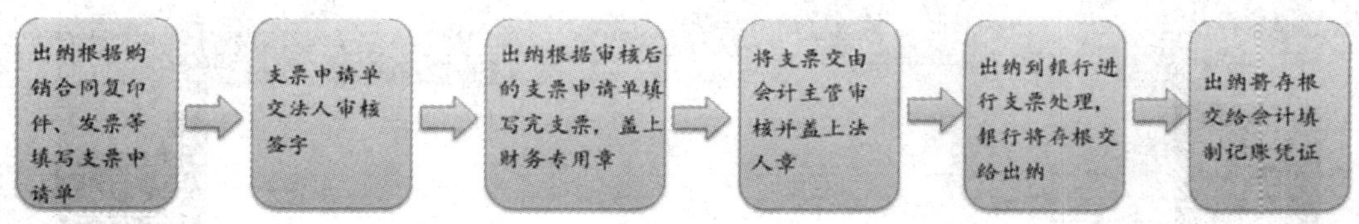


图 6-6　开具支票流程

出纳进入相对应的工作区，填写转账支票（见图 6-7），填写完转账支票传递给会计主管审核（见图 6-8）。审核完之后，主管传递给会计填写记账凭证（见图 6-9）。

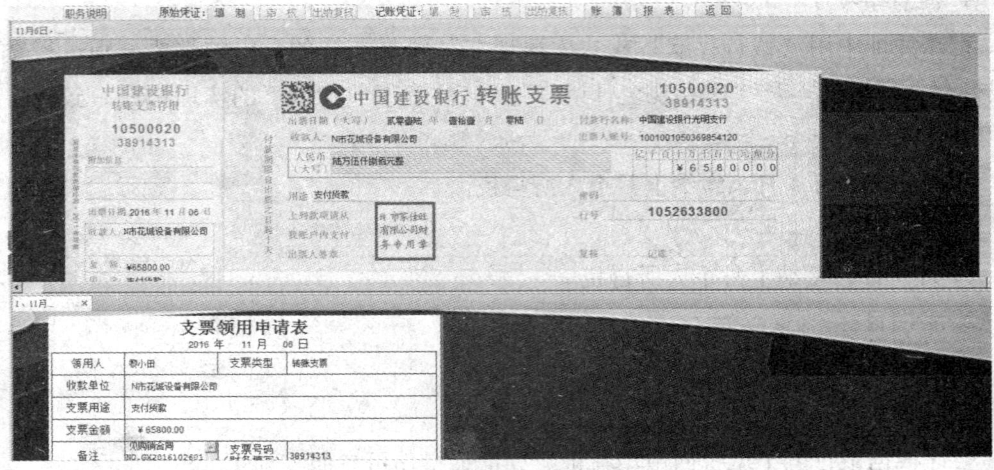

图 6-7　转账支票填写

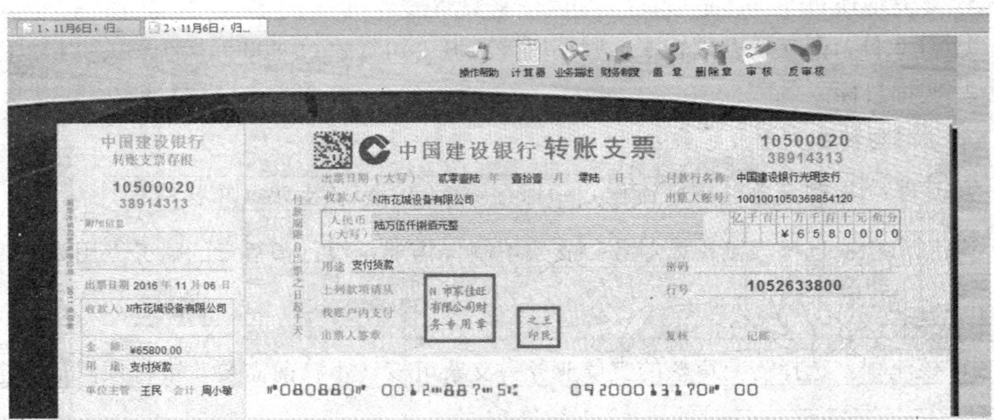

图 6-8　转账支票审核

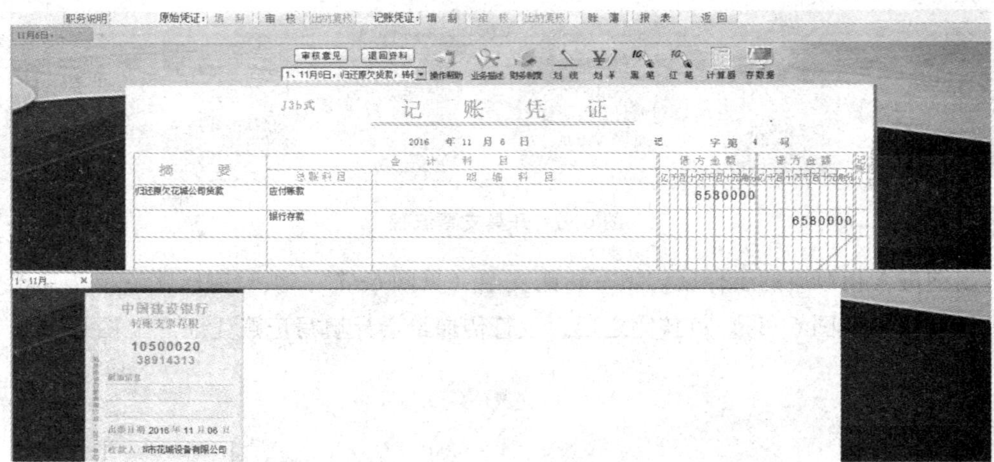

图 6-9　填制记账凭证

4. 注意事项

（1）出纳在填制支票的时候，盖财务专用章；会计主管在审核支票的时候，需要先盖法人章，再进行审核。

（2）本系统的支票以“划线”来表示支票的种类，划了线就是转账支票，没划线的是现金支票。

（3）填写支票月份：一月至十月的都要在前面加个“零”，十一月要写成“壹拾壹月”。1~10日，也要在前面加上“零”。

（4）支票号、付款行名称及出票人账号都不用出纳填写。

（5）支票申请单上面的单位负责人即是单位主管。

（6）转账支票需要划线。

（7）根据支票申请单的内容填写转账支票。

（8）事由即是用途。

（二）第二课时

实训5：11月6日，生产产品领用材料。

1. 业务描述：11月6日，生产产品领用材料。

2. 实训目标：了解领料单的审核。

3. 实训过程

会计进入相对应的工作区，审核并传递领料单。

4. 注意事项：

（1）审核领料单的时候，注意单价是否勾上实际或计划、产品名称及用途是否填写完整。

（2）领料单暂不结算，期末再一次结算。

实训6：11月7日，销售商品，款未收。

1. 业务描述

11月7日，向顺康贸易公司销售甲产品5 400箱，售价50元/箱，乙产品4 900箱，售价60元/箱，款未收，填制增值税专用发票。

2. 实训目标

掌握增值税发票填写及账务处理。

3. 实训过程（见图6-10）

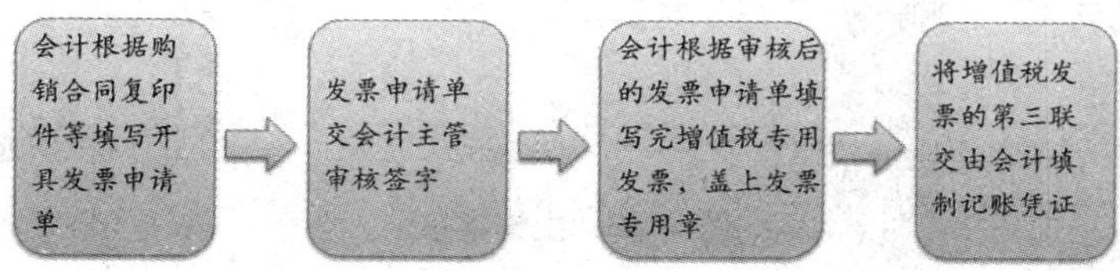


图6-10 增值税发票开具流程

会计进入相对应的工作区，填写增值税专用发票（见图 6-11），填写完传递给主管审核（见图 6-12），审核完之后，传递给会计填写记账凭证（见图 6-13）。会计填写完给主管审核传递。

4. 注意事项

（1）填写增值税专用发票的合计要画“￥”符号，合计的税率不用写。

（2）根据发票填写规范，价税合计（大写）填写，不能写“元”，只能写“圆”。

（3）盖章的时候，记得三联都要盖上。

（4）传递联次的时候，自己填制的增值税专用发票传递给会计做账的是记账联。

（5）本业务没有计算成本，在期末汇总核算，所以商品出库单不作为附件。

（6）本业务是款未收，应当记入“应收账款”科目。

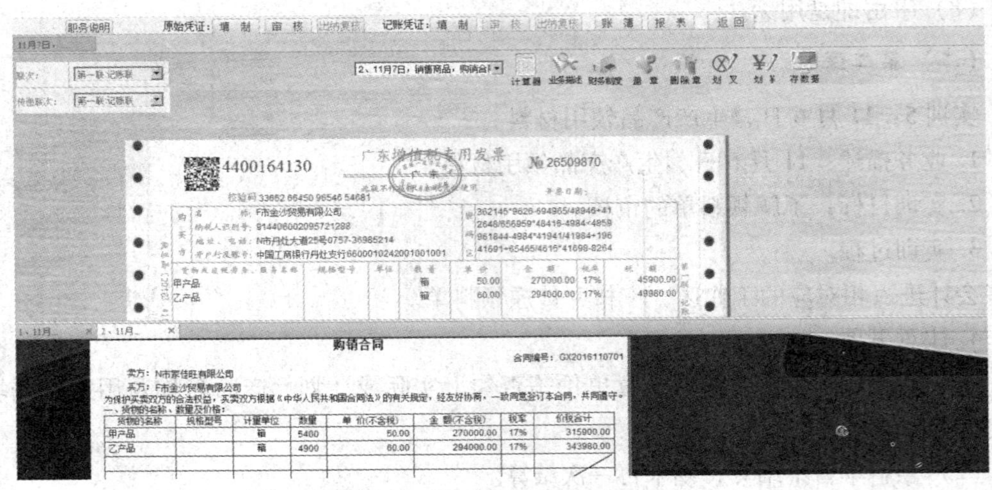


图 6-11　填写增值税专用发票

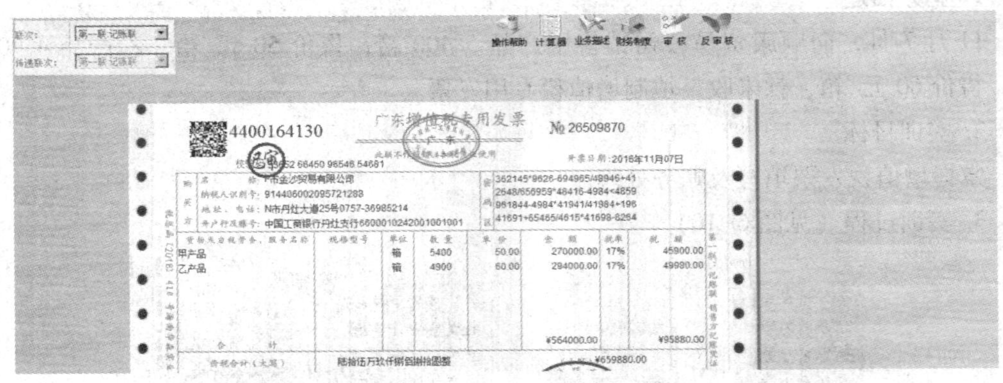


图 6-12　主管审核

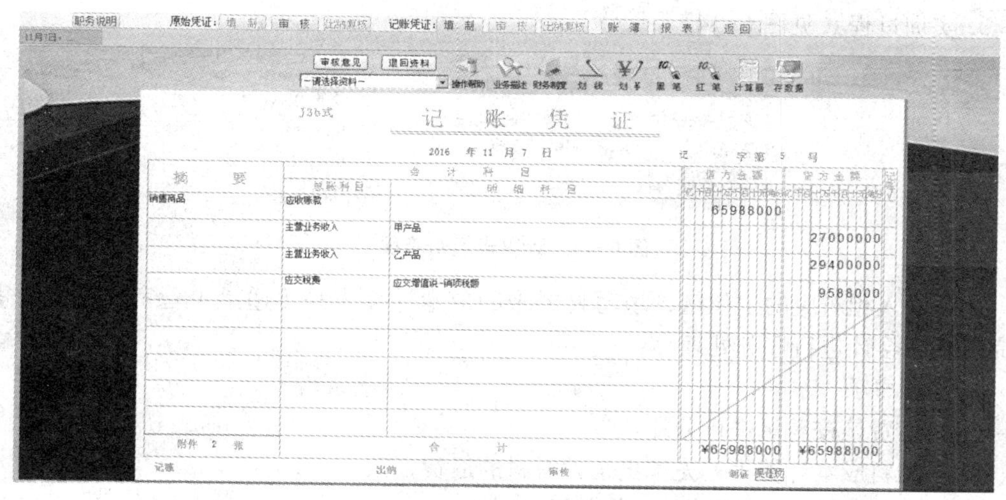

图 6-13　填制记账凭证

实训 7：11 月 8 日，收到货款。

1. 业务描述

11 月 8 日，收到货款，编制记账凭证。

2. 实训目标

掌握业务的账务处理。

3. 实训过程

会计进入相对应的工作区，审核外来原始凭证并填制记账凭证，填制完传递给主管审核。

实训 8：11 月 9 日，购进材料。

1. 业务描述

11 月 9 日，购进材料。

2. 实训目标

了解外来原始凭证审核及掌握购进材料的账务处理。

3. 实训过程

会计进入相对应的工作区，审核完外来原始凭证进行记账凭证的填制并传递给会计主管审核。

4. 注意事项

审核外来原始凭证的时候，注意外来原始凭证传递的联次是否正确。

实训 9：11 月 10 日，9 日购入的材料验收入库。

1. 业务描述

11 月 10 日，9 日所购的材料运到，全部如数验收入库。运费按重量进行分配。编制材料采购成本计算表。

2. 实训目标

掌握填写材料采购成本计算表。

3. 实训过程（见图 6-14）

**图 6-14　计算表填制流程**

会计进入相对应的工作区，填写材料采购成本计算表并传递给主管审核，主管审核完传递回会计进行账务处理。

4. 注意事项

（1）运费是按重量进行分配。

（2）材料成本计算表：先算出每种材料的运费金额。

（3）实际采购成本=买价+运费金额

（三）第三课时

实训 10：11 月 10 日，提现金以备发放工资。

1. 业务描述

11 月 10 日，提现金以备发放工资，填制记账凭证。

2. 实训目标

掌握现金支票的填写及账务处理。

3. 实训过程（见图 6-15）

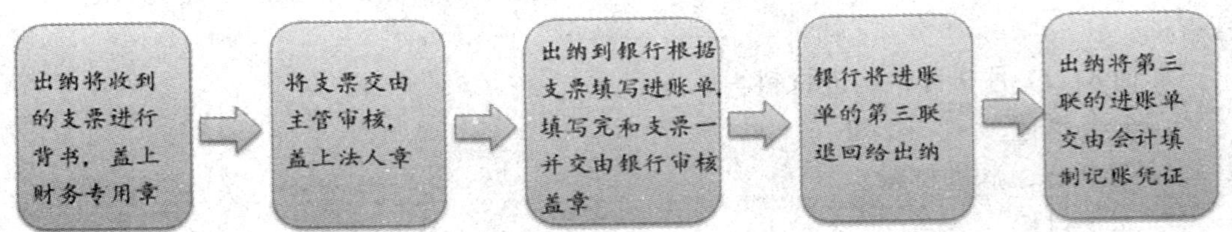


**图 6-15　收到支票流程**

出纳进入相对应的工作区，填制并传递支票给会计，会计根据传递的资料进行账务处理并传递给主管审核。

企业到银行提取现金的具体步骤如下。

第一步：填写现金支票。

（1）出纳拿着采购人员的支票申请书及相关资料请财务副总审核签字。财务副总接过申请书及资料审核，审核无误在支票申请书中签字确认。

（2）出纳根据支票申请单填写好现金发票并盖上财务专用章。

（3）出纳持填写好的现金支票、支票申请单和相关资料交给会计主管，会计主管接过单据进行审核并盖上法人章后交还给出纳。

（4）出纳带着支票和个人身份证前往银行。

第二步：出纳提交相关的资料。

出纳来到银行，递交填写好的现金支票和个人身份证。

第三步：银行柜员审核资料。

（1）银行柜员收到支票后，核对银行预留章信息，如核对有误则退还资料，不予办理。

（2）银行柜员查看支票填写是否正确、背面的附加信息栏填写的身份证号码和姓名是否与出纳身份证一致，如核对有误则退还资料，不予办理；资料核对无误后，银行柜员要求客户输入密码。

第四步：记录并办理业务。

（1）银行柜员核对各资料无误后，取出对应数额的现金，清点现金。

（2）银行柜员发放现金给出纳，同时把身份证还给出纳。

第五步：完成办理。

出纳收好身份证并取得现金。出纳清点现金无误后，离开银行。

4. 注意事项

（1）提现时，支票背面的附加信息栏内须填写出纳的姓名及身份证号。

（2）支票背面被背书人处要盖企业财务专用章和法人章。

实训11：11月10日，发放上月工资。

1. 业务描述

11月10日，发放上月工资。

2. 实训目标

了解自制原始凭证审核及账务处理。

3. 实训过程

会计进入相对应的工作区，审核完自制原始凭证进行填制记账凭证并传递给会计主管审核。

4. 注意事项

在实训10的时候，已经提现，备发工资，所以此实训用“库存现金”核算。

实训12：11月12日，行政部门购办公用品。

1. 业务描述

11月12日，行政部门购办公用品。

2. 实训目标

了解外来原始凭证审核及账务处理。

3. 实训过程

会计进入相对应的工作区，审核完外来原始凭证进行填制记账凭证并传递给会计主管审核。

4. 注意事项

（1）该笔业务以现金支付，因为现金支出报销单上加盖了现金付讫章。

（2）核算行政管理部门的一切费用，如水电费、材料费、人工费、折旧费等，都计入“管理费用”。

实训 13：11 月 13 日，交电费。

1. 业务描述

11 月 13 日，交电费，暂记入“应付账款”科目，期末分配核算。

2. 实训目标

了解外来原始凭证审核及账务处理。

3. 实训过程

会计进入相对应的工作区，审核完外来原始凭证进行填制记账凭证并传递给会计主管审核。

4. 注意事项

此业务核算的时候，暂记入“应付账款”科目，期末分配核算。

实训 14：11 月 14 日，产成品入库。

1. 业务描述

11 月 14 日，产成品入库。

2. 实训目标

了解产成品入库单审核。

3. 实训过程

会计进入相对应的工作区，审核并传递产成品入库单。

4. 注意事项

（1）审核领料单的时候，注意传递审核的联次是否正确，数量及交库单位是否填写完整。

（2）入库单暂不结算，期末一次结算。

（四）第四课时

实训 15：11 月 15 日，购进 2#材料。

1. 业务描述

11 月 15 日，购进 2#材料。

2. 实训目标

掌握购进材料的账务处理。

3. 实训过程

会计进入相对应的工作区，审核外来原始凭证并填制记账凭证，填制完传递给主管审核。

4. 注意事项

此业务与实训 8 同样是购进材料，但是记入的科目不同，实训 8 是记入“在途物资”科目，但实训 15 审核资料的时候，给出一张材料验收入库单，所以应记入“原材料”科目。

实训 16：11 月 16 日，支付仓库租金。

1. 业务描述

11 月 16 日，支付仓库租金。

2. 实训目标

掌握业务的账务处理。

3. 实训过程

会计进入相对应的工作区，审核外来原始凭证并填制记账凭证，填制完传递给主管审核。

4. 注意事项

该笔业务以现金支付，因为现金支出报销单上加盖了现金付讫章。

实训 17：11 月 17 日，生产领料。

1. 业务描述

11 月 17 日，生产领料。

2. 实训目标

了解领料单的审核。

3. 实训过程

该业务可参照实训 5。

实训 18：11 月 18 日，向灾区捐款。

1. 业务描述

11 月 18 日，向灾区捐款。

2. 实训目标

掌握向灾区捐款的账务处理。

3. 实训过程

会计进入相对应的工作区，审核外来原始凭证并填制记账凭证，填制完传递给主管审核。

4. 注意事项

营业外支出指的是企业发生的与日常活动无直接关系的各项损失。该业务核算的是公益性捐赠支出，所以记入“营业外支出——捐赠支出”科目。

实训 19：11 月 19 日，盘盈固定资产。

1. 业务描述

11 月 19 日，盘盈固定资产，核算盘盈。

2. 实训目标

掌握盘盈固定资产的账务处理。

3. 实训过程

会计进入相对应的工作区，审核外来原始凭证并填制记账凭证，填制完传递给主管审核。

4. 注意事项

盘查固定资产的账面价值的时候，先贷记“待处理财产损溢——待处理固定资产损溢”，再按管理权限报经批准后处理核算，该业务的处理意见是计入“营业外收入”。

（五）第五课时

**实训 20：11 月 20 日，行政部门领料。**

1. 业务描述

11 月 20 日，行政部门领料。

2. 实训目标

了解领料单的审核。

3. 实训过程

该业务可参照实训 5。

**实训 21：11 月 21 日，销售 1#材料。**

1. 业务描述

11 月 21 日，销售 1#材料。

2. 实训目标

掌握增值税发票填写及账务处理。

3. 实训过程

该业务可参照实训 6。

4. 注意事项

该企业的主营业务是生产销售产品，而销售材料，是企业的其他收入来源，故记入“其他业务收入”科目。

**实训 22：11 月 22 日，提取现金备用。**

1. 业务描述

11 月 22 日，提取现金备用。

2. 实训目标

掌握现金支票的填写及账务处理。

3. 实训过程

该业务可参照实训 4，企业到银行提取现金的具体步骤参照实训 10。

**实训 23：11 月 23 日，解除刘军劳动关系。**

1. 业务描述

11 月 23 日，解除刘军劳动关系。

2. 实训目标

掌握业务的账务处理。

3. 实训过程

会计进入相对应的工作区，审核自制原始凭证并填制记账凭证，填制完传递给主管审核（见图 6-16）。

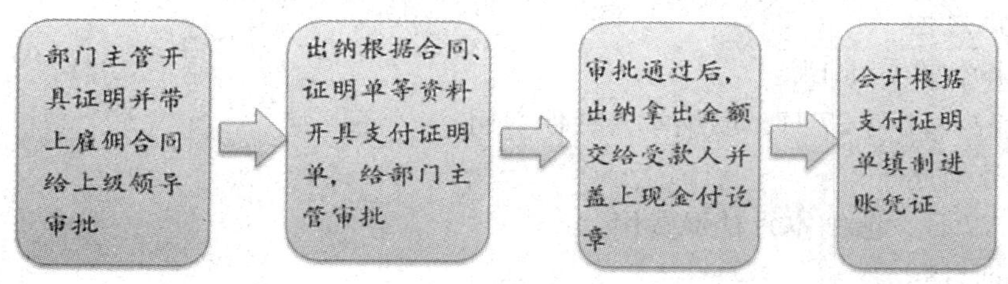


图 6-16　解除劳动关系流程

4. 注意事项

由于解除的员工不再为企业带来未来的经济利益，企业应当比照辞退福利处理，一次计入当期管理费用，再由管理费用转入“库存现金”支付。

**实训 24：11 月 24 日，支付餐费。**

1. 业务描述

11 月 24 日，支付餐费。

2. 实训目标

掌握业务的账务处理。

3. 实训过程

该业务可参照实训 16。

（六）第六课时

**实训 25：11 月 25 日，盘点现金。**

1. 业务描述

11 月 25 日，盘点现金。

2. 实训目标

掌握业务的账务处理。

3. 实训过程

会计根据支付证明单填制记账凭证（见图 6-17）。

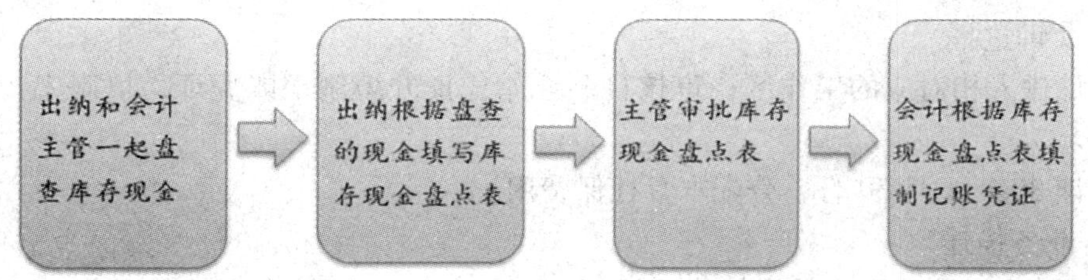


图 6-17　盘点库存现金流程

**实训 26：11 月 26 日，产品入库。**

1. 业务描述

11 月 26 日，产品入库。

2. 实训目标

了解产成品入库单审核。

3. 实训过程

该业务参照实训 14。

**实训 27：11 月 27 日，缴纳本月社保费用。**

1. 业务描述

11 月 27 日，缴纳本月社保费用。

2. 实训目标

掌握该业务的账务处理。

3. 实训过程

会计进入相对应的工作区，审核外来原始凭证并填制记账凭证，填制完传递给主管审核。

**实训 28：11 月 30 日，分配本月工资费用。**

1. 业务描述

11 月 30 日，分配本月工资费用。

2. 实训目标

掌握该业务的账务处理。

3. 实训过程

会计进入相对应的工作区，审核自制原始凭证并填制记账凭证，填制完传递给主管审核。

4. 注意事项

制造费用指企业各生产单位为组织和管理生产所发生的各项费用，所以本实训的车间管理的人员应当计入“制造费用”。

**实训 29：11 月 30 日，结转代扣款项。**

1. 业务描述

11 月 30 日，结转代扣款项。

2. 实训目标

掌握该业务的账务处理。

3. 实训过程

会计进入相对应的工作区，审核自制原始凭证并填制记账凭证，填制完传递给主管审核。

**实训 30：11 月 30 日，分配本月社保费用。**

1. 业务描述

11 月 30 日，分配本月社保费用。

2. 实训目标

掌握该业务的账务处理。

3. 实训过程

会计进入相对应的工作区，审核自制原始凭证并填制记账凭证，填制完传递给主管审核。

实训31：11月30日，结转发出材料成本。

1. 业务描述

11月30日，结转发出材料成本。

2. 实训目标

掌握成本计算表及账务处理。

3. 实训过程

会计填写发出材料汇总表，发出材料成本计算表，再根据计算表填制记账凭证（可参照实训9操作）。

4. 注意事项

（1）填写发出产品计算表的时候，注意领料单领用部门的分配。

（2）凡是跟生产的产品相关的直接材料、直接人工都直接计入“生产成本”，而跟生产车间有关的生产间接费用先计入“制造费用”，月末再计入“生产成本”。

（七）第七课时

实训32：11月30日，分配本月电费。

1. 业务描述

11月30日，分配本月水费。

2. 实训目标

掌握分配水费的账务处理。

3. 实训过程

会计进入相对应的工作区，审核自制原始凭证并填制记账凭证，填制完传递给主管审核。

实训33：11月30日，计提折旧。

1. 业务描述

11月30日，计提折旧。

2. 实训目标

掌握计提折旧的账务处理。

3. 实训过程

会计进入相对应的工作区，审核自制原始凭证并填制记账凭证，填制完传递给主管审核。

4. 注意事项

生产车间设备应计入“制造费用”。

实训34：11月30日，分配制造费用。

1. 业务描述

11月30日，分配制造费用，编制制造费用分配表。

2. 实训目标

掌握制造费用分配表及账务处理。

3. 实训过程

会计填写制造费用分配表，再根据分配表填制记账凭证（可参照实训 9 操作）。

4. 注意事项

有些费用是管理和组织生产而发生的间接费用，不是生产产品的直接费用，发生这些费用的时候，不能直接计入产品成本，需要通过“制造费用”科目进行归集，然后分配计入各种产品成本。

**实训 35：11 月 30 日，现金长款处理。**

1. 业务描述

11 月 30 日，现金长款处理。

2. 实训目标

掌握现金长款批准作为收入处理的账务处理。

3. 实训过程

会计进入相对应的工作区，审核自制原始凭证并填制记账凭证，填制完传递给主管审核。

4. 注意事项

根据实训 25 的业务的现金长款转入“营业外收入”科目。

**实训 36：11 月 30 日，结转完工产品成本。**

1. 业务描述

11 月 30 日，结转完工产品成本。

2. 实训目标

掌握完工产品成本汇总计算表及账务处理。

3. 实训过程

会计填写完工产品成本汇总计算表，再根据计算表填制记账凭证（可参照实训 9 操作）。

### （八）第八课时

**实训 37：11 月 30 日，结转已销产品生产成本。**

1. 业务描述

11 月 30 日，结转已销产品生产成本，编制已销产品生产成本计算表。

2. 实训目标

掌握已销产品成本计算表及账务处理。

3. 实训过程

会计填写已销产品成本计算表，再根据计算表填制记账凭证（可参照实训 9 操作）。

**实训 38：11 月 30 日，计算结转增值税费。**

1. 业务描述

11 月 30 日，计算结转增值税费，编制增值税计算表。

2. 实训目标

掌握增值税计算表。

3. 实训过程

会计填写增值税计算表，再传递给主管审核。

4. 注意事项

货物运输发票也要计入增值税的进项税额。

**实训39：11月30日，计算结转本月税费。**

1. 业务描述

11月30日，计算结转本月税费，编制税费计算表。

2. 实训目标

掌握税费计算表及账务处理。

3. 实训过程

会计填写税费计算表，再根据计算表填制记账凭证（可参照实训9操作）。

4. 注意事项

（1）计算表中的计税基数即是“本月的未交增值税”。

（2）城市维护建设税的税率是7%，教育费附加的税率是3%。

**实训40：11月30日，结转损益。**

1. 业务描述

11月30日结转损益，结转以下科目：主营业务成本——甲产品，主营业务成本——乙产品，其他业务成本，税金及附加。

2. 实训目标

掌握结转损益业务处理。

3. 实训过程

会计根据账簿的资料进行填制记账凭证并传递给主管审核。

4. 注意事项

（1）本案例要结转三张记账凭证，每张记账凭证的业务描述都有说明该凭证需要结转的科目。

（2）本年利润：用于结转所有的损益类，收入类转入其贷方，费用类转入其借方。

### （九）第九课时

**实训41：日记账**

1. 业务描述

填写银行存款及库存现金日记账（以库存现金为例）。

2. 实训目标

熟悉日记账的账页结构，掌握日记账的登记方法。

3. 实训过程

出纳进入对应的工作区，点击账簿（见图6-18），选择现金日记账（见图6-19），进入编制界面（见图6-20），根据期初余额及记账凭证填写库存现金日记账。

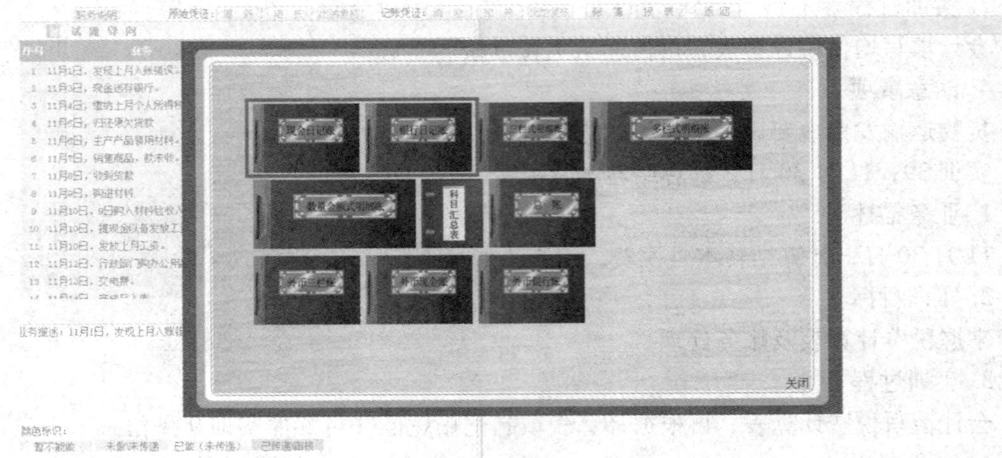


图 6-18　账簿列表

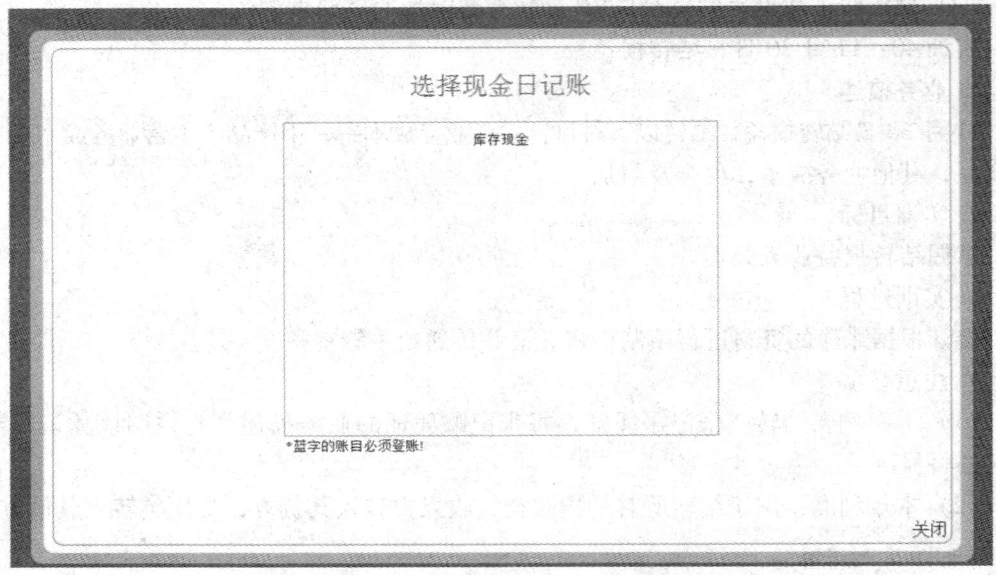


图 6-19　账目明细

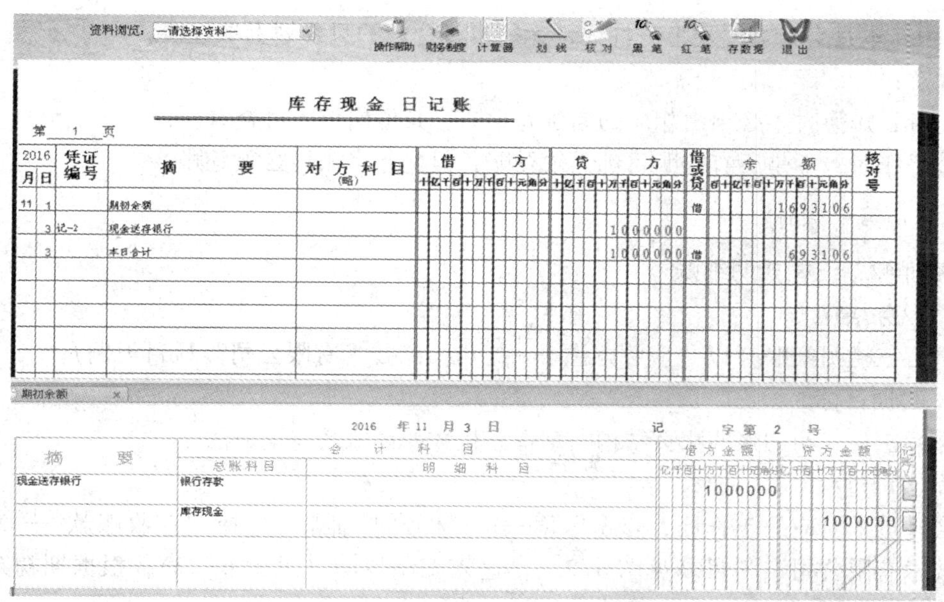


| 2016 月 | 日 | 凭证编号 | 摘要 | 对方科目（略） | 借方 | 贷方 | 借或贷 | 余额 | 核对号 |
|---|---|---|---|---|---|---|---|---|---|
| 11 | 1 | | 期初余额 | | | | 借 | 1693106 | |
| | 3 | 记-2 | 现金送存银行 | | | 1000000 | | | |
| | 3 | | 本日合计 | | | 1000000 | 借 | 693106 | |

2016 年 11 月 3 日　　记 字第 2 号

| 摘要 | 总账科目 | 明细科目 | 借方金额 | 贷方金额 |
|---|---|---|---|---|
| 现金送存银行 | 银行存款 | | 1000000 | |
| | 库存现金 | | | 1000000 |

图 6-20　库存现金日记账

4. 注意事项

（1）点击「一请选择资料一」，可以打开查看与填写该账簿的相关单据，点击资料上方的关闭按钮，关闭资料查看（资料来源于经过所有相关岗位完成传递审核的记账凭证）。

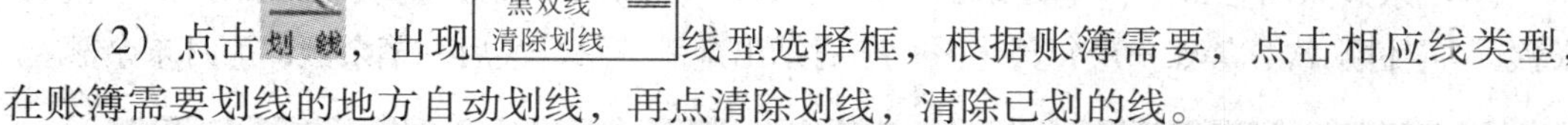


（2）点击「划线」，出现线型选择框，根据账簿需要，点击相应线类型，在账簿需要划线的地方自动划线，再点清除划线，清除已划的线。

（3）点击「核对」，在账簿“核对号”栏指定的位置打上√，再点该图标，会把刚才画的√清除掉。

（4）点击「黑笔」，录入金额时字体为黑色，表示是正数的金额。

（5）点击「红笔」，录入金额时字体为红色，表示是负数的金额。

（6）其他按钮的功能上述章节已经进行相关描述，在此不再赘述。

（7）库存现金日记账需要每日结算出余额，银行存款日记账无须每日结算，但是需要每笔结出余额。

（8）本案例记账凭证借贷方有“银行存款”或“库存现金”科目，都要编制银行存款日记账或库存现金日记账。

（9）会计主管审核完记账凭证都要传递过去，不然会造成填制账簿的时候，记账凭证的资料没有显示出来。

（10）本月合计需要划上双红线，无须本月合计的只要划上单红线。

注意：

①查看账簿时，必须由相应的岗位先建账，其他岗位才可查看。

②登账时，不是所有的账目都必须登账，但是蓝字账目必须登账。

（十）第十课时

实训 42：三栏式明细账

1. 业务描述

填写三栏明细账（以“应收账款——N 市飞跃技术有限公司”科目为例）。

2. 实训目标

熟悉三栏式明细账的账页结构，掌握三栏式明细账的登记方法。

3. 实训过程

会计进入对应的工作区，点击账簿——三栏式明细账，选择“应收账款——N 市飞跃技术有限公司”科目（见图 6-21），进入编制界面（见图 6-22），根据期初余额及记账凭证填写明细账。

4. 注意事项

（1）没有期初余额的就直接根据记账凭证编制。

（2）三栏式明细账无须本月合计的科目，只需要划上一条单红线。

（3）时间、凭证编号、摘要根据记账凭证及所附原始凭证填写。

（4）借方根据记账凭证中的借方合计金额填写。

（5）贷方根据记账凭证中的贷方合计金额填写。

（6）余额只需在最后一笔处结出，但债权债务明细账和财产物资明细账，如“应收账款”“应付账款”等账户应每天记账，随时结出余额，每月最后一笔余额即为月末余额。

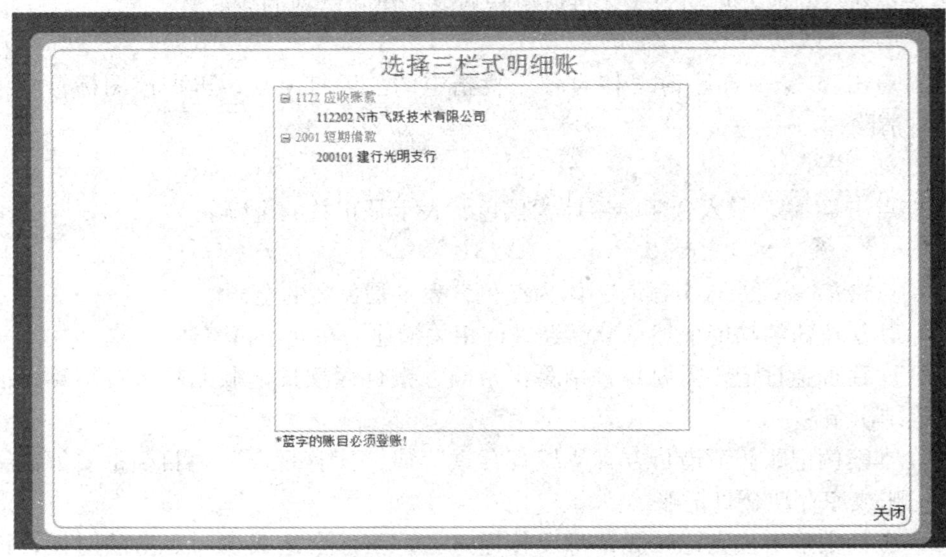


图 6-21　账目明细

三栏式明细账

明细科目：应收账款-N市飞跃技术有限公司

| 2016 月 | 日 | 凭证号数 | 摘要 | 借方 | 贷方 | 借或贷 | 余额 | 核对号 |
|---|---|---|---|---|---|---|---|---|
| 11 | 21 | 记18 | 销售材料 | 1170000 | | 借 | 1170000 | |

图 6-22　应收账款——N 市飞跃技术有限公司三栏明细账

（十一）第十一课时

实训 43：多栏式明细账

1. 业务描述

填写多栏明细账（以“生产成本——甲产品”科目为例）。

2. 实训目标

熟悉多栏式明细账的账页结构，掌握多栏式明细账的登记方法。

3. 实训过程

会计进入对应的工作区，点击账簿—多栏式明细账，选择“生产成本——甲产品”科目，进入编制界面（见图 6-23），根据期初余额及记账凭证填写明细账。

多栏式明细账

明细科目：生产成本-甲产品

| 2016 月 | 日 | 凭证字号 | 摘要 | 借方 | 贷方 | 余额 方向 | 余额 | 借方 直接材料 | 借方 直接人工 | 借方 制造费用 | 贷方 |
|---|---|---|---|---|---|---|---|---|---|---|---|
| 11 | 30 | 记-25 | 分配本月工资费用 | 90000.00 | 0.00 | 借 | 90000.00 | | 90000.00 | | |
| | 30 | 记-27 | 分配社保费 | 11239.80 | 0.00 | 借 | 101239.80 | | 11239.80 | | |
| | 30 | 记-28 | 结转发出材料成本 | 70740.00 | 0.00 | 借 | 171979.80 | 70740.00 | | | |
| | 30 | 记-29 | 分配本月电费 | 29600.00 | 0.00 | 借 | 201579.80 | 29600.00 | | | |
| | 30 | 记-31 | 分配制造费用 | 17825.22 | 0.00 | 借 | 219405.02 | | | 17825.22 | |
| | 30 | 记-33 | 结转完工产品成本 | 0.00 | 219405.02 | 平 | 0.00 | 100340.00 | 101239.80 | 17825.22 | |
| | 30 | | 本月合计 | 219405.02 | 219405.02 | 平 | 0.00 | | | | |

图 6-23　多栏明细账

4. 注意事项

(1) 时间、凭证编号及摘要根据记账凭证及所附原始凭证填写。

(2) 项目根据成本、费用类账户所需开设子目。

(3) 本月合计借方发生额根据各项目合计数用蓝笔填写。

(4) 本月合计贷方发生额根据各项目合计数用红笔填写。

(十二) 第十二课时

**实训 44：数量金额式明细账**

1. 业务描述

填写数量金额式明细账（以“库存商品——甲产品”科目为例）。

2. 实训目标

熟悉数量金额式明细账的账页结构，掌握数量金额式明细账的登记方法。

3. 实训过程

会计进入对应的工作区，点击账簿——数量金额式明细账，选择“库存商品——甲产品”科目（见图 6-24），进入编制界面（见图 6-25），根据期初余额及记账凭证填写数量金额明细账。

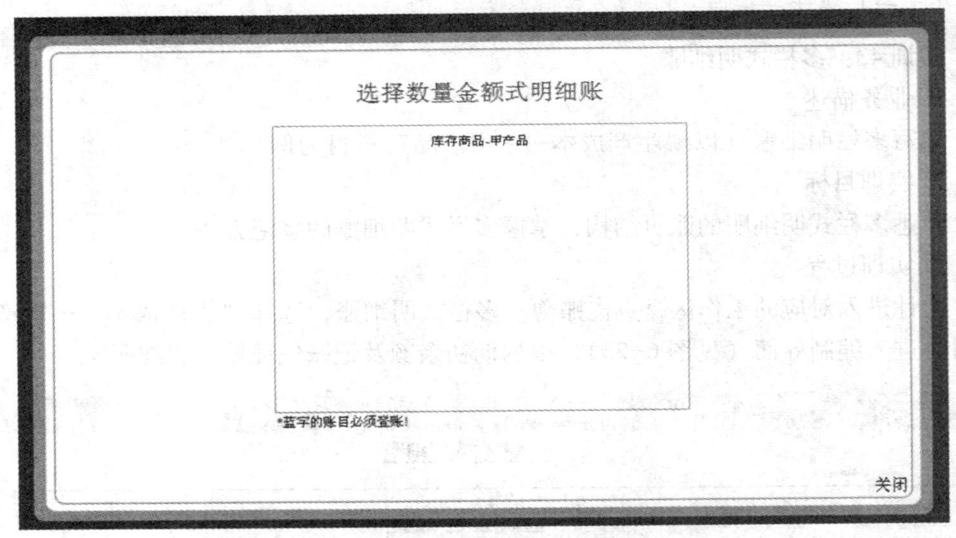


图 6-24　账目明细

-请选择资料-　操作帮助　计算器　划线　黑笔　红笔　财务制度　答案　存数据　退出

库存商品数量金额明细账

明细科目：甲产品　　　　计量单位：箱

| 2016年 月 | 日 | 凭证编号 | 摘要 | 收入 数量 | 收入 单位成本（亿千百十万千百十元角分） | 收入 金额（十亿千百十万千百十元角分） | 发出 数量 | 发出 单位成本（亿千百十万千百十元角分） | 发出 金额（十亿千百十万千百十元角分） | 数量 |
|---|---|---|---|---|---|---|---|---|---|---|
| 11 | 1 | | 期初余额 | | | | | | | 5537 |
| | 30 | 记-33 | 结转完工产品成本 | 5255 | 4175 | 21940502 | | | | 10792 |
| | 30 | 记-34 | 结转销售产品成本 | | | | 5400 | 4276 | 23041800 | 5392 |
| | | | | | | | | | | |

图 6-25　编制界面

4. 注意事项

（1）时间、凭证编号及摘要根据记账凭证及所附原始凭证填写。

（2）借方含“数量”“单价”“金额”三栏，根据记账凭证借方合计金额及所附原始凭证填写。

（3）贷方含“数量”“单价”“金额”三栏，根据记账凭证贷方合计金额及所附原始凭证填写。

（4）每天记账后随时结出结存数量，每月最后一笔余额即为月末余额。

（十三）第十三课时

**实训45：总账**

1. 业务描述

填写总账（以“原材料”科目为例）。

2. 实训目标

熟悉总账的账页结构，掌握总账的登记方法。

3. 实训过程

会计主管进入对应的工作区，点击账簿——总账，选择“原材料”科目（见图6-26），进入编制界面（见图6-27），根据期初余额及记账凭证填写总账。

4. 注意事项

（1）时间、凭证编号及摘要根据记账凭证及所附原始凭证填写。

（2）借方根据记账凭证中的借方合计金额填写。

（3）贷方根据记账凭证中的贷方合计金额填写。

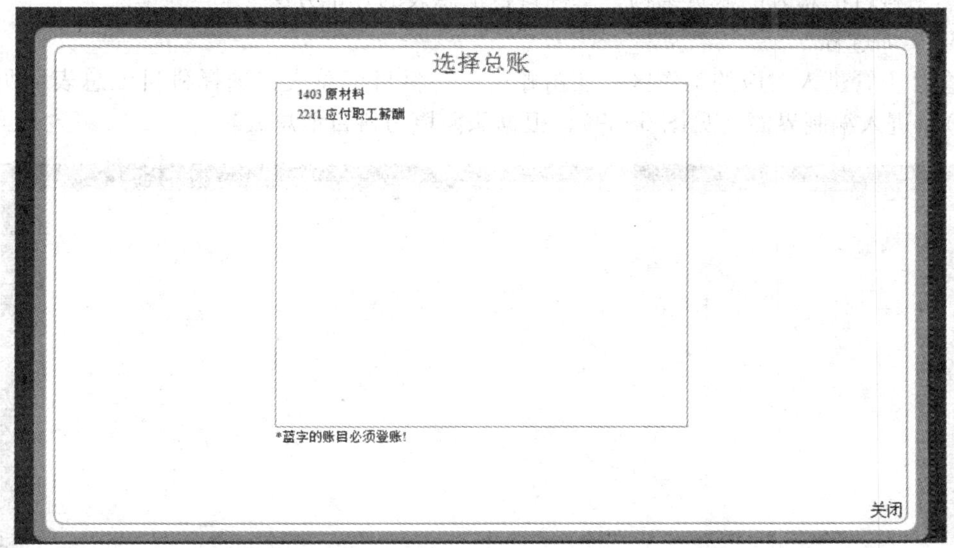


图6-26　账目明细

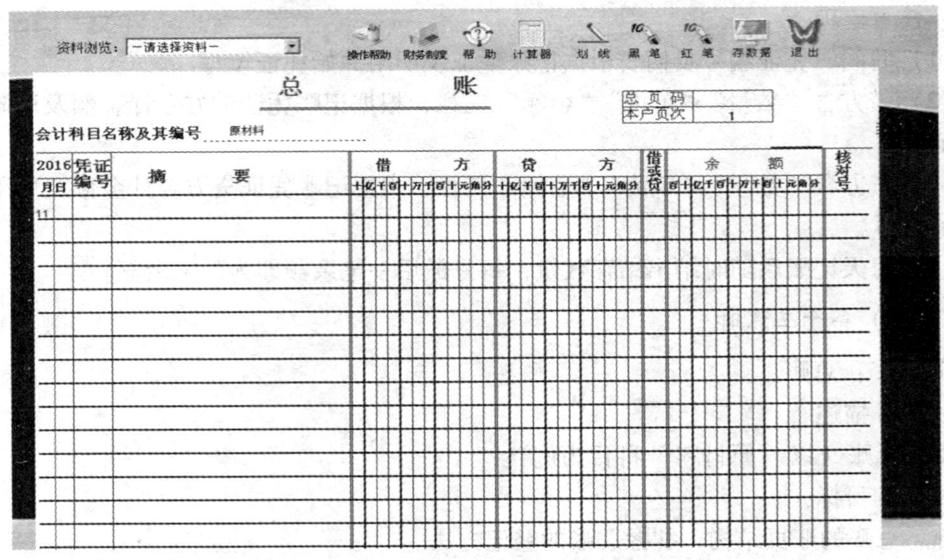

图 6-27　总账

（十四）第十四课时

实训 46：科目汇总表

1. 业务描述

填写科目汇总表。

2. 实训目标

熟悉科目汇总表的账页结构，掌握科目汇总表的登记方法。

3. 实训过程

会计主管进入对应的工作区，点击账簿——科目汇总表，选择科目汇总表（见图 6-28），进入编制界面（见图 6-29），根据账簿填写科目汇总表。

图 6-28　账目明细

资料浏览：无资料　操作帮助　财务制度　帮助　计算器　存数据　退出

科目汇总表

2016年11月1-30日

| 科目名称 | 借方金额 | 贷方金额 |
|---|---|---|
| 原材料 | 59075.00 | 136306.00 |
| 应付职工薪酬 | 243289.55 | 243289.55 |
| 合　计 | 302364.55 | 379595.55 |

图 6-29　科目汇总表

4. 注意事项

（1）借方根据记账凭证中的借方合计金额填写。

（2）贷方根据记账凭证中的贷方合计金额填写。

（十五）第十五课时

实训 47：资产负债表

1. 业务描述

填写资产负债表。

2. 实训目标

熟悉资产负债表的账页结构，掌握资产负债表的编制。

3. 实训过程

会计主管进入对应的工作区，点击报表——资产负债表（见图 6-30），进入编制界面（见图 6-31），根据资料填写资产负债表。

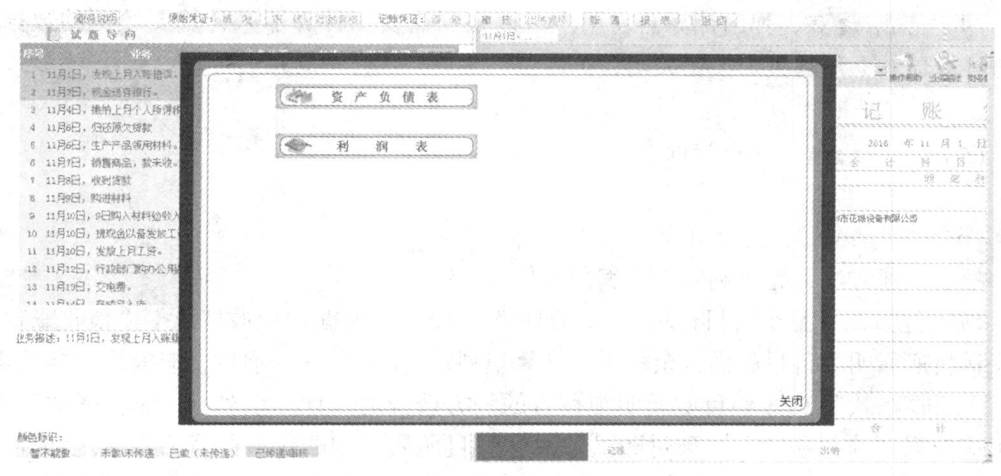


图 6-30　账目明细

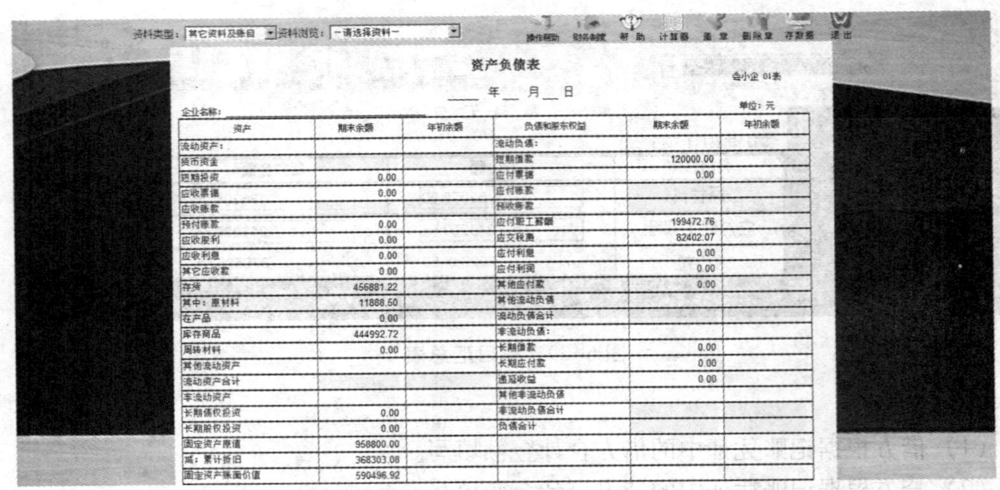
资料类型：其它资料及账目 资料浏览：一请选择资料一 操作帮助 财务制度 帮助 计算器 盖章 删除章 存数据 退出

资产负债表

____年__月__日

会小企01表

企业名称：

单位：元

| 资产 | 期末余额 | 年初余额 | 负债和股东权益 | 期末余额 | 年初余额 |
|---|---|---|---|---|---|
| 流动资产： | | | 流动负债： | | |
| 货币资金 | | | 短期借款 | 120000.00 | |
| 短期投资 | 0.00 | | 应付票据 | 0.00 | |
| 应收票据 | 0.00 | | 应付账款 | | |
| 应收账款 | | | 预收账款 | | |
| 预付账款 | 0.00 | | 应付职工薪酬 | 199472.76 | |
| 应收股利 | 0.00 | | 应交税费 | 82402.07 | |
| 应收利息 | 0.00 | | 应付利息 | 0.00 | |
| 其它应收款 | 0.00 | | 应付利润 | 0.00 | |
| 存货 | 456881.22 | | 其他应付款 | 0.00 | |
| 其中：原材料 | 11888.50 | | 其他流动负债 | | |
| 在产品 | 0.00 | | 流动负债合计 | | |
| 库存商品 | 444992.72 | | 非流动负债： | | |
| 周转材料 | 0.00 | | 长期借款 | 0.00 | |
| 其他流动资产 | | | 长期应付款 | 0.00 | |
| 流动资产合计 | | | 递延收益 | 0.00 | |
| 非流动资产 | | | 其他非流动负债 | | |
| 长期债权投资 | 0.00 | | 非流动负债合计 | | |
| 长期股权投资 | 0.00 | | 负债合计 | | |
| 固定资产原值 | 958800.00 | | | | |
| 减：累计折旧 | 368303.08 | | | | |
| 固定资产账面价值 | 590496.92 | | | | |

图 6-31 资产负债表

4. 注意事项

（1）点击资料类型：其它资料及账目，可以选择总账、三栏式明细账、外币三栏式明细账、外币日记账、其他资料及账目等资料项目。

（2）点击资料浏览：一请选择资料一，可以打开查看与“资料类型”的相关数据信息，点击资料上方的关闭按钮，关闭资料查看。

（3）点击财务制度，显示财务制度说明，点击右上角的关闭按钮，关闭财务制度窗口。

（4）点击计算器，弹出计算器，用户可以根据需要用计算器来计算要填写的数据，点击计算器右上角的关闭按钮关闭计算器。

（5）点击存数据，保存数据。

（6）点击退出，退出页面。

根据上述方法，完成利润表的编制操作。

（7）注意以下几个科目计算：“应收账款”项目应根据“应收账款”“预收账款”总账科目所属明细科目的借方余额之和计算填列；“预收账款”项目，应根据“应收账款”“预收账款”总账科目所属明细科目的贷方余额之和计算填列；“应付账款”项目，应根据“应付账款”“预付账款”总账科目所属明细账科目的贷方余额之和计算填列；“预付账款”项目，应根据“应付账款”“预付账款”总账科目所属明细科目的借方余额之和计算填列。

（8）资产负债表中的黄色区域需要学生填制。

（9）遵循一个会计恒等式：资产=负债+所有者权益

（十六）第十六课时

实训 48：利润表

1. 业务描述

填写利润表。

2. 实训目标

熟悉利润表的账页结构，掌握利润表的编制。

3. 实训过程

会计主管进入对应的工作区，点击报表——利润表，进入编制界面（见图 6-32），根据资料填写利润表。

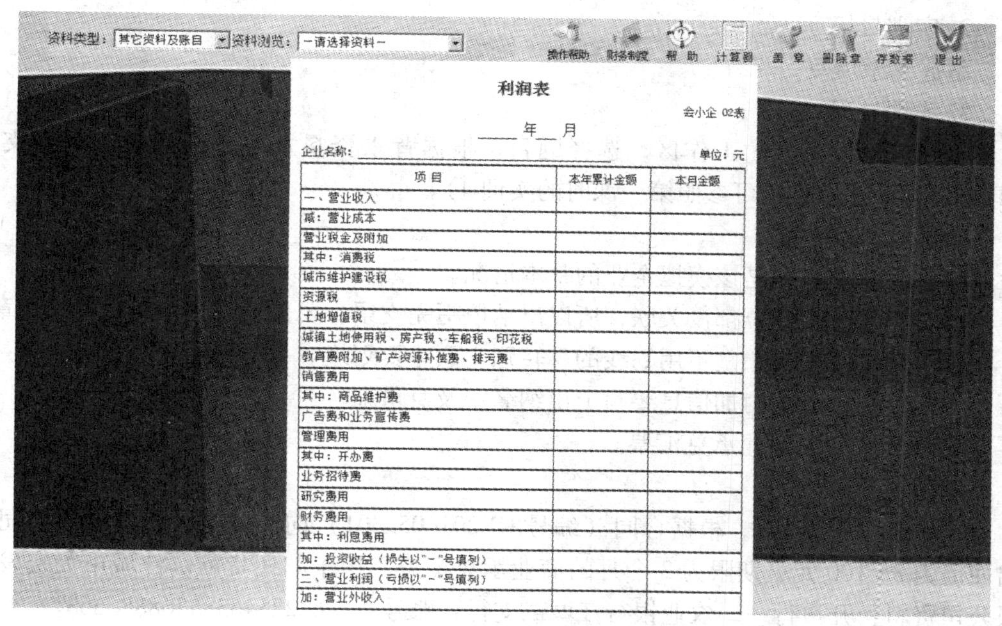


利润表

会小企 02表

_____ 年 __ 月

企业名称：_______________　　单位：元

| 项 目 | 本年累计金额 | 本月金额 |
| --- | --- | --- |
| 一、营业收入 | | |
| 减：营业成本 | | |
| 营业税金及附加 | | |
| 其中：消费税 | | |
| 城市维护建设税 | | |
| 资源税 | | |
| 土地增值税 | | |
| 城镇土地使用税、房产税、车船税、印花税 | | |
| 教育费附加、矿产资源补偿费、排污费 | | |
| 销售费用 | | |
| 其中：商品维护费 | | |
| 广告费和业务宣传费 | | |
| 管理费用 | | |
| 其中：开办费 | | |
| 业务招待费 | | |
| 研究费用 | | |
| 财务费用 | | |
| 其中：利息费用 | | |
| 加：投资收益（损失以"-"号填列） | | |
| 二、营业利润（亏损以"-"号填列） | | |
| 加：营业外收入 | | |

图 6-32　利润表

4. 注意事项

（1）计算营业利润：营业利润=营业收入-营业成本-税金及附加-销售费用-管理费用-财务费用-资产减值损失+公允价值变动收益+投资收益

（2）计算利润总额：利润总额=营业利润+营业外收入-营业外支出

（3）计算净利润=利润总额-所得税费用

（4）营业外收入：核算固定资产盘盈、取得的罚款收入、教育费附加返还款、无法支付的应付款项等。

（5）营业外支出：核算固定资产盘亏、支付的赔偿金和违约金、流动资产非常损失、罚款支出、公益救济性捐赠等。

（6）投资收益：核算对外的投资而分到的利润或导。

（7）所得税费用=利润总额×25%

（8）利润分配：年末时将“本年利润”转入此账户中进行分配，所设明细如下：

利润分配——未分配利润

——应付股利

——提取盈余公积

（9）应付股利：核算向股东分配股利。

（10）盈余公积：核算企业应提取的公积金。

（十七）第十七课时

**实训 49：填制现金支票。**

1. 业务描述

2016 年 5 月 18 日，开支票提取备用金 5 000 元。

2. 实训目标

掌握支票填写。

3. 实训过程

出纳进入相对应的工作区，选择题目，根据背景资料及业务描述填制现金支票（具体实训及注意事项可参照第一课时的实训 4）。

4. 注意事项

（1）背景资料即是该模拟企业的基本情况。

（2）由于每个岗位都没关联，所以出纳填写完支票，要盖上财务专用章及法人章。

（3）填写现金支票是不用划线的，转账支票才要划线。

（4）背书部分的附加信息要写上出纳名字及身份证。

**实训 50：签发商业承兑汇票。**

1. 业务描述

2016 年 5 月 23 日，根据合同（编号 GX2016052301）向江城市大宏发有限公司开出面值为 35 100 元、期限为 3 个月的商业承兑汇票，用于归还货款。江城市大宏发有限公司资料：开户行——农业银行江城二支行，账号——6222546585368886668。

2. 实训目标

掌握填制商业承兑汇票。

3. 实训过程

出纳进入相对应的工作区，选择题目，根据背景资料及业务描述填制商业承兑汇票（见图 6-33）。

4. 注意事项

（1）填写的时候，只需要在第一联上面填制，第二、三联系统会自动生成。

（2）由于不存在传递关系，每一个联次需要盖章的地方都要盖上财务专用章及法人章。

（3）点击 联次： 第一联:卡片 ，可以选择不同的联次。

（4）点击 —请选择资料— ，可以打开查看与填写本张凭证的相关单据及背景资料。

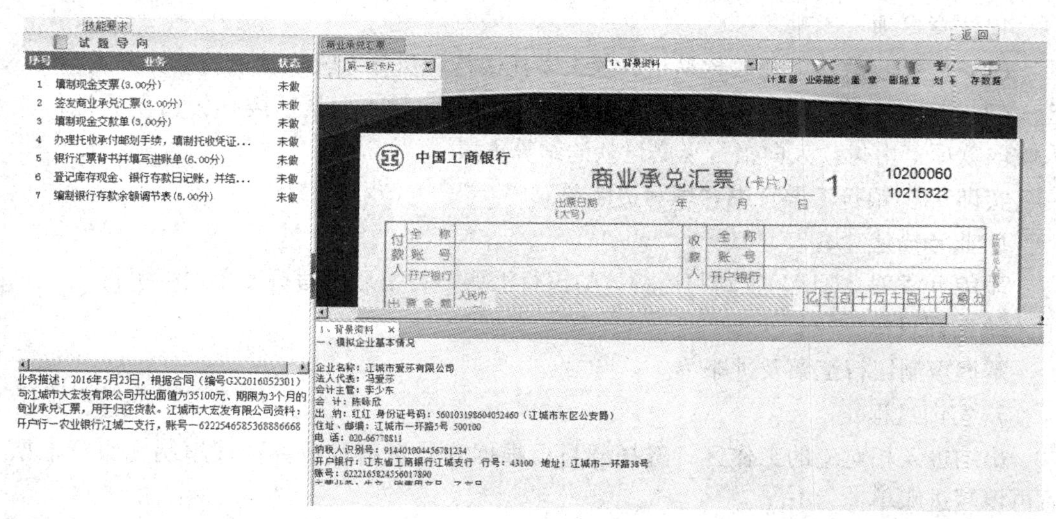


图 6-33　填商业承兑汇票

实训 51：填制现金交款单。

1. 业务描述

2016 年 5 月 28 日，将收到的销货款送存银行（面额 100 元 20 张、面额 50 元 4 张、面额 10 元 14 张）。

2. 实训目标

掌握填制现金交款单。

3. 实训过程

可参照该课时的实训 2。

4. 注意事项

整把券是指银行未打乱的连号 100 张钞票，100 张为一把，10 把为一捆。零张券是指没有到 100 张的散票。

（十八）第十八课时

实训 52：办理托收承付邮划手续，填制托收凭证。

1. 业务描述

2016 年 5 月 30 日，根据合同（编号 GX2016053001）向广州市欣欣有限公司发运甲产品：价款 60 000 元，增值税 10 200 元，代垫运费 1 800 元。甲产品当天发运，并到银行办理托收承付邮划手续（附件 4 张），托收凭据名称为增值税专用发票、运费发票。欣欣公司资料：开户行——中国建设银行越秀支行，账号——6222153655644010681。

2. 实训目标

掌握填制托收凭证。

3. 实训过程

可参照该课时的实训 2。

4. 注意事项

（1）委托收款：委托收款是指收款人委托银行向付款人收取款项的结算方式。

（2）托收承付：托收承付是指根据购销合同由收款人发货后委托银行向异地付款人收取款项，由付款人向银行承诺付款的结算方式。

实训 53：银行汇票背书并填写进账单。

1. 业务描述

2016 年 5 月 31 日，收到归还货款的银行汇票，背书后填写进账单送存银行。

2. 实训目标

掌握填制银行汇票及进账单。

3. 实训过程

出纳进入相对应的工作区，选择题目，根据背景资料及业务描述填制完银行汇票后再填写进账单。

4. 注意事项

（1）被背书人是收款人的开户银行。

（2）背书人签章要盖上财务专用章及法人章。

（3）进账单根据银行汇票的资料填写。

（十九）第十九课时

实训 54：登记“库存现金”“银行存款”日记账，并结账。

1. 业务描述

2016 年 5 月，登记“库存现金”“银行存款”日记账，并结账（以“银行存款日记账为例”）。

2. 实训目标

掌握编制库存现金、银行存款日记账。

3. 实训过程

出纳进入相对应的工作区，选择题目，根据背景资料及记账凭证编制银行存款日记账及库存现金日记账（见图 6-34）。

4. 注意事项

（1）登记格式根据前面给出的格式，继续编制完整即可。

（2）本月合计需要划双红线。

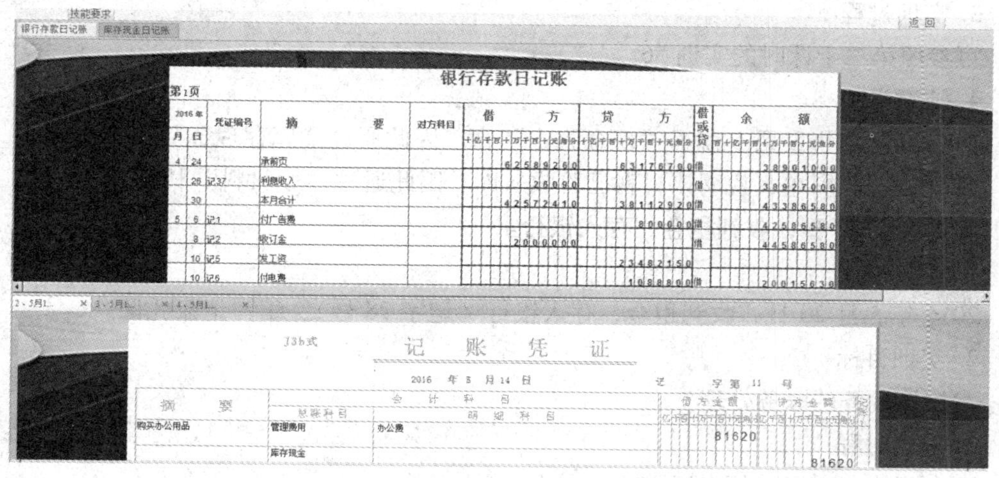

银行存款日记账

第1页

| 2016年 月 | 日 | 凭证编号 | 摘要 | 对方科目 | 借方 | 贷方 | 借或贷 | 余额 |
|---|---|---|---|---|---|---|---|---|
| 4 | 24 | | 承前页 | | 62589260 | 63176700 | 借 | 38901000 |
| | 26 | 记37 | 利息收入 | | 26090 | | 借 | 38927000 |
| | 30 | | 本月合计 | | 42572410 | 38112920 | 借 | 43386580 |
| 5 | 6 | 记1 | 付广告费 | | | 800000 | 借 | 42586580 |
| | 8 | 记2 | 收订金 | | 2000000 | | 借 | 44586580 |
| | 10 | 记5 | 发工资 | | | 23482150 | | |
| | 10 | 记6 | 付电费 | | | 1088800 | 借 | 20015630 |

J3b式

记账凭证

2016 年 5 月 14 日　　记 字第 11 号

| 摘要 | 总账科目 | 明细科目 | 借方金额 | 贷方金额 |
|---|---|---|---|---|
| 购买办公用品 | 管理费用 | 办公费 | 81620 | |
| | 库存现金 | | | 81620 |

图 6-34　账簿填制

实训 55：编制银行存款余额调节表。

1. 业务描述

2016 年 5 月，编制银行存款余额调节表。

2. 实训目标

掌握登记银行存款余额调节表。

3. 实训过程

出纳进入相对应的工作区，选择题目，根据中国工商银行对账单和银行存款日记账登记银行存款余额调节表。

（二十）第二十课时

实训 56：15 日，购买不需安装的设备。

1. 业务描述

2016 年 5 月 15 日，购买不需安装的设备（记字 22 号），编制记账凭证。

2. 实训目标

掌握该业务的账务处理。

3. 实训过程

会计进入相对应的工作区，选择题目，根据资料填制记账凭证。

4. 注意事项

购入不需要安装的固定资产，企业可以立即投入使用，因此会计处理只需要按确认的入账价值直接增加企业的固定资产。

实训 57：18 日，购入材料。

1. 业务描述

2016 年 5 月 18 日，购入材料（记字 25 号），编制记账凭证。

2. 实训目标

掌握该业务的账务处理。

3. 实训过程

可参照第二十课时的实训56。

4. 注意事项

（1）商品销售发票上盖了“现金收讫”章。因此通过“库存现金”核算。

（2）根据收料单，说明该材料已验收入库。因此通过“原材料”核算。

实训58：20日，收到租金，存入银行。

1. 业务描述

2016年5月20日，收到租金，存入银行（记字28号），编写记账凭证。

2. 实训目标

掌握该业务的账务处理。

3. 实训过程

可参照第二十课时的实训56。

4. 注意事项

企业的有些活动不是为完成其经营目标所从事的经常性活动，也不属于与经常性活动相关的活动，产生的经济利益的总流入不构成收入，应当确认为“营业外收入”。

实训59：江城市东洋有限公司支票发生退票。

1. 业务描述

2016年5月22日，江城市东洋有限公司支票发生退票（记字30号），编写记账凭证。

2. 实训目标

掌握该业务的账务处理。

3. 实训过程

可参照第二十课时的实训56。

4. 注意事项

退回款项，应收账款增加，银行存款减少。

（二十一）第二十一课时

实训60：23日，支付广告费。

1. 业务描述

2016年5月23日，支付广告费（记字32号），编写记账凭证。

2. 实训目标

掌握该业务的账务处理。

3. 实训过程

可参照第二十课时的实训56。

4. 注意事项

产品广告发布费应当记入“销售费用”。

**实训61：27日，购买材料。**

1. 业务描述

2016年5月27日，购买材料（记字36号），编制记账凭证。

2. 实训目标

掌握该业务的账务处理。

3. 实训过程

可参照第二十课时的实训56。

4. 注意事项

资料中没有“材料验收入库单”，说明材料尚未入库，不能记入“原材料”，应记入“在途物资”。

**实训62：29日，大公公司材料到货，验收入库。**

1. 业务描述

2016年5月29日，大公公司材料到货，验收入库（记字38号），编制记账凭证。

2. 实训目标

掌握该业务的账务处理。

3. 实训过程

可参照第二十课时的实训56。

4. 注意事项

该业务处理实训9的材料验收入库，应当将“在途物资”转入“原材料”会计处理。

**实训63：31日，计提折旧。**

1. 业务描述

2016年5月31日，计提折旧（记字39号），编制记账凭证。

2. 实训目标

掌握该业务的账务处理。

3. 实训过程

可参照第二十课时的实训56。

## （二十二）第二十二课时

**实训64：31日，根据本月资料分配材料费用。**

1. 业务描述

2016年5月31日，根据本月资料分配材料费用，计算分配表，编制记账凭证（记字40号）。

2. 实训目标

掌握分配材料计算表及账务处理。

3. 实训过程

可参照第二十课时的实训56。

实训 65：31 日，分配本月工资。

1. 业务描述

2016 年 5 月 31 日，分配本月工资，计算分配表，编写记账凭证（记字 41 号）。

2. 实训目标

掌握分配本月工资计算表及账务处理。

3. 实训过程

可参照第二十课时的实训 56。

实训 66：31 日，分配本月电费。

1. 业务描述

2016 年 5 月 31 日，分配本月电费 77 679.00 元，交电费时电费暂计入应付账款。计算电费分配表，计算生产动力分配表，编制记账凭证（记字 42 号）。

2. 实训目标

掌握分配本月电费计算表及账务处理。

3. 实训过程

可参照第二十课时的实训 56。

4. 注意事项

交电费时电费暂计入应付账款，期末分配时也由此科目核算处理。

实训 67：31 日，分配制造费用。

1. 业务描述

2016 年 5 月 31 日，分配制造费用 60 345 元。计算制造费用分配表，编写记账凭证（记字 43 号）。

2. 实训目标

掌握分配制造费计算表及账务处理。

3. 实训过程

可参照第二十课时的实训 56。

4. 注意事项

有些费用是管理和组织生产而发生的间接费用，不是生产产品的直接费用，发生这些费用的时候，不能直接计入产品成本，需要通过“制造费用”科目进行归集，然后分配计入各种产品成本。

（二十三）第二十三课时

实训 68：31 日，计算结转完工产品成本。

1. 业务描述

2016 年 5 月 31 日，计算结转完工产品成本，计算产品成本计算表。

2. 实训目标

掌握计算结转完工产品成本。

3. 实训过程

可参照第二十课时的实训 56。

实训 69：31 日，计算结转完工产品成本。

1. 业务描述

2016 年 5 月 31 日，计算结转完工产品成本编制记账凭证（记字 44 号）。

2. 实训目标

掌握计算结转完工产品成本账务处理。

3. 实训过程

可参照第二十课时的实训 56。

4. 注意事项

实训 17 根据实训 16 的计算表进行填制记账凭证。

实训 70：31 日，结转产品销售成本。

1. 业务描述

2016 年 5 月 31 日，结转产品销售成本，计算销售产品成本计算表。

2. 实训目标

掌握计算结转产品销售成本。

3. 实训过程

可参照第二十课时的实训 56。

实训 71：31 日，结转产品销售成本。

1. 业务描述

2016 年 5 月 31 日，结转产品销售成本，编写记账凭证（记字 45 号）。

2. 实训目标

掌握计算结转产品销售成本账务处理。

3. 实训过程

可参照第二十课时的实训 56。

4. 注意事项

实训 19 根据实训 18 的计算表进行填制记账凭证。

实训 72：31 日，计算应交税费。

1. 业务描述

2016 年 5 月 31 日，计算本月应交税费，计算应交增值税计算表，计算税费计算表，编写记账凭证（记字 46 号）。

2. 实训目标

掌握计算表及账务处理。

3. 实训过程

可参照第二十课时的实训 56。

4. 注意事项

（1）应交增值税=本月销项-（进项税额-进项税额转出）-上月留抵税额

（2）城市维护建设税税率“7%”，教育费附加征收率“3%”。

（二十四）第二十四课时

实训 73：31 日，登记“原材料”明细账，并结账（以 A 材料为例）。

1. 业务描述

2016 年 5 月 31 日，登记“原材料”的 A 材料和 B 材料明细账。

2. 实训目标

掌握登记原材料明细账。

3. 实训过程

会计进入相对应的工作区，选择题目，根据资料填写原材料明细账（见图 6-35）。

4. 注意事项

（1）按钮的功能上述章节已经进行相关描述，在此不再赘述。

（2）本月合计需要划双红线。

（3）填写日期、凭证编号、摘要：根据记账凭证及原始凭证填制。

（4）每天记账后随时结出结存数量，每月最后一笔余额即为月末余额。

技能要求　返回

31日，A材…　31日，B材…

—请选择资料—　计算器　业务描述　划线　蓝笔　红笔　上一页　下一页　存数据

原材料明细账

明细科目：A材料　存放地点：材料仓

计量单位：千克　最高储量：

单价：　最低储量：

| 2016年 | | 凭证编号 | 摘要 | 借方 | | | 贷方 | | | 余额 | | |
|---|---|---|---|---|---|---|---|---|---|---|---|---|
| 月 | 日 | | | 单价 | 数量 | 金额（千百十万千百十元角分） | 单价 | 数量 | 金额（千百十万千百十元角分） | 单价 | 数量 | 金额（千百十万千百十元角分） |
| 5 | 1 | | 上月结转 | | | | | | | 84.40 | 200 | 1688000 |
| | 5 | 记8 | 入库 | 84.00 | 1000 | 8400000 | | | | | 1200 | |

图 6-35　原材料明细账

实训 74：31 日，登记“生产成本”明细账，并结账（以甲产品生产成本为例）。

1. 业务描述

2016 年 5 月 31 日，登记“生产成本”的甲产品和乙产品明细账。

2. 实训目标

掌握登记生产成本明细账。

3. 实训过程

会计进入相对应的工作区，选择题目，根据资料填写生产成本明细账（见图 6-36）。

4. 注意事项

（1）本月借方发生额和本期贷方发生额需要划双红线。

（2）填写日期、凭证编号、摘要应根据记账凭证及原始凭证填制。

（3）直接人工、直接材料、制造费用应根据记账凭证及原始凭证填制。

（4）逐笔结出每笔合计数。

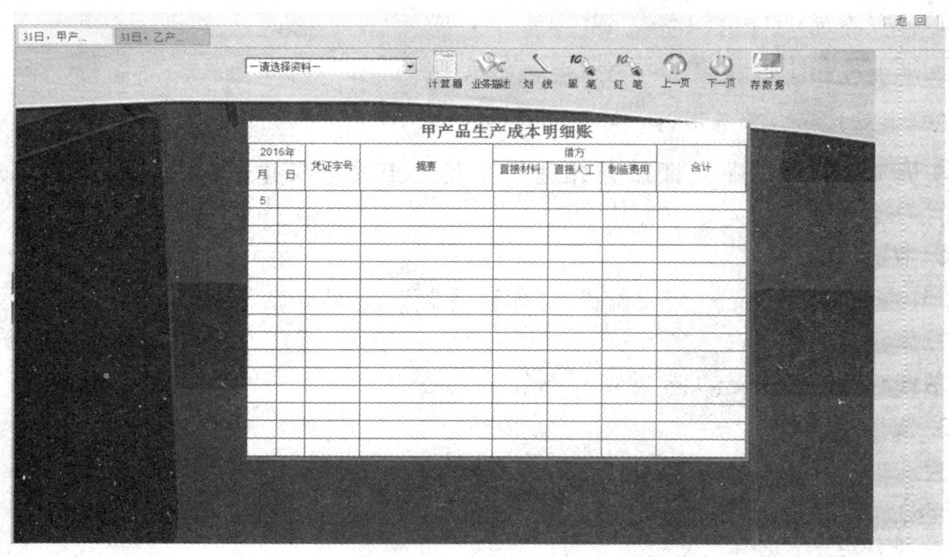


图 6-36　**甲产品明细账**

实训 75：31 日，登记“应付账款”明细账，并结账（以应付账款——江城市第一机械有限公司为例）。

1. 业务描述

2016 年 5 月 31 日，登记“应付账款”的江城市第一机械有限公司和江城市供电公司明细账，并结账。

2. 实训目标

掌握登记应付账款明细账。

3. 实训过程

会计进入相对应的工作区，选择题目，根据资料填写应付账款——江城市第一机械有限公司明细账（见图 6-37）。

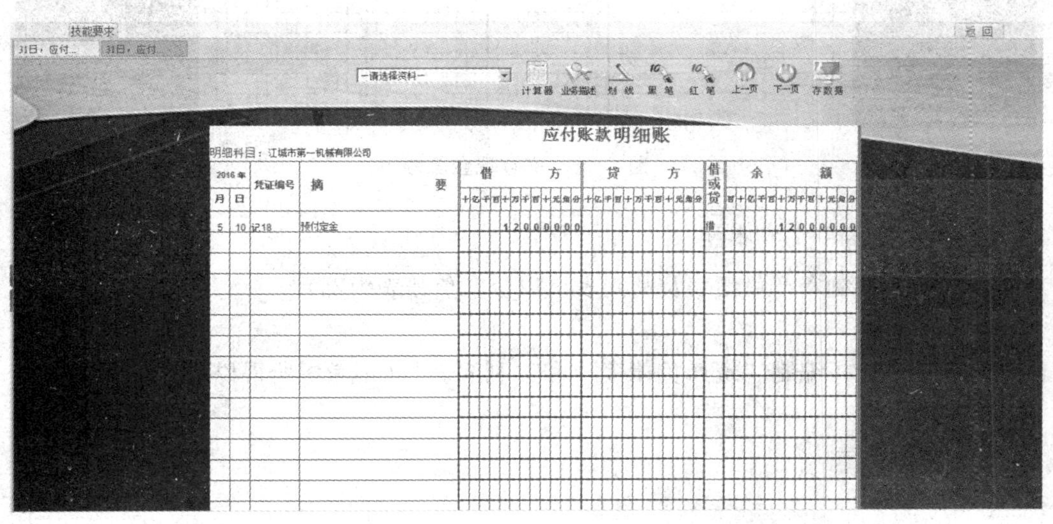


图 6-37　**应付账款明细账**

4. 注意事项

无须本月合计。

（二十五）第二十五课时

实训76：采用记账凭证账务处理程序登记相关总账并进行月结（以库存现金为例）。

1. 业务描述

2016年7月，登记“应交税费”“库存现金”“应收账款”总账，并结账。

2. 实训目标

掌握登记总账。

3. 实训过程

会计主管进入相对应的工作区，选择题目，根据资料填写库存现金总账（见图6-38）。

4. 注意事项

（1）本月合计需要划双红线。

（2）无须每笔结出余额，本月合计结出即可。

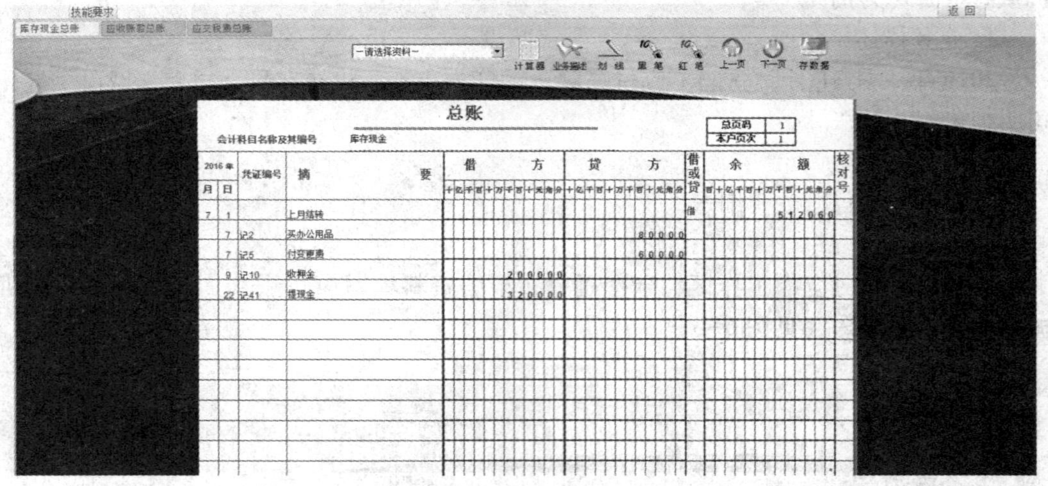

总账

会计科目名称及其编号 库存现金

总页码 1 本户页次 1

| 2016年 月 | 日 | 凭证编号 | 摘要 | 借方 | 贷方 | 借或贷 | 余额 | 核对号 |
|---|---|---|---|---|---|---|---|---|
| 7 | 1 | | 上月结转 | | | 借 | 51206 0 | |
| | 7 | 记2 | 买办公用品 | | 80000 | | | |
| | 7 | 记5 | 付差旅费 | | 60000 | | | |
| | 9 | 记10 | 收押金 | 200000 | | | | |
| | 22 | 记41 | 提现金 | 320000 | | | | |



图6-38 库存现金总账

（二十六）第二十六课时

实训77：编制资产负债表及利润表（以资产负债表为例）。

1. 业务描述

2016年7月，编制“资产负债表”和“利润表”（不考虑所得税费）。

2. 实训目标

掌握填制报表。

3. 实训过程

会计主管进入相对应的工作区，选择题目，根据资料填写资产负债表（见图6-39）。

资产负债表

会小企01表

编制单位：　　　　年　　月　　日　　　　单位元

| 资产 | 行次 | 期末余额 | 年初余额 | 负债和股东权益 | 行次 | 期末余额 | 年初余额 |
|---|---|---|---|---|---|---|---|
| 流动资产： | | | | 流动负债： | | | |
| 货币资金 | 1 | | | 短期借款 | 31 | | |
| 短期投资 | 2 | | | 应付票据 | 32 | | |
| 应收票据 | 3 | | | 应付账款 | 33 | | |
| 应收账款 | 4 | | | 预收款项 | 34 | | |
| 预付款项 | 5 | | | 应付职工薪酬 | 35 | | |
| 应收股利 | 6 | | | 应交税费 | 36 | | |
| 应收利息 | 7 | | | 应付利息 | 37 | | |
| 其他应收款 | 8 | | | 应付利润 | 38 | | |
| 存货 | 9 | | | 其他应付款 | 39 | | |
| 其中：原材料 | 10 | | | 其他流动负债 | 40 | | |
| 在产品 | 11 | | | 流动负债合计 | 41 | | |
| 库存商品 | 12 | | | 非流动负债： | | | |
| 周转材料 | 13 | | | 长期借款 | 42 | | |
| 其它流动资产 | 14 | | | 长期应付款 | 43 | | |
| 流动资产合计 | 15 | | | 递延收益 | 44 | | |
| 非流动资产： | | | | 其他非流动负债 | 45 | | |
| 长期债券投资 | 16 | | | 非流动负债合计 | 46 | | |
| 长期股权投资 | 17 | | | 负债合计 | 47 | | |
| 固定资产原价 | 18 | | | | | | |

图 6-39　资产负债表

4. 注意事项

按钮的功能在上述章节已经进行相关描述，在此不再赘述（资产负债表的注意事项可参照第十五课时，利润表参照第十六课时）

（二十七）第二十七课时

**实训 78：编制增值税纳税申报表。**

1. 业务描述

2016 年 8 月 5 日，根据以下相关资料编制 7 月份增值税纳税申报表及附列资料（表中未发生项目可以不填，零申报应填写“0”）。

2. 实训目标

掌握填写申报表。

3. 实训过程

会计主管进入相对应的工作区，选择题目，根据资料填写申报表（见图 6-40、图 6-41、图 6-42、图 6-43）。

4. 注意事项

（1）企业注册类型为有限责任公司。

（2）“纳税人识别号”栏，填写纳税人的税务登记证号码。

（3）“纳税人名称”栏，填写纳税人单位名称全称。

（4）“所属行业”按照国民经济行业分类与代码中的小类行业填写。

（5）“注册地址”填写纳税人税务登记证所注明的详细地址。

（6）“生产经营地址”填写纳税人实际生产经营地的详细地址。

（7）增值税申报表中的“应税货物”是指增值税的应税货物。

（8）增值税申报表中的“应税劳务”是指增值税的应税加工、修理、修配劳务。

（9）增值税申报表中的第五栏“按简易办法计税销售额”填写纳税人本期按简易计税方法计算增值税的销售额。包含纳税检查调整按简易计税方法计算增值税销售额。

（10）增值税申报表中的第二十栏“期末留抵税额”是应抵扣税额合计减实际抵扣税额。

（11）增值税申报表即是（图 6-40）第 25 栏，期初未缴税额（多缴为负数）的“本月数”按上一税款所属期申报表第 32 栏“期末未缴税额（多缴为负数）”“本月数”填写。“本年累计”按上一年度最后一个税款所属期申报表第 32 栏“期末未缴税额（多缴未负数）”“本年累计”填写。在本实训中，该项根据提供资料中的其他资料填写。

（12）图 6-43 的增值税纳税申报表附列资料 2 的第十二栏需要填上。

（13）图 6-43 的增值税纳税申报表附列资料 2 中“认证相符的防伪税控增值税专用发票”指的是企业网上认证的专票。

（14）购置固定资产的发票需要计入图 6-42 固定资产进项税额抵扣情况表。

（15）表中需要盖章的地方要盖上公章。

技能要求　　返回

增值税纳税申…　增值税纳税申…　固定资产(不…　本期抵扣进项…　增值税申报表…

**增值税纳税申报表**
**（一般纳税人适用）**

根据国家税收法律法规及增值税相关规定制定本表。纳税人不论有无销售额，均应按税务机关核定的纳税期限填写本表，并向当地税务机关申报。

税款所属时间：自　年　月　日至　年　月　日　　填表日期：　年　月　日　　金额单位：元至角分

| 纳税人识别号 | | | | 所属行业：制造业 | | |
|---|---|---|---|---|---|---|
| 纳税人名称 | （公章） | 法定代表人姓名 | | 注册地址 | 生产经营地址 | |
| 开户银行及账号 | | 登记注册类型 | | | 电话号码 | |

| 项目 | | 栏次 | 一般项目 | | 即征即退项目 | |
|---|---|---|---|---|---|---|
| | | | 本月数 | 本年累计 | 本月数 | 本年累计 |
| 销售额 | （一）按适用税率计税销售额 | 1 | | | | |
| | 其中：应税货物销售额 | 2 | | | | |
| | 应税劳务销售额 | 3 | | | | |
| | 纳税检查调整的销售额 | 4 | | | | |
| | （二）按简易办法计税销售额 | 5 | | | | |
| | 其中：纳税检查调整的销售额 | 6 | | | | |
| | （三）免、抵、退办法出口销售额 | 7 | | | —— | —— |
| | （四）免税销售额 | 8 | | | —— | —— |
| | 其中：免税货物销售额 | 9 | | | —— | —— |
| | 免税劳务销售额 | 10 | | | —— | —— |
| | 销项税额 | 11 | | | | |
| | 进项税额 | 12 | | | | |
| | 上期留抵税额 | 13 | | | | —— |
| | 进项税额转出 | 14 | | | | |
| | 免、抵、退应退税额 | 15 | | | —— | —— |

图 6-40　增值税申报表

技能要求　　返回

增值税纳税申…　增值税纳税申…　固定资产(不…　本期抵扣进项…　增值税申报表…

**增值税纳税申报表附列资料（一）**
**（本期销售情况明细）**

税款所属时间：自　年　月　日至　年　月　日

称：（公章）　　金额单位：元至角

| 项目及栏次 | | | 开具增值税专用发票 | | 开具其他发票 | | 未开具发票 | | 纳税检查调整 | | 合计 | | | 服务、不动产和无形资产扣除项目本期实际扣除金额 | 扣除后 | |
|---|---|---|---|---|---|---|---|---|---|---|---|---|---|---|---|---|
| | | | 销售额 | 销项(应纳)税额 | 销售额 | 销项(应纳)税额 | 销售额 | 销项(应纳)税额 | 销售额 | 销项(应纳)税额 | 销售额 | 销项(应纳)税额 | 价税合计 | | 含税(免税)销售额 | 销项(应纳)税额 |
| | | | 1 | 2 | 3 | 4 | 5 | 6 | 7 | 8 | 9=1+3+5+7 | 10=2+4+6+8 | 11=9+10 | 12 | 13=11-12 | 14=13÷（100%+税率或征收率）×税率或征收率 |
| 全部征税项目 | 17%税率的货物及加工修理修配劳务 | 1 | | | | | | | | | | | —— | —— | —— | —— |
| | 17%税率的服务、不动产和无形资产 | 2 | | | | | | | | | | | | | | |
| | 13%税率 | 3 | | | | | | | | | | | —— | —— | —— | —— |
| | 11%税率 | 4 | | | | | | | | | | | | | | |
| | 6%税率 | 5 | | | | | | | | | | | | | | |
| 其中：即征即退项目 | 即征即退货物及加工修理修配劳务 | 6 | —— | —— | —— | —— | —— | —— | —— | —— | | | —— | —— | —— | —— |
| | 即征即退服务、不动产和无形资产 | 7 | —— | —— | —— | —— | —— | —— | —— | —— | | | | | | |
| 全部征税项目 | 6%征收率 | 8 | | | | | | | —— | —— | | | —— | —— | —— | —— |
| | 5%征收率的货物及加工修理修配劳务 | 9a | | | | | | | —— | —— | | | —— | —— | —— | —— |
| | 5%征收率的服务、不动产和无形资产 | 9b | | | | | | | —— | —— | | | | | | |
| | 4%征收率 | 10 | | | | | | | —— | —— | | | —— | —— | —— | —— |
| | 3%征收率的货物及加工修理修配劳务 | 11 | | | | | | | —— | —— | | | —— | —— | —— | —— |
| | 3%征收率的服务、不动产和无形资产 | 12 | | | | | | | —— | —— | | | | | | |

图 6-41　增值税纳税申报表附列资料一

技能要求　　返回

增值税纳税申…　增值税纳税申…　固定资产(不…　本期抵扣进项…　增值税申报表…

—请选择资料—　计算器　业务描述　盖章　删除章　存数据

**固定资产（不含不动产）进项税额抵扣情况表**

填表时间：　　年　月　日

纳税人名称：（公章）　　金额单位：元至角分

| 项目 | 当期申报抵扣的固定资产进项税额 | 申报抵扣的固定资产进项税额累计 |
|---|---|---|
| 增值税专用发票 | | |
| 海关进口增值税专用缴款书 | | |
| 合计 | | |

图 6-42　固定资产进项税额抵扣情况表

技能要求

增值税纳税申…　增值税纳税申…　固定资产(不…　本期抵扣进项…　增值税申报表…

**增值税纳税申报表附列资料（二）**

**（本期进项税额明细）**

税款所属时间：　　年　月　日至　　年　月　日

纳税人名称：（公章）　　金额单位：元至角分

| 一、申报抵扣的进项税额 | | | | |
|---|---|---|---|---|
| 项目 | 栏次 | 份数 | 金额 | 税额 |
| （一）认证相符的增值税专用发票 | 1=2+3 | | | |
| 其中：本期认证相符且本期申报抵扣 | 2 | | | |
| 前期认证相符且本期申报抵扣 | 3 | | | |
| （二）其他扣税凭证 | 4=5+6+7+8 | | | |
| 其中：海关进口增值税专用缴款书 | 5 | | | |
| 农产品收购发票或者销售发票 | 6 | | | |
| 代扣代缴税收缴款凭证 | 7 | | —— | |
| 其他 | 8 | | | |
| （三）本期用于购建不动产的扣税凭证 | 9 | | | |
| （四）本期不动产允许抵扣进项税额 | 10 | —— | —— | |
| （五）外贸企业进项税额抵扣证明 | 11 | —— | —— | |
| 当前申报抵扣进项税额合计 | 12=1+4-9+10+11 | | | |
| **二、进项税额的转出额** | | | | |
| 项目 | 栏次 | 税额 | | |
| 本期进项税额转出额 | 13=14至23之和 | | | |
| 其中：免税项目用 | 14 | | | |
| 集体福利、个人消费 | 15 | | | |
| 非正常损失 | 16 | | | |
| 简易计税方法征税项目用 | 17 | | | |
| 免抵退税办法不得抵扣的进项税额 | 18 | | | |
| 纳税检查调减进项税额 | 19 | | | |
| 红字专用发票信息表注明的进项税额 | 20 | | | |

图 6-43　增值税纳税申报表附列资料二

技能要求

增值税纳税申…　增值税纳税申…　固定资产(不…　本期抵扣进项…　增值税申报表…

**本期抵扣进项税额结构明细表**

税款所属时间：　　年　月　日至　　年　月　日

纳税人名称：（公章）　　金额单位：元至角分

| 项目 | 栏次 | 金额 | 税额 |
|---|---|---|---|
| 合计 | 1=2+4+5+11+16+18+27+29+30 | | |
| **一、按税率或征收率归集（不包括购建不动产，通行费）的进项** | | | |
| 17%税率的进项 | 2 | | |
| 其中：有形动产租赁的进项 | 3 | | |
| 13%税率的进项 | 4 | | |
| 11%税率的进项 | 5 | | |
| 其中：运输服务的进项 | 6 | | |
| 电信服务的进项 | 7 | | |
| 建筑安装服务的进项 | 8 | | |
| 不动产租赁服务的进项 | 9 | | |
| 受让土地使用权的进项 | 10 | | |
| 6%税率的进项 | 11 | | |
| 其中：电信服务的进项 | 12 | | |
| 金融保险服务的进项 | 13 | | |
| 生活服务的进项 | 14 | | |
| 取得无形资产的进项 | 15 | | |
| 5%征收率的进项 | 16 | | |
| 其中：不动产租赁服务的进项 | 17 | | |
| 3%征收率的进项 | 18 | | |
| 其中：货物及加工、修理修配劳务的进项 | 19 | | |
| 运输服务的进项 | 20 | | |
| 电信服务的进项 | 21 | | |

图 6-44　本期抵扣进项税额结构明细表

# 参考文献


[1] 甄立敏，张亚兵. 会计综合实训 [M]. 北京：人民邮电出版社，2015.

[2] 王巧云，王艳青. 会计综合实训 [M]. 北京：清华大学出版社，2016.

[3] 董京原. 会计综合实训 [M]. 北京：高等教育出版社，2015.

[4] 孙荣，吴茵富. 会计综合实训 [M]. 北京：中国人民大学出版社，2015.

[5] 柳志. 会计综合实训 [M]. 北京：高等教育出版社，2015.

[6] 傅金平，阳正发. 中级财务会计 [M]. 北京：北京理工大学出版社，2016.

[7] 财政部会计资格评价中心. 中级会计实务 [M]. 北京：经济科学出版社，2016.

[8] 财政部会计资格评价中心. 初级经济法 [M]. 北京：经济科学出版社，2016.

[9] 全国税务师职业资格考试教材编写组. 涉税服务实务 [M]. 北京：中国税务出版社，2016.

[10] 财政部会计资格评价中心. 中级经济法 [M]. 北京：经济科学出版社，2016.

[11] 李华. 企业会计综合实训 [M]. 大连：东北财经大学出版社，2017.